上海实施
乡村振兴战略的探索与实践

中共上海市委农村工作领导小组办公室·主编

SHANGHAI SHISHI
XIANGCUN ZHENXING
ZHANLUE DE TANSUO YU SHIJIAN

上海科学技术出版社

图书在版编目（CIP）数据

上海实施乡村振兴战略的探索与实践 / 中共上海市委农村工作领导小组办公室主编. -- 上海：上海科学技术出版社，2022.7（重印.2022.8）
ISBN 978-7-5478-5710-6

Ⅰ.①上… Ⅱ.①中… Ⅲ.①农村－社会主义建设－研究－上海 Ⅳ.①F327.51

中国版本图书馆CIP数据核字(2022)第103436号

上海实施乡村振兴战略的探索与实践
中共上海市委农村工作领导小组办公室　主编

上海世纪出版（集团）有限公司
上 海 科 学 技 术 出 版 社　出版、发行
（上海市闵行区号景路159弄A座9F-10F）
邮政编码 201101　　　www.sstp.cn
上海中华商务联合印刷有限公司印刷
开本 787×1092　1/16　印张 25
字数 500 千字
2022 年 7 月第 1 版　2022 年 8 月第 2 次印刷
ISBN 978-7-5478-5710-6/S·235
定价：180.00 元

本书如有缺页、错装或坏损等严重质量问题，请向工厂联系调换

目录

一、实践探索篇 1

1 习近平总书记在上海工作期间对推动"三农"发展的思考与实践 2
2 上海全面建设乡村振兴示范村 9
3 嘉定区激活农业"芯片"发展种源农业的探索与实践 18
4 宝山区组团打造乡村振兴示范片初见成效 21
5 浦东新区促进农村集体经济转型发展的探索与实践 24
6 崇明"顾伯伯农家乐"开启"村落式"民宿抱团自治经营新模式 27
7 关于金山区待泾村农村集体建设用地作价入股的调研 30
8 松江家庭农场走出生态循环农牧共赢新路子 34
9 浦东新区探索"一村一企一联合体"发展新模式初见成效 37
10 上海盘活宅基地资源打造乡村人才公寓迈出新步伐 40
11 奉贤区推进农村宅基地改革初见成效 44
12 上海破解乡村民宿发展政策瓶颈的实践探索 47

二、新闻报道篇　53

1　始终把生态立岛的理念贯穿于崇明经济社会发展的全过程　54

2　粉墙黛瓦、小桥流水……上海的乡村振兴路线图来啦　57

3　面向全球、面向未来，上海乡村如何振兴？　60

4　让农业强、农村美、农民富！增强抓乡村振兴紧迫感、责任感　62

5　做好农业强、农村美、农民富的大文章　64

6　提高思想站位，尊重农民意愿，持续用力做好"三农"各项工作　67

7　"微更新、再激活、细治理"
　　——上海推进乡村振兴塑造城市"后花园"　70

8　为耕耘充电　让种田更炫　72

9　聚焦实施乡村振兴战略加快农村"五美社区"建设
　　——崇明打造"阡陌交通鸡犬相闻"的农村社区样板　76

10　园艺村入选首批乡村振兴示范村产业发展、村容治理有"颜值"又有"内涵"
　　——乡村振兴让崇明黄杨"老树发新枝"　83

11　闵行区马桥镇"串点连线成片"绘就"乡村振兴"新画卷　86

12　在希望的田野上
　　——宝山区大力推进乡村振兴纪实　89

目录

13 上海松江：以创新改革促乡村振兴　93

14 "好生态"也能产出"好经济"，看崇明如何打造"世界农业工厂"　96

15 踩上"在线经济"风口，既保护美丽乡村资源，又积攒发展经济本钱
　　——聚源桥村"以花为媒"推动乡村振兴　101

16 礼赞丰收、致敬农民、回馈市民
　　——2020年中国农民丰收节上海庆丰收大展示系列活动举办　104

17 看得见山，望得见水，记得住乡愁
　　——重固镇：加快打造乡村振兴示范片区，倾力建设"精致小镇"　108

18 上海市农业科学院为现代农业发展建立智库、贡献成果
　　——为农业插上科技的翅膀　114

19 网红建筑的流量能否助力乡村振兴　121

20 "三力"建设，闵行浦江镇革新村谱写乡村振兴"革新答卷"　128

21 探索乡村振兴新模式
　　——上海国盛集团"塑形"与"铸魂"的创新实践　132

22 上海"农机土专家"的"锦囊"　139

23 乡村振兴在上海宝山：让党旗在绿水青山间高高飘扬　144

24 松江区："青年力量"为乡村振兴注入新活力　148

三、信息交流篇　151

1　聚焦数字化转型新要求打造具有浦东特色的"数字农业"新格局　152

2　浦东惠南镇吸引"沪乡人"创新创业见成效　154

3　闵行构建"大数据＋智能化"资产监管系统助推农村集体经济再提升　157

4　闵行区实施数字化监管让地产农产品质量安全"看得见"　160

5　嘉定安亭开展长三角一体化合作的新探索　162

6　嘉定区"无人农场"建设初见成效　165

7　宝山区营建美好乡风丰富乡村振兴内涵　168

8　宝山区统筹开展村庄设计全面推进示范村建设　171

9　松江坚持绿色生态理念推进绿色农产品发展　174

10　松江区大力推广"幸福老人村"模式积极探索农村社区"原居养老"　176

11　青浦区探索利用有线电视拓宽服务村民和民主监督新途径　179

12　青浦区大力推进新时代幸福社区建设努力打造"一站式""集成化"社区服务综合体　181

13　奉贤推行"乡贤＋"模式促进村级治理现代化　184

14　奉贤区实施"生态村组·和美宅基"积分制成效明显　186

15 金山区推进文旅融合传承乡村文脉，留住乡愁乡韵 189

16 金山区创新农保服务助力乡村振兴 193

17 崇明区着力破解基层人才选育管三大难题加强村党组织书记队伍建设 198

18 崇明区开展全球农业精准招商助推重大农业项目建设 201

四、政策机制篇　205

1 关于促进和保障崇明世界级生态岛建设的决定 206

2 上海市实施《中华人民共和国农民专业合作社法》办法 209

3 上海市中华鲟保护管理条例 217

4 上海市促进家庭农场发展条例 223

5 关于促进和保障长江流域禁捕工作若干问题的决定 227

6 上海市农村村民住房建设管理办法 230

7 关于贯彻《中共中央、国务院关于实施乡村振兴战略的意见》的实施意见 241

8 关于鼓励本市专业技术人才参与乡村振兴战略的通知 254

9 关于本市建立健全涉农资金统筹整合长效机制的实施意见 258

10 关于促进本市乡村民宿发展的指导意见　265

11 上海市乡村振兴战略规划（2018—2022年）　270

12 关于在实施乡村振兴战略中选派优秀干部支持本市经济相对薄弱村发展工作的通知　307

13 关于促进金融创新支持上海乡村振兴的实施意见　312

14 关于进一步建立健全我市城乡融合发展体制机制和政策体系的实施方案　317

15 关于引导市属国有企业助力乡村振兴的指导意见　323

16 关于规范本市乡村地区"点状供地"实施的通知　326

17 上海市推进农业高质量发展行动方案（2021—2025年）　329

18 关于推进花卉产业高质量发展服务高品质生活的意见　336

19 关于完善设施农业用地管理促进设施农业健康发展的通知　341

20 关于助力全面推进乡村振兴的若干政策措施　348

21 上海市乡村振兴"十四五"规划　355

22 关于进一步支持农民相对集中居住工作的实施意见　382

23 上海市乡村振兴配套政策文件清单（1+1+35）　388

编后语　391

一、实践探索篇

SHIJIAN
TANSUOPIAN

上海实施
乡村振兴战略的探索与实践

1 习近平总书记在上海工作期间对推动"三农"发展的思考与实践

中央农村工作领导小组办公室　上海市委农村工作办公室

习近平同志在上海工作期间，高度重视"三农"工作。在短短7个多月的时间内，他深入郊区农村，走田头、访农户、听民生、摸民情、解民忧，足迹遍布上海郊区乡村。在2007年5月24日上海市第九次党代表大会报告中，习近平同志指出："加大城乡统筹力度，加快社会主义新农村建设，更加注重郊区农村发展，坚持工业反哺农业、城市支持农村和多予少取放活的方针，加快转变农村生产生活方式，在解决'三农'问题、破除城乡二元结构上走在前列。"重温习近平同志对上海"三农"工作的一系列重要论述，总结上海这些年来的探索实践，对于新时代实施乡村振兴战略，更好地开创"三农"工作新局面，具有重要指导意义。

一、在"三农"发展战略上

习近平同志在不同时间、不同场合强调，"三农"问题是关系国计民生的根本性问题，必须坚持重中之重的战略地位。他指出，"破除二元结构，就是要把农村抓好，新农村建设这个战略任务，一定要在上海得到体现，不能说我们是国际化大都市，就轻农，就忽视农业，忽视'三农'"，"投入上向'三农'的倾斜力度要更加大一点，公共财政支出向'三农'多拨一些"（2007年8月9日在南汇区调研时的讲话）。他指出，"城市与农村、农业与二三产业之间有着非常紧密的依存关系，正确处理城乡关系、工农关系，实现一二三产业协调发展和城乡共同进步，是推动科学发展、促进社会和谐的重要基础"（2007年9月27日在上海市农村党的建设"三级联创"活动工作会议上的讲话）。他指出，上海"具备了全面实现城乡一体化的条件。城乡一体化并不是一样化、一律化、无差别化，还是有差别的，城还是城，乡还是乡，风貌还是不一样的"（2007年8月29日在奉贤区调研时的讲话）。习近平同志在上海市委八届十二次全会结束时的讲话中指出，上海作为特大型城市，虽然农业比重非常小，不到

1%，但只要有农业、农村、农民，就要把"三农"工作作为重中之重来抓。这些重要论断，科学回答了如何看待"三农"、对待"三农"、抓好"三农"的问题，全面阐述了解决好"三农"问题在现代化全局和长远发展中的根本地位，把解决"三农"问题的重要性提升到了历史新高度，为上海推进"三农"工作提供了根本遵循。这些年来，上海全面落实"三农"重中之重的战略思想，加大统筹城乡发展力度，实施一系列强农惠农政策，郊区农业、农村发展取得显著成绩，城乡一体化水平不断提高，在全国率先进入了城乡融合发展新阶段。

二、在发展现代农业上

习近平同志强调坚持发展高效生态农业，发挥农业多功能性的作用。他指出，"从现代农业发展本身看，上海的农业也大有可为"（2007年5月13日在上海市委八届十二次全会结束时的讲话）。他每到一地调研，都会叮嘱上海农口同志，发展现代农业要学习借鉴"荷兰经验"，将农业搞得很精致、很现代化，具有高附加值，使之成为一个亮点。他在宝山区调研时提出，要依托大都市的综合优势，坚持农业的科技化、集约化发展，大力发展现代、生态、高效、特色农业，全面提升农业的经济功能、生态功能和服务功能。他指出，"农业不求大而求精"，"在现代农业方面起到一个试验田、示范区的作用"（2007年6月19日在闵行区调研时的讲话）。"现代农业，不仅应该体现在设施农业、种源农业、精细农业、高效生态农业上，而且还可以和其他产业融合"，"应该把现代农业发展起来，做精、做优、做强"（2007年7月5日在嘉定区调研时的讲话）。这些重要论断是对农业现代化发展规律的深刻认识，推动了上海都市现代农业内涵的重大拓展、导向的重大提升和实践的重大创新。这些年来，上海都市现代农业发展迈出新步伐，在全国率先整建制创建国家现代农业示范区，农业可追溯体系保持在90%以上，农业科技进步贡献率达到70%左右。经测评，2017年上海农业的现代化评价指数和都市农业发展指数均名列全国第一。

三、在推进农村建设上

习近平同志强调坚持遵循乡村发展规律，扎实推进美丽宜居乡村建设。他提出，"不搞大拆大建、分类指导、因地制宜、尊重村民意愿"，"发挥农民的主体作用，使村容整治等方面有明显改变"（2007年8月23日在松江区调研时的讲话）。在考察了嘉定区毛桥村后，习近平同志指出，"这个项目老百姓还是积极拥护的。从改造模式看，没有花多少钱，没有搞强拆强建，是比较自然、比较纯朴的，也是适合当前发展阶段的"，"充分调动广大群众特别是农民群众的积极性，让他们有更大的热情参与社会主义新农村建设"，"很自然的现代化村落，城里人来了，感到很新鲜，感到城里所没有的这样一个氛围"（2007年7月5日在嘉定区调研时的讲话）。对于农村风貌保护，习近平同志强调，"符合农村的自然风貌，具有江南水乡、古城特点的文化风貌要保护下来"（2007年8月9日在南汇区调研时的讲话），"像枫泾古镇以及农村自然村落等，这些都是极为宝贵的历史文脉"，"在推进新农村建设过程中，要倍加珍惜，切实加以保护"（2007年6月12日在金山区调研时的讲话）。在上海推进新农村建设中，习近平同志十分重视解决农村经济发展不平衡问题。他指出，"本市经济薄弱村的面较广、量较大，推进其发展经济的任务很重"（2007年8月8日在上海市农委《情况专报》上的批示）。习近平同志要求农口的同志抓紧落实、务实求效，切实把这项工作当作"三农"工作和新农村建设的一项重要内容来抓。这是城乡融合发展战略思想的率先实践，也是加强综合帮扶、缩小城乡差距的实际行动。这些重要论断深刻揭示了乡村经济和社会发展的规律性要求，为上海搞好新农村建设提供了基本指引。这些年来，上海以村庄改造为载体，全面实施农村基础设施建设、村庄环境综合整治等工程，农村人居环境持续改善。到2017年底，全市累计完成30万户村庄改造及20万户农村生活污水设施改造，400多个薄弱村通过综合帮扶，村均增加资产830万元。

四、在促进农民增收上

习近平同志强调坚持在发展中保障和改善民生，让农民有更多的获得感。"小康不小康，关键看老乡"，习近平同志十分重视农民的收入问题。他指出，"虽然上海农民生活水平在全国最高，但与城市居民相比还有不小差距。只有把这部分群体的民生问题解决好，上海才能真正率先构建社会主义和谐社会"（2007年5月13日在上海市委八届十二次全会上的讲话）。他指出，"'三农'问题的核心是农民问题，农民问题的核心是增进利益和保障权益问题"（2007年9月27日在上海市农村党的建设"三级联创"活动工作会议上的讲话）。他指出，要拓宽渠道增加农民收入。"促进农民非农就业，挖掘农业增收潜力，完善农村社会保障，建立健全农民增收长效机制，不断提高农民收入水平"（2007年5月24日在上海市第九次党代表大会上的报告）。"尽量地转移农民，提高城市化水平，使更多的相对富裕起来的农民、有条件转移的农民，转移到城市去、转移到非农行业上来"（2007年8月23日在松江区调研时的讲话）。他在南汇区调研时指出，通过种植业、养殖业也能够让农民增收致富。"要发展农村合作社，扶持一批龙头企业，通过能人带头、政府扶持，把设施、技术、市场结合在一起"，"形成联系比较紧密的共同体"（2007年8月9日在南汇区调研时的讲话）。他重视新型农民的培育工作，指出，"培养有知识、有文化、懂得现代技术的现代农民。这个方面，你们的工作条件好一点、基础好一点，应该做得更好一点，可以在上海起示范作用，甚至为全国提供经验"（2007年6月19日在闵行区调研时的讲话）。他在奉贤区调研时要求公共财政加大对经济薄弱村的扶持，在此基础上培育集体经济财力，依靠三产等物业，通过增加一些不动产，以提高农民收入。这些重要论断体现了以人民为中心的发展思想，科学回答了农村发展为了谁、发展依靠谁、发展成果由谁享有的根本问题，推动了上海农民收入持续较快增长。这些年来，上海把增加农民收入作为"三农"工作的中心任务来抓，坚持因地制宜、多管齐下，着力创新体制机制，有效促进了农民收入持续增加。近年来，农民收入增幅始终快于城镇居民收入增幅，2017年全市农村居民人均可支配收入27 825元，名列全国各省（自治区、直辖市）前茅，城乡居民收入比值为2.25。

五、在深化农村改革上

习近平同志强调坚持不懈推进制度创新，激活农业农村发展新动力。在上海市第九次党代表大会报告中提出，"把增加农民收入、改善农民生活作为农村改革发展的出发点和落脚点"。在农业改革方面，习近平同志希望松江在稳定农村家庭联产承包制的前提下，探索研究家庭经营、土地流转和农业服务主体怎么结合的问题。他提出，松江处于改革的先行先试区，要考虑怎么去推动规模经营、做好土地流转的文章。在农村改革方面，习近平同志强调，不断深化农村综合改革，增强农村发展动力，切实减轻农民负担。他提出，在推进改革过程中，既要稳定好农村基本经营制度，也要保护好农民的利益。这些重要论断是解决"三农"问题的治本之策，也是缩小城乡差距的制度创新，深刻阐明了深化农业农村改革的出发点和落脚点，为上海农业农村改革明确了底线、指明了方向。这些年来，上海松江区在全国率先培育和发展家庭农场，破解了"谁来种田、怎样种田"的问题。松江家庭农场以农户家庭为经营主体，主要依靠本地家庭劳动力，实现了生产规模化、专业化和集约化，提高了农业生产水平，粮食生产经营成为农民家庭收入的主要来源。2013年，家庭农场这一新兴农业经营主体写进了中央1号文件，在上海乃至全国各地得以迅速推广。同样，上海农村改革持续深化，到2017年底，全市农村土地承包经营权确权登记颁证率达99.6%，提前一年完成确权登记颁证任务。率先全面推进农村集体经济产权制度改革，全市98%的村和51%的镇完成了产权制度改革，走在全国前列。

六、在生态文明建设上

习近平同志强调坚持绿色生态为导向，推动农业农村可持续发展。习近平同志高度重视农业生态发展，他在金山区调研时提出，金山要建设百里花园、百里果园、百里菜园，成为上海的后花园。"广大农村地区是整个城市不可或缺的生态屏障，是城市的'氧吧'和'绿肺'，这是其他任何产业不能替代的"（2007年9月27日在上海市农村党的建设"三级联创"活动工作会议上的讲话）。"有历史风貌，像江南水乡、小桥流水，那种粉墙黛瓦、徽派建筑，虽然旧了，但还是要修旧如旧，保持它原汁原味的风貌"（2007年8月29日在奉贤区调研时的讲话）。习近平同志在崇明调研时指出，"建设崇明生态岛是上海全面落实科学发展观、加快构建社会主义和谐社会的一个重大举措"，"要坚持高起点、高标准，扎扎实实推进崇明生态岛建设"，"建设成为水清气洁、林茂土净、环境宜人的生态岛屿"（2007年4月12日在崇明县调研时的讲话）。他在青浦调研时指出，要加强环境保护和生态治理，进一步加大污染控制力度，加强水环境治理，做好生态治理工作；要积极探索建立环境保护补偿机制，立足实际，加快建立与周边省市的协同机制，真正形成湖区治理的长效机制。这些重要论断是人类文明发展理念的嬗变和升华，也是经济社会发展方式的认识飞跃，深刻阐明了发展经济和保护生态环境的内在统一性，为上海推进农村经济建设和生态文明建设提供了根本指南。这些年来，上海生态农业发展取得明显成效，全面完成了不规范畜禽养殖场的整治任务，加强养殖业面源污染整治力度，推进中小河道周边畜禽养殖场综合治理计划，探索畜禽养殖废弃物资源化利用新途径，促进种养结合、生态循环，实施农药化肥减量化和农作物秸秆综合利用，有效改善了农业生态环境。到2017年底，全市农村生活垃圾处置设施"一主多点"布局基本形成，建成廊下等6座郊野公园，农村森林覆盖率达16.2%，农村生态环境明显改善。

七、在公共服务供给上

习近平同志强调让农民共享现代化和改革的成果。他指出，"在公共事业上，要加大对农村基础设施建设和社会事业发展的倾斜力度，切实改善农民生活环境，提高农民生活质量"（2007年6月19日在闵行区调研时的讲话）。习近平同志指出，"基础设施的改善，向一体化方向走，城市向农村延伸，水电路桥将来村村通、户户通"，"垃圾处理要实行村收集、乡镇集中、区县处理"，"改灶、改厕等都应该全面推开"，"在建设物质文明的同时还要加强精神文明建设，要软件和硬件并重"，"软件，就是镇保、社保、合作医疗制度的建立，对于三无人员、五保（户）的集中供养，上海要解决得好一点，力度要再大一些"（2007年8月9日在南汇区调研时的讲话），"在坚持现有行之有效的政策不变、给农民的实惠不减的基础上抓调整，凡是不利于促进城乡统筹的政策体制要及时废除，对有不足之处的政策要加以完善"（2007年9月27日在上海市农村党的建设"三级联创"活动工作会议上的讲话）。这些重要论断为调整国民收入分配格局、推动上海农村公共服务加快发展和城乡一体化公共服务制度体系加快构建提供了基本遵循。这些年来，上海城乡发展一体化迈出新步伐，出台了一系列新举措，居民养老保险、医疗保险、低保等保障制度实现城乡统一，基本服务均等化水平持续提高。到2017年底，"新农合"人均筹资提高到3 000元，农村低保每人每月970元，农民养老金标准提高到750元，居全国之首。

八、在农村基层党建上

习近平同志十分重视加强农村党建。他多次强调要加强农村基层党组织建设，引导农村基层组织既要重视抓好经济，又要重视抓好党建和村务管理。"只有农村基层干部队伍坚强有力，农村的基层政权才能得到巩固，中央和市委的重大战略部署才能在农村不折不扣地得到落实，各级党组织在农民群众中的凝聚力和影响力才能不断增强"（2007年9月27日在上海市农村党的建设"三级联创"活动工作会议上的讲话）。他提出，通过加强基层党建，赋予农村基层更强的战斗力。他强调，"要培养好、建设好农村基层领导班子，特别是要结合村党组织换届选举，切实把那些靠得住、有本事、肯带领农民致富、群众公认的优秀人才充实到基层领导岗位。要不断拓展农村干部和人才队伍来源。一方面，要加强本土人才培养，吸引更多的本土人才从城市向农村回流；另一方面，区县党委要通过引进输送、机关下派等途径，选优、配齐、配强村干部。要建立机制，选拔应届毕业大学生和机关干部充实到农村基层。要加强农村基层干部作风建设"，"教育广大农村干部大力弘扬求真务实精神，切实增强忧患意识、公仆意识和节俭意识，大兴调查研究之风，深入基层、深入实际、深入群众、深入田间地头和农民家中，体察民情、倾听民意、关注民生，到困难多的地方去解决最难解决的问题"（2007年9月27日在上海市农村党的建设"三级联创"活动工作会议上的讲话）。这些重要论断回答了加强农村党建的必要性和重大战略意义，是对农村党的建设、基层组织管理的加强、创新和提升，是上海加强农村党建、提升乡村治理水平的宝贵财富。

习近平总书记关于做好"三农"工作的重要论述博大精深、立意深远、视野广阔、内涵丰富，从宏观全局和历史进程全面阐述了"三农"发展的一系列重大理论问题和现实问题，深刻揭示了现代化进程中城乡关系变迁的一般规律和富民强国之路，提升了农村改革发展经验，是习近平新时代中国特色社会主义思想的重要组成部分，是新时代做好"三农"工作的强大思想武器和根本遵循。上海将认真学习贯彻习近平总书记关于做好"三农"工作的重要论述，按照"产业兴旺、生态宜居、乡风文明、治理有效、生活富裕"的总要求，依托现代化国际大都市优势，建立健全城乡融合发展的体制机制和政策体系，探索走农业持续发展、农村面貌持续改善、农民收入持续增长的新路，实现更高水平的小康社会和更高水平的城乡融合发展，努力在实施乡村振兴战略中做出示范、走在前列。

（此文先后刊登于 2018 年 9 月 28 日《人民日报》和 2018 年第 20 期《求是》杂志）

2 上海全面建设乡村振兴示范村

党的十九大提出实施乡村振兴战略以来,上海紧紧围绕"产业兴旺、生态宜居、乡风文明、治理有效、生活富裕"的总要求,按照"不策划不规划,不规划不设计,不设计不施工"的理念和"政府引导、农民主体、企业参与、市场运作"的工作推进机制,聚焦重点产业,聚焦资源要素,培育新业态,发展新动能,先后开展了四批共88个乡村振兴示范村创建工作,在推进农民相对集中居住、乡村产业融合发展、乡村基层治理等方面涌现出不少新亮点,各项工作已走在全国各省(自治区、直辖市)的前列。当前,通过创建示范村作为乡村振兴主要抓手的理念已在上海深入人心。

一、基本情况

从总体看,上海乡村振兴示范村创建以来,村庄发展的显示度、示范性、带动性均不断增强,其主要特征有三。

(一)地域分布相对均衡

88个示范村分属9个涉农区,近、中、远郊均有分布,村域总面积309平方千米,平均每个村占地3.5平方千米;总农户数7.5万户,平均每个村有852户。

(二)发展模式各具特色

在立足每个村自然资源禀赋和经济社会发展水平的基础上,示范村创建展现出多元化发展形态,形成了特色农业型、产业融合型、生态保护型、休闲旅游型、区域联动型五类创建风格。

(三)项目建设类型多样

示范村创建的项目囊括了农民集中居住、生态环境建设、公共服务设施、现代都市农业、乡村新产业新业态、发展机制培育等多个领域。

为确保乡村振兴示范村创建顺利推进，上海始终把握以下五个重要环节。

- 一是领导重视是关键。全市上下贯彻落实"五级书记"抓乡村振兴的要求，建立"一把手"工程的领导体制，市委市政府主要领导亲自部署、亲自推动，分管领导对示范村逐一考察指导；各涉农区党政主要领导亲力亲为，立足全局，加快策划谋划；各镇村依托党建引领，增强基层党组织的凝聚力、向心力。

- 二是健全机制是保障。各涉农区建立"挂图作战"的工作机制，在镇设立指挥部，在村设立工作组，抽调专人承担示范村项目的具体推进和落实工作，以时间倒逼进度，销项式完成建设任务。

- 三是形成合力是支撑。各涉农区充分整合优势资源，选派规划、建设等专业人员驻村现场指导，聚焦人力、物力、财力，统筹各条线资源，做到"多个渠道蓄水，一个龙头放水"。

- 四是创新方式是动力。围绕激活乡村资源，实现美丽环境向美丽经济转变，市、区两级有关部门开辟绿色通道，创新采用可容缺审批方式，先受理后补缺，构建"并联式"项目审批机制，确保按照时间节点高质量完成建设任务。

• 五是村民参与是根本。在村党组织的发动和带领下，持续激发村民参与创建的主动性和积极性，呈现出从村干部"抱着农民走"到农民"跟着政策跑"的可喜变化，村民与干部的互动交流越来越频繁。

二、主要做法

每个示范村建设始终践行"人民城市人民建，人民城市为人民"的理念，秉持了"高位推动、部门联动、基层发动、村企互动"的做法，共植了一棵枝繁、叶茂、根深、花妍、果硕的"振兴之树"。

（一）注重夯实产业，做好富民文章

坚持把产业兴旺作为着力点，各村结合自然禀赋和资源特点明确长远发展方向，做大做强都市现代农业，谋划乡村产业融合发展，促进农民持续增收。

• 第一，打好"特色牌"。既立足传统产品，又开拓新兴市场，持续放大特色效应。例如，浦东新区公平村、大河村立足"一村一企一联合体"，依托清美集团、祥欣种猪、红刚青扁豆、大河果蔬雪菜等龙头企业和产业化联合体，大力发展特色农业产业，打造农产品加工销售产业链，实现带动农民就业增收。金山区油车村以银龙蔬菜、亭丰果蔬、油车蔬果杏鲍菇为基础，持续优化农业结构，形成了以"亭林雪瓜"地理标志为核心的农产品品牌和瓜果蔬菇粮一体的综合绿色种植格局，产品供应期覆盖全年，实现了月月有果、日日有菜。崇明区永乐村以打造"中国藏红花之乡"名片为重点，引进社会资本和科研机构，形成以藏红花种植加工为核心的医药、化妆品、康养保健特色产业集群，每年使种植户获得保本收入 3 万～4 万元；园艺村打响"崇明黄杨"品牌，组织 675 户农户抱团发展，改变一家一户低端销售模式，全村造型黄杨年销售收入达 4 000 万元。

• 第二，构筑"产业链"。积极引进市场主体，搭建农业"接二连三"的桥梁，最大程度实现价值溢出效应。例如，青浦区将示范村的农业招商纳入全区整体招商格局，积极招引上海佰麟园林等一批影响力大、专业强的企业扎根当地，实现农业一三产联动发展。宝山区新陆村引进市级龙头企业景瑞农业科技公司，开发"生产基地＋加工企业＋商超销售"新模式，统筹运营管理 628 亩高标准蔬菜基地，并导入研学团队资源，打造自然教育学校，不仅拓宽了村集体收入增收渠道，也让市民近距离了解

一棵菜从菜田上餐桌的整个过程。金山区水库村引入财宇生态农业科技公司开发生态乌鳢（黑鱼）养殖项目，集活鱼销售、免浆鱼片加工、种苗供应等全要素生产于一体，日出货量达1.5万千克，供应了全市近80%的品牌酸菜鱼馆，年销售额达2000万元，亩*均产值40万元。

- 第三，探索"新经济"。植入新产业、新业态，提升开发乡村产业融合项目，发展了新业态。例如，青浦区莲湖村与叮咚买菜等25家新型农商企业建立合作关系，实现线上线下多渠道农产品销售。宝山区聚源桥村引进安然园艺、一水间等花卉企业，在淘宝网等平台以"直播带货"的方式销售200多种多肉花卉，年销售额达3000多万元，并开办电商创业指导课和互联网直播培训，帮助村民实现网上售货。浦东新区与盒马鲜生共建"数字盒马村"，以"盒马"商超为依托，打造数字农业示范基地，由大数据和订单农业来保障"种什么、怎么种、种多少、何时销"，促进新零售、新农业、新农民"三新"业态的聚合。

（二）注重突出重点，做好宜居文章

坚持把"牛鼻子"工程作为关键点，农民相对集中居住和乡村风貌塑造两项重点建设工程着力向示范村聚焦，体现"各炒一盘菜、共摆一桌席"的集成示范效应。

- 第一，推进集中居住。各示范村在充分尊重农民意愿的基础上，引导农户实现向规划保留居住点集中，或通过布局微矫正的方式实现原址翻建，探索形成了一整套可操作的政策、机制和路径，为全市农民相对集中居住的"平移"模式提供了样板。例如，金山区在全市首创"就地上楼"居住方式和"确权不确房"模式，采取"自住一套+委托运营一套"方案，村民实现零付款入住。奉贤区新叶村依托宅基地归并试点工作，从41个破旧落后的自然村落陆续归并到4个集中化小区，实现全村876户农民集中安置，新增了866亩耕地面积，形成了田成块、路成行、渠畅通，居住集中、耕地集中的乡村新面貌。据统计，示范村所有需要集中居住的农户里，采取"平移"方式的占26%，采取"上楼"方式的占74%。总体上看，各示范村相对集中居住的实践做到了三个集约：一是土地资源集约，各示范村节地率均达到了25%以上，预留了建设用地指标；二是资金使用集约，用足市、区两级基础设施配套补贴、节地补贴等多项补贴政策，减少镇级资金压力；三是配套设施集约，将有限的资金集中投入到社

---

* 1亩≈667平方米，1公顷=15亩。

区服务站、中心卫生室、村民大食堂等少量的设施，打造高品质乡村公共空间。

- 第二，加强生态治理。通过贯通水系、增加水面积、开展微小水体清美行动，改善水底生态环境，对硬质岸坡实施柔化处理，劣五类水体全面消除，自然、生态、柔美的"水"景观呈现。实施片状公益林开放计划，织密彩化路、水、田绿带绿网，"见缝插绿"美化宅前屋后公共空间，乡村"绿"品质有效提升。通过调优种植结构、美化田边环境、增设指示标志、打造景观节点等方式，优化农田环境和形成大地景观，展现出"田"的美景。例如，青浦区东庄村开放公益林200亩，对朱枫公路沿线2 000亩农田环境实施整体提升，栽种矢羽芒、向日葵、波斯菊、月季等乡野花草，"绿稻"配"红花"，"游林""赏田"成乐趣。

- 第三，提升建筑风貌。加强乡村自然肌理保留与保护，坚持规划设计先行，注重田、水、路、林、房全要素风貌提升，积极推动重要节点设计向村庄整体设计转变，在突出整体环境协同、组团提升村容风貌、加强建筑细节刻画、加大乡村元素点缀、打造标志性空间节点等方面精准发力。例如，浦东新区以规划建设"大三园"为目标，做优、做精、做实"小三园"，各示范村以"洁、齐、美"为标准实现宅、田、路、水、林统筹建设。嘉定区举办乡村设计大赛，建立乡村规划师人才储备库，形成乡村规划师咨询服务支撑团队，提高了全区乡村建设的质量。同时，各示范村在房屋新建、翻建过程中注重元素统一，做到组团式布局与乡村自然环境相互融合，都形成了标志性作品，有的村呈现出"白墙灰瓦坡屋顶，林水相依满庭芳"的江南水乡村景，有的村呈现出现代田园别墅的时尚风情。

（三）注重机制创新，做好改革文章

坚持把解决"急难愁"问题作为出发点，通过改革加快释放制度红利，"地、钱、人"等各类要素不断激活。

- 第一，盘活"地"的资源。让各业用地发挥最大价值，筑牢产业之基。例如，嘉定区联一村引入地产集团实行市场化运作，在全市率先探索集体建设用地使用权作价入股，将全村域整建制集中归并节约出的150亩宅基地统一调整为集体经营性建设用地，用于商业开发。金山区水库村97%的承包地完成入股，实现农民变股民，核心区承包地的招商流转价格翻了一番，使全村增加约110万元的土地收益。此外，不少示范村通过吸引社会资本开办乡村民宿，使农房的租金从"按间"算变成"按平方"算，农民的年租金收入较原先翻两番，由原先的3万元左右增长到8万～10万元。

- 第二，撬动"钱"的价值。引进社会资本参与村庄发展，形成多方共赢的局面。例如，松江区南杨村引进上市民营企业，利用农村集体建设用地发展农创、农旅产业和精品客栈等，实现村集体经济净收益4 800万元。金山区待泾村围绕"花开海上"项目，搭建企业和村集体利益联结机制，确定园区门票收入的10%返还给村集体，生态停车位的全部收益归村集体，流转土地费用比同类土地费用高5%，园区招工优先招录本村人。青浦区章堰村引入中建八局，遵循历史的发展脉络，以"生长、生存、新生"的理念将1 000多年的古村落、古建筑翻新复活，投资5亿元打造128亩项目核心区，建设滨水街区、咖啡书店、时尚餐厅、特色民宿等商业业态和休闲空间，再现章堰繁华景象。

- 第三，激发"人"的活力。对内增加服务型就业岗位，鼓励村民创新创业，共同致富。例如，闵行区革新村为村民免费提供自产自销疏导点50个，引导村民制作传统特色小吃在古镇销售。对外加大筑巢引凤力度，吸引青年人、高端人才进村入乡安居乐业。奉贤区沈陆村以镇、村、社会资本合作的方式成立招商平台，统一流转农民的闲置宅基地、房屋，打造符合企业需求的乡村人才公寓，形成了"一栋房屋一家企业、一栋房屋一群创客"的人才振兴局面。青浦区林家村从提升村庄公共环境艺术气息、打造稻田艺术产业、建立公共艺术中心、引进艺术大师等方面着手，以"稻田林家，艺术乡村"为主题，"丁一鸣绘画艺术工作室""路上有马电影工作室"等一批艺术家工作室纷纷入驻，一个"与世界对话的艺术乡村"雏形渐显。

（四）注重集群创建，做好带动文章

坚持把提升集聚效应作为落脚点，发挥示范村的辐射带动作用，实现景观集成、产业集成，为加快城乡融合发展奠定基础。

- 第一，实现"连片建设"。化"盆景"为"风景"，促进由示范村向示范镇的转变。例如，宝山区罗泾镇以打造长江口"五村联动"为抓手，建设沪北乡村振兴连片发展示范区，在空间联动上策划多条主题线路，分别做强"一朵花、一对蟹、一袋米、一篮菜、一蒸糕"，让鸡犬相闻的村落邻里呈现整体协同效应。青浦区强化"点片面结合"，规划重固镇S26北部片区、朱家角镇沈太路片区和练塘镇朱枫公路片区三大乡村振兴示范片区，促进规模联动、功能共享、整体打造，通过集中集聚拓展乡村振兴显示度。

- 第二，实现"联动发展"。注重发挥示范村功能性设施对周边乡村的辐射和服务作用，在改"单兵作战"为"集团发展"方面有新进展。联动发展有两种类型。一种是省际联动，例如，金山区山塘村联合毗邻的浙江平湖南山塘村联手打造"明月山塘"项目，搭建长三角乡村振兴农创平台，实现村域管理联防联控，努力把南北山塘村建成风貌统一、彰显特色、优势互补、协同发展的4A级景区。另一种是片区联动，例如，浦东新区连民村做足"四轮驱动"的文章，分别建立以"民宿+"为核心的产业发展联盟、以特色发展为带动的村落发展联盟、以水系为连接的旅游发展联盟、以种植项目为纽带的区域发展联盟，带动周边9个村共同致富。

（五）注重党建引领，做好善治文章

坚持发挥党建在创建乡村振兴示范村中的引领、服务和保障功能，构建三治融合的乡村治理新格局，农民群众的精气神越来越旺，实现了示范村从"要我建"到"我要建"的转变。

• 第一，创新治理手段。发挥农村基层党组织的战斗堡垒作用和团结凝聚群众作用。例如，青浦区在示范村开展"五星四责三色"管理，对村民小组长进行"五星考评"，每季度评选出五星组长2名；对出租房屋进行"四责管理""三色挂牌"，实现村庄长治久安。闵行区革新村成立"联在革新"党建联盟，29家区域知名企事业单位近百名"两新"党员志愿参与"益企进乡村""义诊进革新"活动。浦东新区赵桥村搭建的妇女微家、互助睦邻点、老娘舅工作室，园艺村搭建的"乡居汇"自治小组等，都较好地激发了乡村振兴的主人翁意识。崇明区合中村开展了以"党员亮身份、群众亮特长，个人领岗位、家庭领责任，争当振兴先锋、争创合中传奇"为主题的新"双亮双领双争"先锋行动，挑选村民骨干全程参与项目设计、工程推进和质量监督，结合"12345"村庄治理共同体，发动全村村民家庭自觉开展宅前屋后人居环境整治。

• 第二，弘扬文明乡风。深入挖掘乡土文化，提炼文化符号，推进移风易俗，延续江南水乡气质文脉，提升乡村软实力。例如，闵行区同心村对有百年历史的金氏宗祠进行修缮，打造文化客堂间、新时代文明实践站，不定期地邀请专家学者上门讲学，提升村民文化素养。宝山区塘湾村成立驻村文化指导小分队，依托各村民小组布设的文化广场、农家书屋、农民课堂等，开展了"唱响塘湾""书香塘湾"等文化沙龙动，有效提振了村民的精气神。奉贤区杨王村新建孝文化墙、村训墙、家风展示区，改建区内唯一的好家训好家风主题展示馆，通过"贤"的引领打造乡风文明村。浦东新区海沈村依托两届场地自行车奥运冠军钟天使家乡、上海唯一通地铁行政村，以及8424

西瓜重要产区等独特优势，创作村歌《潮起之地》，通过文明乡风营造了多彩睦邻、活力多元、乡野逸趣、多方共治的乡村生活圈。

第三，实行智慧管理。推进平安乡村建设，用信息化技术、网格化手段实现农村长治久安。例如，宝山区、松江区以"雪亮工程"为抓手，推进实施示范村免费Wi-Fi全覆盖，配齐门禁系统、高清探头、人脸和车辆识别装置，用"天眼"和"微脑"实现了管理端口前移，案件发生率显著降低，有效提升了村民的安全感。嘉定区北管村充分利用信息化技术，依托"小联勤"体系（20个高清摄像头），将"城管通"（1部同时和26个人对话）、"河长制"App（30多位老党员担任民间河长）、"村民手机短信"和微信公众号等串联起来，让村民在第一时间参与村务治理。

三、取得成效

通过多年来的建设，乡村振兴示范村的形态和风貌焕然一新：有的村展现了"粉墙黛瓦观音兜"的江南水乡风貌，令人置身于飘逸灵动的水墨画之中；有的村展现了大都市后花园的优雅气质，在城市的喧嚣中给人以心灵的宁静。村干部纷纷表示，示范村建设是对农村地区加强"地、钱、人"等要素供给的一次"破冰行动"，是对体制机制创新的有益探索，建设成效显著，大家倍感振奋。

（一）提升了农村环境面貌

在示范村建设中，各涉农区围绕核心区打造，以项目化建设提升农村基础设施水平。88个示范村共投入1500多个建设项目，涵盖了农民相对集中居住、市政基础设施、公共服务设施、生态环境、现代农业、新产业新业态、社会治理等领域。99.8%的示范村村民认为村里的人居环境得到了改善，示范村建设以后，农村环境面貌发生显著变化，设施完善了、环境整洁了、村庄美化了。更让村民津津乐道的是，示范村还建成了众多网红打卡地。据统计，2020年所有示范村实现接待游客约205万人次。

（二）促进了乡村经济发展

大多数示范村位于远郊地区，经济基础相对薄弱。通过示范村建设以后，村集体总资产和总收入增长率都不同程度高于全市行政村平均增长水平。总体上看，首批9个示范村集体总资产增长尤为快速，增幅由2018年的约7%提高到2021年的80%以上。同时，不少示范村还发展了民宿、文创、康养等新产业、新业态，经济发展正逐步由"输血型"向"造血型"转变。

（三）增强了农民的满意度

示范村创建后，农民的满意度逐年提高，由2019年的90.1%提高到2021年的95.9%。开展"平移"集中居住比较多的示范村村民的满意度更高，纷纷称赞政府为老百姓办了一件好事。约九成的村民表示这两年家庭年收入"明显增加"或"有所增加"；超过七成的村民表示这几年在本村就业变得更容易了；99.6%的村民表示村里治安情况越来越好。

（四）提振了干群的精气神

通过参与示范村的创建，基层干部有了明确的工作目标，找到了有效的抓手，由此激发了他们的干事激情与主动担当。基层干部表示党支部的凝聚力和战斗力明显增强，94.4%的村民对村干部的工作表示满意，干群关系更加融洽。另外调查显示，示范村建成后，陆续有年轻人回村创业居住，村内人气旺起来了，大家对建设示范村充满了信心。

（五）增强了示范引领作用

示范村建成后对相邻村有明显的示范作用，示范村建设让大家看到了乡村振兴建设带来的好处，让大家看到了超大城市乡村振兴的样本，让大家干有方向、学有榜样，同时也辐射带动了周边地区乡村的发展。在推进过程中，形成了乡村振兴推进工作机制、发展模式、政策措施，上海示范村建设经验得到了胡春华副总理和中央农办领导的肯定，北京、天津、海南等多地先后来上海学习取经，陆续在当地部署开展示范村建设，上海经验得以推广应用。

3 | 嘉定区激活农业"芯片"发展种源农业的探索与实践

近年来，嘉定区以发展种源农业作为实施乡村振兴的重要抓手，通过加强"老品种"保护利用，加快"新品种"研发培育，加大"市场化"引领推动，逐步形成"科研服务生产、生产促进经营、经营回报科研"的良性循环，努力打好种业翻身仗。

一、强本固基，注重"老品种"保护利用

嘉定区以保护种质资源为基础，加快资源普查和抢救性收集，深入挖掘本地特色老品种，对"独家"资源实施保护和开发。

- 一是厚家底，让种质资源应保尽保。制定《关于保护开发嘉定区农业老品牌的实施意见（试行）》，明确首批对白蒜、黄渡番茄、白蚕豆、罗汉菜四个老品牌进行保护开发。完成梅山猪8个血统保种，对永辉湖羊、朱桥王鸽等地方畜禽良种和鳄龟等进行保种。全面完成第三次农作物种质资源普查。开展种质资源收集、鉴定和创制，推动老品种制种（保种）、生产全程机械化。给予嘉定白蒜、白蚕豆5 000元/亩，罗汉菜3 000元/亩的制种补贴；给予白蒜1 000元/亩规模化种植补贴。

- 二是挖潜力，释放老品种产业化空间。对具有潜在市场价值的老品牌、老品种分类施策进行开发，构建多层次收集保护、多元化开发利用、多渠道政策支持的格局。依托域内种业企业对白蒜、白蚕豆、芥菜等地方品种试验提纯复壮。实施嘉定白蒜专项开发，支持开展优质白蒜保种、鉴定和育繁推技术攻关，突破从组培室脱毒到三级繁种全产业链关键技术，白蒜发展形成可操作产业化模式。

- 三是塑品牌，推动老品种焕发新生机。嘉定白蒜成功续证全国农产品地理标志。梅山猪是目前全市存栏规模最大的地方猪品种。同时，对黄渡番茄进行修复性栽培，扶持百蒂凯农业打造黄渡番茄品牌，目前黄渡有机番茄市场最高价可达72元/千克。攻克罗汉菜提纯复壮技术难点，注册地域品牌"嘉秀"。

二、重视应用，加快"新品种"研发培育

结合区域特点和资源禀赋，嘉定区加强新品种培育和配套系等品种资源开发利用，坚持绿叶菜、湖羊等原始创新和引进品种消化吸收再创新相结合，加快培育适应市场需求的新品种，满足多元化的市场需求。目前，嘉定区拥有蔬菜种质资源23 000多份，玉米种质资源10 000多份；共自主选育蔬菜品种89个，玉米新品种6个，西甜瓜品种3个，水稻品种4个；蜡梅种质资源85份，国际登录品种8个。

- 一是不断优化商业化育种制度环境。出台《关于嘉定区农业科技创新的实施意见》，聚焦种源农业，增强科技资源配置。落实《嘉定区产学研合作创新联盟管理办法（试行）》，鼓励区内种源企业联合区内外科研机构、高校等联合开展共性技术创新。加强农业科技人员尤其是体制外种业企业科技人员的引进和培养等。
- 二是催化商业化育种技术创新突破。建立全基因组选择技术平台，开展梅山猪、湖羊基因水平选择育种。申耕农业每年投入研发不少于公司利润的5%，目前已有育成品种31个，公司所销售青菜、花椰菜实现100%自主选育。通过引进国外优良肉鸽品种与本地良种肉鸽进行多元杂交，朱桥王鸽优良种性保持较好。
- 三是推动产学研联合攻关。发挥企业在商业化育种中的主导地位，支持研究院所、高校与种子企业建立技术互惠、利益共享、风险共担的种业创新联盟。永辉羊业注册登记设立"上海湖羊研究所"，集聚甘肃农业大学、上海市农业科学院等单位知名专家组成研究团队，先后开展湖羊多胎、早期生长快等功能基因研究等项目研究开发，取得多项突破性进展。区动物疫病预防控制中心－梅山猪保种场与市农科院合作设置"乡村振兴科技支撑行动"专家工作站，先后开展克隆、分子（基因）保种、饲粮、基因检测等多项课题研究；与中国农业科学院上海兽医研究所共同申请实用新型专利1个，发明专利1个。

三、做大平台，促进"市场化"引领推动

嘉定区通过政策措施，建立种业产业链中后段激励机制，鼓励种源企业发挥自身优势与市场深入对接，推动提升种业成果转化显示度、种业产业化体现度和面向生产端服务度。

- 一是打造种业科技成果转化高地。近年来，嘉定种业企业持续引进上海最新种

业研发科技成果，如"沪红糯1号"等，让上海种源科研成果通过嘉定实现落地，嘉定成为上海种源成果的重要转化目的地。

- 二是打造良种繁种制种产业高地。嘉定种子企业积极面向市场，繁种制种领域影响力不断提升。推广"梅山猪地理标志+保种核心场+生产扩繁场（龙头企业）+屠宰加工营销"新型产业化模式，梅山猪原种场和沥江果园合作每年供应5 000头优质肉猪。申耕农业在上海、江苏、云南、甘肃建立6 200亩制种基地，整理制定出青菜、花椰菜、南瓜、茼蒿、生菜、米苋等多品种制种操作规范，各种蔬菜种子年总产量达52万千克。惠和种业搭建功能完善、技术先进的种子精选加工平台，能够满足不同类别农作物研发、隔离繁种、种子精选加工等工作。永辉羊业是上海市唯一湖羊原种场，年出售种羊、肉羊超过1万只，其集约化生产、智能化监控，展示了上海现代畜牧业产业化的示范作用。

- 三是打造优质种源供应服务高地。嘉定种业企业积极推行品牌化发展战略，在市场上的影响力逐步提升。申耕农业的"长征"系列青菜种子年销售500多吨，种植80万亩，市场占有率15%。惠和种业建立健全销售网络，年产销种子50万千克，营业额超亿元，种植面积超100万亩。

上海市嘉定区激活农业"芯片"，发展种源农业取得初步成效，给我们三点启示。

- 第一，从"保护"到"品牌"，以发掘和利用焕发资源新生机，这是打好种业翻身仗的基础。嘉定区确定应保尽保、政府主导、多元参与、高效利用的农业种质资源保护与利用的实践路径，主管部门管理责任、政府属地责任和保护单位主体责任切实得到了履行，这对于农业种质资源提高公众认知、完善市场机制、挖掘资源文化，具有积极的探索意义。

- 第二，从"分散"到"集聚"，以商业化育种激发企业创新力，这是打好种业翻身仗的关键。嘉定区发挥体制优势，加强政策引导与扶持，不断优化现代种业制度环境，更好地发挥了科研机构、推广机构、大专院校与种子企业的协同创新，强化企业在种源农业发展中的市场主体地位。以新品种培育、遗传物质保存、特色资源开发等为重点，开展联合攻关，切实提高了种业企业良种繁育技术水平，有效提升了种业科技自主创新能力。

- 第三，从"卖种子"到"卖种苗"，以延长服务链提升种业价值链，这是打好种业翻身仗的保证。嘉定区在种源科技创新产业链上，着重提升城市核心服务功能，彰显"种源服务"品牌辐射力，既做好了种业科研试验场、成果转化目的地、种源供应服务商，又打造了区域化育苗中心，真正实现了种业"育种、扩繁、推广"一体化健康发展。

4 宝山区
组团打造乡村振兴示范片初见成效

近年来，宝山区立足小巧紧凑的村庄分布特点，实施片区化建设，实行"创建的一体申报、建设的整体规划、产业的统一运营"，在全市率先打造乡村振兴示范片。目前，位于罗泾镇的长江口乡村振兴示范片，汇集了塘湾、海星、花红、新陆和洋桥5个保留保护村，覆盖面积13平方千米，已成为全市乡村振兴集中连片示范标杆区域之一。宝山区的做法可归纳为以下"三个聚焦"。

一、聚焦品质提升，体现乡村建设的片区特色

- 一是乡村规划坚持全域一体。宝山区坚持把村民留在村里，区级层面紧扣保留保护村内村民居住相对成片的特点，整合各条线资源聚焦片区建设。镇层面改变"一村一规"为成片的镇域郊野单元规划。在此基础上，先后形成罗泾镇长江口五村联动、月浦镇三村联动、跨镇域的两镇八村等若干个乡村振兴示范片建设方案。各示范片统筹把握功能定位、空间结构、产业布局，推动全域生态与产业融合发展。

- 二是乡村建设紧扣市场导向。宝山区在建设乡村振兴示范片过程中，秉持先策划规划、后设计施工的思路，示范片建设之初就让后期意向运营方提前介入，将客户需求融入乡村建设，增加双方互信，避免公共资源的闲置，做到投入一处、产出一片。如长江口五村联动片，按照康养产业项目落地需求，政府投入建设针对性的配套设施。月浦片运营团队全程介入乡村建设，按照企业构想开展乡村建设。

- 三是乡村风貌集聚美学价值。宝山区在建设乡村振兴示范片时，既对接市级设计团队，又吸纳本土匠心，设计方案既懂都市审美气质，又熟悉宝山乡土特质。村庄设计彰显文化自信，示范片内乡村建筑彰显出自成一体的海派特色，并推崇多点自然，倡导少点干预，力求去繁从简。如坚持做减法，2021年新创建的4个示范村累计拆除各类建筑2.4万平方米。

二、聚焦产业落地，增强片区乡村经济活力

- 一是注重产业组团发展。由于达不到远郊乡村产业的规模化程度，宝山区更加注重小体量、精品化、组团式的乡村产业发展路径。如长江口五村联动片，主打康养、研学、农旅三大业态组团，形成以"大生态、大健康、泛教育"的示范片区；两镇八村示范片，主打都市农业、特色花卉、乡村旅游、体育文创等业态组团。

- 二是注重功能错位布局。宝山区将都市农业纳入乡村产业一体谋划，编制乡村康养产业片区农业高质量发展规划，整合临近各村资源，建立与主产业所需的农产品供应和农业农村功能拓展体系。确定主产业、核心区后，示范片各村围绕主产业进行功能布局，如塘湾村以母婴康养为特色，拓展经营亲子研学；海星村依托千亩蟹塘，打造长江口生态渔村。

- 三是注重创新发展方式。宝山区通过抱团发展、整合资源等方式壮大集体经济，每招来一个驻村企业，就用活一片闲置农房。同时，点对点帮扶村民创业，示范村建到哪里，精致家宴、精品民宿等业态就开到哪里。此外，示范片所在镇将资源纳入镇级平台一体招商，搭建销售和引流渠道。如罗泾工业区凭借紧邻片区的优势，引进盘点美食、美威水产等公司，建立利益联结机制。

三、聚焦体制建设,创新片区化的治理机制

● 一是统筹片区运营。宝山区打破迟滞发展的体制障碍,在示范片层面,创新组建联村党委,设第一书记,牵头片区内重大事务共商、项目共建、设施共享。同时,建立联席会议制度和决策共商机制,各村事务纳入示范片统筹考虑,以联动发展决议的形式确定重大事项安排,如布置优化区域交通系统等。

● 二是突出村民参与。宝山区将不宜干预的村级治理难题通过民主程序纳入村规民约进行规范。在示范片推行"一事一约",如出租户管理,明确了出租户数、承租人数的上限;维护环境卫生,约定了享受出租收益的同时,需履行环境维护责任。同时,示范片各村将守约情况与享受村级福利、各级奖励相挂钩。如搭建了农村人居环境优化与乡村治理衔接机制,奖补考核细则大幅提升村民参与要求,农村人居环境优化主体由行政村下沉到农户,从制度安排上激励出更多优美庭院。

● 三是强化治理保障。宝山区优先将"一网统管"向乡村振兴示范片延伸,乡村应急事项处理和常态化维护得到实时技术支持。做活"社区通",壮大线上村务公开、网上议事等功能,使网上晒账本、议事协商成为常态。通过网格化管理、信息化支撑、社会化服务、积分制细化,村级治理效能增强。

通过乡村振兴示范片建设,宝山区的农村展现出勃勃生机。

● 一是产业实现了联动。乡村产业"五村联动"一体布局,解决了以往单村面临的产业同质、资源分散等问题。塘湾村的母婴康养作为示范片主产业开始运营;海星村凭借特色养殖跻身全国"一村一品"示范村;花红村精品稻米获中国绿博会金奖,收购价高出市场20%。此外,示范片吸引游客同比增长86%,村民返乡创业就业人数快速增长,区域活力明显增强。

● 二是空间实现了联通。示范片建设全面打开物理界限,打通了村与村之间的断头路、断头河,对村与村的关键连接处,遇河架桥、封堵开路,全面串联片区内各资源点,实现跨村协同发展。同时,做到乡村风貌协调统一,既借鉴集中居住对总体风貌的管控,又重视"小三园"细节,让村民自己的美丽庭院扮靓集体的美丽乡村。目前,罗泾镇荣获全国乡村旅游重点镇称号,2个村成为全国乡村旅游重点村。

● 三是资源实现了集约。示范片建设坚持公共设施集约配置,把共建共享的和各村必备的公共设施区分开来,避免重复建设,如共用游客服务中心、宴会厅、大礼堂、农机服务。在统筹中,降低了设施的运维成本、共享了收益,促进乡村建设的可持续。

5 浦东新区
促进农村集体经济转型发展的探索与实践

近年来，浦东新区牢牢抓住浦东开发开放30周年的契机，把发展农村集体经济作为实施乡村振兴战略和城乡融合发展的重要内容全力推进，注重顶层设计、完善配套政策、创新管理举措，以区委区政府名义出台了《进一步促进农村集体经济发展的指导意见》，探索集体经济从以物业为主的单一经营向多元化发展转变的新路径，农民群众的获得感、幸福感越来越高。2020年底，全区农村集体净资产达到276.62亿元，十年间年均增长7.8%，总量位居全市各郊区第二；实现集体经济组织成员年度分红1.47亿元。浦东新区农村集体经济稳步增长的好势头，得益于坚持了"四个发展"。

一、坚持融合发展，串联乡村一二三产业共同发力

浦东新区入选首批全国农村一二三产业融合发展先导区后，进一步加大融合发展步伐，促进乡村产业从传统农业向"农业+"迈进。

推进"一二产融合"。按照"一村一企一联合体"的模式，全区组建了15家农业产业化联合体，促进农业生产由靠天吃饭向工业化生产转变。例如，泥城镇公平村携手清美集团建设1015亩蔬菜基地，通过统一的管理标准、流水线式的机械化采收，每天可生产1.5万~2.5万千克高品质绿叶菜，年产值达1.08亿元，村集体资产相比上一年增长了3倍，每年还获得约100万元的利润分红。

推进"一三产融合"。以农业农村的自然环境为底板，将生态价值、美学价值转化为经济价值，实现田园变公园、农房变客房、农产品变商品。例如，惠南镇海沈村大力发展"农业+旅游"产业，打造了特色民宿、自行车骑行、休闲农业体验等项目，游客接待量逐年增长，并带动农副产品、农创文创产品销售和农民家门口就业，2020年村集体净资产达705.89万元。

二、坚持联动发展，实现资源要素双向流动

浦东新区引导镇村发挥区位优势，整合农村集体低效、闲置宅基地、房屋等，引入社会资本，鼓励在产业园区周边发展乡村人才公寓，在旅游资源集聚区域发展特色民宿，通过城乡联动激发集体经济增长活力。例如，张江镇为满足科技园区众多白领青年的居住需求，在盘活农村闲置房屋上做文章，于2018年起探索了由政府牵头、农民供房、镇属集体企业改造的"乡村人才公寓"经营模式，将闲置宅基地房屋改造为长租公寓，平均每栋可使农户年增收10万元。又如，川沙新镇连民村以毗邻迪士尼乐园的优势条件，引进富想文化、富享企业、东方明珠地产等社会资本共同组建运营公司，将村内闲置农房改造为特色民宿，农民既能获得租金收入和农产品销售收入，还能获得收益分红和就业收入，村集体也获得5%的入股收益回报。

三、坚持创新发展，搭建集体资产规范经营管理平台

浦东新区创新运作机制，由政府出面搭建平台，将集体资产经营管理纳入规范化轨道。

创新建立"浦东新区农村集体资产租赁管理平台"，将农村集体房屋资产全面纳入平台公开租赁交易，以公开、公正的方式择优选择经营者，建立规范的租赁交易市场，促进农村集体房屋资产租赁收益增值，有效预防村级组织在房屋资产租赁中的廉政风险隐患。

创新建立浦东"城乡发展共享基金"，整合全区镇、村两级农村集体资金，由区属国企搭建平台，参与投资城乡融合发展项目、商业配套物业和镇级特色产业园区优质项目等。通过创立基金，一方面有利于农村集体经济组织有效提高资本的投资收益，更好保障集体经济组织成员利益，促进农民增收；另一方面有利于促进城乡全面融合，让农村集体资金依托"五大中心"加快建设的发展优势，有效参与、有力支撑浦东GDP倍增目标的实现。

四、坚持共享发展，通过构建利益联结机制实现多方共赢

浦东新区鼓励农村集体经济组织整合资源，以入股、合作等方式与各类新型农业

经营主体建立都市型产业联合体，实现利益共享、合作共赢。例如，合庆镇东风村引入"绿立方"蔬菜工厂项目，建立起"企业＋集体＋农户"的利益联结机制。除了土地租金外，东风村还可获得每年固定的设施设备租金 28.8 万元、公共资源使用费 20 万元，并将在蔬菜工厂正常经营开始盈利后，获得不低于净利润 3% 的盈利分享。又如，宣桥镇腰路村与清美集团建立村企合作关系，在产业共建、服务共建、文化共建三大维度深入合作，清美农业产业示范基地提供腰路村利益分配每年收入 100 万元；村集体房产租金每年收入（清美鲜家超市）12 万元；清美公寓公共服务管理费每年收入 40 万元。周浦镇界浜村、老港镇大河村也建立了"企业＋集体＋农户"的利益联结机制，促进了集体经济的可持续发展，增加了农民的收入。

改革无止境、发展道更远。浦东新区促进农村集体经济转型发展的探索实践和初步成效，给我们以下三点启示。

• 第一，坚持党建引领、创新发展，是促进农村集体经济转型发展的保障。浦东新区各级党委、村级党组织因地制宜推动发展和壮大农村集体经济，领导和支持农村集体经济组织管理集体资产，协调利益关系，组织生产服务和集体资源合理开发，确保集体资产保值增值，确保农民受益。

• 第二，坚持顶层设计、分类指导，是促进农村集体经济转型发展的关键。在浦东新区 2035 总体规划的指引下，坚持因地制宜，依据各镇、村的规划定位、区位特点、资源禀赋等实行分类指导，不断完善镇域总体规划、空间规划、产业规划和功能规划等，对集建区内和集建区外，规划保留保护村和撤并村与城郊结合地区和远郊地区实行差别化政策，探索不同的发展路径。

• 第三，坚持凝聚力量、促进增收，是促进农村集体经济转型发展的根本。农村集体经济发展中，正确处理好级差效应与均衡发展、放开搞活与守住底线的关系，充分发挥农村集体经济组织的市场主体作用，围绕都市现代绿色农业产业发展为主导核心，以一二三产业融合发展为基本路径，切实促进了农村美、农业强、农民富。

6 崇明"顾伯伯农家乐"开启"村落式"民宿抱团自治经营新模式

近年来,崇明区建设镇虹桥村凭借毗邻国家4A级旅游景区东平国家森林公园、距离花博会主会场仅一路之隔的生态环境和地理优势,形成了一处由村民自发成立、抱团经营的集住宿、餐饮、采摘、农产品销售功能于一体的村落式民宿群——"顾伯伯农家乐"。37户村民"家家有经营许可证,人人是老板"。据统计,加入"顾伯伯农家乐"的村民每年可增收7万~15万元。这种依托村民自治经营乡村民宿的模式在上海乃至全国都很少见。"顾伯伯农家乐"的成功为大都市乡村民宿产业发展提供了可借鉴、可复制的创新样本。

一、主要做法

(一)村民自发自愿开办民宿

2011年"顾伯伯农家乐"成立伊始,仅靠顾氏兄弟一家几间房源对外经营,承载能力有限。与此同时,虹桥村第三村民小组大部分农户的房子却空置着,且留守家里的都是60岁以上的老人。2015年,老党员张森将自家房屋腾出来重新装修,成为第一个加入的村民。看到先办起来的民宿生意红火,越来越多的村民主动要求加入。目前,第三村民小组39户村民中已有37户加盟,其中年龄最大的村民已87岁高龄。村民们主动参与发挥余热,自主管理抱团经营,让闲置房屋产生溢出效益。

(二)坚持"五个统一"运营模式

在日常运营中,通过统一品牌、统一分工、统一营销、统一管理、统一结算"五个统一",实现民宿的健康持续发展。对外,以"顾伯伯农家乐"统一品牌进行宣传并吸引客流;对内,由合作社负责网上运营、分配客源、销售农副产品,村民则接待好分配到户的客人。客人入住哪家,所带来的收入就归哪家所有,合作社分文不取。

（三）构建长效机制促进农民增收

为保障民宿群良性发展，先后成立顾伯伯农家旅游经济合作社、顾伯伯农产品营销合作社。目前，村民的收入由三部分组成：一是常规的餐饮住宿收入；二是农家旅游经济合作社设立公共资金账户，将草莓采摘、烧烤、土灶烧饭等一系列拓展项目收益以分红形式发放给村民；三是农产品营销合作社旗下的"顾伯伯"牌崇明糕、崇明米酒、崇明大米等特色农产品销售的分红。按照入股自愿、风险共担、管理民主、按股分红的原则，村民以民宿栋数和餐厅为单位入股。2020年，农产品营销合作社实现分红40万，其中70%按股份发放、30%按户平分，兼顾公平与利益共享原则。

二、发展展望

未来，借助花博会召开的契机，"顾伯伯农家乐"将启动新一轮的发展。

- 第一个发力点，打造草莓产业园。打算将现有的20多亩的草莓采摘园扩大到150亩左右，引入科研力量，打造一个集科普、观光、采摘于一体的草莓产业园。
- 第二个发力点，加快民宿改造换代。原有1.0版的部分房屋装修陈旧、设施落后，已不能满足游客需求；游客一多，村口狭窄的虹桥路就会堵车。计划借助合作社的资金帮助村民改造升级房屋，提升道路、环境等，让民宿焕发新生活力。
- 第三个发力点，促进农副产品提质升级。目前，"顾伯伯"牌崇明米酒已开发了

"桂花米酒""玫瑰米酒"等新品类。未来，合作社还将通过提升农产品品质、丰富产品品种等措施，进一步提高打响"顾伯伯"品牌知名度。

三、调研启示

（一）找准产业，焕发乡村内生动力

作为占据"C 位"的花博门户村庄，"顾伯伯农家乐"以民宿业为主导产业，积极探索农旅融合发展模式。37 幢各具特色的农家小院、特色客栈、小洋房可满足游客食宿、采摘、游玩、购买农产品等需求。良好的生态环境、健全的配套设施、诚信友善的经营理念，吸引了一批批游客纷至沓来。目前，共有 192 间客房、307 个床位、530 个餐位，每天可接待住宿客人 400 人左右，周末入住率常年稳定在 90%。2020 年，虽受疫情影响暂停营业 3 个月，但全年住宿总收益仍达到 188 万元，餐饮收益约 100 万元。

（二）带头人 + 乡贤"双翼齐飞"，走出了振兴乡村新路子

"顾伯伯农家乐"的成功，离不开带头人冲锋陷阵、创业探索，顾氏兄弟头脑灵活、激情满满，以村民利益为重，提供线上 + 线下的管理服务，不断提升民宿群发展活力；也离不开乡贤张森鼎力相助、稳定民心的无私付出，发挥"定海神针"作用，协助开拓市场，组织村民开发了集旅游观光、自主采摘、烧烤、垂钓、真人 CS 等为一体的新项目，拓宽农户增收渠道。

（三）自治是乡村民宿的成功之道

"顾伯伯农家乐"以村民为自治主体，以抱团守则和考核标准为依据，始终坚持共建、共创、共享原则。在环境治理上，村民主动配合美丽乡村建设，自觉进行垃圾分类，维护宅沟民沟水质清洁，将原来的鸡棚羊棚清理掉，宅前屋后种上"小花园""小菜园"，家家户户门前挂上家风家训，村容村貌焕然一新。在民宿经营上，村民们按照客户的需求、各家生意情况，实现资源共享与优化，兼顾了共同致富的初衷。合作社抱团守则上有一条规定：每人每年参加志愿服务 30 个小时以上才能享受年底分红，将共治和共享有机结合起来。

7 | 关于金山区待泾村农村集体建设用地作价入股的调研

为破解农村集体土地闲置荒废、使用低效的问题，从2019年起，金山区朱泾镇待泾村依托"花开海上"生态园项目，在农用地转用、地价评估、点状供地、土地证办理等方面展开了一系列探索，并于2020年9月成为上海首家实现农村集体经营性建设用地作价入股的范例，通过半年来的实践，运作良好，走出了一条激活集体土地"沉睡资源"、促进镇村集体经济持续壮大的新路径，社会各界反响热烈，当地农民群众的获得感和幸福感明显提升。近期，我们对这一典型开展了调研，具体如下。

一、基本情况

坐落在金山区朱泾镇待泾村的"花开海上"生态园，创办于2015年，占地600亩，吸纳村民就业约120人。近年来，生态园成为市郊的一处乡村旅游"网红"打卡点，年接待游客量节节攀升。为拉长乡村旅游产业链，培育镇域经济新增长点，2019年7月，朱泾镇与上海蓝城公司签订了"花海小镇"项目合作框架协议，规划区域面积3800亩，对标法国格拉斯小镇，在发展苗木花卉、家庭园艺和休闲农业的基础上，拓展度假民宿、文旅零售、芳香产业等体验式经济新业态，建立景区度假村产业综合体。

2020年7月，待泾村的99宗共113亩农村集体经营性建设用地以"点状供地"的方式办理出《不动产权证书》，成为上海首例。在此基础上，金山区精准评估113亩集体土地的市场价格，由待泾村将土地的40年使用权作价入股"花海小镇"项目，村民按照"保底+收益分配"模式获得股权收益，可以长期分享项目发展带来的多重红利，实现了与国有土地同权同价。在"花开海上"生态园和"花海小镇"的双引擎驱动下，待泾村村民走上了"股金+租金+薪金+现金+保障金"的"五金"增收之路，2020年村民人均收入30 076元，同比增长5.4%。

二、主要做法

"花海小镇"项目推进的主要难点是如何解决农旅休闲观光场所建设的商业用地供给问题,其中的关键点有三项:一是农用地如何转变为集体建设用地,二是集体建设用地如何合法进行商业开发,三是土地所有权人的权益如何保障。对此,朱泾镇分步实施、逐项解决。

(一)统筹规划破瓶颈

为给"花海小镇"项目预留足够的发展空间,朱泾镇会同区规划资源局、区农业农村委,统筹村庄规划和项目规划,以村为基本实施单元,综合集体土地面积、区位、规划用途以及人口等因素,通过划片布局,选址定位113亩土地作为储备用地,并以新修订的《土地管理法》颁布实施为契机,经待泾村经济合作社召开成员代表大会表决形成土地承包经营权补偿决议,收回农户的承包经营权。同时,朱泾镇在符合土地利用总体规划的前提下,编制农用地转用方案和补充耕地方案,于2020年初报请市规划资源局确认,将土地性质调整为集体经营性建设用地并保证耕地不减少。

(二)"点状供地"办证件

为使"花海小镇"项目的配套设施能在空间上实现均衡分布,113亩储备土地在最初布局时,就散落在待泾村12个自然组的99宗土地上,因此必须采用"点状供地"的方式完成供地手续。针对集体经营性建设用地"点状供地"不动产权证办理无先例可循的背景,金山区在区层面加强统筹协调,由区规划资源局牵头,朱泾镇和有关部门密切合作,以散点测绘为切入口,用时半年多办理出99本《不动产权证书》,不仅开启了上海农村集体经营性建设用地权证办理的先河,也在法理上保障了农村集体土地用于商业化开发的物权权益。

(三)作价入股建机制

- 一是评估土地价值。朱泾镇委托第三方评估单位,以金山区的商业用地基准地价为蓝本,运用成本法、收益递进法等不同方式测算了三组土地价格,再采用加权平均,最终确定113亩集体土地的价值为每亩116.3万元,共计1.3亿元,与国有土地实现同价同权。

- 二是达成股权协议。集体土地评估价出炉后,待泾村经济合作社、朱泾镇经济联合社与蓝城集团签订《股权合作协议》,确定由镇、村两家集体经济组织将价值1.3亿元的集体经营性建设用地的40年使用权作价入股"花海小镇"项目,由蓝城公司按照约定的股权份额以增资扩股方式追加出资额。目前,待泾村集体持股36.75%,朱泾镇集体持股12.25%,蓝城公司持股51%。
- 三是签订保底协议。为保障村民利益,三方的股权分配及未来的收益分配方案均由待泾村社员代表大会表决通过,并约定在项目建设期按央行同期发布的整存整取一年期存款利率进行保底分红;建设期满后按央行同期发布的整存整取三年期存款利率进行保底分红;若实际分红率超过保底分红率时,即按实际分红率执行,确保了农民既得收益不因初次试点而减少。

朱泾镇待泾村集体土地作价入股的探索实践,为激活乡村的沉睡资源,在碎片化的土地上撒下"金种子",提供了一条行之有效的操作路径,取得了以下三方面的成效。

- 一是提升了农民的获得感、幸福感。按照股权分配约定,待泾村113亩地入股,2021年预计可分红200万元(股金),加上生态园停车场收益、门票收入的10%分红(股金)、农用地流转费(租金)、村民在生态园打工的收入(薪金),以及农产品销售收入(现金)和养老金(保障金),5 100余名村民实现了多元化的收入来源,走上了"股金+租金+薪金+现金+保障金"的"五金"增收之路(见下表)。

待泾村"五金"农民收入构成表

收入性质	收入来源	2020年	2019年	增加值
股金	人均集体分红	36元	26元	10元
租金	家庭人均土地流转费	882元	840元	42元
薪金	生态园务工收入	35 000元	30 000元	5 000元
现金	生态园农产品销售收入	12 000元	10 000元	2 000元
保障金	养老金	15 120元	13 911元	1 209元

- 二是构建了村企共赢的合作模式。农村土地直接作价入股,实现了乡村与社会资本的双赢。村集体能够得到长期收益,土地权益得到充分保障;企业也从一次性缴纳土地款,变为每年支付,缓解了资金压力,双方实现了利益的联结与发展的共赢。而且利用农村集体土地开发项目经营,也为轻资产模式的公司在一二线城市参与乡村

振兴项目提供了可复制推广的样板。

- 三是带动了乡村产业规模化发展。"花海小镇"项目的成功落地,发挥了"以商引商、以企引企"的蝴蝶效应,目前已经吸引了木守、明月松间、访溪上等10多家专业机构签约入驻合作,并引进国企衡山饭店投资打造乡村民宿。围绕"芳香"产业和园区建设,不断丰富全年各时段的旅游活动和产品,带动景区"芳香经济"新引擎,初步形成了农商文旅体融合发展的格局。

三、调研思考

朱泾镇待泾村集体土地作价入股"花海小镇"项目的实践,在战略策划和战术设计的层面都能给予社会丰富的启迪,对各涉农区推进乡村振兴的主要借鉴有二。

- 一是破解了集体土地参与商业开发的瓶颈。集体土地以"点状供地"为起点,以产权办理为支点、以作价入股为终点,打破了农业产业发展过程中形成的"户自为界"的传统,突破了制约一二三产业融合发展的瓶颈,探索出一条农村土地资源可持续利用的新路径。
- 二是创新了农民收入水涨船高的机制。待泾村在沿袭常规农村集体土地作价入股由项目合作方按固定比例返还集体经济组织红利做法的基础上,创新了对集体土地市场价值的评估,实现了精准作价入股,创新了集体经济发展壮大的方式,拓宽了农民可持续增收的"五金"渠道,构建了长效增收机制。

8 松江家庭农场 走出生态循环农牧共赢新路子

在2020年末，松江区松林食品集团拿到了上海首张生猪养殖绿色食品证书。总量为5万头商品猪和2500头母猪，共计1400吨松林猪肉获得了绿色食品证书，上海绿色猪肉供给实现"零"的突破。

这一证书的获得，具有里程碑式意义：一方面，松林集团在松江发展粮食家庭农场的基础上，推行种养结合家庭农场，让松江家庭农场发展之路迈出了新的步伐；另一方面，松林集团探索在全生产流程中从无到有地建立起一套标准规范，为同行业树立了标杆。这是上海践行绿色生态循环理念的生动案例，不仅展现出了超大城市生态养猪的新路径，也为上海现代农业发展提供了有益探索。

一、主要做法

松江区鼓励支持松林集团在绿色猪肉申报难题上破冰，主要在于以发展种养结合家庭农场为基础，推动"企业+农场"优势产业联盟，形成"生猪+大米"绿色生态循环产业链，显现出长效、可持续的生命力。

（一）坚持夯实基础

- 一是推行生态循环模式。2007年起，松江探索家庭农场承包责任制，以松林集团为主体，以"公司+农场"布局种稻与养猪相结合的种养结合生态循环模式。目前，在松林集团合作的108家粮食家庭农场中，有91户属于种养结合生态家庭农场。种养结合家庭农场由松林统一提供种猪、饲料、防疫等保障，肉猪出栏后由松林收回，经营风险低，收入有保障。每个猪场1500头商品猪，配套周边约150亩粮田。猪粪尿经发酵成沼液还田，为水稻种植提供优质有机肥。经过多年实践，化肥用量相比最初减少了六七成，土壤肥力越来越好。

- 二是坚持良种良法。作为国家级农业产业化重点龙头企业，松林集团建设了从母猪繁育、饲料生产、生猪养殖、屠宰加工、市场销售的全产业链,并建立有全套现代化养猪设备和工艺流程,以及严苛的标准化管理体系、疫病防控体系与肉猪上市追溯系统。

• 三是较早获得了猪肉无抗认证。2017年,松林集团在上海范围最早启动推行"无抗"养殖生猪认证,并借助第三方标准来规范生产,原料和饲料做到了"零抗生素"。

(二)秉承绿色理念

• 一是坚持绿色产业布局。在生态循环模式基础上,松林集团形成了肉猪和大米两条成熟的生态全产业链。1.5万亩水稻全部地处松江大米绿色水稻整建制认证区,其中1.43万亩大米通过了绿色食品审核获证,898.01亩大米通过了有机产品认证,实现了绿色有机大米全覆盖。

• 二是坚持绿色品牌经济。近年来,松林集团坚持农牧结合,坚持在绿色发展中体现品牌价值,以做强循环农业来提升品牌效益。据统计,全区实行种养结合型家庭农场平均收入为28万元,比纯粮食生产型家庭农场增收13万元。

• 三是坚持绿色政策支持。松江区农业农村委2020年出台了促进绿色农业发展奖补实施方案,将松林集团作为"行业性示范"给予130万元奖补支持。

(三)攻克"卡脖子"难关

• 一是解决饲料原料难题。绿色生产资料相对短缺,是养殖业难以推动绿色食品申报的难点。松林集团远赴黑龙江,寻找适合做绿色饲料的原料基地,确保补足绿色原料供给缺口。

• 二是研制绿色饲料配方。松林集团全产业链布局优势,使得绿色饲料供应实现了"自产自给"的闭环,确保在技术上实现供应能繁母猪和仔猪的绿色饲料配方研制及全套符合要求的绿色全价饲料投产。

• 三是编制绿色生产规程。绿色生猪食品申报推动全套操作流程完成了整体升级,涉及从饲料生产、母猪繁育、生猪养殖到屠宰加工全产业链各环节。在空间和时间上均实现完全式分离,形成了一套严苛的独立操作规范,填补了业内空白。

二、未来展望

松林将绿色发展规划定义为"5.0版"。从小户散养的"1.0版"到集约化、半自动化养殖的"4.0版",松林集团走过了30多年的路程。目前,集团瞄准"5.0版",即实现养殖技术国际顶尖水准。为此,将在以下三个方面下工夫。

- 一是实现高度自动化、智能化和动物福利化。通过物联网进行管理精准定位和病例识别,实现空气除臭无异味。
- 二是实现土地高效集约化利用。建成一个新型现代化种猪养殖基地,节约土地可达70%。
- 三是实现有机肥资源化高效率利用。探索万亩蔬菜田配套"楼房式"养殖基地的规模化生态循环养殖新方式。"十四五"期间,松林集团计划年养殖商品猪30万头,一步步实现绿色生产全覆盖。

三、思考与启示

我们认为,上海松江家庭农场走出生态循环农牧共赢新路子,具有较强的探索实践意义。

- 一是摸索出一条既符合绿色食品相关标准,又符合自身生产需要的新路。上海作为特大型消费城市,为市民提供多元、均衡的绿色农产品需求是迫切的。松林集团坚持品牌意识,以绿色食品申报带动品牌升级,在绿色发展中获得品牌成长的可持续生命力,这一做法具有典型的行业示范性意义。
- 二是为家庭农场可持续发展创出一条新路,为家庭农场主带来新的增收。松江"公司+合作社+家庭农场主"农牧共赢模式,由一个家庭农场主同时进行种植业和养殖业经营,由公司统一回收并进行加工销售,农户根据考核饲养水平获得相应收入和奖励,奖励标准也随着绿色生猪养殖经济效益而提高,该路径具有较强的可持续性。
- 三是为超大城市发展生态高效农业展现了新的模式。绿色农产品供给是上海都市现代绿色农业发展的主线,在都市发展生猪养殖业,改变了过去存在环境污染、疫情威胁的落后状况,有效促进了生态环境改善、经济效益提升,作出了生猪养殖绿色生态、高效集约的现代化模式,在全国具有较高的可复制和可推广价值。

9 浦东新区探索"一村一企一联合体"发展新模式初见成效

近年来，浦东新区在贯彻落实乡村振兴战略过程中，以"品牌＋主体＋基地"为基础框架，积极探索"一村一企一联合体"的产业发展新模式，打造农产品生产加工销售完整产业链，健全农村增色、农业增效、农民增收的长效机制，着力破解乡村振兴中的产业支撑、生活富裕难题。

一、基本情况

为破解农业生产"小、弱、散"、农民增产不增收的难题，从2017年起，在国家发展农业产业化联合体的号召下，浦东新区启动了以红刚青扁豆为代表的"品牌＋主体＋基地"的农业产业化发展路径。但囿于工作机制欠缺、品牌意识薄弱、农业人才缺乏、科技水平较低等制约，产业化联合体的成效并不显著。2019年，借助创建乡村振兴示范村的东风，浦东新区通过加强顶层设计，探索了"一村一企一联合体"的新模式，有效解决了以往产业化联合体发展动力不强的困境。目前，该模式已经推广到川沙新镇、航头镇等14个镇（占全区24个镇的58.3%），覆盖了72个保留村（占全区保留村的19.9%），共组建农业产业化联合体15家（其中稻米2家、蔬菜瓜果12家、采摘游1家），成为推进乡村振兴及村产业兴旺的重要支撑、带动农业全产业链发展的有效载体、壮大集体经济规模和促进农民增收的有力抓手。

二、主要做法

按照"缺什么补什么"的要求，浦东新区坚持夯实产业基础，从新建的乡村振兴示范村和已建的现代农业区域两个层面，不断健全、完善"一村一企一联合体"的发展模式，推动了全区乡村振兴迈上高质量发展的快车道。

（一）在新建的乡村振兴示范村层面，注重分类指导，架梁立柱

对6个乡村振兴示范村，浦东新区在建立"一村一企一联合体"时注重分类指导，明确产业定位，选准发展方向，结合自身优势打造一村一品，围绕创建目标缺啥补啥。主要有三种情况：

- 一是没有龙头企业的，就主动引入。针对泥城镇公平村、航头镇长达村等农业生产有优势但缺乏龙头企业入驻的情况，区里协调推动清美集团和盒马鲜生对接村子，建立合作关系。
- 二是没有产业联合体的，就加快组建。大团镇赵桥村具有良好的水蜜桃产业基础，川沙新镇连民村发展乡村民宿游客众多，两村专门组建了一颗心水蜜桃专业联合体、乒乓响生鲜联合体，聚沙成塔，使农产品销售形成了规模效应。
- 三是没有加工转化平台的，就及时补缺。针对老港镇大河村在农产品深加工、转化为商品的过程中缺少专门设施和专业设备的现实状况，建造了雪菜收储保鲜中心，补齐缺失环节，打造完整产业链，提升了雪菜的经济附加值。

（二）在已建的现代农业区域层面，突出"四个抓"

- 一是抓品牌引领。对于具有传统优势的桃、梨、西瓜、甜瓜，依托现有区域公共品牌联社，打造8家特色单品型产业化联合体。加强整合新兴的葡萄、草莓、花卉等品类，边建设产业化联合体边打造区域公共品牌。
- 二是抓产销对接。一方面，通过设立直销连锁门店、网上直销平台、田头直销超市、平价直销专柜等，开辟浦东地产农产品"直通车"。例如，清美蔬菜产业联合体日采购量超过100吨。另一方面，与配送企业对接，按订单模式送达机关、企事业单位食堂。
- 三是抓主体联合。区级层面，围绕孙桥现代农业、新成食品等国家级龙头企业，以及金花湾、乒乓响等市级、区级龙头企业建立产业联盟，实现纵向整合。在镇域内，建立村企合作机制，通过土地入股等方式促进村级集体经济组织与农业企业、专业合作社、家庭农场之间实现横向联合。
- 四是抓精深加工。发挥产业联合体组织管理、加工转化的优势，把"拎篮叫卖"的农产品加工成标准化、品牌化的商品，改变了农产品传统形象，提高了附加值。同时，深挖各类资源、开发多种衍生品，比如新成食品生产的水蜜桃冰激凌、新场镇利用土布纺织技术开发的非遗文创产品等。

三、初步成效

一是创新了发展模式。在现代农业方面,通过"一村一企一联合体"模式,打通了上下游、稳定了产供销,提高了农业产业链的整体竞争力,找到了农业提质增效的新路径。

在乡村建设方面,通过"一村一企一联合体"创建,产业兴旺的路径更加清晰、机制更加有效、方向更加明确、措施更加有力、监督更加有效。

在利益共享方面,通过"一村一企一联合体"建立农民与企业的利益联结长效机制,以订单农业实现"二次分红",形成了多元的利润分配模式。

二是拓宽了产品市场。有效解决了农民卖菜难、市民买菜贵等问题,拓宽了优质优价地产农产品的供应渠道。据统计,现有产业化联合体带动了164家专业合作社、145个家庭农场共同发展,各类农产品通过产业化联合体销售实现收入4.2亿元,约占全区农产品销售额的12.4%。

三是促进了农民增收。各经营主体坚持平等协商、民主决策、合作共赢,通过订单农业、"二次分红"等促进农民增收致富,惠及约3.7万户农户(占全区农户的11.8%)。据测算,参加产业化联合体的农户年收入达到6万元左右,远远超过全区农民年收入3.6万元的平均水平。此外,村集体经济的发展能力进一步夯实,如泥城镇公平村通过发展"一村一企一联合体"模式,集体资产不仅增长了346.3%,每年村集体还获得约100万元的企业利润分红。

下一阶段,浦东新区将进一步扩大创建"一村一企一联合体"模式,产业联合体数量由目前15个增加到22个左右;进一步扩大产业联合体的覆盖面,从偏重种植业扩大到畜牧、水产等领域;进一步激发产业联合体的内在发展活力,健全各方的利益联结机制,实现乡村产业的可持续发展。

10 上海盘活宅基地资源 打造乡村人才公寓迈出新步伐

按照中央提出的深化农村宅基地制度改革，鼓励农村集体组织以出租、合作等方式盘活利用空闲农房及宅基地，实现好、维护好、发展好农民利益的要求，近年来上海市浦东新区张江镇充分发挥毗邻科学城的区位优势，结合美丽庭院创建，积极探索盘活农民闲置宅基地，打造乡村人才公寓，既缓解了创新人才"居住难"的老问题，也为农民增收找到了新源头。与此同时，奉贤、青浦等区的乡村也积极开展这一探索，形成了良好的发展势头。

一、基本情况

上海市盘活宅基地资源、打造乡村人才公寓的做法始于浦东新区张江镇。2018年，不少企业反映，随着张江科学城建设发展，不断增长的住房需求和有限的供给之间存在巨大缺口。一方面，人才公寓面临5万套缺口，一房难求，已然成为张江科学城众多企业引进人才、留住人才的瓶颈；另一方面，部分村民有闲置宅基地房屋出租的意愿，但老旧的闲置农房在市场上租不出"好价钱"，村民增收空间有限。

针对以上情况，浦东新区主动作为，顺应企业职工和本地农户的双向需求，打通城区与近郊的资源"梗阻"，率先在张江镇新丰村将长期闲置的"农民房"改造为长租人才公寓，探索出一条由政府牵头、农民供房、镇企改造三方合力的乡村人才公寓新业态。这一实践得到不断复制，2019年，奉贤区在南桥镇华严村开办了"星公寓"；随后，奉贤区、青浦区将这一模式应用到乡村振兴示范村建设中，成为上海实施乡村振兴战略的新亮点。

据统计，截至2020年6月底，上海市共有浦东张江，奉贤南桥、庄行、奉城，青浦重固等3区5镇在辖区内的8个行政村开展了这项改革实践，共计改造宅基地房屋86栋503个房间，建筑面积2.36万平方米。其中，奉贤区改造宅基地房屋最多，共有3个镇6个村改造了61栋270个房间，最先营业的"星公寓"项目现已有76名

青年白领入住;浦东新区张江镇又在环东中心村启动了第二期 10 栋人才公寓改造项目;青浦区徐姚村推出了 4 栋 19 个房间的乡村人才公寓项目。总体上看,目前上海乡村人才公寓运行良好。

二、主要做法

(一)坚持集体统筹,实现多元经营

开办乡村人才公寓,村集体经济组织的综合统筹作用至关重要。在自愿、依法、有偿的基础上,村集体与村民签署协议,统一流转宅基地房屋实现集中管理,租期 10 到 15 年不等(浦东为 15 年,奉贤、青浦为 10 年);村集体接洽经营公司,委托其从事房屋修缮改造和对外招租运作。这一方式有效保障了村民的财产权益。

实践中,乡村人才公寓的经营主体呈现多元化的特点。据了解,8 个村的人才公寓建设项目中,4 个由镇属集体企业负责经营、3 个委托第三方企业负责经营、1 个由

村集体经济组织自主经营。

（二）坚持需求导向，农房变身公寓

为使老旧的农房变身青年人中意的新式公寓，在改造时坚持市场需求。

- 一是实现硬件升级。经营企业根据宅基地房屋的建造年代和样式结构进行一对一的设计和修缮，并在确保建筑安全的同时，为每间居室加装卫生间，设置公共洗衣间、厨房和活动室。
- 二是完善软装配套。为使青年白领居住更加放心，公寓还配备了密码门锁、全方位24小时监控探头、电子围栏、烟感报警等智能化安全设施以及Wi-Fi等软装配套。
- 三是组团开发统一风貌。为优化公寓布局，经营企业尽可能选取相邻的房屋进行流转改造，组团式开发，形成集聚效应，既能降低成本，又做到了房屋整体风貌的和谐统一，维护了乡村的自然肌理。

（三）坚持提升品质，打造人才之家

经营企业注重在运营维护上加强服务，提升品牌美誉度和影响力，谋求乡村人才公寓持久发展，为青年白领营造"家的感觉"。

- 一是提升安全性。为便于外来人员管理，经营企业有针对性地与当地企业洽谈，以整栋包租的方式为企业职工提供住宿，有效防止了无序出租产生的人员结构复杂问题。
- 二是提升舒适性。结合当地美丽庭院、和美宅基等环境整治工程，经营企业联合村委会共同完善绿地公园、篮球场、村卫生室等公共场所，为年轻白领提供良好的居住和休闲环境，引导他们与村民互动，成为乡村振兴的参与者。
- 三是提升便捷性。在方便周边产业园区职工居住的同时，经营企业还增加了相应的物业服务，便利就学就医、居住证办理、快递收纳等服务，用于解决园区高级管理人员及白领生活配套。

三、初步成效

盘活农民闲置宅基地房屋打造乡村人才公寓的做法实现了多赢，受到了广泛好

评，为城市和农村架起了桥梁，实现了城乡融合"双破题、双提升"。

（一）城市人才安居和农民持续增收"双破题"

对年轻白领来说，乡村人才公寓单间的月租金明显低于市场价格，其所在公司与公寓经营企业建立合作关系，对入住职工给予租房补贴，进一步减少了实际月租金支出。而且乡村良好的生态环境增加了宜居舒适度，已成为诸多青年才俊们的热门选项。

对当地村民来说，将宅基地房屋流转后，不仅可以获得可观的租金收入，修缮改造后的房屋质量和外貌都有了显著提升，也带动了房屋增值。据统计，近郊的人才公寓项目平均每栋可使村民增收10万元，远郊的租金在4万～5万元，比改造前增长30%左右。此外，签约村民还得到未来的收益保障。在村民签订的协议中，将租金怎么增长、未来动（拆）迁了该怎么办等关心的问题写得一清二楚，使他们吃下了"定心丸"。

（二）农村人居环境和乡村发展活力"双提升"

乡村人才公寓有效带动了所在村庄道路、河道、绿化等软硬件的整体提升，原住村民宅前屋后美化庭院的意识得到增强，村庄外围脏乱差的现象得到有效遏制，村庄"景点化"的趋势日益显现。

人才公寓为城乡要素的双向流动发挥了桥梁纽带作用，地、钱、人等要素的价值得以开发和彰显，农村宅基地"三权"分置改革实践得以深化，城乡融合的步伐不断加快，农村公共服务的能级不断提升，城市的温度、乡村的温情得到充分展现。

探索盘活农民闲置宅基地打造乡村人才公寓是一项新生事物。我们认为，这项改革创新既是积极应对超大城市外来人才住房需求和城市居住用地稀缺矛盾的有效实践，也是贯彻落实乡村振兴战略的有益探索，为农村"三块地"改革提供了典型案例。今后我们将继续加强跟踪指导，不断总结试点经验，使改革的"盆景"变成美丽的"风景"。

11 奉贤区
推进农村宅基地改革初见成效

奉贤区地处上海西南部,是典型的纯农地区。近年来,奉贤区在确保农民"离地不失地、离房不失房"的前提下,创造性提出并实现了宅基地权益资产化、股权化、市场化转变,为解决农民相对集中过程中空置房产和结算剩余资金提供了有效的增收路径。

一、加强谋划,健全盘活闲置宅基地相关政策

奉贤区积极鼓励各街镇因地制宜盘活宅基地资源,加强统筹使用,使盘活存量闲置宅基地及其房屋成为实施乡村振兴战略的重要切入点。

一是加强制度设计,形成"1+3"平台。"1"即设计宅基地"政策超市",提供流转利用、置换上楼、平移归并、货币置换、股权置换等多元化政策,让农民自主选择最符合自身利益的政策产品。"3"指的是3个平台,成立投资公司,推动农村集体资产配置和管理从零散到集中、低级到高级;成立建设公司,实现置换、归并的宅基地房屋建设品质大幅提升;成立经租公司,提高宅基地及房屋经营、租赁、流转等服务水平。

二是创新投资机制,推动闲置宅基地房屋改造。加强村民建房管理政策的宣传贯彻,引导在村委会的组织下所有合法建筑按照一定标准,以守住生态为底线,对宅基地房屋进行整体升级改造,对周边环境加大配套投入。原有宅基地外的违法建筑由村民予以自愿拆除。在此基础上,由镇级统筹资金实施改造和经营。如南桥镇由镇集体500万元、江海经济园区300万元、华严和灵芝两村各100万元组成房屋租赁管理有限公司,村民承担每平方米改造投入1 200元,其余由镇、村集体先行进行托底。改造好的宅基房屋,在村民自愿前提下统一委托由村集体管理。

三是围绕生态宜居,引导农民相对集中居住。把农民相对集中居住作为改变农村零散面貌、提高农民生活品质的"牛鼻子"。实施"两个百万"工程,计划每年

新增集中居住和集体物业各 100 万平方米以上,最终达到 1 500 万平方米。2019 年,2 072 户相对集中居住项目已全面展开,年底完成签约 1 300 户;至 2022 年,将累计完成集中居住 1 万户,减少宅基点位 8 000 户,节余建设用地空间近 5 000 亩。

二、不拘形式,多种方式盘活利用闲置宅基地

奉贤区在盘活存量宅基地资源用于创意产业、总部办公、人才公寓等方面进行了颇有成效的创新探索。

• 一是盘活宅基地用于民宿经营。利用闲置宅基地农房、闲置集体建设用地等资源,依托当地自然人文景观、生态环境和农村生产生活特色,通过合理的设计、修缮和改造,既保持乡村传统风貌、体现当地生活特色,又能以旅游经营的方式为旅游者休闲度假、体验当地风俗文化提供住宿、餐饮、农副产品展销等服务。在具体运作机制上,结合自身实际采取不同的模式,有的由农户自行通过协议将宅基地流转给民宿经营者;有的由农户将宅基地统一流转给村组织,由村组织自行经营民宿或者再对外招商经营。

• 二是盘活宅基地用于打造"三园一总部"。奉贤区以农村"三块地"改革为突破口,将"三园一总部",即一庄园一总部、一公园一总部、一庭园一总部作为打通绿水青山与金山银山的有效路径。农村庭院总部经济就是充分挖掘乡村自身禀赋资源优势,借助市场推力,通过引入工商资本和人才逆向流动,实现产业要素在乡村适度规模化聚集。如金汇镇新强村选择靠近集建区及"东方美谷环金汇全马林荫小道"沿线区域,吸引众创部落项目,计划打造若干个"庭院总部"。2019 年,奉贤已落户"三园一总部"项目 140 个,实现税收 2.1 亿元。总部经济带来的税收将"颗粒归仓",区、镇所得全部返还给村级集体经济组织,以支持村集体经济发展。

• 三是盘活宅基地用于打造乡村人才公寓。充分发挥毗邻工业园区的区位优势,结合美丽庭院创建,积极探索盘活农民闲置宅基地,打造"乡村人才公寓"。宅基地房屋使用权流转到村后,南桥镇统筹江海园区、运营公司、村民、入驻企业的管理工作,在硬件上完善了周边配套设施,增加了相应物业服务,便利就学就医、居住证办理等服务,在此基础上鼓励园区组织入驻的企业人才租赁房屋。如华严村依托周边产业园区、资源优势,由南桥房屋租赁管理有限公司整体打造"星公寓",用于解决园区高级管理人员及蓝领工人生活配套。

三、增收为本，实现村级集体经济与农户双赢

宅基地改革核心就是盘活土地资源，释放农村农业发展活力，把农村碎片化资源集成为优质资源，发挥集聚、整体效应，为村集体与农民增收创收开辟出新路径。

- 一是共享红利，实现村民财产性收入大幅提升。农户按照传统方式出租一套自有住宅年收入仅在2万元~3万元，而通过流转打造后出租，租金大幅度提升。如金汇镇益民村试点流转宅基地，农户与村集体签15年的流转协议，付给农户的租金每平方米每五年递增0.1元，平均每户400平方米的宅基地每年的租金收入可达10万元。除租金外，农民增收逐渐形成"租金＋股金＋薪金"模式。如青村镇吴房村，村集体经济组织将空置宅基地投入产业经营，推进"守护家园"计划，明确餐饮旅游服务、安保、养老服务等岗位优先录用本地农民，实现家门口就业，让农户获得流转、就业、分红三份收益。

此外，结合农民相对集中居住工作，不少街镇的农民把"上楼"后多余的宅基地面积货币化，再投资入股镇级资产经营公司，通过运营优质物业资源，以租金及其他经营性收入为主要回报，实现分红增收。如柘林镇推出奉贤检测大楼4 000万元权益项目，权益项目分为800份，每份5万元。项目的认购周期为3年，每年按照保底5.5%的收益进行一次分配，农民的获得感明显增强。

- 二是改善村容村貌，提高人居环境质量。通过宅基地房屋的成套改造，特别是对邻近宅基房屋进行小组团的布局调整，显现江南水乡民居的风貌特色，同时解决了农民房屋年久失修、漏水等多种问题，消除以前农村出租房存在的私接电线、线路老化、厨卧不分等居住安全隐患，大大降低了农村社会管理成本与治安风险，宅基环境得到了明显提升，居住条件明显改善。

- 三是承载城乡融合功能，让农村焕发新气息、新活力。通过打造人才公寓等方式，园区企业人才从过去较为拥挤、工厂化宿舍式的居住空间，升级到了环境幽雅舒适、乡村田园宜居的农村社区。居住在农村的优秀企业员工与村民一起居住，年轻人日益集聚，既规范、优化了外来人口管理和农村社区基层治理，又为农村注入了活力，富有活力的新型农村社区逐渐形成，改变了原来农村以老人居多、老龄化严重的状况。

下阶段，奉贤区将乘农村宅基地改革的东风，健全宅基地管理机构队伍，持续深化改革，建立国土空间规划、村庄规划、宅基地确权登记颁证、农房建设等资源信息共享机制，做好宅基地审批管理与农房建设、不动产登记等工作的有序衔接，进一步节约、集约利用宅基地，依法保护农民的合法权益。

12 上海破解乡村民宿发展政策瓶颈的实践探索

今年中央一号文件提出,探索宅基地所有权、资格权、使用权"三权"分置,适度放活农民房屋使用权,这是当前和今后一个时期深化农村土地制度改革的一项重要任务。上海作为全国经济社会发展水平最高地区之一,在推进乡村振兴的大背景下,如何挖掘独特的乡村价值,激活农民闲置房屋这份"沉睡的资本",让农民拥有更多的财产性收入;如何避免市民因本地缺乏宜人的乡村休闲地,一到假期就往江浙跑的窘境,营造上海自己的"裸心谷""洋家乐",无论是理论还是实践均有十分重要的意义。鉴于此,结合全市正在开展的大调研活动,我们围绕如何盘活利用开发农民闲置房屋这一问题,深入纯农业地区实地走访,并对5区31镇304个保留村和保护村开展了问卷调查。9月3日,上海市政府正式出台了《关于促进本市乡村民宿发展的指导意见》,在全国率先解决了长期制约乡村民宿发展的土地、消防、工商登记、安全保障等瓶颈问题,使今后上海乡村民宿如何布局科学规划、有效促进规范有序发展等都将有章可循。

一、基本情况

通过调研,我们认为上海盘活利用开发农民闲置房屋使用权正当其时,具有良好的基础条件。

首先,沪郊农村自然资源为盘活开发利用农宅奠定了基础。上海是典型的江南水乡,古镇、水乡、老街、海岛、古文化遗址、渔村以及田野自然风光等景观资源较为丰富,民间传统文化源远流长,各种民俗活动也具有地方特色。特别是随着全市村庄改造和美丽乡村示范村的推进,农村环境面貌发生了明显改善,不少乡村风貌别具一格。

其次,农民盼望实现闲置农房的财产性功能。目前上海村里两成左右农户的房屋已闲置空关,一半农户的房屋为半闲置房。即便在我们调查的纯农业地区,四成左右的农户已在城区或镇里购置了住房。对304个村的问卷调查显示，三成左右农民愿意将闲置房屋流转出来，以增加经济收入。

此外，社会资本对利用农宅投资建设的热情不减。近年来，全市民宿客栈数量约300家，主要分布在青浦、崇明、金山、浦东、松江等乡村，形成了以青西三镇、金山嘴渔村为代表的民宿聚落，同时还建设了一些创客空间。相关企业依托浦东新区川沙新镇连民村紧邻迪士尼乐园的地理优势，运用高新科技打造风格各异、主题鲜明的现代化民宿。金山区在全市率先以民宿发展协调领导小组的名义推行一站式审批，近期已对6家民宿进行了备案登记，由此调动了经营主体的投资开发积极性。

调查显示，上海盘活农民闲置房屋使用权有试点、有成效。现有农房流转后的运行机制主要有以下三种。

- 一是"农户＋村集体或合作社＋社会资本投资"。由村集体经济组织或村集体领办的合作社，将农户流转出的闲置农房统一组织，统一对外寻求合作，引入社会资本和先进管理经验，社会资本负责经营管理，农民获得租金收入并参与经营收益分配。这种方式具有"统一组织、一体化发展、专业化管理、规模化经营"的特点，可有效解决村民及村集体资金短缺问题，值得推崇。主要典型有浦东新区川沙新镇连民村、青浦区金泽镇蔡浜村、金山区山阳镇金山嘴渔村等。

- 二是"农户＋村集体或合作社"。主要由村集体成立合作社负责建设和经营管理，通过争取项目、村民集资、政策扶持等途径，依托村内自然资源改造农宅，对外统一经营。如奉贤西渡益民村将闲置、半闲置农房等打造众创空间，发展总部经济。

- 三是"农户＋社会资本投资"。主要由社会资本直接租赁农民闲置住房，由公司企业统一经营管理，农民可选择一次性收取租金或每年收取固定收益等方式获得财产性收入。如金山区枫泾镇新义村首批9户农民将闲置房屋交给一家上市公司打造成众创空间。

通过盘活开发利用农民闲置房屋，实现了多方共赢：乡村生态环境水平得到了提高，市民对美好生活需求得到了满足，尤其是农民的增收渠道进一步拓展。

- 一是租金收入。农户将闲置、半闲置农宅流转给集体、合作社，或者租赁给企业，获得租金收入。浦东新区川沙新镇连民村农民年房租收入3.6万元至15万元不等，且每年递增5%；奉贤西渡街道益民村、金山嘴渔村农户出租房屋每年收益5万元至6万元。15年租赁期到期后，改建房屋的经营权将返给农家。

- 二是销售农产品收入。各类时令鲜嫩的农副产品深受游客欢迎，农家乐、乡村深度游带动了周边农户发展特色农业、绿色农业，实现增收致富。

- 三是收益分红。一些地方集体的养殖场、仓库、厂房等，成为发展乡村民宿和众创空间的物质载体，壮大了集体经济实力。如奉贤西渡五宅村将村办公用房、旧厂房出租每年获得经营利润600万元，村民可享受来自集体经济组织的收益分红。
- 四是就业收入。通过盘活闲置农宅，改善了农村整体面貌，乡村旅游、民宿产业、文化创意、运动健身、电商物流等业态百花齐放，创造了许多就业机会。据对304个村调查，已开展农宅盘活利用的村，都吸纳了大量本地劳动力就业，从事民宿管理、保洁服务等工作，月工资3 000～8 000元。

二、问题分析

虽然上海在探索盘活利用农民闲置房屋方面迈出了可喜的步伐，但也存在比较明显的差距。一是形态散，以零散盘活为主，盘活改建的农宅混杂在村居中。二是规模小，以整村盘活的方式至今还未形成。三是精品少，难与江浙比拼，除少数几个精品民宿外，缺少精品，形不成气势。四是诚信差，农民对合同契约诚信度不够的现象普遍存在，因反悔而出现的经济纠纷时有所闻。村干部还反映，发展民宿与增强农村集体经济实力关系不大，担心"瞎折腾、不长久"。

上述问题，究其原因：

- 一是缺乏一个部门主抓。基层反映，全市缺乏一个主管部门，这项工作既可由农委主管，也可由旅游部门主管。
- 二是项目开发审批难。调研时，一半的被调查者反映，目前农民闲置房屋流转开发主要用于发展民宿，由于土地不能转性，用农宅办民宿办不了相关证照。工商登记没有登记类别，既不是旅馆也不是餐饮，难以获得许可证。同时，乡村民宅建筑多为自建房，九成以上的农村房屋是20世纪建设的，房屋的建筑安全难以核准。加之，乡村民房通常不具备商业接待设施所需的消防设施和消防条件，在消防审核中遇到很大困难。
- 三是配套设施不到位。调研时，八成的被调查者反映，将农民闲置房屋改造成民宿或者众创空间，需要更多依托村庄的整体环境和周边的旅游资源，规模化发展后还需要旅游设施用地作为保障，包括建设停车场、娱乐活动设施、接待中心等。同时，乡村排污纳管、供水供电、电线电信、燃气等公共服务配套设施也需要增加投入。

• 四是发展定位同质化、低端化。从总体来看,全市缺乏顶层战略设计,更缺乏统一规划。盘活利用农民闲置房屋大多用于发展民宿,风格样式和发展定位雷同,存在同质化问题,市场定位及产品层次低端,特色不明显,缺乏故事性,遗失乡村性,难以实现可持续性。

三、政策举措

针对上述问题,上海市委、市政府领导高度重视,组织相关职能部门加强实地调研,排摸乡村民宿发展的难点与堵点,出台了《指导意见》,要求围绕实施乡村振兴战略,加强统筹规划,强化规范管理,优化发展政策,充分发挥乡村民宿在推动城乡和产业融合互动、促进休闲农业和乡村旅游创新转型等方面的积极作用。要着力将乡村民宿培育成为繁荣农村、富裕农民的新兴产业,为城乡居民提供望得见绿、看得见水、记得住乡愁的高品质旅游体验,实现农村生活、生产与生态深度融合,把上海农村建设成为宜居、宜业、宜游的美丽乡村。

为破解发展乡村民宿的瓶颈,上海从六个方面加大政策支持力度。

(一)建立工作机制

建立健全市、区两级乡村民宿推进机制。市级层面建立由市政府分管领导牵头,市旅游局、市农委、市发展改革委、市规划国土资源局、市工商局、市食品药品监管局、市公安局、市卫生计生委、市住房和城乡建设管理委、市绿化市容局、市环保局、市民政局、市城管执法局等部门和单位组成的乡村民宿发展联席会议(以下简称"联席会议"),统筹协调推进乡村民宿健康发展,联席会议办公室设在市旅游局。各相关区结合本地实际,建立乡村民宿发展工作协调领导小组,科学布局乡村民宿发展规划,制定相关实施细则,建立健全事中事后联合监管机制,落实扶持乡村民宿发展的引导政策,为乡村民宿可持续发展创造良好环境。

(二)优化证照管理

各级政府部门按照持续推进"放、管、服"改革的要求,对符合条件的乡村民宿申请人,由区市场监督管理局依法核发营业执照及食品经营许可证。符合小型餐饮服务提供者临时备案条件的,可向所在地乡镇政府或者街道办事处申请临时备案。

符合消防安全技术要求的乡村民宿申请人，可到民宿所在地派出所进行乡村民宿备案。对符合条件的乡村民宿申请人，可采用告知承诺制，由区卫生计生委核发公共场所卫生许可证。

（三）强化用地保障

通过农村土地综合整治、集体建设用地减量化等盘活的建设用地指标，优先用于休闲农业和乡村旅游（民宿）配套设施等建设。农村集体经济组织自办或以土地使用权入股、联营等方式，与其他单位共同开发乡村民宿的，可依法使用集体建设用地。对乡村民宿新建的配套服务接待设施，符合相关规划的，可实行"点状"供地。

（四）加强金融支持

建立健全乡村民宿的专业保险体系，探索满足乡村民宿经营需求的保险产品。支持在沪商业银行、小额贷款公司、融资担保公司等金融机构创新金融产品和服务模式，按照国家统一部署，依法开展农村土地经营权抵押贷款试点，引导金融资源配置到乡村民宿产业发展。

（五）加强事中事后监管

相关各区职能部门、街镇按照法定职责，对涉及公共安全事项的，落实好日常监督管理及属地监管责任，开展执法检查、协同监管，规范乡村民宿经营。建立并完善记录、抽查和惩戒的事中事后监管制度和平台，对违反法律法规、告知承诺管理办法的，要及时查处。

（六）注重人才建设

组织开展乡村民宿经营管理和服务人员的专业技能、安全防范、经营管理等相关岗位培训，培育专业化乡村民宿人才队伍。通过举办上海乡村旅游节、乡村民宿主题展等形式，综合利用自媒体、网络、第三方平台等多种信息化手段，宣传推送乡村民宿特色产品，扩大对优质乡村民宿的宣传和推广，引领和带动乡村民宿提升整体服务品质。

二、新闻报道篇

XINWEN
BAODAOPIAN

上海实施
乡村振兴战略的探索与实践

1 始终把生态立岛的理念贯穿于崇明经济社会发展的全过程

来源 ◎ 上海发布

春节过后首个工作日（2月22日），市委书记李强用整整一天时间在崇明调研世界级生态岛建设进展，深入生态保护基地，踏访乡村田间地头，入户倾听农民心声。李强指出，建设崇明世界级生态岛，必须坚定不移贯彻落实习近平总书记关于长江沿线"共抓大保护、不搞大开发"的指示精神，始终把生态立岛的理念贯穿于崇明经济社会发展的全过程。要进一步增强责任感和使命感，结合崇明的定位和特色，持续努力推动高质量发展、创造高品质生活，举全市之力建设与上海卓越的全球城市和社会主义现代化国际大都市目标愿景相匹配的世界级生态岛。

一、抓好抓实生态保护这篇大文章

崇明是上海重要的生态屏障，保护好、修复好、建设好生态是重中之重。李强首站来到崇明岛最东端的东滩鸟类国家级自然保护区。滩涂湿地、芦苇荡里水鸟盘旋、觅食嬉戏，李强一路走一路听取生态修复和鸟类保护情况介绍。保护区负责同志说，随着保护修复力度不断加大，如今每年在崇明东滩过境中转和越冬的水鸟总量逾百万只。李强对大家的辛勤付出表示感谢，叮嘱生态保护不能有丝毫松懈，已经明确的规章制度必须严格执行。随后，市领导来到长江口中华鲟自然保护区基地。通过多年不懈努力，中华鲟等珍稀动物在这里得到及时抢救保护、增殖放流。李强说，崇明位于长江入海口，是生物多样性保护的最前沿，必须抓好抓实生态保护这篇大文章，"衡量生态环境好不好，就是要看鸟的翅膀往哪里飞、鱼的尾巴往哪儿游"。

二、把高科技手段充分运用于生态环境建设

生态立岛，重在人与自然和谐共生，关键是推进绿色生产生活方式。李强在陈家

镇瀛东村、花漂村和三星镇仔细察看农村生活垃圾分类和生活污水处理的创新探索。瀛东村湿垃圾分类收集站采用"植物工厂"模式实施生活垃圾分类减量，经过生物技术处理的副产物可用以培育幼苗。李强向技术人员询问处理流程、运行成本，就更大范围推广应用听取建议。花漂村的农村生活污水处理站通过分布式模块化智能生活污水处理装置，实现生活污水全收集、全处理。工作人员向市领导现场展示处理前后水质比较，处理后的水质已达到生态岛建设水质标准。李强说，生态宜居环境需要大家共同参与维护，要把高科技手段充分运用于生态环境建设，让群众享受更多绿色福祉。

三、走进村民家中，了解生活生产情况

每到一村，李强都特地走到附近村民家中，了解生活生产情况，并致以新年问候。在瀛东村村民卫生舟家里，市领导同大家拉起家常，"家里有几口人""主要收入来源是什么"。老卫说，儿子儿媳在市区工作，自己和老伴以务农为主，现已领上养老金。李强祝老卫家日子越来越红火。花漂村村民黄胜东看到李强书记来村调研，热情邀请他到家里坐坐。听到老黄的儿子大学毕业后回岛担任体育老师，李强勉励小伙子好好干，并祝全家生活更上一层楼。

四、带动农民增收、实现生活富裕

作为全市绿色农产品供给基地，崇明近年来扶持发展了一批农业龙头企业、开心农场、博士农场、家庭农场和农民专业合作社。李强来到庙镇香朵开心农场了解农场发展情况，负责人介绍，农场以生态农业为轴心，串起种植业、农产品加工及旅游等产业，当地政府十分支持，对办好农场越来越有信心。三星镇是全市郊野单元试点乡镇之一，市领导来到这里察看田园综合体规划建设情况，了解生态廊道建设、土地整治、生活污水处理以及信息化智慧管理等探索实践，走进新安村党建服务站关切询问村民事务办理是否便捷。竖新镇仙桥村聚焦现代农业发展适度规模经营，引进和培育了春润水产等多个合作社。李强听取该村打造观光农业、生态农业的情况介绍，走进当地农户施锦荣家中，同一家人亲切攀谈，了解生产生活近况，并祝全家人生活越来越好。李强叮嘱崇明负责同志，要按照中央要求，紧紧抓住实施乡村振兴战略的重大

机遇,深入推进农业供给侧结构性改革,推动崇明农业向高科技、高品质、高附加值方向发展,打响崇明品牌,以产业兴旺带动农民增收、实现生活富裕。

五、全面深入开展好大调研活动

在调研过程中,李强还专门了解大调研活动的开展情况,要求全市上下进一步全面深入开展好大调研活动,各级领导干部尤其是郊区干部要深入乡村农户,每一个农户都要走访到,认真倾听心声,了解真实情况,解决实际困难。

市领导诸葛宇杰、彭沉雷参加调研。

2018-02-22

2 粉墙黛瓦、小桥流水……
上海的乡村振兴路线图来啦

来源◎上海发布

今天上午（4月4日），市委、市政府召开上海市实施乡村振兴战略工作会议，深入贯彻落实党的十九大和中央农村工作会议精神，全面推进上海乡村振兴工作。市委书记李强强调，要认真学习贯彻习近平总书记"三农"思想，着眼大局、带着感情、立足优势抓好乡村振兴，强化规划引领、彰显品牌特色、优化人居环境、突出富民为本，用改革的办法推动乡村振兴战略落地落实，努力开创上海"三农"工作新局面。

市委副书记、市长应勇对本市实施乡村振兴战略工作作出具体部署。市委常委、市委政法委书记陈寅主持会议。

一、有了乡村的滋养，城市才能生生不息、持续发展

李强在讲话时指出，乡村振兴事关上海城市发展全局，是上海必须做好的一篇大文章。全市上下要统一思想，重新认识和发现乡村的价值。上海的发展离不开乡村，正是有了乡村的滋养，城市才能生生不息、持续发展。未来乡村不仅是重要的居住空间，还是打响"上海制造"品牌、吸引创新创业群体的重要发展空间。我们要以更大的责任担当，用好背靠超大城市的优势，谋划好乡村发展，思想更解放一些，步子更大一些，积极探索超大城市郊区的乡村振兴举措。

二、遵循乡村自身发展规律，保留保护村庄肌理、自然水系

李强强调，要明确上海乡村振兴的主攻方向和关键举措。规划是统筹推进乡村振兴的"纲"，要强化规划引领，做好村庄布局规划，加快提高农民居住集中度，为改善乡村面貌、节约土地资源、优化公共服务创造条件。城乡一体化不是城乡一样化，农村要有农村的特色，不能简单复制城市建设形态。要遵循乡村自身发展规律，保留

保护村庄肌理、自然水系，粉墙黛瓦、小桥流水、枕水而居，体现江南特色。要把体现上海乡村文化特色的符号和元素提炼出来，形成村庄规划和农房设计的管控导则，有风貌更要有韵味，有入眼的景观更要有走心的文化。乡村产业发展要彰显品牌特色。根据市民需求，生产更多高品质农产品，打造一批经得起市场检验、区域有影响力的农产品品牌。挖掘郊区旅游资源，谋划推出更多对市民有吸引力的乡村旅游景点和特色旅游产品，打响郊区旅游品牌。要优化人居环境，让乡村更美丽干净、更富有魅力。着力提高农村公共服务水平，统筹解决农村教育、医疗、道路建设等问题；全面改善乡村生态环境，加大投入深入推进河道整治、污水处理、垃圾分类等工作；用心传承优秀乡村文化，讲好乡村故事，留住乡愁记忆。富民是乡村振兴的最终落脚点，促进农民增收要有新思路、新办法。要突出富民为本，积极发展农村集体经济，大力支持农民创新创业，不断增加农民财产性收入、经营性收入。

三、关键要破解矛盾难题，根本要靠改革推动

李强指出，实施乡村振兴战略，关键要破解矛盾难题，根本要靠改革推动。要完善"三农"工作领导体制机制，强化领导责任，加强统筹协同，拿出创新举措，赋予区里一定的自主权。要抓好重点领域改革，在农业生产经营方式、农村土地制度等方

面加大改革探索力度。要加强农村基层治理，以今年村"两委"换届为契机，抓好"班长工程"，推动乡村组织振兴，通过制度创新治理微腐败，让群众有更多获得感。

四、抓住"五个着力"全面实施乡村振兴战略

应勇在部署工作时指出，实施乡村振兴战略，是新时代做好"三农"工作的必然要求，上海要按照中央精神，努力走出一条具有时代特征、中国特色、上海特点的社会主义乡村振兴道路。要以产业兴旺为重点，着力提升郊区产业高质量发展；以生态宜居为方向，着力推进美丽乡村高品位建设；以乡风文明为导向，着力弘扬江南文化；以治理有效为目标，着力加强农村基层基础工作；以生活富裕为根本，着力提高农村民生保障水平。要加快建立健全城乡融合发展的体制机制和政策体系，强化顶层设计、政策创新、投入保障、人才保证，按照国家部署，编制好上海乡村振兴战略规划，加快形成财政优先保证、金融重点倾斜、社会积极参与的多元投入格局，为实施乡村振兴战略提供强有力支撑。

市领导翁祖亮、诸葛宇杰、蔡威、彭沉雷、金兴明出席。会议以视频会议形式召开，在本市各涉农区设立分会场，区、镇、村三级相关负责人参加。

2018-04-04

3 面向全球、面向未来，上海乡村如何振兴？

来源 ◎ 上海发布

为进一步深入贯彻落实习近平总书记关于实施乡村振兴战略的重要指示精神，加快推进上海乡村振兴工作，市委、市政府今天上午（7月13日）在青浦区朱家角镇举行实施乡村振兴战略现场推进会。市委书记李强强调，要面向全球、面向未来，从建设卓越的全球城市和具有世界影响力的社会主义现代化国际大都市的高度，深刻认识上海实施乡村振兴战略的重要意义，对照中央要求，结合自身实际，进一步加强组织领导、转换思维方式、提高规划能力、破解突出难题，注重协同联动，全市上下共同努力，推动乡村振兴不断形成新亮点、取得新成效。

市委副书记、市长应勇主持现场推进会。

一、各级主要领导要积极主动、亲力亲为

李强强调，乡村振兴首先要加强组织领导。全市各级党委要全力抓谋划、抓推进、抓督办，各级领导尤其是主要领导要高度重视、积极主动、亲力亲为。要把郊区乡村的底数摸清楚，把乡村振兴的思路理清楚，把典型经验总结推广好。要从本地实际出发，立足自然资源禀赋条件，把握超大城市郊区特点，体现具有上海特点的乡村风貌、乡村特色、乡村文化。

二、在更高层次上审视谋划上海郊区的乡村振兴工作

李强指出，要转换思维方式，更好发挥自身优势，创造性地实施乡村振兴战略。要从单纯"补短板"，转向立足面向全球、面向未来，在更高层次上审视谋划上海郊区的乡村振兴工作，把乡村作为超大城市的稀缺资源，作为城市核心功能的重要承载地，作为提升城市能级和核心竞争力的战略空间。要把实施乡村振兴战略摆在优先位置，算综合账、算长远账，推动郊区乡村成为上海今后经济社会发展的亮点。

三、优化政策供给方式，给区里更多自主权

李强指出，规划具有重要的引领和先导作用。要提高规划能力，坚持规划先行，发挥好规划在整个乡村振兴工作链中的作用。要提升策划能力，提高规划的科学性，加强服务支撑，加快规划编制进度，保持规划适度弹性。市有关部门要为村庄规划编制提供技术和服务指导，帮助解决基层遇到的困难和问题。

李强强调，要坚持问题导向，聚焦解决突出难题，为乡村振兴工作破局开路。要推动农民集中居住，改变农村存在的零散面貌。要增强农村集体经济发展活力，推动农民持续长效增收。各区、乡镇要敢闯敢试、勇于探索。市里要加强政策供给，提高政策针对性和供给质量，优化政策供给方式，给区里更多自主权。要注重协同联动，加强条块联动、城乡联动、政企联动，发挥好国有企业的优势和作用，促进乡村发展，带动农民增收。

四、切实提高认识，切实抓好落实，切实形成合力

应勇在主持会议时指出，全市各区、各部门、各单位要认真抓好会议精神的传达贯彻，切实提高认识，下大决心、花大力气推进乡村振兴。要切实解决"三农"短板，让乡村在上海提升城市能级和核心竞争力中发挥更重要的作用，使之成为上海现代化国际大都市的亮点和美丽上海的底色。要大力发展都市现代绿色农业，让农业更强；编制好村庄布局规划和村庄规划，做好民居设计，让农村更美；进一步拓宽农业增收渠道，深化新一轮农村综合帮扶，让农民更富。要切实形成合力，压实各级责任，共同谱写乡村振兴新篇章。

市领导陈寅、翁祖亮、诸葛宇杰、彭沉雷出席。市委农办做工作汇报，青浦区、奉贤区、浦东新区大团镇做交流发言。

会前，李强、应勇等市领导来到青浦区张马村，实地察看美丽乡村建设最新进展。张马村着眼美在生态、富在产业、根在文化，大力发展农业生态观光与生态旅游，整个村庄小河纵横、粉墙黛瓦、小桥轻卧、风光宜人。市领导先后走进村社区事务服务中心、综治中心和党建服务站，同村干部和村民亲切交流，了解乡村振兴基层实践，听取他们的想法和建议。市领导还察看了"张马·羲田"主题民宿项目和上海寻梦源香草农场，了解民宿产业、休闲农业、乡村旅游等发展情况。

2018-07-13

4 让农业强、农村美、农民富！增强抓乡村振兴紧迫感、责任感

来源◎上海发布

上海市实施乡村振兴战略工作领导小组今天下午（1月14日）举行会议。市委书记、市实施乡村振兴战略工作领导小组组长李强主持会议并强调，要深入学习贯彻习近平总书记关于"三农"工作的重要指示精神，紧密结合上海超大城市特点，集中精力抓落实、求突破、增动力、强领导，加快推动乡村振兴战略落地见效，全面促进上海郊区乡村农业强、农村美、农民富。

市委副书记、市长应勇，市委副书记尹弘，市领导陈寅、诸葛宇杰、彭沉雷出席会议。会议听取了2018年上海实施乡村振兴战略情况和2019年工作安排的汇报。

一、进一步深刻认识实施乡村振兴战略的重要性

会议指出，要进一步深刻认识实施乡村振兴战略的重要性，对照全面建成小康社会硬任务、对标上海城市发展定位，全面准确把握乡村振兴工作的目标和措施，切实增强紧迫感、责任感，强化政策措施系统集成，把乡村振兴工作抓得更紧、更实。

二、加快推进农民相对集中居住，促进农民持续增收

会议指出，要聚焦重点，以点带面，勇于攻坚突破。要加快推进农民相对集中居住，以规划为引领，把基础设施建设、污水处理、垃圾分类、生态建设等整体考虑、同步实施，推动规划早落地、政策早见效、农民早受益，不断提升农村人居环境。要促进农民持续增收，聚焦重点人群，完善帮扶方式，更好通过发展壮大集体经济来增加农民收入。示范村建设要早见成效，抓好关键难点问题突破，培育亮丽风景，发挥带动作用。

三、要向基层放权，放手让市场参与

会议指出，上海乡村振兴要增动力、添活力，关键是做好"放"字文章。要有效释放乡村资源价值，创造更为平等的制度环境，增强乡村自身的竞争力和吸引力。要向基层放权，激发基层的积极性和创造性，支持熟悉农村、了解农民的基层干部把乡村的事情办好。要放手让市场参与，鼓励引导国有企业以及各类社会力量在乡村振兴中发挥积极作用。

四、各级主要领导要投入更多精力

会议指出，实施乡村振兴战略必须加强领导保障。各级主要领导要投入更多精力。要配强建好农村基层党组织，加强带头人队伍建设，强化基层社会治理能力，为乡村振兴创造稳定、和谐环境。要强化政策支撑，加强统筹协调，共同努力把上海乡村振兴工作做得更好。

2019-01-14

5 做好农业强、农村美、农民富的大文章

来源◎上海发布

市委书记、市实施乡村振兴战略工作领导小组组长李强今天上午（7月4日）赴奉贤区调研乡村振兴工作时强调，乡村振兴事关上海城市未来发展、事关广大农民对美好生活的向往，要深入贯彻落实习近平总书记考察上海重要讲话精神和关于"三农"工作的重要论述，切实增强实施乡村振兴战略的紧迫感和使命感，坚持规划为先，抓牢主攻方向，强化内生动力，狠抓推进落实，做实做好农业强、农村美、农民富的大文章，推动郊区农村在上海提升城市能级和核心竞争力中发挥更重要的作用，让广大农民有更多的获得感、幸福感、安全感。

市委副书记、市实施乡村振兴战略工作领导小组副组长尹弘参加调研。

一、深入研究上海乡村特点，彰显具有自身特色的乡村风貌、乡村文化

奉贤区青村镇吴房村是上海第一批9个乡村振兴示范村之一，村域规划为创意文化、农民集中居住、公建配套和特色种植区4个象限，通过田、水、路、林串联连片打造。李强走进村庄，沿着石板、砖瓦铺就而成的村间小道一路前行。绿田粉墙黛瓦、小桥流水人家，一片生机勃勃的江南村景。

市领导十分关心村庄整体形态打造及文化传承情况，同区、镇、村负责同志以及规划设计团队深入交流，详细了解村庄规划及建设推进的进展。由上百年历史老屋修复而成的村史馆传统与现代相结合，既保留保存了原有风土、器物，又以现代信息技术展望村庄未来。

李强说，要以乡村规划编制为引领，深入研究上海乡村特点，彰显具有自身特色的乡村风貌、乡村文化。既要塑形又要留魂，加强风貌塑造和文化传承，真正形成具有江南水乡特征和超大城市郊区特色的上海农村新风貌。

二、认真倾听广大农民的心声，充分调动基层创造活力和内在动力

由农宅改建而成的睦邻四堂间传来村民们以沪剧杨柳青调改编而成的村规民约歌曲声，活动室里正在传授传统版画。李强走进四堂间，向大家亲切问好，了解日常生活起居，听取他们对于乡村振兴的意见、建议。他说，要认真倾听广大农民的心声，政策举措要体现需求导向、问题导向、效果导向，让广大农民有更多获得感。要进一步加强基层党组织和带头人队伍建设，充分调动基层创造活力和内在动力，真正形成人人参与、共建共享的乡村振兴良好氛围。

三、在增强农村集体经济发展活力上下更大功夫，紧密结合农村实际，大胆创新探索

乡村振兴，关键要强村、富农。吴房村围绕黄桃特色产业，引入国资平台、搭建运营平台，推动农商文旅多产业、多要素发展，吸引了一批新型企业落户，不少年轻人也汇聚于此创业就业。而通过"租金+股金+薪金"的方式，农民实现了持续稳定

增收。李强说，要在增强农村集体经济发展活力上下更大功夫，紧密结合农村实际，大胆创新探索。要充分挖掘农村潜力，依托自身优势，真正做出特色、做出品牌，促进农民持续长效增收。

四、牢牢把握机遇，在农业生产经营方式、农村土地制度等方面加大改革创新探索力度

随后，市领导来到奉贤区西渡街道益民村。去年，益民村村委会由原2 800平方米的办公楼搬至500平方米的平房，原办公楼发挥集体存量资产作用，促进提高集体经济收益。李强详细了解益民村盘活土地资源、吸引企业落户的发展模式，就壮大集体经济、促进农民增收等同相关负责同志进行交流讨论。他说，郊区要通过实施乡村振兴战略，进一步拓宽发展空间、优化空间布局、提升经济密度。要牢牢把握机遇，在农业生产经营方式、农村土地制度等方面加大改革创新探索力度。在听取奉贤区关于推动农民相对集中居住工作进展汇报时，李强指出，农民相对集中居住是改变农村零散面貌、提高农民生活品质的重要举措。要充分尊重农民意愿，积极探索行之有效的方式方法，把好事真正做好做实，让老百姓在乡村振兴的大发展中得到更多实惠。

市领导诸葛宇杰、彭沉雷参加调研。

2019-07-04

6 提高思想站位，尊重农民意愿，持续用力做好"三农"各项工作

来源◎上海发布

市实施乡村振兴战略工作领导小组会议暨现场推进会今天在金山区漕泾镇水库村举行。市委书记、市实施乡村振兴战略工作领导小组组长李强主持会议并强调，推动农业农村现代化是上海建设具有世界影响力的社会主义现代化国际大都市的重要组成部分。要深入贯彻落实习近平总书记在中央农村工作会议上的重要讲话精神，把握特点、顺应规律，聚焦重点、统筹兼顾，全面提升乡村振兴工作水平，塑造超大城市乡村发展新优势，构建城乡融合发展新格局。

市委副书记、市长、市实施乡村振兴战略工作领导小组第一副组长龚正，市委副书记于绍良出席会议并讲话。市领导诸葛宇杰、彭沉雷出席。

李强指出，要深刻学习领会习近平总书记重要讲话精神，进一步提高做好乡村振兴工作的思想站位。深刻认识"三农"工作的重要性，准确把握"三农"工作重心的历史性转移，坚持尊重农民意愿、保持历史耐心，切实履行好耕地保护、粮食保障和重要农产品供给的责任，持续用力做好超大城市"三农"各项工作，不断塑造新优势、取得新进展。

李强指出，要准确把握超大城市乡村振兴特点，加快构建城乡融合发展新格局。在价值取向上，要凸显农业农村的经济价值、生态价值、美学价值这"三个价值"。要为城市核心功能提供战略空间，承接更多元和高能级的经济发展功能。依托超大城市丰富的科技资源、人才资源、市场资源，更加有效地走科技农业、精品农业、品牌农业之路。充分发挥乡村就近调节气候、净化空气、缓解城市"热岛效应"、改善超大城市生态环境的重要作用，使春天的油菜花、夏天的荷叶、秋天的稻穗、冬天的麦苗成为令人向往的好风景，让广大市民更好感受农耕文化、田园风光、自然之美。

李强指出，在整体布局上，要优化新城、镇域、乡村这"三个空间"。"五个新城"

重在发挥聚集功能,按照独立综合性节点城市定位,加快建设引领高品质生活的未来之城,加快打造经济发展的重要增长极,为上海未来发展构筑新的战略支点,为周边的镇域乡村更好赋能。镇域重在发挥连接功能,强化联通城乡的纽带作用,通过完善公共服务配套、发展特色产业,更好承接农村人口转移。镇域发展要注意规模适度,根据核心镇、中心镇、一般镇的规划定位,集约高效、错落有致、富有特色地发展。乡村重在发挥底板功能,要根据村庄规划着力抓好建设,加强人居环境整治,彰显乡村综合价值,打造成为城市后花园。

李强指出,在发展阶段上,要认清空间稳定、地位凸显、功能复合这"三个趋势"。乡村空间正在由不断收缩向基本稳定转变,乡村资源的稀缺性进一步显现,乡村对城市、对市民越来越不可或缺,从承担农产品保障供应功能向承担多元复合功能转变,由承担附属功能向承担核心功能转变。上海乡村已经具备优势凸显的条件、拥有乘势而上的机遇、积累蓄势待发的力量,正迎来大有可为的全新发展阶段。

李强指出,乡村振兴是系统工程,要坚持规划先行,抓住"牵一发动全身"的关键环节和重要领域,有力有序开展工作。要示范引领、以点带面,放大乡村振兴示范村建设的示范效应,形成"政企结合、市场主导"的多元化投入机制和经营机制,让点上"盆景"变成面上"风景"。农民相对集中居住有利于优化郊区空间布局、提高公共服务质量、促进农业集约发展，要在尊重农民意愿基础上持续稳慎推进，注重抓好就业工作和配套建设，让农民得到更多实惠。要补齐短板、提高标准，把农村基本公共服务做实做优，加强文化、养老、道路等基础设施建设，强化农村公共卫生力量。不断深化农村基层社会治理，严格规范管理，有效排除隐患。要改革突破、放开搞活，释放资源价值，增强内生动力，把存量资产的文章做足，积极发展乡村产业新业态、新模式，让沉睡的资源变成农民致富和乡村发展的源头活水。

李强强调，"三农"工作是党的重要工作。全市各级党委特别是各涉农区区委要扛起责任，加强和改进对"三农"工作和乡村振兴的领导。要结合村集中换届，选优配强村"两委"成员特别是支部书记，让他们真正沉下心来、扎下根来，用心用情搞好乡村振兴。要形成"比学赶超"的浓厚氛围，各展其长、抓出亮点、抓出特色。

龚正指出，要按照市委决策部署，深入实施乡村振兴战略，加快农业农村现代化，推动城乡全面融合、共同繁荣。持续推进"美丽家园""绿色田园""幸福乐园"工程建设，打造乡村振兴示范片区，拓展产业深度和广度，精准开展农村综合帮扶，不断优化农村人居环境，把乡村建设得更好，把产业发展得更好，让农民生活得更好。要推动各项资源要素供给向农业农村倾斜，强化乡村振兴投入保障。

会前，李强、龚正等市领导来到金山区，实地调研乡村振兴工作推进情况。近年来，金山区坚持"百里花园、百里果园、百里菜园，成为上海后花园"的建设目标，做大做强都市现代农业，加快建设和谐美丽乡村，持续提升农民生活水平，因地制宜打造了一批各具特色的示范村。在吕巷镇和平村、廊下镇山塘村、漕泾镇水库村，市领导走田园、穿古街、看水岸，与当地农民群众亲切交流，听取乡村振兴示范村建设和农民相对集中居住工作介绍，了解都市农业、现代种业、乡村旅游等产业发展情况，关切询问农民增收、人居环境提升以及公共服务改善进展。看到这些乡村以规划为引领，在一片小桥流水、粉墙黛瓦、鲜花绿树的江南水乡好风光中嵌入特色产业、建设美好家园，李强说，上海推进乡村振兴，必须匹配超大城市定位，顺应农民群众期待，全力做好农业高质高效、乡村宜居宜业、农民富裕富足的大文章。要坚持从实际出发，加快补上基础设施、公共服务、人居环境、社会治理的短板。紧扣当地资源禀赋、乡村文化底蕴和产业发展重点，加快打造一批颜值高、生态优、产业强、服务全、农民富的特色品牌乡村，塑造超大城市乡村别样风景。

2021-04-11

7 "微更新、再激活、细治理"
——上海推进乡村振兴塑造城市"后花园"

来源◎新华网

在沪郊嘉定区,记者与当地的农委副主任姜洪兴聊起乡村振兴的话题。他告诉记者,嘉定区将划定"红线"保留保护近40个"有年头"的行政村。村庄这个形态,不会在大上海消失。

上海市农委相关人士说,在大城市,同样有做好"乡村振兴这篇大文章"的空间。都市里的乡村,应该成为城市"后花园"。

乡村振兴,离不开乡村的"更新",使之跟上现代社会的步伐。记者在走访沪郊一些乡村时了解到,当地对"更新"用了一个"谨慎"的词:"微更新"。记者采访发现,他们的"谨慎",是为了更精心地保留和保护乡村的原有风貌和良好民风民俗。

嘉定安亭镇向阳村党总支书记夏明说,这里的村庄风貌布局,就是"沿河"的特色,河岸人家,周围有小小竹林和广大水田。这是江南水乡的"风貌",乡村更新不能"更"掉这种古风古貌,而是在保留、保护好乡村特色风貌的前提下,"输入"现代生活的便捷。

前不久,包括安亭在内的沪郊一些特色小镇,在小镇发展和乡村振兴上形成了一个共识:上海不仅需要大城繁华,也需要小镇美丽。应尊重现有的小镇历史风貌和乡村肌理,注重传统文化和小镇精神的传承,在特色产业、特色文化、特色风貌等方面进行"特色"建设,不推倒重来,不贪大求全。

乡村振兴,还离不开乡村功能的"再激活",并且在城乡交融中发挥乡村的活力。在嘉定华亭镇毛桥村,新近传出恢复和重塑乡村"集市"功能的消息。集市,古来就是农村"人流、物流和情感交流"的载体。毛桥村集市推进办副主任徐占松认为,恢复农村集市,一定程度上是"恢复农村的活力"。

沪郊的枫泾古镇则着力在农业创新上进行功能的"再激活",形成了长三角农创

一体化平台，把新型的"双创"机制引入现代农业的要素组合和交换中，农技专家的成果、农业风险投资与农场、合作社的产销有了共同的"对接土壤"。

乡村振兴，更离不开乡村形态和环境的"细治理"。在沪郊金山，正在推进"百里花园、百里果园、百里菜园"战略，重塑都市新型农业供给，形成优质稻米、绿色蔬菜、名优瓜果、特种养殖四个优势主导产业，通过新型服务链的打造，把农业的经济、生态与服务功能融合起来，让新农业对接市民绿色生态新需求。以前杂七杂八的"乱搭建"逐渐被清除，形成了一批农业旅游集聚区和郊野公园，引入了网格化的精细治理，每个"网格"都有专人和志愿者保清洁、保平安。

上海城乡正在形成一种双向"反哺"：城里人下乡休闲旅游反哺农村；农村以绿色生态反哺城市。

2018-02-23

8　为耕耘充电　让种田更炫

来源◎人民网－人民日报

实施乡村振兴战略，需要造就更多乡土人才。从2013年开始，上海推进新型职业农民的培育试点工作，针对农民"痛点"开展需求调研，精准培育，至今已累计认定新型职业农民10 539人。培育新型职业农民，同以往的农技培训有何不同？新型职业农民在乡村振兴中能发挥什么作用？如何通过政策扶持和职业保障更好发挥他们的作用？

上海金山区施泉葡萄园内的葡萄宛如一串串碧玉，青翠欲滴。看着丰收的场景，基地负责人卢玉金心里乐开了花。而更让这位金山"葡萄大王"高兴的是，在不久前召开的金山实施乡村振兴战略大会上，他获颁金山区十佳"新型职业农民"证书。

一、为啥培育？

发展都市现代绿色农业、农业科技成果转化需要新型职业农民。

"上海的发展离不开乡村，正是有了乡村的滋养，城市才能生生不息、持续发展。"在不久前召开的上海实施乡村振兴战略工作会议上，上海市委书记李强表示，未来乡村不仅是重要的居住空间，还是打响"上海制造"品牌、吸引创新创业群体的重要发展空间。

上海耕地面积小，土地流转率高，现已达到75%以上。上海的农业产业定位是要发展都市现代绿色农业。"整建制创建国家现代农业示范区，到2020年完成农村集体经济组织产权制度改革，农业劳动生产率和农民人均纯收入分别达到12.5万元、4万元"——这是上海"三农"的阶段性目标。

二、如何实现这一目标？

"乡村振兴，农民是主体。农民的文化素质、技术能力和思想水平的高低，直接决定乡村振兴战略的实施效果。因此，培养和建设一支新型职业农民队伍是实施乡村振兴战略的关键。"上海市农委社发处处长郭保强说："农业的发展必须插上科技的翅膀，农业科技成果转化必须依靠新型职业农民。"

从2013年开始，根据农业部统一部署，上海推进新型职业农民培育试点工作，搭建职业农民成长通道。仅去年一年，上海全市培训的新型职业农民就达4 091名，至今已累计认定新型职业农民10 539人。一支"爱农业、懂技术、善经营"的新型职业农民队伍，正奔忙在沪郊希望的田野上。

卢玉金是金山区最早跻身新型职业农民培养计划的学员之一。"传统葡萄只有夏季这一上市窗口，采用大棚种植后上市周期可以延长至6个月。"听从专家的建议，卢玉金全部采用大棚设施栽培，并严格控制葡萄产量；每根藤蔓上只留一串葡萄，每串60~80粒，确保糖度、风味。经过专家指导，葡萄的品质越来越好，近年来多次在全国和上海的各类葡萄大赛中获奖。卢玉金介绍道："现在，葡萄每亩收入可以达到2万元，在市区有9个销售点。"

三、怎么培育？

针对"痛点"开展需求调研，根据需求精准培育。

培育新型职业农民，同以往的农技培训、送科技下乡有何不同？是不是仍然是找专家培训农业科技知识？

上海市农业广播电视学校培训管理专家毕施华长期从事新型职业农民培育问题的研究。他告诉记者，随着农业科技水平的不断提高，农业新技术、新品种、新信息层出不穷，知识更新不断加快，对新型职业农民的专业素质提出了更高要求。

"我们的培训经常被要求更具针对性、实用性，这是农业产业的内在需求，新型主体更知道需求点在哪。"奉贤区农民科技教育培训中心主任张立洁告诉记者。

如何提供更有针对性的培训？今年初，上海市农业科学院针对上海农民的"痛点"开展调研，走访了浦东、金山、崇明、松江等涉农区后发现，上海农民经营性收入只占总收入的5%，比不上江苏、云南等一些省份，而且发展不平衡、不充分的现象普遍。

经营性收入低，是由于产品品种单一、上市时间集中、品牌认知度低等因素造成的。针对这一现象，上海市农业科学院今年与上海市农业广播电视学校签约，以青年科研人员与45周岁以下青年农场主结对的方法，将联手培育万余名懂种地又懂经营的新型职业农民。

"干的还是那些活，但赚的钱变多了。"倪林娟原本是一名都市白领，2010年加入了崇明区新型职业农民队伍。从当初别人种啥她跟着种啥，到她种啥别人跟着种啥；从率先开创社区营销到如今形成"农业+"模式，她经营的崇明享农合作社通过市农广校的专家创业导师指导，去年开始走一二三产业融合发展之路，年收入已经达到2 100万元，亩产值两万多元。

哪些人是新型职业农民的培育目标？根据自身实际，上海提出到2020年培育2万名新型职业农民的目标，持专业证书的农业劳动力达到70%。为此，在全市1 500多个行政村中，开展了农业从业人员情况摸底调查，锁定全市范围内7万余名农业从业人员，作为新型职业农民培育的对象。

四、如何帮扶？

政策倾斜和信贷融资支持，探索建立职业保障制度。

新型职业农民面临着产业功能不断拓展、环节不断增多、岗位不断细化及农民分工分业的职业分化趋势。如何更好发挥新型职业农民作用？

毕施华告诉记者，对新型职业农民的教育培训、继续教育、知识结构更新，特别是对新生代农民培养的模式需要创新和提高。2015年，上海制定了《新型职业农民认定管理办法（试行）》，明确由区县农委负责新型职业农民的培训认定工作，对申报条件、教育培训实施、属地化认定管理及政策扶持做了明确的规定。

"一个地区的农业产业特色和产业战略定位直接影响到新型职业农民培育的效果，对新生代职业农民来说其影响更大。"张立洁说。

政策扶持和职业保障制度是新型职业农民培育的重要支撑。在这方面，浦东新区的探索相对超前。为了实现系统化培育新型职业农民，浦东新区除了对获得新型职业农民资格证书的农民给予学历提升学费全免等扶持政策外，还自2013年开始实施把农业企业、合作社享受扶持政策与获得新型职业农民资格证书人数挂钩的新政策，对取得资格证书的本地专业大户、家庭农场提供土地流转、农机具购置、农业基础设施建设等方面的优惠政策。

除了支农惠农政策向新型职业农民倾斜外，近年来，上海还通过试点等形式，积极为新型职业农民提供信贷融资支持，并探索建立新型职业农民的职业保障制度。金山区加强与区人社部门沟通协商，妥善解决了农民专业合作社、农民专业合作联社、家庭农场参加社会保障的开户与缴费问题，确立了新型职业农民的职业属性。金山区还对取得新型职业农民证书的生产经营型职业农民，实施社保缴费补贴激励。

毕施华建议，各地应当在区政府主导下联合相关部门着手研究对新型职业农民有实惠帮助的，以及在队伍建设、教育培养方面有导向性的政策和措施，特别是在土地流转承包、基础设施项目专门扶持、流动资金信贷、保险、劳动社会保障等方面要有新的体现；逐步构建完善的扶持政策体系，为强化新型职业农民队伍的建设和培育工作提供支持。

2018-07-04

9. 聚焦实施乡村振兴战略 加快农村"五美社区"建设
——崇明打造"阡陌交通鸡犬相闻"的农村社区样板

来源◎解放日报

党的十九大报告提出,实施乡村振兴战略,"要坚持农业农村优先发展,按照产业兴旺、生态宜居、乡风文明、治理有效、生活富裕的总要求,建立健全城乡融合发展体制机制和政策体系,加快推进农业农村现代化。"崇明正以农村"五美社区"建设为抓手,努力打造全国农村社区建设的样板。

农村社区事务办公室、标准卫生室、文化活动室、便民农家店、社区篮球场、健身中心等公共服务设施一应俱全,村里还设有8个健身场地、多个多媒体文化活动室,以满足村民文化休闲需求;去年下半年"助老爱心服务餐"项目正式启动,全村多数老人都被纳入了助餐范围,一日三餐都有送餐志愿者定时送上门……古有"土地平旷屋舍俨然,阡陌交通鸡犬相闻"的桃花源,如今在崇明横沙乡惠丰村,村民们的日子过得比桃花源中人更滋润。

惠丰村的和美景象是崇明农村建设的缩影。崇明是上海最大的农村地区,共有行政村269个,农业人口37.6万,占全区总户籍人口的56%。2017年以来,崇明区委、区政府着力建设以"自然生态美、宜居环境美、绿色生产美、乡风文明美、生活幸福美"为主要内容的农村"五美社区",全面助推乡村振兴战略实施。崇明区区长李政说:"'五美社区'建设是一项系统工程,既要各美其美、相得益彰,也要美美与共、融为一体,崇明区将持续用力、倾力打造农村'五美社区',使崇明的天更蓝、地更绿、水更清、村更美,使农民过上更加幸福美好的生活。"

一、改善农村社区品质,提升百姓幸福感

"社区建设"往往被认为应该是城镇化地区的事,为什么农村也要推进"社区建设"?

事实上，早在2015年，国家层面就印发了《关于深入推进农村社区建设试点工作的指导意见》，明确了推进农村社区法治建设、提升农村社区公共服务供给水平、改善农村社区人居环境等任务。"指导意见"指出，我国农村社会正在发生深刻变化，面临非户籍居民的社会融入问题凸显、村庄空心化、农村"三留守"群体扩大、农村公共服务能力难以适应日趋多元的村民服务需求等问题。加强农村社区建设，有助于农民幸福安康、农村和谐稳定。

"2016年7月，本市明确采取市、区两级试点的模式，点面结合同步推进农村社区建设试点工作。我们提出打造'五美社区'，是基于'世界级生态岛'目标定位，结合当前正在开展的水环境整治、农村生活污水纳管、生态林地建设等工作，让农村社区更美丽，让村民们更幸福。"崇明区民政局相关负责人表示。

根据崇明《关于深入推进农村社区建设试点工作方案》，崇明将在"十三五"期间，以建设世界级生态岛为指引，以村民自治为基础，以完善管理服务为重点，结合"美丽乡村"建设、村庄综合改造、文明创建、服务群众等工作，打造一批以"自然生态美、宜居环境美、绿色生产美、乡风文明美、生活幸福美"为主要内容的农村"五美社区"，计划用5年时间实现农村"五美社区"全覆盖。

2017年底，崇明区向民政部申报创建全国农村社区治理试验区，今年1月被民政部列为全国首批农村社区治理实验区。未来，崇明将不断创新农村社区治理机制，打造新时代农村社区建设的"样板间"，形成可借鉴、可复制、可推广的创新经验，为加强农村社区治理顶层设计提供政策参考。

二、激发农村内在活力，提升软件品质

"五美社区"怎么建设？

崇明区提出，要紧紧围绕世界级生态岛建设目标，抓好美丽乡村建设的细化落实，紧密结合生态、生产、生活的融合发展和城乡社区的综合治理，抓好硬件设施和软件品质的联动提升。

根据工作方案，崇明区的农村社区建设工作将以完善农村社区治理体系、推动多元化主体参与农村社区治理、提升农村社区公共服务供给水平，推进农村社区平安建设、加强农村社区文化认同、改善农村社区人居环境为具体任务，各项任务均有细化指标。如在农村社区公共服务方面，崇明将进一步推动乡镇公共服务延伸到村、组，

完善和提升村级"四室一站一店"（标准卫生室、事务代理室、文化活动室、社区警务室、为农综合服务站、便民农家店）的服务功能。在社区平安建设方面，崇明将推进农村社区平安建设，加强农村社区法律服务，建立调处化解农村矛盾纠纷综合机制，实现矛盾纠纷调解成功率达90%以上。

"五美社区"建设，加强村民自治是题中之义。在试点工作中，崇明注重加强村级党组织带头人队伍建设，发挥党组织在加强生态环境保护、开展美丽乡村建设、带领农民致富、密切联系群众、开展农村社会治理、维护农村稳定中的核心作用，带领相关社区组织、村民小组和广大农村居民共建共享"五美社区"，推动社区、社会组织、社会工作"三社联动"，提升了农村社区发展活力，提高了农村"五美社区"建设水平。

"五美社区"建设过程中，崇明引来了"外援"。今年5月19日，崇明区举行了首届"五美社区节"，活动上来自上海市区的15家基金会、民办非企业单位、社会团体代表分别与崇明区13个乡镇的村居代表签订了20个"城乡社区治理"项目合作协议，合作内容均是崇明城乡社区治理中的难题，如为老服务、关爱留守儿童、扶贫济困等方面。

三、打造全国农村社区建设"样板"

"五美社区"建设以来收到了怎样的成果？

2016年，惠丰村和竖新镇仙桥村被确定为崇明首批农村社区建设的市级试点示范村。如今，经过近两年的努力，这两个"样板房"的农村社区建设成效明显，也为崇明如火如荼的"五美社区"建设注入了活力和动力。2016年以来，全区已完成了1个国家级、8个市级和34个区级试点示范村建设。2018年，将完成6个市级和44个区级试点示范村建设。在不久的将来，崇明将实现农村"五美社区"全覆盖。

数据最有说服力。截至2017年底，崇明已实行"河长制"全覆盖；农村生活污水处理设施和污水管网建设全面推进；今年全区种植绿肥29万亩，基本实现了绿肥取代"二麦"种植。睦邻点已实现全区各乡镇全覆盖。依托全区各乡镇志愿服务中心和各村志愿服务站平台，形成了一支逾11.8万人的注册志愿者队伍，通过一对一、一对多等形式，由志愿者为困难老人、特殊群体儿童和残疾人开展结对帮扶、亲情陪伴等服务。农村社区公共服务综合信息平台向村一级延伸，今年实现全覆盖。同时，各村都成立了人民调解委员会，农村社区矛盾纠纷调解成功率达95%以上。此外，通过"五美社区"建设，崇明积极开展村委会规范化建设，推行农村社区"一站式服务"，实行集中式办公、敞开式办公，实现从"群众上楼"到"干部下楼"的转变，同时因地制宜建设村民活动场所、体育健身场地、为民服务点等综合服务设施，大大丰富了农村社区文化生活。

建设"生态崇明""美丽崇明"和"幸福崇明"（三个崇明）是今后五年崇明的目标，推进农村"五美社区"建设正是向实现"三个崇明"目标迈出的坚实步伐。"'五美社区'的'美'和'美丽崇明'的'美'一样，有自然景观、生活空间、城镇风貌的美，更重要的是人文之美、风尚之美、和谐之美、文明之美，是融合在整个社会方方面面中的'大美'；建设'五美社区'的出发点和落脚点，则是通过提高管理和公共服务水平，让老百姓有切切实实的幸福感。"崇明区相关负责人说。

四、聚焦乡村振兴，全力提升"五美"

近年来，崇明区聚焦实施乡村振兴战略，加快农村"五美社区"建设，在"自然生态美"等五个层面全力改善提升，取得了显著效果。

加强生态环境综合治理，塑造"自然生态美"。

崇明围绕"水土林气"等领域加强综合治理，让良好的生态环境成为崇明农村社区最宝贵的财富。比如，在治水方面，全区明确村级河长908名，占全区河长总数的80%。广泛发动群众深度参与河道治理，吸纳民间智慧形成符合农村实际的河道疏浚工作法，发动党小组长、党员志愿者、生产队长等担任"民间河长"。比如，在港沿镇同滧村，很多村沟宅河边空地较小，挖掘机等大型设备难以周转，村里在确保人员安全和工程质量的基础上让有经验的挖河"老法师"站上第一线，成为河道"消黑除劣"的主角。

另外，崇明致力打造"海上花岛"，结合美丽乡村建设、花博会筹备等，推动农村社区建设花田、花溪、花路、花宅，塑造点、线、面相结合的花岛景观。加快生态廊道和公益林建设，2017年底全区森林覆盖率已达25.1%，2020年将达到30%。全域推进农村生活污水处理，坚持"一级A标、建养一体、一镇一标、一线监管"工作制度和抽检时间、地点、机构"三随机"工作机制，累计完成13.51万户农村生活污水处理工程，年底前将力争实现全覆盖。

五、改善农村人居环境，打造"宜居环境美"

改善农村人居环境是广大农民之盼、生态岛建设之要，崇明着力推进美丽乡村建设，让农村成为安居乐业的美好家园。按照"一镇一村"的要求，崇明要求16个涉农乡镇每镇至少推进1个区级乡村振兴示范村创建，到2019年底建成一批具备示范引领作用的特色精品村。同时，推进农民集中居住，充分尊重农民意愿，加快农村居民点从自然分散向相对规模集中形态转变。今年9月，竖新镇农民集中居住一期项目摇号选房工作在社区文化活动中心落下帷幕，参加本次摇号选房的村民家庭共计66户，摇号选房率为100%。下阶段，竖新镇将邀请群众共同参与建房全过程，确保代建房屋质量过关、品质一流。在民居设计上，崇明综合考虑农村发展现状、人文历史等因素，充分体现"中国元素、江南韵味、海岛特色"，力求展示农村自然空间风貌，体现人文特色，使乡村留得住乡韵、记得住乡愁。

农村生活垃圾分类减量方面，崇明坚持"全域覆盖、全程分类、全面处置、全民参与"原则，全面推广"户分户投、村收村拣、镇运镇处"的分类投放、收集、运输、处置管理模式，建成运行镇级湿垃圾集中处理站21座，村级湿垃圾处理点52个，构建"一户两桶""一村一点""一镇一站""村村有车"设施体系，269个行政村实现生活垃圾分类减量全覆盖。同时，崇明推进农林废弃物资源化利用，聚焦水稻秸秆、多汁蔬菜、瓜菜藤蔓、林地枝条、畜禽粪便五类农林废弃物，探索形成符合崇明实际的农林废弃物燃料化、饲料化、肥料化等多元化利用模式。

六、推进现代绿色产业发展，促进"绿色生产美"

为推动农村产业向高质量发展转变，崇明不断优化产业结构，加大特色农产品种源保护力度和优质农产品种源引进力度，结合花博会筹办，大力发展特色花卉产业，今年已引进3家优秀的龙头花卉企业。

近来，崇明注重引培优质经营主体，坚持招大、引强、选优，加快优质经营主体引进步伐，全力扶持"三场一社一龙头"发展。积极开展新型职业农民培育工作，至目前累计培育认定新型职业农民2 488名，约占全市总量25%。加快农业品牌发展，去年10月推出了"崇明大米"区域品牌，今年试点种植1万亩不施化学肥料、不施化学农药的"两无化"大米，实施订单销售，市场反响良好。接下来将做强白山羊、老白酒等品牌，建立以"崇明"为地域标识的绿色农产品区域联盟和公共品牌。

针对离土农民等重点群体"就业难"问题，崇明推进农业"接二连三"，通过扶持发展开心农场、博士农场等举措，吸引带动了一大批农民参与果蔬培植采摘、农场基础管理等工作，实现了"家门口"就业。生态旅游、文化体育等新兴产业、"无烟工厂"呈现蓬勃发展的新势头。比如，庙镇合中村香朵开心农场，流转土地200余亩，租赁村民楼房13幢，提供就业岗位60个，农户每年可以获得房屋租金收入3万元、岗位收入4万元。目前，全区共有两家开心农场建成试营业，9家开心农场建设有序推进。

七、加强精神文明建设，营造"乡风文明美"

在崇明竖新镇仙桥村，有一堵长约50米、高约3米的"家训墙"，常有村民游客在此驻足观看。"家训墙"上展示的是全村200多户村民的好家训，配以古代家庭美德代表人物的卡通形象，仙桥村也因"家训墙"而有了浓厚的文化氛围，这堵墙成了该村"五美社区"建设的人文名片。

这是崇明加强农村精神文明建设、营造"乡风文明美"的举措之一。崇明致力于推动农村社区建立和谐文明、健康淳朴的乡风民俗，不断增强农村社区文化认同。崇明不少乡镇、村围绕农村社区生产生活，修订完善更加彰显村域特色、体现村民意愿的村规民约，进一步激发农村居民参与自治的热情。比如，在横沙乡丰乐村，垃圾分类被写入了村规民约，详细列明了厨余垃圾、有毒有害垃圾等的定义及相应的处理办法。该村规定，对分类不清的，前三次给予警告教育，由垃圾收集员进行劝导，第四次就要罚款10元，第五次罚款翻倍（即20元），依此类推，直至罚光村里下发的所有补贴福利，还影响相关人员今后评优、奖励和个人信誉。

丧事一办就是三四天，要请"专业人士"来哭丧……这些传统的乡间丧葬民俗，今后将在崇明逐渐消失。今年1月，崇明区文明委发布《崇明区推进婚丧喜庆移风易俗专项行动实施意见》，倡导丧葬风俗破旧立新，坚持"不铺张浪费、不搞封建迷信、不扰民"原则，力争乡风民风更文明、清朗。目前全区移风易俗工作知晓率100%，得到基层群众的普遍支持和认可。

八、推进生态惠民工作，实现"生活幸福美"

崇明着力落实好惠农富农政策，加大财力向民生事业的投入力度，让广大农民在乡村振兴中有更多获得感、幸福感、安全感。农村集体经济发展方面，崇明已全面完成农村土地承包经营权确权登记工作，全面完成 269 个村的集体经济组织产权制度改革，同时积极推进农村综合帮扶项目建设，实施了 5 个"造血"项目，2016 年以来累计产生净收益 9 467 万元，惠及 162 个经济薄弱村。

崇明还优化农村干部队伍，探索开展"村居大讲堂"活动，以村居党组织书记、主任、大学生村官等为主体对象，聘请社会治理领域知名专家、学者每月开展一次教育培训活动。自 2017 年 5 月举办首期活动以来，已开展培训 18 期，累计培训 14 000 人次。

打开电视机，村民在电视上就能看到以往"村务公开栏"上张贴的全部内容：年度实事项目、福利优惠政策、本村各类"账单"和"账本"等。记者了解到，崇明区率先建设村务公开电视信息系统，到今年底，百姓将拥有"另一双眼睛"——电视屏幕：基层党务、村居务、财务可视化公开将覆盖全区 18 个乡镇 350 个村居、约 23 万户家庭。目前，全区已有 18 个乡镇 57 个村居、近 3 万户完成系统上线。该系统将创新村务监督方式，进一步打造阳光村务。

社会保障方面，崇明创新实施生态养老补贴制度、长期护理保险试点工作和生态惠民保险制度，切实提升农村居民收入保障水平，同时着力推动生态就业，已开发生态就业岗位近 1.3 万个，为农村居民提供更多的就业机会。

2018-11-21

10 园艺村入选首批乡村振兴示范村产业发展、村容治理有"颜值"又有"内涵"
——乡村振兴让崇明黄杨"老树发新枝"

来源◎解放日报

最近一段时间，65岁的茅锦昌遇到了一件"烦心事"——时不时会有"不速之客"到他家附近参观游览，和他家黄杨园里的黄杨树合影，就连隔壁村镇的一些村民也喜欢在吃完晚饭后往茅锦昌家这边走走。"女儿说，我们家都快成'网红'景点了。"

老茅家之所以变得如此受欢迎，全因乡村振兴带来的红利。他家住在崇明大港公路北跃进河路路口附近，正位于崇明港沿镇园艺村市级乡村振兴示范村创建核心区。去年，园艺村入围上海首批乡村振兴示范村名单。如今，园艺村通过整治人居环境、修复河道生态、重塑农宅风貌、发展以"黄杨"为主题的文旅产业，已完成1平方千米核心区建设，村里有"颜值"又有"内涵"，一幅"白墙青瓦坡屋顶，林水相依满庭芳"的崇明村居图实现完美蜕变。

一、"叫卖"变为"对接"

园艺村，真是取了个好名字——不止本村人这么说，外来的游客也都这么说。这个村子就是为"园艺"而生的。

园艺村隶属崇明港沿镇，原属合兴乡。1958年，合兴园艺场正式成立，开始种植瓜子黄杨并探索造型技术。2004年，园艺场与大港村合并，正式更名为园艺村。村里的花卉苗木产业在全国有一定影响力，是造型瓜子黄杨的重要原产地，被誉为"瓜子黄杨之乡"。

目前，全村近800户村民中有675户种植黄杨，种植规模达1000多亩，10年以上树龄的黄杨约2万株，树龄最长的超过200年。每年，众多来自全国各地的客商都会慕名到村里去购买黄杨树，全村造型黄杨2018年销售收入达4000万元。

园艺村虽因黄杨而声名远播，但其黄杨营销一直是"各卖各家"式的，难以形成品牌效应。同时，销售方式多以"守株待兔"或"提篮叫卖"为主。近来，借着乡村振兴示范村建设的东风，村里的黄杨产业也"老树发新枝"，有了新变化。

怎么让村里的黄杨产业变"单打独斗"为"抱团协作"？港沿镇组建成立了黄杨协会，协助组织技术指导、品牌培育、市场开拓等工作，已累计吸纳园艺村及周边黄杨种植户530多人成为会员。协会成立后，多次邀请本市及外省市黄杨造型专家前来授课，提升种植户造型水平。为了推进"崇明黄杨"品牌化建设，目前港沿镇已注册崇明岛黄杨商标，并申请崇明黄杨为国家地理标志产品。

此外，港沿镇还搭建黄杨交易线上线下平台，让黄杨交易变"提篮叫卖"为"双向对接"。线上通过搭建黄杨交易平台、启用"最美园艺黄杨"微信公众号，开展技术交流、盆景展示、专业销售等，推动供需双方有效对接；线下组织种植户参加盆景、园林展销会，对接全国各大苗木交易平台，及时掌握造型黄杨市场变化趋势。今年以来，园艺村开通了线上交易平台，已促成交易订单25起，累计销售额30多万元。

二、"园在村中、宅在园中"

"崇明黄杨相比其他地方的黄杨树，特别之处在于很有年份感，树形比较适合做盆景。"上海植物园盆景艺术专家赵伟认为，园艺村拥有很好的黄杨资源，若能挖掘崇明黄杨的艺术内涵，进一步提升其附加值，将产生更高的经济价值，村民们也能从中受益更多。

为了进一步拓宽园艺村黄杨产业发展之路，港沿镇聘请中国花卉协会盆景分会会长施勇如等8位专家为园艺村黄杨专家团成员，定期到村开展造型盆景指导；此外，还与日本盆景师小林国雄合作，建立"艺园"盆景工作室，带动全村园艺盆景技艺的提升。

以"黄杨"为主题的乡村旅游将是园艺村全力打造的又一项支柱产业。从大港公路进入，一条慢行步道"大地艺术环"串联起黄杨驿站、紫藤水居、黄杨课堂等景致，一旁的赵公堤、砖瓦艺术园古色古香；经过生态治理的大港公路东沟、跃进河清澈见底，辅以木栈道、亲水平台，形成了一个"园在村中、宅在园中"的全域园艺公园。

一座由闲置农宅改建而成的黄杨馆也已落成。黄杨馆对园艺村历史、黄杨文化和造型技艺进行了多角度展示，为来访者提供了一个最清晰的"园艺印象"。目前，港沿镇还在努力盘活园艺村的闲置宅基地等"沉睡资源"，引入旅游公司与村集体、村民合作，打造黄杨主题民宿，带动村民就业，实现村民致富增收。

三、"变壮"更要"变美"

与兴旺的黄杨产业相比，园艺村的村容村貌一直是"短板"，环境底子并不算好。这一年来，园艺村在"变壮"的同时也"变美"了。

茅锦昌对记者细数过去一年他家及周边的喜人变化：家里的房子全部粉刷一新，白墙青瓦，辅以极富乡村气息的墙画、竹篱笆；家门口的跃进河通过生态治理，河水更清澈、河坡更漂亮、河岸更整洁，河道两侧还新建了亲水平台；家门口的出行道路以柏油替代水泥重新铺筑，并增添路灯，出行更便捷。"女儿平时在上海市区工作，最近每次回来，都夸村里环境变好了，像是搬进了新家。"

崇明区政府负责人告诉记者，崇明的乡村振兴不是"工程振兴"，不在于开展了多少工程项目，而是要尊重自然生态，把握乡村定位，让乡村更像乡村，体现田园野趣，重塑乡村价值，打造自然生态之美、绿色生产之美、宜居环境之美、乡风文明之美、生活幸福之美。园艺村的河道治理就是一个例子——如今园艺村的河道不止清澈，还会"呼吸"。位于村核心区域的大港公路东沟目前正试点开展河道生态修复。在疏通水体、改良底质的基础上，通过种植沉水植物吸收氮磷等，提升水体透明度；通过种植挺水植物净化水质、固牢河坡；通过种植莲花等浮水植物点缀河道景观，由此构成了一个水生植物群落。另外，村里还通过投放贝类、螺类、鱼虾等水生动物构建完整的生态系统，强化水体自净功能。

记者了解到，继园艺村后，崇明港西镇北双村、三星镇新安村、庙镇永乐村已入围 2019 年度上海市乡村振兴示范村建设计划。另外，从去年下半年起，崇明启动了区级乡村振兴示范村建设。目前，全区已累计启动推进 19 个市、区级乡村振兴示范村建设。

2019-07-03

11 闵行区马桥镇
"串点连线成片"绘就"乡村振兴"新画卷

来源◎东方网

东方网8月26日报道：同心村位于马桥镇西南部，是闵行区的10个保留村之一。日前，上海市农业农村委发布2019年乡村振兴示范村年度建设计划名单，闵行区马桥镇的同心村以生态保护型被纳入首批计划名单中。

为何同心村能拿下"乡村振兴示范村"的称号？马桥镇同心村党总支书记顾文军在接受采访时由衷感叹："这真是提着脑袋领下的任务啊！"

一、自我加压，拉高标杆

同心村东至管家河，与吴会村接壤；南邻江川西路彭渡村；西南紧邻民主村和女儿泾河，与松江区为邻；北连闵行铁路货运站，在水资源和基本农田两个基本保护区范围之内。区域面积达1.82平方千米，村庄原味浓郁，农田风貌浓厚。

"紧邻闵行经济技术开发区和拟建的人工智能创新试验区，科技产业辐射带动优势明显，具备了打造宜居、宜游、宜业的资源禀赋。可以说为示范村创建提供了得天独厚的基础条件。"顾文军说。

据了解，早在2017年，同心村就按照"生态型"美丽乡村建设标准，通过对污水纳管、河道整治、道路修建、绿化种植、公共服务等项目，完成了对基础设施、环境风貌和长效管理机制的建设，促进农村人居环境得到较大提升。虽然村容村貌焕然一新，可是眼下，放在同心村党总支书记顾文军面前的难题仍旧不少也不小——既然同心村作为生态保护型被列入示范村年度建设计划名单，那么首当其冲的就是对生态环境改善提升。

由此，顾文军决定先从河网水系、水安全、水环境、水管理这四个方面统筹编制相关的水务规划，并对核心片区的圩区进行达标改造，启动引清调水工程，并逐步迈向垃圾减量这一终极目标。农村常见的秸秆垃圾、有害化肥等今后都将送往专门的垃圾中转处置场，为积极创建农村生活垃圾分类示范村做努力。

顾文军透露，针对"人"，采取的第一步便是对出租民房的规范管理。在此前的垃圾分类攻坚战中，同心村已经实现了对每家每户的网格化管理，现在网格化管理将发挥更大作用——及时采集房屋数据、人口数据、民房租赁考核数据等进行大数据分析，不仅能在前端就发现问题所在，还能加快推进农村区域智能化和精细化管理水平，为农村社会治理决策提供有效、翔实的依据。

二、因地制宜，赋能而行

同心村成为2019年乡村振兴示范村也并非"单打独斗"。时任闵行区委书记的朱芝松在调研时曾指出，闵行区有能力也有条件在全市乡村振兴中走在前列，乡村振兴示范村市里的标准是每年每区每镇要一到两个，虽然今年上报的是同心村，但民主村、彭渡村将同时启动，三个村共同推进。

在同心村、民主村及彭渡村的联合规划会上，记者还看到了一个久违的名字——荷巷桥。荷巷桥是全国第一批列入中国传统村落名录的村落之一，具有悠久的历史传统和深厚的文化底蕴。得益于旧时老镇上有座规模不小的货运码头，每天均有来来往往的船只穿梭在柳条港上，十分热闹。可惜，今日的荷巷桥早已不复当年盛景。

策划会上，马桥镇提出要计划集中力量，依托当下昆阳路越江大桥等大型公共交通建设，再现荷巷桥的繁华。

"我们将联合三村之力重现集旅游观光、生活度假、科教环保为一体的新荷巷桥片区，通过提升区域内本就具备的众多丰富资源，适当增加游船、采摘等宜游因素，建成休闲观光式乡村公园，并将其与韩湘水博园、农田、果林等作为整体打造，一产带动三产，形成乡村体验式的休闲旅游业。"彭渡村党总支书记张继光介绍，"荷巷桥片区"是三村关于乡村振兴规划的重中之重，预计将在2019年底完成项目的前期设计、评审和立项工作，2020年8月完成主体工程。

三、农业新形态，争做"绿领人"

乡村振兴的根本在于产业振兴，只有产业振兴的经济基础好，才能建设好乡村环境基础、文化基础、社会基础，最终实现生活富裕的民生目标。

据了解，闵行区农业产业规模化发展已有一定成果，同心村所在的马桥镇作为闵行区唯一的纯粮食生产供应区，具有良好的自然基础，凭借这一优势，马桥镇将在尊重现有的地形地貌，保留具有特色生态系统的前提下，引入以水稻科技种植为主的新农业创新产业和新农业服务业项目。

专家黄桂利表示，"新农业"的引入，一方面是对水稻种植的水源进行生态治理，通过改善水稻的生长环境，确保水稻高质量输出，送达每家每户；另一方面是通过引入农业发达国家的先进技术、设备及管理模式，稳定水稻产量，在完成科学种植水稻目标的同时，打造以"马桥"为名的优质稻米品牌，实现闵行大米的全产业链发展。"把马桥建设成为上海新农村的样板，推动乡村振兴发展。"

马桥镇乡村振兴办主任陈钟表示，做大、做强农业的同时，马桥镇计划以创设大型的农文旅商综合体为主要目标，形成"三区四园"的产业布局，即都市绿色智慧农业区、水博园生态休闲文旅区、产教融合和双创孵化区及水稻科技创新产业园、杂粮杂豆产业园、草本水果智慧产业园、国际番茄草莓产业园，以此实现新农业产业融合。

"以农业为底，注以不同的产业模式，如农业＋工业的产出即是农业设施、植物工厂等，农业＋信息业的产出即是智慧农业、数字农业、电商农业等，农业＋教育业的产出即是探索农业、亲子农业等。"陈钟表示，不同农业新形态的输出，一方面真正做到了产业振兴为目标、推进农业农村的现代化发展；另一方面，农业新形态促使城市人群、资源和资本回流，农民不再是只会埋头苦干、脸朝黄土背朝天的没落形象，而是全面转向现代化、职业化的"绿领人"。

"童年的乡村是上海抹不去的曾经，如今，乡村振兴不仅唤醒了大家对粉墙黛瓦的美好乡愁，也是让每一个村民都能有满足感和满满幸福感的殷切道路。小时候的荷巷桥或许又能回来了。"陈钟说。

2019-08-28

12 在希望的田野上
——宝山区大力推进乡村振兴纪实

来源◎东方网

据宝山区消息：阳光下，一大片向日葵开得正艳；村宅前，一簇簇小花色彩缤纷；小河边，洁白的芦苇花随风摇曳……清澈的河道、美丽的村落、散落其间的良田……

这里有美丽的田野。在乡村振兴示范村建设中，罗泾镇塘湾村、花红村、海星村及罗店镇天平村等成为其中先行者。原本在常人印象中脏乱差的农村，正发生着翻天覆地的变化。老年人在这里颐养天年，年轻人返乡而居，这里已然成为一片充满希望的田野。

一、塘湾村：高颜值的新农村

走进上海首批9个乡村振兴示范村之一的塘湾村，只见这里绿树成荫，河水清澈见底，金色的向日葵更是成为网红，许多城里人慕名而来。

而最吸引人的还是正在建设中的月子会所，青砖白墙的建筑十分贴切地融入四周的乡野与农舍之中。会所是塘湾村打造全新的乡村业态，创新引入的中高端月子会所，将提供月子中心和养老中心，除了为村里提供一定的经济产出，还能解决一部分村民的就业问题。

在村党建活动中心，客堂间、灶头间……十字挑花、四喜风糕传习点赫然其中。塘湾村自从建设乡村振兴示范村以来，村民打牌的少了，就近打工的多了；闲逛侃大山的少了，学唱戏、挑花的多了。村里的这两个传习点里，不时有人来学习技艺，大家边学边说，"这比打牌有意义多了"。

挂着红灯笼的王家小院门口，王莉莉正在洗菜。"这是田里刚摘的蔬菜，准备做给来店里的客人吃。" 38岁的王莉莉嫁出塘湾后，在外经营着一家饭店。看到村里的环境越来越好，来参观的人越来越多了，去年，她选择返回家乡，在自己家的老宅里开起了农家乐。白墙黛瓦的小院子里，慕名而来的客人不少，生意红红火火。她高兴地告诉记者："节假日和周末的话几乎是中午晚上都很满，需要预约的。"

塘湾村在大家眼中不仅仅是一个乡村，已经成为许多人心中一个美丽的景点。那么，这片美丽乡村是如何一步步建设起来的呢？在乡村振兴示范村建设过程中，村民们参与环境整治和绿化种植共 2 433 工次，累计拆除各类违法建筑 27 420 平方米，取缔 3 家严重影响环境的废品堆放点，成功创建无违建先进村居。实施三仙沟等 4 条河道共 1 994 米生态修复工程，三仙沟被评为市级最美河道和区级样板河道，并以生态环境指示物种萤火虫复育为契机，实现村域内 20 条河道生态修复全覆盖，并部分达到Ⅱ类、Ⅲ类、Ⅳ类水标准。

如今，经过重新规划的塘湾村里，一座座美丽的小洋房错落有致，整洁的道路直通各家门口，生活在这里的塘湾村人都幸福地说，"这里的环境太好了，我们都不舍得搬出去"。

二、天平村：村民的幸福生活

有美丽的花海、有可以出租的人才公寓、有绿色农科企业，生活在天平村的村民们都觉得自己赶上了好时光，"农民也有这么幸福的生活"。

近年来，罗店镇天平村深入推进乡村振兴示范村创建工作，努力实现科学规划布局美、村容整洁环境美、产业兴旺生活美、乡风文明身心美，以及宜居、宜业、宜游的"四美三宜"美丽乡村新画卷。

在天平村里，一幢幢青瓦白墙的中国传统建筑拔地而起，这就是"天舒苑人才公寓"。把散落的兵营式旧房改造集中居住的人才公寓，不仅节约了土地，美化了环境，更让村民从中受益。这一举多得的改造就是乡村振兴中，罗店镇和天平村村委会、罗店工业园区企业以及村民联合开展的。目前，罗店工业园区内的企业已有员工拎包入住。村民申月琴告诉记者："一下子签了五年合同，我们农民的收入增加了。"

在天平村罗东路石太路以北的西印河畔，有一大片色彩缤纷的波斯菊。刚一靠近这里，就闻到微风夹杂着淡淡的花香，在湛蓝的天空下，这片花海让人陶醉其中。

在发展宜居的同时，天平村以绿色田园为特色，充分发挥农民专业合作社的作用，发展特色果蔬产业，以"绿色、生态、有机"为统领，打造绿意浓浓的循环生态农业，形成都市休闲游憩体验地。每到周末，瓜果采摘、花海观赏，吸引了许多游人到来。

乡村振兴富在产业。坐落在天平村的上海超大食用菌有限公司，是一家集食用菌研发、生产、种植、加工、贸易为一体的绿色农业科技企业。公司食用菌使用的原材料大部分来自本地的秸秆和城市绿化的枝条。上海超大食用菌有限公司以"企业＋合作社＋农户"的形式，改善了传统食用菌生产"家庭作坊式"的落后局面，给本地约300户农户增加创收。企业多次连续被评为"上海市农业产业化重点龙头企业"。天平村食用菌模式2019年成功入选第九批全国"一村一品"，成为罗店镇天平村的特色农副品牌。

宜游、宜业、宜居的美丽乡村新画卷正在天平村的土地上一笔一画地描绘着。

三、花红村：四季皆有花盛开

金秋季节，花红村的一片千亩粮田又迎来了收割的时刻。这片粮田所处的村庄有一个美丽的名字：花红村。稻香花红，人们对于乡村田园风光的诗意想象，在这里已经变成了现实。

暖暖的阳光下，花红村前老宅的南庭院里呈现出美丽的秋景。黄色的小菊花开得正旺，清澈的河水潺潺流过，走过一座小桥，便是一座亭台。村民李阿婆正带着小孙子在这里晒太阳，周围坐着一群退休的老人。大家都说，以前这里是一片荒地，又脏又乱，改造后，成为村民们休闲的景点。

走进村民薄明娣家，只见小花园里姹紫嫣红一片，草坪上还放着吊篮。她十分惬意地告诉记者，住在这里每天晒晒太阳，和邻居在一起拉家常，村里人都觉得这样的日子过得自在。

优美舒适的环境吸引了许多人，薄阿婆的儿子、媳妇也从城里搬了回来。

银针轻舞、彩线飞转，寥寥数针，一个以"十字"形状排列组合的简单图案跃然而出。

作为十字挑花传承点，花红村邀请十字挑花传承人进行现场指导、传授技艺等活动，展现和传承"罗泾十字挑花"这一"绣"的艺术，彰显花红村独有的村庄文化特色。

曾经的花红村也走过弯路，在注重经济发展的时代，村里引进了20多家企业。为了改善农村环境，花红村把20多家企业全部迁走，迎来了由市、区、镇三级投资的水利设施粮田项目，经过治理打造，村里的 1 000 多亩粮田连成了片。作为宝山区高产试验田和优质粮田，村里还引进了国家专利种源"宝农 34"。如今，这里已经是宝山区规模最大的高水平设施粮田，村里出产的"宝农 34"连续六届荣获上海市优质稻米评比金奖。经过加工包装后的"宝农 34"精品大米，走上市民的餐桌，大受欢迎。生态农业已经激发了这个村庄的发展活力，这里正成为名副其实的花红稻香。

如今，花红村家家户户都在宅前院后养起来花，如同花红村的村名一样，四季有花，景色宜人。

四、海星村：天然氧吧风光美

位于长江边上的海星村因为有着千亩涵养林，成为了一个天然氧吧。这里绿色、绿树环绕，碧水荡漾，阡陌稻田，呈现着纯正自然的农村田园风光。

在乡村振兴推进中，海星村充分利用千亩涵养林的优势，以生态旅游为主。星空营地、体育公园等一批设施正在紧锣密鼓地进行建设。在新川沙路口，只见原先的小加工厂区，现在已经成为一片工地。海星村相关负责人告诉记者，用不了多长时间，这里将崛起村民活动中心，其中有村民宴会厅、老年活动中心、篮球场、小足球场等。江陈路、河塘路、鱼塘路等几条村级道路也正在改造之中。看着村里的环境一天天变好，村民们都十分高兴。

为了保持原有的生态，海星村的乡村振兴建设项目中，主要围绕着生态休闲旅游展开。村里以千亩长江口生态循环水产养殖示范基地为龙头，形成集生产养殖、采摘垂钓、长江蟹、小龙虾、鲖鱼养殖垂钓、徒步赛等活动品牌。并以建成的千亩涵养林为基础，重点建设星光跑道、星光营地、长江口鸟类观察点、萤火虫生态保育区、水母馆等，形成乡村旅游的重要景点。

伴随着环境的美化，海星村吸引了越来越多的市民前来。姚先生夫妻俩就趁着秋高气爽，到千亩涵养林来走走。姚先生说："这里空气好，绿化好，我们经常来的，眼看着环境变得越来越好了。"

2019-12-11

13 上海松江：以创新改革促乡村振兴

来源◎农民日报

"我给你推荐两本书，一本是《田野的希望》，一本是《农民的呼唤》，这两本书记录了欣欣向荣的松江'三农'从哪里出发又将奔向哪里，又是如何保持持续创新改革的动力和智慧的。"上海市松江区农业农村委员会主任俞玉根告诉记者。近日，记者看完这两本书后受到启发，深入松江区农村进行采访。

一、家庭农场成为创新突破口

新中国成立70周年庆典期间，松江家庭农场经营者李春风应邀参加了"希望田野"方阵游行。李春风告诉记者，没有松江家庭农场的创新改革实践，就没有他的种养结合家庭农场事业。

松江区农业农村委员会副主任姚水平介绍，以家庭农场为主要特征的松江找到了农业现代化的突破口。到目前为止，松江家庭农场经营面积占粮食生产面积的95%，户均经营面积达152亩，其中种养结合家庭农场91户，机农一体化服务覆盖率超过90%，家庭农场经营者平均年龄48岁，承包期5年及以上的占总数83.7%。

记者发现，围绕家庭农场，最近几年松江进行了持续不断的创新。为了提高机械化水平、降低种粮成本，目前在上海全面推广的精准穴直播技术诞生在松江；得到家庭农场经营者热烈响应的耕地地力指数保险诞生于松江；而农机4S店综合服务管理系统也是诞生在松江。

"围绕家庭农场高效绿色发展的一系列创新效果，最可喜的是激发了家庭农场走向现代农业经营的自觉，松江农业现代化因此有了内生动力。"松江区农业农村委员会副主任顾晓峰说。

李杨种养结合家庭农场的发展历程为顾晓峰的说法提供了生动的注解。

2011年搞家庭农场前，新浜镇林建村的李翠和杨金平夫妻在镇上开旅馆和服装店，两人看准了家庭农场的机会，却因为不懂农业陷入了困境。

"如果不是松江的农业服务体系，不是我们从头到尾跟上松江创新发展步伐，肯定难有今天的好日子。"李翠说。李杨家庭农场规模不大，只有150亩，合作社也只有912亩，通过种养结合，提供农机服务，卖绿色大米和做亲子活动，如今夫妻俩一年的收入不少于70万元。

像李春风和李翠这样的家庭农场，在松江不在少数。

二、不断深化农村集体产权改革

姚水平全程参与了松江农村集体产权制度改革，他认为松江农村集体产权制度改革有两大特点：一是改革比较彻底，把所有集体经营性资产包括镇、村、队按份额全部量化；二是在分配给农民份额的时候以土地份额为主，而不是单一地以农龄计算。这为松江农村集体资产保值增值、农民共享改革开放成果打下了扎实基础。8年来，松江区14个街镇已累计分红16亿元，平均年增长近10%；截至2019年12月底，松江农村集体总资产为625亿元，比改革完成时增加近91%。

"2019年我们又创新完善了监管制度，松江农村集体资产经营管理真正实现了透明化、规范化、制度化。"姚水平说。

记者在小昆山镇看到了松江区农村集体资产经营管理平台，该平台包含资金管理、报表管理、租赁合同等9个模块，专门设立预警，哪个村、哪个方面存在不规范一清二楚。

松江区把集体产权制度改革视为对农村生产关系的一次历史性变革，小昆山小城镇发展改革和黄桥村集中居住改革是其中的典型案例。

2008年，小昆山镇获批全国第二批小城镇发展改革试点镇。如今，当年那个以农业为主的偏僻小镇发展成了一座崭新的小镇，1万多农村人口实现了集中居住，基本农田集中连片，公共设施完善，

为上海近郊农民集中居住提供了好的借鉴。

同样，泖港镇黄桥村迎来乡村振兴的新机遇。2018年，有519户居民的黄桥村被列入上海唯一的上海农村宅基地改革试点，大部分都进入集中居住的生活工作状态，首批64户已经在装潢，二期395户新房建设也定于元宵节后开工。

黄桥村党总支书记张永强告诉记者，周边村的村民都眼红，泖港镇有两个村也在推广黄桥村的做法。

三、进一步推动制度完善和政策配套

农民有了保障才会转让承包经营权，才更有利于实现土地规模化，为此松江制定了《关于适当提高本区老年农民退养水平的实施意见》等政策，为自愿选择退养政策并退出土地承包经营权的老年农民提供了更好的保障。截至目前，松江已有3.39万名老年农民提高了养老保障水平，55～59周岁的农村女性获得了每人每月500元的养老过渡期生活补贴。

为了推动家庭农场建设，松江自2007年10月30日发布《关于鼓励发展粮食生产家庭农场的意见》后，先后发布6个重要政策文件，就如何规范社会化服务、土地流转、家庭农场发展等方面作出明确的要求。

明确的目标和针对性的政策措施保护了松江家庭农场的完善和发展，松江农村集体产权制度改革的成功也同样如此。

记者了解到，自2014年松江区委、区政府发布《松江区农村集体资产管理暂行办法》以来，共出台了包括《松江区农村集体资产管理暂行办法》《松江区关于加强农村集体资产规范管理的工作意见》在内的系列政策文件，从而完善了"三会"等制度建设，推进了联合社实体化运作，建立健全了社员分红长效机制。

如今，制度的建设和完善依然是松江"三农"工作的重点，无论是退出的农民还是新农人都享受到了政策的红利。比如，2019年度农保提高到每月1976元，2019年区、镇两级财政安排预算资金1000多万元对参加城镇职工养老保险的家庭农场经营者进行补贴。

如今，围绕松江农业产业和农民、农村发展需求的政策体系已经体现出松江"三农""四梁八柱"的功能和价值，松江人都看到了乡村振兴的希望。

2020-04-15

14 "好生态"也能产出"好经济",看崇明如何打造"世界农业工厂"

来源◎东方城乡报

实现乡村振兴,发展绿色农业是一个重要课题。

2018年,为破解"地找不到人、人找不到地"的信息不对称,崇明面向全球市场,首次推出"农业招商",释放全岛5万亩优质土地,一石激起千层浪。

一年后,"10万亩良田"的追加更是让崇明以更高站位、更广视野、更大格局,加速打造都市现代绿色农业高地。

今年的招商推介会,一切"化整为零",圆桌沙龙式的交流精准有效,分行业、分类别直指服务型、销售型、研发型企业,一二三产深度融合指日可待。

栽好梧桐树,引得凤凰来。两年来,随着正大集团、源怡种苗、由由集团、恒大集团、优尼鲜花等一批重大生态农业项目扎根落户,崇明打造"世界农业工厂"已图景初现。

一、长在玻璃温室里的"绿"菜

上海农业上水平,崇明是主战场。

伴随着入夏风声,由由中荷现代农业创新园区外立面施工进入尾声,待内部设备安装调试完成后,即将迈入重要的播种阶段。放眼望去,相当于29个足球场面积大小的半封闭玻璃温室拔地而起、气势磅礴,建成后年产量将超过13 000吨。

两年前,在首届崇明农业招商会的现场,由由集团一眼相中岛上东北角的这片闲置水稻田,用当年参与浦东开发的干劲和速度,梦想再造一个高科技的绿色"植物工厂"。

这里,规模空前。位于崇明现代农业园区北八滧地块的由由中荷农业创新园总占地面积1 979亩。一期规划建设面积543亩,计划总投资5.6亿元,建成26万平方米的半封闭温室。

这里，温室技术问鼎世界。荷兰著名温室建造商 Certhon（森通）将 SuprimAir 技术倾注于这座庞大的建筑——作物生长系统可精准调控室内的温度、湿度。根据全天的外部情况，在蒸腾和机械气候控制之间切换，通过使用经过充分调节的空气和正压通风，为全年蔬菜生产创造出理想的"小气候"。

这里，传统农业与高科技碰撞交融。稳定的"小气候"让温室通风窗得以经常保持关闭状态；屋顶散射钢化玻璃透光率达91%，按照业界的标准，每增加1%的光照，植物的产量可相应提高1%；水肥一体化循环技术确保作物全生长期精准施肥；废弃物处理后，直接生成有机肥还田。与温室相匹配的，还有提供供暖和除湿的储能罐和蓄水量达10万立方米的天然雨水蓄水池。雨水通过过滤、紫外线消毒灯等工艺处理，水质达到饮用水标准。在科技的赋能下，创新园将比传统温室节能20%。

2019年7月正式启动、2020年9月计划定值，突如其来的新冠肺炎疫情并不能动摇这个重大项目如期交付完工。今年3月，园区成为崇明首批复产复工的农业项目。"一期建成后，将布局为四个种植区域、一个育苗区和一个服务区，预计每天生产上市绿色有机蔬菜40吨。"这段日子，创新园建设现场都会见到项目经理陈德海忙碌的身影，从土地平整到打下第一根桩，从建造温室骨架到如今的道路硬化，陈德海既是这个项目的工程设计师，也是它的见证者，见证它一步一步即将成为全球先进的集蔬菜育苗、种植、加工于一体的现代化基地。到今年年底，新鲜、高品质的西红柿、彩椒、黄瓜和生菜有望端上市民餐桌。

二、全程自动化育苗的"花"园

上海农业结构调整，崇明要挑大梁。

以种源农业、花卉产业为重点，持续推动农业结构优化调整，在生态岛的规划蓝图中，为现代农业"筑巢引凤""腾笼换鸟"的脚步从未停歇。

今年4月，位于崇明中部的港沿镇合兴村，占地面积317亩，总投资超过2.2亿元的超大型智能花卉种苗基地项目——上海崇明智慧生态花卉园正式运行，比原定时间提前了半年多。目前，园区内约2 400平方米的展示温室已对外开放，温室里陈列着多家中外知名育种公司的上万盆花卉成品盆栽、种苗及种子。当2021年第十届中国花卉博览会进入一年倒计时之际，经过精心培育的150个品种、30万盆花卉也陆续进入盛花期。

迈入占地近 10 万平方米的育苗车间与温室，自动化灌溉系统格外醒目。原来，园区收集的雨水将在这里过滤、调温、调酸并配置成所需的肥料溶液，通过自动泵压系统输送到育苗温室内，并利用自走式喷灌车完成肥水一体化灌溉。车间里，全进口的设备和流水线即将投入使用。生产温室内，还配备了全自动苗床物流系统、温室控制系统、温室双层充气覆盖材料以及地源热泵控温系统等。崇明智慧生态花卉园的建设，促使国内的种苗生产向前迈出了关键一步，实现了国内花卉育苗的全程自动化。

"这套全自动花卉苗床循环系统流水线全部投入运转后，可支持约 40 万张穴盘同时进行生产，全部苗床摆满可容纳花苗 8 000 万株以上，投产后的育苗中心可年产花卉种苗 2 亿株、精品盆花 1 000 万盆以上。"园区运营单位源怡种苗公司技术部负责人姜武介绍说，园区应用自动化、信息化、智能化的生产装备对育苗周期、产品质量、人力成本、土地利用率等方面进行有效控制，从而实现绿色环保、节约高效的生产模式。这里，代表的是上海花卉种苗产业的未来发展方向。

作为崇明区成功申办第十届中国花卉博览会后第一个引入的世界一流花卉园项目，崇明智慧生态花卉园将作为花博会的重要品种储备基地，结合品种展示、技术培训、花艺体验和观光旅游，拓展带动全区花卉产业链深度融合发展。

落户港沿，源于属地悠久的苗木花卉种植历史。目前，港沿镇苗木花卉种植面积有万余亩，特别是原合兴地区，1958年就成立了合兴园艺场，扎根了一批花卉生产基地和市场主体。根据崇明乡村振兴集聚发展的新要求，港沿农业集聚区范围由原来的7个村20平方千米，扩展到9个村30.84平方千米，以农业负面清单清退的原港沿蔬菜公司南场1 160亩土地为载体，重点打造为港沿千亩花卉产业园。此外，依托市级首批乡村振兴示范村园艺村和花博会首家配套产业项目源怡花卉种苗项目，港沿镇将实施园艺村、鲁屿村、合兴村"三村联动"，推动合兴地区"九村共建"。未来，港沿镇东部地区将打造成为特色花卉苗木产业集聚的"上海花港"和乡村振兴的集中连片示范区。预计到2021年，崇明全区花卉苗木总种植面积将达到10万亩以上，销售额达到10亿元人民币以上。

三、全产业链管控的"鸡"厂

上海农业跑出"加速度"，崇明一马当先。

年产鸡蛋8亿枚，计划占据上海品牌鸡蛋市场30%～40%份额，亚洲规模最大、拥有现代化自动化的蛋鸡项目——正大崇明300万羽蛋鸡场有望于今年年底正式投产，预计2021年首批鸡蛋可投放市场。

不同于传统的养殖项目，正大崇明300万羽蛋鸡场项目按工业化理念和流程饲养活物、生产产品，一栋鸡舍里的16.8万羽鸡只需一人就可轻松管理。"站在工厂外，见不到一只鸡，也闻不到任何异味，饲料进入、鸡蛋出来，传统鸡舍摇身一变成为一个现代化的工厂。"崇明联扶实业有限公司总经理贾雷介绍说，自动化生产线、全封闭养殖环境，加上优质蛋鸡品种、先进的养殖技术和科学的饲料配比，使得正大项目或将成为国内蛋鸡养殖行业的范例。

其实，地处新村乡田园综合体内的正大崇明300万羽蛋鸡全产业链项目也是农业招商的重要成果。早在2009年，正大集团便开始运作现代化蛋鸡场项目。2012年4月，首个正大300万羽蛋鸡场项目在北京竣工投产。此后，正大集团又陆续在国内多地布局300万羽蛋鸡场项目，目标建设20个左右。"在同期布局的300万羽蛋鸡场项目中，崇明项目规格最高，其特殊性体现在环保属性。"贾雷表示，正大崇明300万羽蛋鸡场项目是北京项目的"升级版"，其最大亮点就是"突出环保优先"，高度契合了崇明世界级生态岛的建设要求。

按照原先设计，正大崇明300万羽蛋鸡场项目预计总投资在6亿元左右，而最新的估算总投资已达7.51亿元，多出来的一大笔钱全部用于"环保"投入，包括将建一个用于转化高端有机肥的鸡粪处理站及一个用于将养殖过程中生产的废水转化为农业生产用水的水处理系统。据估算，蛋鸡场每年预计将产出鸡粪12万吨，通过处理站转化的有机肥，可供周边20万亩土地的种植需要。此外，为了有效利用养殖废水转化所得的农业生产用水，在蛋鸡场周边，正大集团还将建设一个占地1.2万亩的农业种植园区，从而实现种养结合、生态环保的全产业链运作。

对标国际最高标准、最高水平，实行种养结合模式，形成闭合全产业链。建成后，这里将拥有1座存栏85万羽规模的青年鸡场、1座存栏300万羽规模的蛋鸡场，配套建设1座年产18万吨的饲料车间、1座年处理12万吨鸡粪的资源再生利用处理站，成为亚洲规模最大、智能化程度最高的蛋鸡场项目。项目的建成，将引领上海畜禽养殖业向绿色化、智能化转型。

"一期养殖类项目的建成仅仅是个开端，二期还将打造集水稻、水果、旅游于一体的田园综合体项目，提升崇明农业形象。"在贾雷的眼里，引入正大、源怡这样的"绿色生产、智能管控、效益稳定"的产业类造血类项目，将造福联扶实业公司旗下269个行政村股东，让他们每年都能获得稳定的收益分红。

[记者手记]

以"全球农业精准招商"为导向，崇明瞄准世界知名企业集团"主动敲门"，勇当上海实施乡村振兴战略的主战场、先行区。

"面向市场有竞争力、面向农民有带动力、面向市民有吸引力、面向未来有促进力"，崇明充分发扬"店小二"的服务精神，用心解决好项目实施过程中遇到的堵点、难点问题，为优质农业项目顺利推进"铺路搭桥"。

立足"保有量、高品质、全产业链"，以高科技、高品质、高附加值为引领，崇明探索创新的步伐从未停止。

一手抓好传统农业生产的改造升级，一手抓好国际高端项目的引进发展，今天的崇明，诠释了生态产业升级、生态技术集成之地的应有之义。明天的崇明，也将在实施乡村振兴战略的号召下，打造全国知名的都市现代绿色农业高地。

2020-06-09

15 踩上"在线经济"风口,既保护美丽乡村资源,又积攒发展经济本钱
——聚源桥村"以花为媒"推动乡村振兴

来源◎解放日报

很多人大概不会想到,在淘宝上小有名气的"爱萌多肉",其网络直播间就设在宝山区月浦镇的聚源桥村。

这个网络直播间是由村里原来一家加工企业的厂房改造的。现在一走进去,仿佛一个多肉植物的世界,好几位年轻女主播正对着镜头展示各类多肉。地上的一个盒子里,各种润喉片堆得满满的。工作人员解释说,主播们每天要连续说话4~6小时。

聚源桥村位于月浦镇西北部,总面积1.1平方千米,是月浦镇唯一的整建制自然村。眼下,聚源桥村正推动市级乡村振兴示范村创建,展现"沪北花园村"特色名片。当乡村以花为媒,踩上"在线经济"风口,是何种景象?

一、培育自己的"乡村主播"

在"爱萌多肉"资深主播解欣看来,带货主播这个活儿,不是一件容易事。

采访当天,她的喉咙沙哑。"我们网上店铺的直播时间是早上8点30分至次日凌晨1点,3人轮换。遇到淘宝打榜日,直播会延长到凌晨3点。确实挺吃力的。"解欣说,店铺在售的多肉超过100种,要想不被问倒,必须具备过硬的专业知识。

直播对销量的提升显而易见。"爱萌多肉"所在的上海安然园艺有限公司,目前年营业额3 000万元左右。在淘宝排位赛中,"爱萌多肉"曾创下一天近60万元的营销纪录。

企业老总王雷说,企业从2014年开始经营多肉,2015年试水电商,凭借技术和营销渠道,目前拥有38万粉丝,属于淘宝多肉的头部企业。去年6月,企业搬到聚源桥村。

聚源桥村党支部书记奚霞明介绍,此前,聚源桥村就吸引了以"一水间"品牌著

称的上海一水间园艺科技有限公司,在市区铺开20多个门店。为了助力越来越多的园艺企业站上"云端",今年4月,在月浦镇牵线下,安然园艺公司率先和聚源桥村共同合作成立聚新农业合作社在线淘宝商城,推动线上线下经营。下一步,还将探索"龙头企业+合作社+农户"的方式,培育自己的"乡村主播",把月浦镇的名优特农产品打造成线上线下的精品。

二、乡村线下亦"野心勃勃"

在点亮在线新经济的同时,坐拥乡野美景的聚源桥村线下"野心"也不小。

村里新引入的上海禾坤建设有限公司,在聚源桥村计划投资1 000万元,用于建设观赏植物种源研发基地,打造集生产、研发和农旅一体化的综合示范园区。企业还承租村里的民房,打造企业主题民宿,研发人员下乡办公,提供花卉种植、花艺培训、园区维护、种源研发等20个岗位吸引村民就近就业,实现租金、税金、薪金连涨,促进农民增收。

村里的"芳馨文园"集中种植可食植物、药花药草、芳香植物,是村民们药草药花种植的"样板园"。村里为这些植物定制"二维码身份证",游客扫码了解后,可根据自己喜好在农家庭院购买花卉原料,体验花卉精油手工制作。

三、撬动乡村振兴连锁效应

原本做企业老总的奚霞明说，2014年他上任村支书时，村里账上只有1万元，负债550万元。这些年靠着厂房租赁、土地流转等，村级收入达到每年600万元。

他认为，留住乡愁，既要保护好美丽乡村的宝贵资源，也要积攒发展村级经济的"本钱"。聚源桥村不仅需要"小桥流水人家"提升"面子"，更要提升"里子"。比如，打造花卉全产业链，前端是种源培育，中端是特色花卉、精品花卉种植，末端是以在线经济为主要平台的销售，还衍生出物流、包装等花卉服务业。

花卉产业带来的美丽庭院建设，是村民共治的一道风景线。由村委会砌花坛、发花苗，村属花卉企业提供技术指导，村民种花、赏花、护花。夹弄35户是村里第一批美丽庭院试点，薄荷、迷迭香、鱼腥草在庭院扎根，好吃、好闻又好看。每年的"美丽庭院"星级示范户评选成了村民的大事，家园美了、乡风改了、秩序好了、房租涨了，小小美丽庭院撬动了乡村振兴连锁效应。

奚霞明算了笔账：原本村里土地租金收益每亩1 500元/年，种植花卉后增加到每亩2 500元/年；每户村民入股人均分红可增加1 500～2 000元；企业注册在村里，也会增加税收收入。村民的房租收入从原先的每年平均8万元上涨到12万元。

2020-09-04

16 礼赞丰收、致敬农民、回馈市民
——2020年中国农民丰收节上海庆丰收大展示系列活动举办

来源◎解放日报

秋日盛大，稻穗饱满。今日秋分，2020年中国农民丰收节如期而至。走进第三个年头的中国农民丰收节，扎根农村、连接城乡，已然成为中国最具特色的"三农"文化符号。

我国是农业大国，重农固本是安民之基、治国之要。设立中国农民丰收节这样一个重大节日，把农业"压舱石"地位以庆丰收形式展现在人们眼前，充分体现了党中央对"三农"工作的高度重视和对广大农民的亲切关怀，进一步彰显了"三农"工作重中之重的基础地位。

上海是一座具有国际影响力的超大城市，更有着充满发展活力的田园乡村。近年来，在市委市政府的正确领导下，上海坚持面向全球、面向未来，对标国际最高标准、最高水平，按照产业兴旺、生态宜居、乡风文明、治理有效、生活富裕的总要求，把农业农村摆在全市发展的优先位置，促进乡村与都市功能深度融合，努力走出一条具有中国特色、上海特点的超大城市乡村振兴道路。

通过推进"美丽家园"工程建设，农村环境面貌实现新提升，农民居住环境进一步改善，全市已推出三批、70个乡村振兴示范村；通过推进"绿色田园"工程建设，农业提质增效实现新突破，绿色农产品发展稳步推进，全市每天80%的绿叶菜、60%的鲜奶和丰富的水产品以及饮用水源均来自沪郊；通过推进"幸福乐园"工程建设，集体经济发展壮大，农民实现长效增收，今年有656家集体经济组织进行了年度收益分配，涉及成员250万人，收益分配面不断扩大，比上年增长11%，有力地增进了农民的获得感。

秋日的阳光洒满了这个充满活力和生机的城市，丰收的喜悦写在城乡居民自信和幸福的脸上。

礼赞丰收、致敬农民、回馈市民，以此为主题举办上海庆丰收大展示系列活动，通过本市"三农"工作成果和地产优质农产品的大展示、大推介、大品鉴，为沪郊农民喜庆丰收搭建舞台，为广大市民体验和分享丰收成果铺设通道，着力促进产销对接，唱响质量兴农、绿色兴农、品牌强农的主旋律，进一步彰显"三园"工程的引领示范作用，也让全社会更能感受到农业是有奔头的产业、农民是有吸引力的职业、农村是安居乐业的家园。

礼赞丰收：上海农业提质增效实现新突破

稻花香里说丰年，听取蛙声一片。

近期，沪郊各区"国庆稻"纷纷开镰收割，窥斑见豹，丰收的背后，折射出的是上海农业提质增效实现新突破的探索努力和可喜成果。

目前，上海都市现代绿色农业正在实施一系列高质量发展行动计划，积极打造一批绿色发展生产基地，壮大一批农业产业化龙头企业，唱响一批地产农产品优质品牌，对接一批农产品新流通、新零售企业，促进农业提质增效和农民增收。

通过构建"一网、一图、一库"实现全市农业信息数字化管理，保障了地产农产品质量安全和信息可追溯，绿色生产已成为伴随上海农业丰收的同步推进器。

今年，上海持续推进17个"绿色田园"示范基地建设和生态循环农业示范创建。"绿色田园"示范基地优先安排在农业"三区"和畜牧、水产规划区域，聚焦生鲜蔬果、优质稻米、特色畜产品和水产品。为持续推进生态循环农业建设，上海确定了2个示范区、6个示范镇、26个示范基地等创建单位，将生态示范创建工作列入2020年乡村振兴重点工作，上海现代绿色农业发展呈现良好势头。

蔬菜生产上，启动了5万亩绿叶菜规模化生产基地和5个蔬菜保护镇绿色生产基地建设；菌菇生产上，继续发挥龙头企业的示范引领作用；花卉生产上，在崇明、松江等区，已规划建设一批国际一流的智能化花卉生产基地、花卉研发及示范基地。

实施《都市现代绿色农业发展三年行动计划》以来，上海强化农业资源保护和节约利用，推广应用绿色农业生产技术，化肥、农药使用量逐年下降。全市累计培育绿色农产品企业736家，产品1 278个，地产农产品绿色认证率达到20%，位居全国前列。

目前，上海一批瞄准国际一流水平的现代化农业项目已初具规模，农业信息数据化和农业设施装备科技化,给都市现代绿色农业添上腾飞的智慧"双翼"。

此外,上海还围绕蔬菜采收、移栽等薄弱环节,组织开展适应性试验和选型,不断加大蔬菜生产"机器换人"力度。当前,全市主要农作物机械化率已达到95%以上,农业设施装备技术水平显著提升,农业科技进步贡献率达75.6%。

致敬农民:上海农民生活幸福度获得感实现新提升

谁知江南无醉意,笑看春风十里香。

以江南水乡作为风貌特征的上海沪郊,正愈来愈成为国际大都市的一抹魅力底色、人们向往的美丽家园,而生活在其中的沪郊农民以及他们从事的农业已愈来愈成为有奔头、有吸引力的职业。

在推进乡村振兴示范村建设中,上海既注重打造亮丽的乡村景色,更注重因地制宜促进产业升级。通过加快转变农业发展方式、优化农业产业产品结构、充分激发农业发展内生动力。目前,全市三批70个示范村根据不同基础情况和目标定位,形成特色农业型、休闲农旅型、产业融合型、城郊服务型、综合治理型、生态保护型等六大类型。

从村庄改造、美丽乡村到乡村振兴示范村建设,上海郊区农村居住环境进一步提升,农民居住环境获得感提升明显;农民相对集中居住工作持续推进,核心示范区域显示度、示范性进一步展现;各类乡村规划编制基本完成,主要农业农村设施定义内涵更加明确,分类分项管控要求、设计指引和管理路径初步形成。

与此同时,沪郊农民长效增收实现新提高。推进帮扶"造血"项目建设,完成生活困难农户复核确认和动态调整工作。开展生活困难农户精准帮扶,继续完善"上海市农村综合帮扶公共管理平台"。推进农村镇级产权制度改革和农村集体资产年度清产核资工作,发展壮大农村集体经济。

回馈市民:上海优质农产品产销对接实现新进展

田家占气候,共说此年丰。

乡村振兴,产业兴旺是关键,而沪郊优美宜人的自然资源和特色优质的农产品既是促进农民增收的重要渠道,同时也是回馈广大市民的绿色田园。

随着近年来政府宣传推广力度的不断加大，松江大米、南汇水蜜桃、马陆葡萄、崇明清水蟹等地产优质特色农产品牌，已成为广大市民津津乐道、争相购买的商品。都市农业走俏市场的背后离不开品牌塑造的力量。当前，上海立足超大城市的需求与特点，积极构建与超大城市相适应的乡村产业体系，聚焦乡村振兴20个品牌建设，探索推广农产品销售的新模式、新业态，支持电商平台开展线上经销和无接触配送服务，致力提高农业现代化水平。

今年，上海市农业农村委员会与拼多多等电商企业合作，助力开展农产品产销对接，"沪农优品馆"等平台正在成为广大市民消费者足不出户购买地产优质农产品的首选；先后组织开展了番茄、黄瓜、西瓜、鲜食玉米、水蜜桃、葡萄、蜜梨、黄桃等品鉴评优暨品牌推介活动，邀请盒马鲜生、拼多多等10家流通企业作为活动战略合作单位，采用图片直播、网红带货直播等不同类型的宣传推介形式，进一步提升地产农产品的市民美誉度和认可度。

今年，疫情给整个旅游业带来的影响是巨大的，可对于沪郊的乡村旅游项目而言，却是天赐的良机。有相当数量的游客主动走向沪郊的郊野公园、美丽乡村、民宿和采摘园。目前，上海发布了首批16个"全域旅游特色示范区域"，而"乡村旅游"在上海全域旅游版图中所占据的比重越来越高。沪郊田间地头，游客们笑了、农民们也笑了，切合江南水乡文化定位的特色乡村旅游资源，赋予了乡村旅游景点以更多魅力，让市民游客不仅能享受好水、好景、好空气，还能在乡土文化、乡村故事中深度体验沪郊风土人情。据统计，去年本市休闲农业和乡村旅游接待游客量突破1 800万人次，带动就业约2.8万人。

丰收节，是农民的节日，也是市民的节日；是乡村的节日，也是城市的节日。

丰收，是国家的节庆，也是人民的期盼。春华秋实，春种秋收；岁月更替，年复一年。下一步，上海"三农"工作将按照对标最高标准、最好水平的要求，在市委、市政府的领导下，深入推进"三园"工程建设，实施"挂图作战"，确保乡村振兴各项任务落地见效，为农业、农村和农民创造更多价值，将上海乡村振兴战略的实施和都市现代绿色农业的建设拓展到一个更高的层面。

2020-09-22

17 看得见山，望得见水，记得住乡愁
——重固镇：加快打造乡村振兴示范片区，倾力建设"精致小镇"

来源◎解放日报

青浦区重固镇是上海市面积最小的镇之一，镇域总面积 30.21 平方千米，下辖 9 个村 6 个居委会，常住人口 6.7 万，其中户籍人口 2 万，来沪人员 4.7 万。

重固镇位于青浦区东翼，距离虹桥枢纽 15 千米，拥有"背靠大虹桥，面向长三角"的独特区位优势，是青浦区乡村振兴重点聚焦的四大片区之一。并且，重固镇已被列入国家发改委第三批新型城镇化综合试点。

重固镇境内有被称为"上海历史年表"之称的福泉山国家大遗址，是全国 150 处大遗址之一，历史文化底蕴深厚。同时，重固镇是虹桥地区周边少有的完整保留成片农村风貌和河道水系的地区之一，尤其是重固北部片区，有万亩近郊田园，生态条件和自然禀赋较好，是超大城市实施乡村振兴战略的绝佳试验田。

近年来，重固镇抓住两大国家战略深入推进、青东地区联动发展和青浦打造"长三角乡村振兴先行区"等重大机遇，紧扣"大城、小镇、新生活"目标定位，坚持"新型城镇化与乡村振兴双轮驱动，突出特色，提炼主题，做精致小镇"的努力方向，有力有序推进南片区产业转型、中片区城市更新和北片区乡村振兴，努力打造青东"联动发展"新标杆；"双轮驱动"新示范；"镇域治理"新样板；"生态宜居"新生活；"群众支持"新局面；"党建引领"新态势，倾力建设产业精准、农村精美、城镇精致、治理精细、干部精神、文化精髓的"六精"精致小镇，使重固小镇"看得见山，望得见水，记得住乡愁"。

一、五村联动，做亮乡村振兴的示范引领

在重固，乡村振兴不只是一个村的振兴，而是同时搭台，一起"唱戏"。北部区

域的5个村：章堰村、徐姚村、新丰村、中新村、回龙村将坚持一村一品，差异化定位，以"生态联动、风貌联动、产业联动、设施联动和组织联动"为策略，瞄准"面向未来的人文乡村＋新江南田园"，连点成片打造全域乡村振兴示范实践区，积极探索具有青浦特点、重固特色的乡村振兴发展路径。

根据方案，章堰村以"千年章堰，众创未来"为定位，围绕休闲观光、历史文化、精品酒店、数字农业等，打造特色乡村田园综合体。

徐姚村以"城乡共创·寓见徐姚"为定位，围绕绿色田园康养、乡村公寓、"春景秋色"等，打造一二三产融合发展的乡村振兴示范村。

新丰村以"月山丹青，绿创田园"为定位，围绕"三区划定"定位，重点打造约1 000亩高科技、高效益的蔬菜生产示范园。

中新村以"花海果林，优创农粮"为定位，围绕粮食功能区定位，打造农林水联动发展的成片高标准良田种植示范区。

回龙村以"数字经济，智创农业"为定位，围绕数字农业科技园，打造集农产品生产加工、冷链物流于一体的农业功能拓展区。

重固镇将通过五村联创，逐步形成重固共创发展平台、上海郊区农村宅基地流转示范、集体经济增收示范、生态循环农业示范、垃圾分类收运处置示范、农业产业转型发展示范、大遗址保护开发示范、城乡融合发展示范，打响乡村振兴"重固"品牌，做亮乡村振兴的示范引领。

为科学推进重固乡村振兴示范片区建设，重固镇坚持"机制创新、社群引领、全球联动"的工作路径，镇政府与中建八局、同济大学共同成立五村片区乡村振兴共创委员会；与上海中建城市发展投资有限公司、同济大学设计创意学院签订战略合作协议，搭建了一个多方参与的决策、协商平台，通过发挥地方党委政府、学校、企业和社会组织等不同主体的协同效能，有效带动资金和人才注入，推动企业进驻和产业崛起，助力北部五村的腾飞和搭建面向未来发展的创新生态系统。

今年8月，重固镇在章堰村举办了乡村振兴招商推介会，共吸引60余家国内外优秀企业参会，其中，波克科技股份有限公司、上海华仓通信技术有限公司、苏州觅家文化创意设计工作室、上海菌菇天茸合作社、上海申创中小企业合作交流促进中心等10家企业和重固镇签署了意向进驻协议。

同时，为持续推进重固镇北部五村招商培育和产业导入，重固镇5家镇属招商公司和经济小区分别与5个村签订乡村振兴产业开发结对帮扶协议，形成人才联动、产业联动的大平台。

目前，重固镇五村联动乡村振兴示范片区发展态势已经形成，徐姚村第二批市级乡村振兴示范村即将迎接市级验收，章堰村已经入围第三批市级乡村振兴村创建计划，新丰、中新、回龙等村正在争取第四批市级乡村振兴示范村创建。

不久的将来，重固镇将会实现以创新生态农业为基底，形成"循环经济"产业的创新村，融合"智、农、工、商、旅、文"，将乡村作为全新的"创新源头"，实现"产业兴旺、生态宜居、乡风文明、治理有效、生活富裕"的新上海乡村。

二、徐姚村：乡村振兴的"重固样板"

徐姚村地处重固镇北部，村域面积 3.55 平方千米，有 16 个自然村落，653 户人家，2 143 名村民，2 747 亩耕地。徐姚村 2017 年成功入选市级美丽乡村示范村。历年来先后荣获"上海市文明村""全国生态文化村"等称号。

春风化雨，润物无声。近一年来，通过市级乡村振兴示范村的创建，给重固镇徐姚村带来了质的变化。"创新村、彩虹村、民宿村、慢生活街区"等四个特色村组的建设成为最大的景观特色。同时，村里共创建市级美丽庭院 50 个、美丽河道 4 条、美丽村组 6 个，农民可支配收入超过 3.5 万元，智慧安防设施实现全覆盖，471 户民房实施外墙白化、屋面黑化、围墙修建……从"清洁"到"生态"，从"宜居"冲刺"幸福"，一个"产业兴旺、生态宜居、乡风文明、治理有效、生活富裕"的徐姚村正在路上……

目前，徐姚村乡村振兴示范村创建的 7 大类 13 个项目，已于 7 月底全面建成完工。主要体现在：

- 一是农民集中居住试点全面完成。
- 二是一批市政基础设施全面完成。改造提升道路 34 969 平方米；铺装入户道路及场地 84 862 平方米；安装路灯 63 盏；改造桥梁 16 座；建设停车点 3 000 平方米；改造厕所 3 座、垃圾房 5 座。
- 三是一批公共服务设施建成使用。改建了乡村产业文化展示中心；新建日间照料中心及老年人助餐点、新时代文明实践站，实现"一门式办理""一站式服务"；建立了重固首个村级城市运行分中心，推进智慧乡村建设。
- 四是生态环境建设全面完工。种植宅前屋后绿化 11 076 平方米、庭院绿化

4 750平方米、公共景观绿化12 832平方米；新建围栏、矮墙、篱笆13 761米；建设2条健身步道；添置标志牌11处、健身设施8处。

- 五是现代农业产业建设达到预期目标。对徐姚村稻米进行绿色认证和品牌营销，打响徐姚大米品牌，实现"卖稻谷"向"卖品牌大米"转变。
- 六是新产业、新业态建设项目交付使用。改建多幢乡村人才公寓，乡创坊、文创工作室。上海燕龙基再生资源利用有限公司、上海华培动力科技股份有限公司的20多名企业高管入住"新家"后，都对如此优美的生态环境和配套服务赞叹不已。同时，创新搭建产业开发平台，成立徐姚乡村振兴产业开发平台，已落户企业到2020年底预计可实现税收落地2 000万元。
- 七是文化建设类和治理管理类项目全面完成。修编《村规民约》和《道德公约》，评选"最美家庭""最美妯娌""最美媳妇"；建立"三网"融合治理体系，建立各类志愿者队伍，建设11个客堂间和睦邻点。

如今的徐姚村，处处其乐融融、和谐圆满的景象，一派田园归居、田园诗意的乡村画卷正在徐徐展开……

三、章堰古村落：干净的河流、安全的土壤、有趣的新生活

重固镇章堰古村落，起源于宋、盛于明清，迄今已有1 000多年历史，是上海古文化发源地，福泉山文化的代表之一。村庄呈现传统江南村落景象，正所谓小桥流水人家。但是随着城市的发展，村庄的空心化与国内大部分地区的村庄一样，早已是人烟稀少。在重固推进乡村振兴战略的背景下，章堰村将迎来修复与复兴。

在项目启动前，重固镇就请来了上海交通大学的专家，对现存的20多栋老建筑整理出"一宅一册"，内容包括历史、归属、建筑风貌、内部摆设。可以利用的，整体修缮；已经无法利用的，则进行改造。

在创建中，明确定位为"千年章堰，众创未来"，围绕"古村落核心区、现代农业、配套产业"三大板块建设，力争打造虹桥西侧最近水乡目的地；城乡互融、生态共享、绿建示范的上海新田园；传统风貌、文化传承、新兴业态的江南老客厅，再现章堰繁华景象。

今年4月下旬，上海市公布了第三批乡村振兴示范村建设计划，章堰村项目名列其中。章堰村乡村振兴项目总投资5亿元，占地面积1.99平方千米，涉及古村落面积

128亩。

章堰村项目改造中最大的亮点就基于整个村庄原来的生态和文化基底。有二十多座古桥，有三十多栋老房子，很好地保留下来了。

来到村里，你首先会看到，在灰墙黛瓦的老墙之内，一栋白色新建筑如同从旧房子里"长"了出来，这就是村文化馆，这种巧妙的融合，是章堰村在乡村振兴建设中对新老建筑"共存共生"的设计理念。

章堰村项目将分两期开发建设，一期主要包括古建筑翻新成一个水乡聚落的艺术街区，带动古村落复兴，将打造章堰客厅、巷弄文商、滨水街区、咖啡书店、时尚餐厅、民宿等；二期将引入科技创新、产业汇集，建立科技企业的创新中心、生态协同的共享中心、创业创新的社会大学、高科技农业的展示中心，使千年章堰有干净的河流、安全的土壤、有趣的新生活，再现一个水乡田园的新型生态聚落，进一步吸引当地人才回归乡村，反哺乡村，预计到明年上半年，整个村落就会以焕然一新的面貌对外开放。

四、党建引领，创新机制，激发乡村振兴新活力

乡村振兴，涉及产业发展、环境整治、民生改善、文明乡风、队伍建设等方方面面，是一项系统工程。面对乡村振兴创建的重担，重固镇突出党建引领，举全镇之力，全线出击，形成工作推进"加速度"。由镇党委、政府主要领导亲自挂帅，每两周牵头召开乡村振兴指挥部工作会议，统筹全镇乡村振兴各项工作。

成立乡村振兴指挥部，下设一办、九组，专项工作组采用划片包干的方式锁定任务，压实责任，并创新实施挂图作战工作机制、例会工作机制、督查检查机制，进行项目化落实、目标化推进。一年来，共召开乡村振兴指挥部工作会议28次，制作下发工作周报60期。

同时，对标新时代干部队伍新要求，对标新时代重固乡村振兴担负的新使命，在全镇基层干部中部署开展弘扬"四敢"干部精神主题宣教活动，要求全镇各级干部"责任面前敢担当、面对困难敢作为、开拓创新敢尝试、服务群众敢付出"。通过举办"四敢"干部精神宣讲、主题论坛、专题演讲、素质拓展等形式提升干部综合素质。

五、宣传先行，自治共治，让农民在乡村振兴中"唱主角"

在乡村振兴战略中，重固镇注重创新激发广大农民积极性、主动性、创造性，激活乡村振兴内生动力，让广大农民在乡村振兴中有更多获得感、幸福感、安全感。

- 一是广泛开展社会面宣传，引导村民参与和支持创建工作。各村通过召开党员议事会、户代表会、风貌介绍会、各类座谈会、下发告知清单等详细告知村庄风貌改造效果和具体实施内容，并依托福泉之声"微广播"开设专题节目大力宣传乡村振兴的内涵意义，让农民群众有知情权、决策权、监督权，广泛参与乡村振兴全过程。
- 二是聚焦重点，加强针对性宣传。通过制作宣传手册、宣传沙盘展示创建内容和美好愿景，展示乡村振兴总体规划及五大振兴等内容。
- 三是强化群众参与，各村普遍组建了由退休老干部、老党员及老教师构成的乡贤队伍，发挥他们信息来源广、到达现场快、纠纷情况熟、调处方法多等特点，化解矛盾纠纷，运用德治和善治的力量打造乡村自治"稳定器"。
- 四是通过全面加强党建引领下的基层社会治理创新，持续推动管理服务重心向基层下移。如针对群众参与城市管理推出城市管理精细化"微管家"公众参与激励平台，针对村居民小组（长）管理推出"五星"考评机制，针对农村出租房管理推出"四责管理、三色挂牌"机制一系列落地有声的扎实举措，让广大村居民及家庭在社会治理中奋勇争优。例如，徐姚村全村78名党员，每人就近联系8~10户村民家庭，在农村人居环境整治中做好引领示范；组建由班子成员、村民组长、志愿者和施工人员等组成的4个党建网格，采用划片包干方式，全程跟踪各类社会治理工作，疏通工作"堵点"，"共建共治共享"的社会治理核心理念更加深入人心。

2020−10−10

18 上海市农业科学院
为现代农业发展建立智库、贡献成果
——为农业插上科技的翅膀

来源◎解放日报

不久前,联合国环境规划署的官方网站出现了一张非洲农民种植水稻的照片。仔细阅读发现,这张照片主角其实是来自中国上海市农业科学院(以下简称"市农科院")的节水抗旱稻品种"旱优73"。因为"旱优73"在肯尼亚、乌干达、加纳等地试验种植取得了良好成效,在保障当地粮食安全等方面发挥积极作用,从而得到联合国环境规划署点赞。

节水抗旱稻为市农科院上海市农业生物基因中心的原创科技成果,是世界上最早提出并成功选育的节水抗旱稻。科研人员帮助农民像种麦子那样种水稻,打开了节水型农业发展的新空间。要知道,在"走向非洲"之前,"旱优"系列节水抗旱稻已在中国很多地区得到应用。

这只是市农科院成立60周年来,"为农业插上科技翅膀"的一个缩影。

上海是典型的"大都市,小农业",农业产业规模有限。但上海建设具有全球影响力科创中心的步伐,赋予上海农业科技新使命、新要求。因为农业现代化,关键是农业科技的现代化。市农科院党委书记、院长蔡友铭说,农业科技创新在服务好产业提质增效、促进农民增收致富的同时,更要主动服务市民高品质美好生活新需求,通过全产业链布局创新力量、科技资源,赋能都市现代农业高质量发展,以提升农业科技创新能级来突破上海"小农业"的空间限制,将上海的农业创新成果推向全国、迈向全球,发挥现代农业科技的辐射带动作用。

因此,市农科院紧紧围绕"坚持面向世界科技前沿、面向经济主战场、面向国家重大需求、面向人民生命健康"的目标,为中国现代农业发展建立智库、贡献成果。

一、从0到1，打造创新策源新高地

农业科技到底怎样服务农业？除了"世界第一个"节水抗旱稻，市农科院用更多的"行业首创""全国第一"给出答案。

举个例子，各种菌菇是上海市民餐桌上的常见食材，看中的是菌菇的高营养价值。很多消费者不知道的是，菌菇虽然营养价值高，但人工栽培并不容易，所以有"山珍"的美名。为此，市农科院自建院以来，瞄准市场对食用菌的需求，在食用菌育种、栽培、深加工和产品开发等方面不断实现"零的突破"，开创了多方面的"上海模式"——在国内外首次实现银耳、灵芝和猴头菇等食（药）用菌的人工驯化和人工栽培，为我国野生食用菌的人工驯化建立了可复制的技术模式；研发出的双孢蘑菇、香菇等食用菌纯菌种制作技术，奠定了我国食用菌纯菌种生产的理论基础，并建立起成熟的纯菌种生产技术体系；发明了木屑代替原木栽培香菇的代料生产技术，为我国成为全球香菇生产中心奠定基石，也为我国成为木腐菌生产大国奠定了技术基础；首创香菇"设施制棒生态出菇"模式，引领我国香菇栽培产业的高质量发展……

自市农科院建院以来，类似的科技成果还有很多，目的只有一个——解决农业生产中的"痛点"，实现品质农产品规模化生产。

例如，市农科院作物所在油菜显性、隐性核不育研究领域处于世界领先水平，培育形成了全国第一个通过国家审定的高抗油菜菌核病和病毒病品种"沪油杂1号"。如今，共有8个"沪油"系列双低油菜新品种通过国家审定，是农业部的主推品种，占上海栽培油菜品种的95%以上，在长江中下游地区累计种植面积超过1亿亩。

林果所育成的"锦绣""锦香"等"锦"字系列鲜食黄桃品种，填补了我国黄桃品种不适合南方地区生长的空缺，让南方地区的消费者也能吃到本地产的黄桃。

园艺所在全国率先探索实现了鸡毛菜生产全程机械化生产方式，并与农机装备单位协作研发了采用纯电动动力的绿叶菜收割机，打造了上海都市现代农业的新名片。

畜牧所育成了国内第一个黄羽肉用鸡种"新浦东鸡"，也育成了上海外贸出口拳头商品"上海白猪"，还成功获得了健康体细胞克隆猪，将农业科学技术赋能生物医药产业。

如此种种，显示出农业科研成果所具备的创新策源能力。源自市农科院的一项项科研成果不仅推动大量农产品实现"从0到1"的人工种养、科学种养，而且大大提高了我国农业生产的技术含量，不断拓展农业科技的服务对象和服务领域。据统计，建院以来，市农科院先后获得国家级科技奖励 29 项，部、市级科技进步一等奖 32 项；获得专利和植物新品种权、通过审（认）定品种 1 360 余件，其中通过国家审（认）定品种 102 个。

二、技术攻关，助力乡村振兴

"科研人员要把论文写在大地上"这句话一直鼓励着市农科院的所有科研人员。对他们来说，研究农业技术，不是为了取得实验室里亮丽的成绩单，而是要把相关技术踏踏实实地应用到农业生产中，为现代农业产业发展提供综合性、一体化解决方案，为乡村振兴、产业兴旺提供有力支撑。

"三天不见绿，两眼冒火星"，这句话道出了上海消费者对绿叶菜的喜好。作为超大型城市，上海地区对青菜的需求量巨大，可绿叶菜不耐储运，主要依靠上海本地生产与供应。所以，为城市居民提供足量、优质、安全的绿叶菜产品，是上海蔬菜产业发展的基本要求。虽然绿叶菜的附加值不算高，可这并不能降低市农科院科研人员的探索热情，因为"市场需要的，就是科研要做的"。

以绿叶菜中最常见的青菜为例。青菜偏爱冷凉的栽培气候，18～22℃最为适合。可上海地区的气候特点是夏季高温高湿，暴雨台风多发，病虫害严重；冬春季低温弱光，易使青菜生长缓慢、产量减少。对此，市农科院园艺所确定了"培育优质、抗逆、抗病且适合周年生产的青菜品种"的目标，将传统育种方式与现代生物技术辅助选择育种相结合。经多年选育，园艺所推出了适宜周年生产的优质抗逆、抗病耐热品种"新夏青 3 号""新夏青 5 号"、适宜全程机械化生产的耐热品种"新夏青 6 号"、具有耐寒高品质的"海青""海青 2 号"、耐抽薹的"艳春""艳绿"等系列品种。这些自主培育的青菜新品种配套绿色安全高效的栽培技术已在上海落地生根，并走向全国，近五年来累计推广应用超过 80 多万亩次。

"农业创新链要围绕产业链展开。一边要服务农民，帮助农民用更好的技术种出、养出更好的农产品；另一边要服务市民，让生产出来的农产品能满足消费升级背景下，人民群众对品质生活的新需求。"蔡友铭说。

所以，市农科院自 2018 年起启动实施乡村振兴科技支撑行动，确定了"突破一批都市现代绿色农业关键瓶颈技术""创建一批都市特色新兴学科方向""打造一批乡村振兴科技引领示范基地""助力培育一批乡村振兴实施主体""构建一批农业科技协同创新平台"等"五个一批"重点任务。截至目前,市农科院建立了92个科技引领示范基地、27个科技引领示范村(镇)、57个专家工作站,新增结对服务逾120家新型农业经营主体;同时与上海清美绿色食品(集团)有限公司、崇明区新村乡等共建产业研究院。

经过多年努力,来自市农科院的新品种、新技术已经成为上海市郊特色主导产业的重要支撑,不断为乡村振兴添砖加瓦。

以水稻生产为例,对上海及上海所在长三角地区而言,需要既适合当地种植、又能满足市场需求的稻种,帮助农业生产主体打响品牌,做大做强大米产业。对此,市农科院作物所从优质米入手,陆续推出了"花优14""沪香粳106""沪早香软1号""沪软1212""申优26"等品种,以满足不同季节、不同群体的消费需求。其中,以"花优14""申优26"为代表的强优势杂交粳稻组合已占上海郊区种植杂交粳稻面积70%以上。"花优14"累计种植面积超过300万亩,是全国推广面积最大的杂交粳稻组合。"沪早香软1号"作为国庆稻米新品种,能比北方新大米提前两周左右上市,满足上海市民在中秋节、国庆节等节日中品尝好食味新大米的需求。"沪软1212"是第一届我国优质粳稻食味品鉴金奖品种,成为上海郊区大米品牌建设的重要选择。还有外观晶亮透明、媲美日本"越光米"的"申优26",不仅好看,而且好吃。根据农业农村部稻米及其制品检测中心检测,"申优26"的糙米率、整精米率、垩白度、透明度、胶稠度、直链淀粉含量等各项指标均符合国标一级优质米标准,出色的品质使

其成为新一代杂交粳稻主推品种。

随着多姿多彩、韵味独特的特色村镇渐成上海乡村振兴的新亮点，市农科院也在为美丽田园提供技术支撑。信息所从农业产业功能耦合提升、农业资源环境管理、农村社区管理服务、区域数字化工程建设等着手，研发集成多项技术，形成了都市多功能农业区农业农村建设技术体系和推进模式。在奉贤吴房村、崇明园艺村等美丽乡村示范村、乡村振兴示范村，在金山廊下蘑菇小镇、崇明新村乡稻米文化小镇等特色产业强镇，都有市农科院的专家团队、品种技术在背后发挥作用。同时，这些助力乡村振兴的新技术和新模式还被推广应用至浙江、江苏、云南等其他地区。

三、走出上海，做大健康产业

今年7月初，从青海果洛班玛县传来好消息：国内首次在海拔3 530米高原人工规模化栽培成功羊肚菌，为班玛县增添了一种高附加值的农产品。背后的技术支撑，仍旧来自市农科院。

班玛县平均海拔超过3 500米，受地理和气候条件限制，当地农民大多种植青稞、土豆，每亩年产值仅1 000元左右。上海援青干部想为当地引入高附加值的农产品，经过调研发现，当地有野生羊肚菌，市场零售价可达每500克150元。缺点是，野生羊肚菌产量有限。然而，中国羊肚菌的主要产地在四川和湖北，并没有在高原规模化栽培的经验，上海援青干部就向市农科院食用菌研究所发出了"英雄帖"。

食用菌所的科研专家接到邀约后，从去年10月至今，先后5次前往班玛县，不断调整人工规模化栽培羊肚菌的方式。终于，最早一批羊肚菌在6月中旬顺利出菇；规模化栽培的羊肚菌在7月上旬成熟采收，成为青海科技扶贫新方式。

而在食用菌所为青海引入羊肚菌之前，同属市农科院的生态所已持续多年帮助当地发展生态畜牧业。生态所调研发现，受高原草地退化等影响，当地牧民饲养牦牛存在极易变瘦、越冬困难等问题，因此设计了以"牦牛夏季放养＋冬季圈养"为核心的养殖模式。该模式自去年在青海果洛试行推广以来，使当地牧民每头牦牛平均增收2 000元。科研团队还拿出一套"牦牛养殖＋日光温室蔬菜或牧草种植"技术方案，以解决当地冬季牧草和蔬菜短缺的问题。如今，这项整体解决方案已推广至果洛全州500多个日光温室。

类似的精准扶贫案例，在市农科院还有很多。比如，林果所根据湖南炎陵、山东蒙阴等地的实际情况，为当地推荐引入了合适的鲜食黄桃品种，推动形成湖南省"炎陵黄桃"、山东省"蒙阴黄桃"等国内知名品牌。如今，黄桃产业已经成为革命老区炎陵的农业支柱产业，而且黄桃重点产区正是过去的深度贫困区，累计有 4 811 户 14 238 名贫困人口依靠种植黄桃而脱贫。看到一颗桃子帮助当地农民顺利脱贫，炎陵县委特意致信上海市委领导，表达革命老区人民对上海农业精准扶贫的感谢。

与此同时，源自上海的农业技术还为全国农民和涉农企业打开了发展大健康产业的新空间。

食用菌所利用其在食用菌生产、加工上的丰富经验，以市场需求为导向，选育出了高产孢子粉、富含多糖和三萜的灵芝新品种，还形成了相关加工技术。其中，高产孢子粉"沪农灵芝 1 号"品种在安徽大别山、福建武夷山、浙江丽水等 20 多个地区实现推广生产，品种覆盖率达到 70%，产生社会效益 30 多亿元，为我国灵芝产业健康发展提供了优良种源保证。

更多的大健康产品还将源源不断地上市。市农科院生物所根据"药食同源"理念，从源头研发选育更多有益于健康的营养化和功能化农产品。以药食同源作物大麦为例，生物所研制了大麦若叶青汁固体饮料、青稞慢消化淀粉饼干、大麦茶、大麦米等系列科研产品。一经亮相，就受到市场关注。

"人无我有，人有我优，人优我特"是都市现代农业发展的新要求，也是市农科院追求的新目标。面对欣欣向荣的大健康产业，市农科院已前瞻布局集农业生产、生活、生态和健康功能于一体的农业大健康学科，以农业绿色科技为驱动力，引领上海农业向高品质、高效益发展升级。

市农科院的科研人员谈及农业，都会说："农业是永不落幕的朝阳产业。"因为农业生产与社会经济发展息息相关，既要有合适的农产品满足消费升级背景下市场对品质产品、健康产品的需求，又要利用新技术不断赋能农业生产。

因此，市农科院紧密围绕上海都市农业高质量发展及市民高品质生活的需求，致力于建设成为国内一流、国际先进的农业科技创新中心，助力永不落幕的朝阳产业。

- 一是加强都市特色新兴学科建设，强化农业科技供给。围绕农产品功能营养、智能植物工厂、农产品保鲜加工、城市伴侣动物健康医学、休闲农业等方向，加快培育具有鲜明都市特色的学科。
- 二是探索建设新型科技创新联合体。以国家重大战略需求、区域产业发展重大需求为导向，以实现农业产学研深度融合为目标，推动建设区域协同创新联盟、产业研究院等新型科技创新联合体。

- 三是健全完善科技支撑体系。积极支持重大创新平台资源整合，形成具有国际影响力的国家农业技术创新集群。构建覆盖上海主要农业区、功能互补、设施较先进的试验基地网络。

- 四是强化科技成果推广与服务。充分发挥市农科院参与的长三角乡村振兴研究院等平台作用，推动科技成果跨区域转化，示范引领长三角地区乡村振兴高质量一体化发展，为长三角生态绿色一体化发展示范区建设贡献农业科技力量。

中国正构建以国内大循环为主体、国内国际双循环相互促进的新发展格局，这对农业科技工作提出了新要求也带来了新机遇。为此，市农科院主动对标国际先进水平，不断提高办院开放度，将优秀的农业科学技术"引进来"并"送出去"。

一方面，随着经济全球化加快，全球共同治理世界食品安全共性问题已经成为共识。对此，市农科院加强与全球农业科技研究机构合作。目前，已与美国佐治亚大学、马里兰大学、奥本大学以及荷兰瓦赫宁根大学、中国台湾海洋大学、上海海洋大学围绕生鲜食品链中风险因子的检测技术、风险评估、质量控制研究等课题进行学术交流，并签订意向合作书，希望持续开展科技交流，在食品安全问题上实现合作共赢。

另一方面，越来越多的"上海选育"正通过国际交流走向全球。市农科院与国际玉米小麦改良中心（CIMMYT）联合建立了"CIMMYT—中国特用玉米研究中心"、与比利时公共健康研究院合作共建了真菌毒素标准物质联合实验室等，持续推广我国农业科技优秀成果。

以玉米为例，CIMMYT—中国特用玉米研究中心从CIMMYT引进优质、抗逆等玉米种质资源600余份，开展了"申科""沪玉糯""沪甜"等系列鲜食玉米新品种的高产高效制种、保优绿色生产技术研究与应用，在全国20多个省份推广种植30万余亩，同时在马来西亚、印度尼西亚、越南和坦桑尼亚等国家进行种植示范和国际测试评估，帮助"一带一路"沿线国家以及撒哈拉以南非洲国家的农民从种植"中国玉米"中受益。

2020-11-23

19 网红建筑的流量能否助力乡村振兴

来源◎解放日报

近几年,江南水乡不仅擦亮了美丽面貌,也时不时诞生一些打卡网红建筑,吸引大众眼球。年轻人纷纷涌入乡村,正在拉动乡村的经济和相关产业。

那对乡村振兴而言,网红建筑究竟能做什么,又做不到什么?

我们以2020年上海市民文化节和浦东文化艺术节的重要活动之一、刚刚结束的"美好生活"长三角公共文化空间创新设计大赛入围的几个乡村案例为视角,探讨好的乡村建筑对乡村振兴的拉动究竟体现在哪些方面。

一、稻田里的"秀场"

大治河悠悠流淌,两岸坐落着新南村与新场古镇。多少年来,淳朴的村民们躬身耕耘着这片土地,桃树簇拥,稻田片片,但经济落后。

"70后"漫画家、广告人王峰来到这里,打破了村子的平静。王峰在家中排行老三,昵称"三哥",著有《哲理漫画集》,在陆家嘴还经营着一家"慢生活"咖啡馆,交友广泛。

他在新南村一片广袤的稻田里搭建了一个简易木头舞台:一条直线+一个方块,给它取名"大地秀场"。大地秀场以天为幕,以田为景。空中俯瞰,线条简洁至极。实地望去,也不过是一个木头方块而已。风吹稻浪,大自然成为它最好的装饰。

三哥挂上几条幕布,邀请城里的三五好友,在秀场举办音乐会、舞台剧,给村民们播放露天电影。在朋友圈等网络平台发照片,再写一个漂亮的文案,招募更多网友前来参加下一期活动。没想到网友们真买账,陆陆续续过来,在木头方块上"玩耍"。"大地秀场"成了前往新场古镇"打卡"的"网红"拍照点之一。

然而,说得再好,这个网红舞台的本质就是一些年轻人在乡村的文化试验,活动也不是天天有,那它能给这个村子带来什么呢?

大地秀场的背后，其实是人。

2年前的丰收季节，朋友带着活跃在繁华陆家嘴的三哥来新南村吃桃。那天阳光正好，桃子美味。王峰突然动了心思：不如在这里常住。

他花了50多万元，改造了一幢3层楼的农民房子，租金一年约2万元，签了15年。房子的前后都有院子，可以种花、种菜、观河、发呆。他邀请自己的朋友们，设计师、艺术家、摄影师、媒体人等来新南村玩。有摄影师拍了一组"新南八景"，也有朋友来开展乡村调研。

三哥发现村里的桃子美味，却滞销。他便雇了几个村里人收购新南村的桃，桃贩3元一斤，他出5元来收购。他又出了每斤1元的价格，请老农们筛选出品相较好的优质桃，以高于市场平均价的价格通过微信等私人渠道卖。第一年就卖出了2万斤桃，惊呆了新南村的桃农。

第二年，桃农们纷纷带着自己的桃子主动来找三哥，但他们也知道，"三哥只要品相好的优质桃"。

到了冬日，有村民送他一袋矮脚青，味道妙极了，三哥久久不能忘怀，以"矮脚先生"为名，为矮脚青写自传，结合新场桃源特色，说它是"一棵走了桃花运的菜"，再通过自己的微店售卖。50元1箱10斤的矮脚青，农民觉得"戆大"才会来买，结果网上来了几千个"戆大"下单。新南村的矮脚青一下子成为时髦礼品，专属礼盒上还写着"来自新场，桃树下生长"。

老傅，则是三哥挖掘出来的另一个"供应商"。他骑着三轮车，常常从三哥的房子前路过。彼此打个招呼，一来二去就熟了。某天，老傅给三哥带了点走油肉。三哥一尝，真美味，顿时来了兴趣，主动跟着老傅去批发市场挑肉，在灶台旁观摩走油肉的烹饪过程。原来，肉是"三肥两瘦"还是"两肥三瘦"、几分热下油锅等，门道很多。

此后，一篇走油肉的推文在三哥的客户群里出现。新南村的走油肉一下子有了新市场，一个冬天卖出几百单。此外，还有胖嫂的酱菜等。三哥准备挖掘乡土的酱菜产品，让前来游玩的城里人体验酱菜的制作流程。

二、美丽老家，我们一起回家

"我并不是来做民宿、农家乐和电商的。"王峰说。

上海有历史文化底蕴的乡村不多，新场的千年古镇是他作为文化人中意的选择。

他想探索乡村"艺术家工作坊"的模式，也就是文创+乡创。把城里的人带进来，把村里的东西用高附加值的文化包装后再带出去。亲子教育、采摘活动、团建、文化演艺等，大有文章可做。电商、活动、大地秀场只是一些小尝试，醉翁之意不在酒。

比如，成功卖桃之后，三哥推出了新计划，让城里人一年花2 000元认养新南村的桃树。认养者可以每周观看桃树生长情况，享受一场专属的"桃林雅集"。活动口号是"认养一棵桃树，'桃'你一年欢喜"，甫一推出，响应者众。

大地秀场，也不是随意的简洁。如果建一个美术馆、展示馆，在农村会有多少人来？利用率真的高吗？乡村的文化空间，其实不需要太贵，因地制宜、开放、可复制、可移动，更加符合人与人之间的交流，这就是办秀场背后的用心。

如今，三哥屋子的隔壁就是新南村乡村创客中心。有30多位青年回乡创业，内容涉及广告媒体、土布设计、亲子教育、自然教育等内容。新场镇政府给他们提供一个平台，还有回乡政策给予补贴支持。

新场镇政府工作人员坦言，村子里还是老人居多。好在这里生态不错，农田河道，景色宜人。三哥来了以后，带动了些许产业和文化氛围，以他自己的资源增添文化附加值，把农产品带出去。有了文化氛围，就吸引了年轻人回乡。政府能做的，是服务好这个平台，比如完善交通、规划停车设施、治理河道、保护大环境，而小空间则由专业人士打理。

千年古镇新场，是这里独特的文旅资源。如今，新南村开发了一个活动小程序，用二维码贴在古镇里。古镇客人扫描二维码后，可看到附近更广袤的乡村活动：农庄采摘、森林拍照、大治河观景、大地秀场，以及各种土布、香囊等手工活动。

"单纯做文旅民宿是没有意义的。"新南村的工作人员说，他们把模式概括为：艺术家工坊+民宿+乡创学院，有内容才能留得住人。

比如土布是浦东新区的非物质文化遗产。乡创中心的土布设计师走的是年轻市场路线，衣服从上百元到上千元不等，款式时尚。新南村妇女来这里织布打工，也解决了一部分就业问题。

网红建筑本身或许只是昙花一现，"大地秀场"不过是新南村文化乡创一隅。乡村振兴的关键还是得留住人才。懂市场营销，又有乡村文化情怀，这样的跨界人才愿意常驻乡村，未来才有可持续发展的前景。否则，仅仅造完建筑就走，流量只是暂时的。

如今的新南村，传统渔耕文化还在，江南水乡文明还在，千年古镇的文化沉淀还在，只待新一代人的创意和发展。正如大地秀场旁、村子道路边挂着的那句标语所写：

美丽老家，我们一起回家。

三、昔日旧粮仓，如今新地标

国庆长假，16场艺术活动吸引了长三角上万游客来到嘉兴陶家村。它的火爆，源于旧粮仓改造的网红打卡空间——陶仓艺术中心。

2019年，诞生自上海的乡伴文旅集团第一次来到嘉兴王江泾。运河、陶家、旧粮仓，是当地最具特色的代表。

自宋代以来，陶家便是当地大户。然而岁月如白驹过隙，村子后来家家户户以手工纺织业为生，模式粗暴简陋，使得当地水污染严重。待到环境整治，纺织业被清除和迁移后，陶家村也走向了衰落。

乡伴打算在陶家村开发一个"理想村"，合理运用村民迁走之后的土地。其中，有一栋高高的建筑破旧不堪。据悉，它改建后曾被征作粮站；粮站改制后，又被用作植绒厂；植绒厂倒闭后，被政府回收，在闲置之时又历经了一场大火。

它像一个看尽人生百态却依然坚毅的长者。于是，乡伴邀请上海的裸筑更新建筑设计事务所对粮仓进行改造。

年轻的"80后"设计师保留了粮仓主体以及原本的红砖元素，让它变成完全对称、中间高耸入云、线条奇特的陶仓艺术中心。建筑面积近3 000平方米，正中间被一道空隙分开，分成东仓与西仓。通过缝隙，一束自然光从天上"漏"下，由此给文青们提供光影的无限想象。

东仓约660平方米，有两个相对独立的小空间，白色墙上仍保留着"安全生产"的标语。这里会定期举办艺术展览。比如，近期的"新陈代谢"当代艺术展，植物装置与艺术品互相"纠缠"。

中庭，黑色工业范旋转楼梯配上红墙，仿佛遁入另一个时空。

西仓，大片水磨石铺成荷花形状的地面，自然光穿过巨大的拱形落地窗，脚下的荷花似乎活了。这里还有个"小插曲"。如此大面积的水磨石地面造价高昂，建到一半时已突破预算，"裸筑更新"的设计师自掏腰包，贴钱把水磨石建完。

而拱形玻璃门外是大片草地和连廊。举办过多种活动：新车发布会、创意市集、迪斯科舞会，吸引城市青年来这里读诗、看星星；播放露天电影时，乡村的夜晚寂静辽阔，还有人搭个帐篷，就着电影和漫天繁星入眠。

傍晚，三三两两的周边居民从镇上溜达过来，在连廊吹晚风，时有夜市、啤酒烧烤，或小型音乐弹唱。

四、诗与远方的落地

这栋奇形怪状的建筑能入围"美好生活"长三角公共文化空间创新大赛，不仅仅在于它本身的高人气和丰富活动。更多的价值所在，是其背后的"理想村"建设。

乡伴的陶仓理想村运营者甄小龙，自称"村长"，负责村里的各项事务，包括招商以及活动运营。如今的陶家村，渐渐植入了品牌民宿、长租公寓、个人工作室等，形成以兴趣为连接工作+生活的社区文化。

比如陶仓艺术中心的对面，小白楼的一楼是一家植物设计师工作坊。工作坊的主人是一位生于1989年的女孩子，本在传统的设计院上班，但她向往"与天地对话的自由"，于是辞职创业，专做植物设计。

"我们不卖花，不是花店。"她强调，工作坊的性质，更像"植物买手店"，给一些设计师寻找特别的室内植物，或者用植物打造独特的艺术空间。

工作坊入驻陶家村，纯属偶然。春天的一个早上，她看到朋友圈里有人分享陶仓艺术中心的照片，被独特的设计感吸引，驱车前来一观。彼时的陶仓理想村还在建设中，但艺术氛围、乡土气息，已让她陶醉。与甄小龙聊了10分钟，她发现两人的理念一拍即合，立即决定入驻理想村，在这里开一家分店。

目前，理想村已有近10个工作坊，大多偏文创和艺术类型。他们自称是"新村民"，通过一系列活动营造，彼此亲如家人，常借用陶仓艺术中心的连廊举办各种小展览、小活动。

一批精品民宿也在建设中，理想村同时还提供咖啡馆、书店、餐厅、工坊、联合办公等业态，计划形成青年返乡创业聚集地，吸引有生产能力、有创新力的人来此，打造"向往的生活"。

从理想村的角度看，才能理解地标性网红建筑陶仓艺术中心。它并不仅仅是一栋艺术建筑，还承载了精神内涵，有无限的延展和灵活运用的可能性。新村民和游客大多也是文艺青年，艺术中心高度契合了他们的生活和审美方式。

但如果没有理想村，在一座普通乡村里建一个艺术中心，即便再美轮美奂，恐怕结果也未必尽如人意。

五、郊野办公的意趣

奉贤区庄行镇浦秀村有一栋高10米的白色建筑，仿如一个"潜望镜"伫立在路口。它的南面，2 000余亩农业用地一望无垠；北面，750余亩黄浦江涵养林枝繁叶茂，距黄浦江仅500米。

该建筑设计师陈嘉炜介绍，建筑的内部还嵌套着多种潜望镜的空间结构。沿着曲折走廊进门，内部空间时而高耸入云，时而低垂入地。

开阔的书店式展厅直入地下；报告厅的"扁框"将河闸完整入画；可透视3层的高高阁楼光影交错；眺望黄浦江的户外平台框中有框……有趣而复杂的空间结构，带来光与影的捉迷藏游戏。地下还"藏"着一个半开放园林。将远景无声地引入地下，大自然作为最好的艺术家，创作着一年四季无声而美丽的画卷。

简单说，这栋建筑感觉更像一座当代艺术展馆，而实际上它的用途是租给企业办公。一家大企业一眼就相中了这栋时尚建筑，把设计团队整体搬迁过来，以"轻松、创意、艺术、文化"为宗旨，进行室内软装。

试想一下，员工在此办公时，不仅内部空间新颖有趣，透过"潜望镜"般的窗框结构，玻璃外大片涵养林等乡村风貌映入眼帘，在蓝天白云间实现郊野办公的意趣。

上海的乡村，未必村村都得通过文旅发展产业。庄行镇政府工作人员介绍说，奉贤的乡村振兴模式，主要围绕企业办公，打造"三园（院）一总部"，即一庄园一总部、一公园一总部、一庭院一总部。比如，设计乡村风貌中的办公楼宇，筑巢引凤，吸引高科技、高附加值、高产出企业来此办公，成为设计总部、研发总部、企业总部等，再以租金收益等方式反哺村民。最终实现一条一二三产业融合发展的"奉贤样式"。

作为首批建成的三园（院）一总部项目，"潜望镜"直观展现了乡村振兴的多种可能。从经济上看，它每年缴纳给村委会约10万元的土地租金，项目租赁税收再"颗粒归仓"，反哺村集体经济组织。假设未来有1 000万元的税收，可反哺村集体6.5%，即65万元/年，其中50%由村集体统筹使用、50%用于农户分红，促进农民增收。

而未来，企业办公周边的配套，也能带来一拨第三产业的发展，促进家门口的就业。截至目前，已有东原、英科、强琪等企业先后入驻奉贤。

近期，有位导演无意中看到一张航拍图，特意前来村子踩点，表示想把这里用作电影取景点。"潜望镜"的参观者一时络绎不绝。

有人这样概括：园林的本质，是对话。人与景的对话、人与人的对话，以及各种要素的流动。乡村建筑的意向，不是雕梁画栋，而是与农村风貌契合，再带动要素之间的邂逅与流动。设计师提供方案，政府部门协调和实践，村民提供帮助和资源，企业则是新的融入者和使用者，多元主体共同对空间有了新的理解和运用。

空间的变化，如何带来乡村进步、产业发展，这是一个典型案例。它的成功更多不在于建筑本身，而在于制度设计。

六、颜值只是一个引子

究竟什么样的乡村建筑、乡村空间，能拉动当地产业、惠及村民？

大赛评委会主席蒯大申曾有过3个概括：首先是更加注重功能性，文化空间说到底是为了人而存在，为了人而发展。脱离人的需求，那就只是摆设。

其次是更加注重审美性，讲究高颜值、高品位，讲究空间设计、地方特色和审美风格。不但要"好用"，而且要"好看"，内外兼修、才貌双全。

审美这一点，其实对乡村空间来说尤为重要。毕竟，先有了"视觉奇观"，才能让一度边缘化的乡村重新进入年轻人的视野，成为话题，带来流量。

再者，更加注重公共性。公共文化空间原本就是公共参与和基层自治能力培养的平台。满足了这3点，后续进一步发展就有了基础和可能性。

大赛主办方浦东新区文体旅游局局长黄玮表示，这几年，一谈到"美好空间"，大家可能首先就会想到颜值，重视硬件设计与改造。但到了今年，案例越来越"走心"，更加注重"内涵"，尤其是后续运营。

评委会也参观过某些空间案例，只有"最美XX"的噱头，后续来的人并不多，"网红"建筑徒有其表。朋友圈打卡传播确实是一种美好空间的表征，但不是唯一的。审美目的实现了，社会效益、经济效益是否有所体现？后者恐怕更加重要。

"美好生活"公共文化空间创新设计大赛举办至今已经第三年，范围从上海扩大到整个长三角。今年，乡村空间的案例中，邻省的苏、浙、皖提供了许多佳作，在美丽乡村、江南水乡的空间理解和运用上，可以与上海乡村资源共享，彼此启发良多。未来，甚至也能建立一个人才库、设计库平台，在大赛之外，共享设计和人才资源。大家在乡村振兴的模式上，有更多学习和交流。

正如陶仓进村路上贴的那句话：广阔天地大有作为。唯有年轻人愿意来，乡村振兴才能真正拥抱未来。网红建筑，不过是一个"引子"。

2020-11-23

20 "三力"建设，闵行浦江镇革新村谱写乡村振兴"革新答卷"

来源◎上海观察

浦江镇革新村，总面积227公顷，常住人口2 830人，文化底蕴深厚，是中国历史文化名村、国家级生态文化村、全国乡村旅游重点村，拥有召稼楼古镇等一批历史文化遗产。实施乡村振兴战略以来，革新村通过"三力"建设，以党建引领促村庄善治，以村民自治催生乡风文明，有效构建了乡村治理的革新模式。

一、激活组织能量，激发党建活力

（一）集中下楼办公，坚持一站式受理

在积极有序推行村"两委"成员开放式办公基础上，通过全面落实村"两委""亮牌工程"和党员干部"亮身份、践承诺"要求，设立党员示范岗、先锋岗、责任区，进一步提升为民"一站式"服务。

（二）建强红色阵地，坚持区域化共治

为充分发挥村党组织的战斗堡垒作用，促进区域单位参与乡村振兴治理，按照自治圈、共治圈和公益轴"两圈连轴"的联动模式，成立"联在革新"党建联盟，29家企事业单位，60余名区域、两新志愿者，开展"益企进乡村""义诊进革新"等活动，充分融合农村社会各阶层，建立起与村民之间的互信平台。在农民集中归并工作中，建立"红引领"群众工作团、"绿共治"环境督导团、"蓝志愿"共享服务团和"橙文化"共建导入团等团体，超过300人。共同参与乡村振兴、共同培养共建意识、共同建设美丽家园，逐渐形成自治共治格局。

二、"联在革新"党建联盟

打造文明实践基地,坚持全方位服务

合理缩减办公空间,建设党群服务阵地、新时代文明实践站及各项功能室,实现办公空间最小化、服务空间最大化,服务功能不断优化。同时,打造"一廊一站一广场"实践阵地,构建"1234567 益起"实践模式,打通宣传群众、教育群众、关心群众、服务群众的"最后一公里",打造成为思想引领、道德教化、文化传承、凝心聚力、文明乡风的百姓之家。

三、聚力"善治动能",增强治理能力

(一)"红色物业"进村

村委将物业管理公司引入本村,建立党组织领导下的村委会、村民代表会、物业服务共同参与的协同治理机制,把党的政治优势、组织优势转化为农村治理优势。建立物业公司党支部,并将村域范围内民房租赁、违建巡查、垃圾分类、网格监控、秩序维护等治理事项渗透于物业常态服务之中。通过岗前培训,择优吸纳当地村民作为保洁、维修、保安等辅助人员共同参与村域治理,以帮助其实现"家门口"就业,实现"村—组"熟人管理向"村—社区"规范管理格局的转变。

(二)"智能管理"进格

在两个集中归并点内,有效运用智能化、信息化手段实现精细化、长效化管理。共设置监控设备 174 台,覆盖所有公共区域、道路、入口、停车场的监控,涵盖网格管理、前端巡查、视频监控、案件处置、房屋租赁、垃圾分类等工作,切实改变了传统农村地区的治理模式。建立"三协同"快速反应机制,对于网格治理中发现的各类问题快速处置,对于突发事件,立即反馈村委,由应急小分队现场处置;对于特殊复杂问题,限期形成解决方案;对于难点问题,上报有关部门协同解决。

(三)"零桶计划"进宅

为了提升人居环境风貌,推进村民垃圾分类"零桶计划",村委会多次召开村民

议事会商议"撤桶并点"工作，制定村民撤桶、定时投放、志愿保障、集中收运的革新模式，并通过村民代表大会表决、阳光村务微信平台投票，征询革新垃圾分类方案可操作性。通过召开会议、上门发放告知书、小喇叭播放等方式的宣传，使村民参与度从78%到100%转变。

（四）"村务公开"进户

通过建设"云邻里"村务公开信息平台，强化乡村社会治理智能化支撑。"平台"整合党建园地、村务公开、活动信息、意见反馈等内容，通过绑定手机微信可及时查看最新的村务信息、财务收支情况，并可提供预约办事、政策咨询等服务，为实现民主管理、民主监督、民主决策提供便捷渠道，提升村民对村务工作的参与度和认同感。

四、加强制度建设，实现长效动力

（一）制定"五诊一反馈"议事制度

在建立村民代表会议制度、"四议两公开"制度、重大事项决策制度、党员干部联系群众机制的基础上，革新村提出"五诊一反馈"议事制度，通过接诊——红色邮筒收集民意、坐诊——民情站点收集民情、巡诊——归并网格收集民忧、会诊——议事平台办理民事、转诊——部门流转共商民困、反馈——反馈问题倾听民声，确保"党情民情共议，实事要事共商"，确保村级事务按规定的流程严格执行，常态运行。

（二）建立阳光六日工作法

在"321"工作法的基础上，固化"阳光六日"工作法。通过"望闻问切"，有效激发党建新活力。

- 一是善于"望"。抓"班长、河长、网格长"，让群众看得到党组织的行动在身边，让百姓看得到党员作用在发挥。
- 二是勤于"闻"。严格落实党内各项机制，根据网格化分工，村"两委"成员对应联系各自村民小组，定期和不定期开展走访，坚持村民全覆盖走访和村民骨干、孤老残障等重点人群重点走访相结合，通过常态化的走访制度听民声、察民情、解民困。
- 三是敢于"问"。健全自治、法治、共治、德治相结合的治理体系，抓实村委小微清单，问计于民，真正让党员群众成为乡村振兴的主人。
- 四是重于"切"。以问题为导向，听意见、拿措施、定方案、抓落实。

（三）探索"三长两委一警多员"一张网治理模式

打通治理脉络，激活神经末梢，形成"三长两委一警多员"共同参与、协同治理的模式，即"三长"（班长、河长、网格长）全面管理，两委（支委、村委）分片包干，一警（片警）协助治理，多员（党员、志愿队员、社员、城管队员）联动自治，有效发挥"共治+自治"优势，实现革新党建服务体系和基层治理"一网统管、全网到底"。

2021-02-01

21 探索乡村振兴新模式
——上海国盛集团"塑形"与"铸魂"的创新实践

来源◎上观新闻

在"十四五"开局之际,持续巩固拓展脱贫攻坚成果,全面推进乡村振兴,正成为我国"三农"工作的重中之重。今年全国两会上,国家"十四五"规划纲要草案已为乡村振兴提出具体的路线图。

围绕新发展格局,上海明确要形成城乡融合发展格局。聚焦乡村振兴战略,上海提出,促进资金、人才、技术等要素双向流动,在乡村嵌入更多产业、文化、生态功能,形成功能互补、发展互促的融合发展新格局,推动全市乡村面貌来一次整体大提升。

如何真正为乡村嵌入功能,如何让要素资源在城乡之间真正流动起来?近年来,上海国盛集团贯彻中央和上海实施乡村振兴战略的指示精神,率先落实构建双循环新发展格局和推进长三角一体化发展要求,前瞻性思考和规划参与乡村振兴的核心方向和运作理念。

上海国盛集团积极通过开展"乡村振兴青年突击队"等岗位建功行动,引导国资青年志存高远、砥砺前行,投身乡村振兴时代伟业。

一、探索可复制的乡村振兴新模式

如今,上海国盛集团将"做探索乡村振兴新模式的先行者"作为五大发展目标之一,努力在上海中心城区周边区域率先实现"产城乡"一体化发展的良好态势,并逐步向长三角其他区域辐射推广。

上海国盛集团确立了乡村振兴的总体推进原则,探索提炼出"党建+产业+基金+基地+智库"模式推进乡村振兴,并作出具体战略部署。

• 党建引领——围绕"共建、共治、共享"原则开展企、村联建,通过设立第二党支部、派驻村第一书记着力夯实基层党建根基。

- 主线明确——确立乡村振兴"塑形"与"铸魂"两条主线并进和全产业链运作。
- 产业集聚——根据乡村振兴"产业兴旺"核心要求，聚焦、投资和导入上海"十四五"重点规划的"五型经济"产业。
- 资本赋能——贯彻《长江三角洲区域一体化发展规划纲要》及上海市政府相关文件精神，筹划设立长三角乡村振兴投资基金。
- 试点突破——参与首批市级乡村振兴示范村——上海市奉贤区青村镇吴房村的建设运营，打造三产（一二三产业）融合、三区（农区、园区和镇区）联动的产城乡一体化样板和模式，进而复制、推广和辐射。
- 创新发展——探索体制机制、开发建设、集中居住、资本平台、资产管理以及金融服务创新，强化形成集成式创新链，系统化立体式推进和创造性变革，实现可持续发展。

在吴房村工作、居住的外来年轻人与当地村民其乐融融、亲如一家。

二、三条路径实现塑形、铸魂

（一）空间塑形——推进集中居住腾挪产业空间

根据上海近郊的乡村普遍体量较小、产业空间建设用地有限的实际情况，上海国盛集团加强农民相对集中居住与乡村产业发展的统筹谋划。

上海国盛集团推动农民相对集中居住，通过村庄归并平移、集约改造、村民进城进镇的方式进行改造，形成"政府＋企业＋农民"多元投入模式，将闲置的空间资产变为可承载产业的基地空间。通过结余建设用地开发，后续宅基地统一盘活利用等方式，激发市场主体和村民参与集中居住的积极性。通过产业运营将产业空间变为可享受的收益资产，并通过土地入股、村民入股等方式构建集体经济造血和村民增收机制。

（二）产业塑形——打造产业社区培育"五型经济"

围绕上海"十四五"规划提出的完善经济发展格局，上海国盛集团将"五型经济"产业导入作为带动乡村区域经济发展的重要抓手和引擎，着力于打造"三产融合"和

"三区联动"的产业社区。在实践中,跳脱出"乡村"的地域限制,联动周边产业园区转型升级,以产业运营为纽带串联整片区的农区、园区及镇区。城镇和工业园区吸纳乡村延伸的产业链,乡村为城镇和工业园区的发展提供配套,实现乡镇全域产城乡一体化整体开发格局。

(三)人才铸魂——激活人才资源助力辐射推广

上海国盛集团提出乡村振兴"以人为本"的发展理念,发起成立长三角乡村振兴人才发展中心及思尔腾乡村振兴学院,通过人才实训和人才机制建设为乡村振兴"铸魂"。首先立足上海并向长三角乃至全国输出模式与经验,开设人才培训课程,帮助当地招募和实训项目团队。其次,打造和推广"同频共振"的发展机制:村民融合机制——以合作社、村集体合股合作形式释放人才振兴和村民入股的内生动力,优先招聘返乡青年,建立新老村民间的代际情感;人才激励机制——通过搭建员工持股平台搭建人才发展的"事业共同体",绑定专业贡献与业绩激励;人才保健机制——投资筹建城乡一体互联网医院,打通三甲医院的诊疗资源、乡镇卫生所和新老村民健康需求间的交互渠道。

让更多青年走进乡村、了解乡村、返回乡村、扎根乡村，是上海国盛集团面向青年开展乡村振兴工作的重要着力方面。

三、五种模式形成创新矩阵

（一）投资运营一体化的资本平台创新

不同于一般性的政府引导性基金或以财务性投资为主的私募股权投资基金，上海国盛集团搭建的长三角乡村振兴投资基金是一个投资运作、产业运营、资源整合的战略平台。

基金由上海国盛集团出资引导，撬动集体资本和社会资本共同设立。基金下设产业运营板块——实体运营平台思尔腾科技公司；产业空间板块——农区开发平台盛溪发展公司、园区和镇区开发平台盛贤智创公司；产业投资板块——直投区域内能够引导乡村发展的代表性项目。三个板块紧密相连、集成运作，其中产业运营板块创新采用一体化模式，成为基金投资运营一体化运作的枢纽。

（二）打包立项的开发建设创新

传统的乡村整治是"田、水、路、林、村"按条线分开立项，独立规划建设，联动性差，效率较低。2018年，上海国盛集团以扶贫帮困"结对"为契机，在当地政府支持下介入上海市首批乡村振兴示范村——奉贤区青村镇吴房村的改建提升中，首创整体规划、打包立项方式。

上海国盛集团坚持"不策划不规划，不规划不设计，不设计不施工"的原则。针对吴房村的各类基础设施建设项目，统一打包后向发展改革部门申请立项，采用勘察、设计、施工一体化招标的方式，统筹水务、住建等资金注入统一账户用于村庄建设。大大缩短建设周期，工程竣工后组织相关部门联合验收，做到程序闭合。

（三）"就地上楼"的集中居住创新

上海在传统的"上楼""平移"方式推进下的农民相对集中居住，多为大户型，房屋实际使用率较低，居住环境改善较弱。上海国盛集团根据农民真实诉求，设计"就地上楼"的集中居住方案，创新性回应农民对居住环境改善的期盼。

"就地上楼"模式提升节地率的同时，避免了农民离土离乡。建筑方案上，优化了村民集中居住户型设计，满足不同需求，同时也为庭院康养类产业导入、资产运营管理提供客观条件，为后续资产价值盘活构筑基础。住宅主体外立面采用层层退台设计，确保户户村民具有足够的自用地空间，充分保留乡村风韵。

（四）数字科技赋能的资产管理创新

数字乡村不仅是乡村振兴战略的方向，而且是建设数字中国的重要内容。上海国盛集团对此前瞻性布局，以吴房村为启动试点，开发乡村数字化资产管理系统。

目前吴房村围绕农村"三块地"的数字化管理，实现"乡村资产+招商运营"数字化闭环的构建，涵盖16个子系统、300+个系统应用及10 000+个功能点，让村民看得到收益，资产增值更加透明，解决乡村资产管理中的资产估值、收益变动、多方分红共赢机制等问题，使财政投入可更加有效支撑资产的后续运营，实现资产增值收益的可持续共享。

（五）"投贷债租证"全渠道的金融服务创新

乡村振兴所需资金通常主要来源于政府投入，社会资本参与少，财政资金压力大，带动效应弱。上海国盛集团坚持以长三角乡村振兴投资基金为驱动引擎，吸引社会资本与金融机构参与，实现全过程、全渠道的金融服务链联动。通过探索多元化资金平衡及长效发展机制，增强乡村振兴区域的可持续发展动力。

- 基金通过市场化运作，投资优质科技农业、生命健康、智能制造、人才教育等项目，助力农区资产盘活、园区腾笼换鸟和镇区城市更新。

- 基金基于城乡资产的可运营属性，引入政策性金融机构融资贷款，以资产运营为还款来源规避政府隐性负债的风险。

- 基金以国资平台增信，充分利用投行券商资源，探索引入绿色债等创新债券融资渠道。

- 基金以农机设备、资产经营权等资源要素为标的物，与融资租赁平台合作，平滑乡村振兴项目投资过程中的现金流。

- 基金积极申报公募reits试点，寻求资产证券化的退出通道。

上海国盛集团在参与乡村振兴的过程中，注重一二三产业的融合发展，提高农业附加值，提升价值链。吴房村黄桃增加了产量、提升了品质、拓宽了销路，真正实现了"让农业更强"。

四、样板迭代：引领乡村振兴区域发展

（一）青村镇"产业社区"样板

2018年，上海国盛集团充分评估吴房村在三产融合、三区联动的发展潜力后，跳出传统田园综合体、特色小镇建设思路，不依赖生态风貌优势、不将乡村旅游作为主导产业，而是突出三产融合"产业社区"作用，"育智、引智、用智"着力打造乡村产业"孵化器、加速器"的核心竞争力，为乡村血脉产业提供温床和发源地。

上海国盛集团以"产业兴旺"为核心，在一二三产融合基础上，吸引了农创文旅、亲子研学、智能制造、医疗康养等行业企业入驻吴房村，目前已入驻企业20余家，新注册企业84家，2018—2020年累计税收近1亿元；汇聚了一支平均年龄只有20多岁的年轻队伍，引进新"村民"117人；通过"租金、股金、薪金"带动吴房村村民们实现年户均增收10万余元。

为了破解奉贤区村庄较小，分布较散以及园区产业转型的问题，上海国盛集团将吴房村"产业社区"就地辐射放大至青村镇全域。以产业运营为纽带串联青村镇农区、园区及镇区，进行青村镇"产城乡"一体化区域开发，用整体经济增量来支撑乡村发展的短板。农区内，上海国盛集团正打造2.1万亩国家级现代农业示范园区，探索农村"三块地"的流转改革、建设农业产业化试验基地；园区内，上海国盛集团托管运营3.14平方千米的青港工业园区，以租赁或合作开发的形式推进低效的存量资产腾笼换鸟，以核心项目投资的形式加速增量资产筑巢引凤；镇区内，上海国盛集团与政府合作，协同社会投资人合力推进招商引资工作，强化生产生活配套设施，加快城市更新改造步伐。

（二）吕巷镇"村民融合"样板

2019年，上海国盛集团以金山区吕巷镇和平村为启动点就地放大规模与能级，形成"塑形"（推进集中居住）、"健体"（打造产业社区）、"铸魂"（激活人才资源）的推进主线，促进资金、人才、技术等要素双向流动，用城镇发展来补给乡村需缺，形成"大马拉小车"的态势。

上海国盛集团联动吕巷水果公园的产业资源及白龙湖综合开发的文旅资源，打造白龙湖水果小镇，实现村民融合。项目包含"和平里"集中居住点、现代农业科技产业融合示范园区、文旅提升综合开发区等功能板块。通过落地"就地上楼"的农民集

中居住模式,引导农民就地创业,促进新老农民融合;通过引入"草莓博士"等专业人才与技术,助推科技农业发展,引导农业增产提质;通过白龙湖片区整体打造,形成"农文旅"服务业高地,助力长三角区域农业产业联动。

为了发挥上海溢出和辐射效应,带动长三角区域乡村振兴,上海国盛集团以浙江省慈溪市桥头镇切入启动慈溪市四镇全面村民融合试点,探索打造乡村振兴2.0+样本。

(三)石湖荡镇"人才振兴"样板

2020年,上海国盛集团以松江区石湖荡镇产业升级为切入点,全面深化G60科创走廊建设、五个新城发展,打造石湖荡G60菁英小镇,实现人才振兴。项目包含浦江之首生态社区、古松菁英小镇、李塔产融新城三大区域,整体形成"一核、两翼、三区联动"的发展格局。

通过东夏村农民相对集中居住片区的综合开发和长三角乡村振兴人才培训基地的落地导入,为浦江之首景区的升级打造注入人才培训的核心内涵;通过打造教育产业配套和松江智慧物流功能区,为石湖荡西区人才生活提供配套服务;通过李塔产业园区的腾笼换鸟与空间优化,助力石湖荡镇东区打造适合人才发展的产融新城。

(四)南涧县"前店后厂"样板

2020年底,上海国盛集团贯彻落实习近平总书记关于"打好脱贫攻坚战是实施乡村振兴战略的优先任务"的具体要求,深入对口帮扶的云南省大理州南涧县推进乡村振兴试点,为全国推进精准扶贫与乡村振兴的有效衔接探路,打造全面推进乡村振兴的实践样本。

上海国盛集团携手南涧县于吴房村打造"南涧馆",作为沪滇交流的窗口,以品牌联名、基地直供的模式帮助南涧特色农产品对接上海大市场,构建"前店(上海)后厂(南涧)"的农业产业链布局;以实地培训、远程指导的模式实现人才交流互动,强化上海大都市乡村振兴与云南大山里乡村振兴的有机结合,共同探索跨越区域空间的"产城乡"一体化。

2021-03-09

22 上海"农机土专家"的"锦囊"

来源◎东方城乡报

从耕田、播种到管理、收获,农作物生长周期每个环节的背后,无不饱含着种植者付出的辛劳。与此同时,伴随农业机械化程度不断提升,广大农业从业人员对农业机械化的渴求更迫切、需求更细分。

作为全国现代农业的引领者,在上海,水稻耕、种、收的全程机械化综合水平已达到96%以上;蔬菜机械化程度也处于全国领先水平,但尚属于起步探索阶段,2020年全市绿叶菜生产示范基地机械化水平为65.16%。科技支撑下的蔬菜机械化程度正逐年向好。

值得关注的是,在本市农业机械化的整个推进力量中,有一支长期活跃在沪郊水稻、蔬菜种植领域的"农机土专家"队伍,其作用和贡献不可低估。因为长期耕作在一线,他们对于农机运作功能的熟悉已经到了精通的程度。这种精通,不仅来源于常年维修研究心得的积累;还在于一股发自内心的强烈驱动力,那就是希望通过自己的钻研,早点找到好办法,让种菜、种稻更省时、省力,效率更高。而他们的主动探索和改良,已经成为推动本市农机化水平加速向前迈步的重要力量。

日前,全国首批"农机土专家"名单公布,本市有8位入选,记者采访了他们当中的几位,让我们一起来打开这些土专家的农机化"锦囊",看看藏着多少奇思妙想,还有哪些有价值的思考与感悟。

一、"土法"改良,有效还实用

农忙时节来了,松江石湖荡镇家庭农场主曹林坤心里的石头落了地。前阵子,他研究解决了近几年来农耕作业中遇到的一个"麻烦"。这两年,不管是开插秧机、直播机还是拖拉机,轮胎普遍下陷严重,这事困扰了他很久。

"轮胎下陷带来的麻烦不少,比如,插秧机轮子打滑,秧苗反复插在原地,浪费成本，又费人工；机器前进速度变慢，也很耽误工夫。"曹林坤说。不过，导致问题出现的原因，却是这几年农业发展向好的结果。"一来，现在的机器马力越来越足，'分量'也重了；二来，这些年，土壤保护做得好，耕作层越来越厚，从原来十几、二十厘米，增长到了三十厘米。"曹林坤善于农机改造，一发现问题，先琢磨着怎么自己解决。不久前，他花了几天时间，琢磨出应对"轮胎下陷"的办法。用两台插秧机做试验，在大轮的外侧加装了铁质"辅助轮"。因为各加宽10厘米，受力面积增加，下陷就不明显了；加宽的位置，在轮胎外表面的里侧，为的是不影响机器在硬化道路上行驶。农忙开始，试验效果不错。

上海绿望蔬果产销专业合作社负责人曹久青也擅于对农机作改良。上海第一台高密度蔬菜移栽机是他引进的。所谓"移栽"，一些蔬菜品种适合先穴盘育苗，再移栽进入大田生长，这样有利于缩短生长周期、提高大棚利用率。

没有移栽机之前，移栽这样的工作只能靠人力。2017年，曹久青在嘉定区农机技术推广站的支持下，试买了一台引自韩国的洋葱移栽机。几番改良，他把轮胎换了，还把原来8行穴盘规格改成了4行、6行等可调整的密度，这样一来，可以种植小青菜、生菜、莴笋、卷心菜等多个品种。厂商听取曹久青的意见，调整了原有配置，如今，这款移栽机在国内投产，上海不少合作社也推行开来。

"全国粮食生产大户"顾祝华在2000年研发的一款农用挂车，至今还很受农民欢迎。"每年卖出80～100台吧。"顾祝华说。农用挂车之所以受欢迎，"玄机"在"可旋转的接口"。接口用来匹配拖拉机，拖拉机就可变成装载量大的"货车"，因为挂车后盘稳定性强，接口旋转灵活，即便拖拉机晃动，运货也不受影响。

顾祝华算是金山第一位种田本地人，年轻时做建筑工程，2000年以前开始从农户手里把零碎的田块流转起来种地。这些年，他研究改装过的东西不少。比如，一款秸秆焚烧炉。焚烧炉与大型水稻烘干设备相通，秸秆焚烧时，为烘干机提供热能，可取代燃油，降低烘干成本；加装的废气排放过滤装置，还能保证排出的废气达到环保要求。

二、来自"圈内"的信任感

他们的灵感和妙计来自一线耕作的长期实践，"圈内"对他们这样的巧思和创造给予了很多信任。

不少农机生产厂家把曹久青列进"白名单"。他们喜欢像曹久青这样愿意接受新事物,并能在实践后提出建设性意见的专家。所以一有了新机器,就"拉"到他的基地试验一番。

"老曹用什么机器,咱们就用什么。"去年,以有机生菜生产为主的上海百蒂凯蔬菜种植合作社着手启动宜机化改造,第一个想到找曹久青咨询。按照曹久青的"路子",嘉定不少合作社走上了相适合的农业机械化道路,实现农机自动化,每年节省的开支可达数十万元,曹久青还为嘉定贡献了2020年推进设施宜机化改造的区级方案。

曹林坤研制的新型筑埂机,松江各机农互助点基本都有一台。原来人工两天才做出一条80米长的田埂,现在只要8分钟就能完成。筑埂的土壤被搅拌、翻耕,一次成型,结实不塌陷,也不需要后期修补,筑好的田埂还不易长杂草。好用的农机很快会被发现,推广起来也快,在上海、浙江两地,这款筑埂机已经累计完成作业面积15万亩。

浦东新区祝桥镇俞连根的"创作"有些不同。俞连根今年67岁,本从事机械加工行业,一次偶然接触农机,竟被触动放弃了本行,一门心思搞起农机研发。为了研发需要,他包下5亩蔬菜田来做试验。"不知道失败了多少次才成功的,已经经历了四代样机变化。"俞连根攻关8年,研制出的苗菜电动收割机,对攻克像鸡毛菜、茼蒿、米苋、马兰头、小青菜等小型绿叶菜的机械化采收问题,效果很不错。因为是全电动,还解决了在大棚使用燃油机械带来的空气污染问题。2019年,这款机器被列入了市级农机购置补贴目录。

因为这款苗菜收割机,俞连根登上中央电视台科技频道《我爱发明》栏目。从那以后,想找他"合作"的人多了。蔬菜采收,历来是实现蔬菜机械化比较难攻克的环节。难就难在,蔬菜品相各异,要通过一款机器顺利完成自动化收割,还能匹配消费市场对品相的"挑剔",达到这样的"水准"并不容易。

眼下,想合作的人虽多,但这款机器的推广进展遇阻了。

三、"土专家"被什么难住了

与俞连根这款类似的机器,在曹久青的蔬菜基地里也有一台。曹久青觉得好用,希望能早日投放到生产一线。以往,一亩菜田需要6个人收割一天;用了苗菜收割机,每亩地只要 1 小时就解决了。虽然种种测试说明苗菜收割机的稳定性好、作业效率高，可要达到"机器换人"的程度，似乎还有一段不小的距离。

为啥迟迟用不起来？俞连根和曹久青都明白问题出在哪儿。一来，苗菜收割机对土地的平整度有要求，一旦土地不太平整，收割下来的蔬菜就可能不整齐。二来，消费者喜欢购买"整棵"菜，而机器收割收上来的是菜叶，菜叶散乱影响了卖相，在零售市场上就有销售难的问题。曹久青的蔬菜基地直接对接市场，他对市场反应敏感，"可事实上，机器收割比人工采收下来的更耐储存，因为采收包装过程中人为触碰的损伤少了。"曹久青说。

而在国外，消费习惯有所不同，蔬菜经过初加工后多以净菜方式出售，像青菜一类，去根、留叶，恰恰是受欢迎的产品。"消费观念转变，包装方式升级，可能会更有利于蔬菜采收机械的推广。"这是俞连根的希望。

曹久青的希望，就更迫切一些。"三个工人200岁"，一句对蔬菜生产中劳动力的"坊间"形容，显示出了"找人难"的窘迫。"像茄果类、密植类作物，采收主要靠人工，工资水涨船高，劳动力成本占总成本六七成。"曹久青说。因为他的合作社是市首批蔬菜"机器换人"示范基地，目前，像绿叶菜为主的耕、种、管环节，农机化问题已基本解决，人力成本主要集中在采收上。

成本增加、利润空间减小，反过来，农业机械化研究的成本和精力的投入也会被压缩。这里，还藏着一本"经济账"。说到底，蔬菜农业机械化的升级程度，与消费市场有直接关联。

不只是蔬菜，即便水稻农机化比例已然较高，对于人力成本的忧虑，仍然让顾祝华感到了压力。顾祝华经营的上海三华农机服务专业合作社，有五六十台农机设备，为周边20多户家庭农场的4 000多亩稻田提供从耕到收的全程农机化服务。按照他的判断，未来，水稻农业机械化必然向更高水平发展，将有更好的科技化、智能化支撑。"你看，无人机植保的效率就挺高的。"顾祝华的眼里有一幅图景，万亩粮田现代化，关键靠农机。

可对未来的憧憬与眼下的感受对比明显。在他的农机手团队里，不少人已近70岁，眼看着就要"退出"。"农机手老了，谁来操作？"未来，像他这样懂农机、爱钻研的人还多吗？当下，顾祝华的心愿是，能够通过政策引导，让更多年轻人愿意走近农机，加入这个行列。

【记者手记】

从与这些"农机土专家"的采访中,我们感受到,一款合适的农业机械产品从研制到推广,有时可能对农耕方式产生根本性改变。可怎么能更好地"跨前一步",这背后,除了"科技"本身,还与方方面面相关。比如,蔬菜播种,讲究种子的外形、大小是否与播种机械匹配;翻耕、收割,讲究土壤是否足够平整;产品销售,关联着市场的消费观和接纳度。

农业机械化就犹如一个巨型齿轮,在推动农业现代化的进程中发挥着主要的传动力;而将其放置在一个更大的体系中来看,还需要与农艺、农耕、人才等更多"齿轮"密切咬合,才能让转速提升,真正将农机现代化的动力释放出来。

2021-05-11

23 乡村振兴在上海宝山：
让党旗在绿水青山间高高飘扬

来源◎人民网

在热播电视剧《山海情》里，福建菌菇栽培专家凌教授向宁夏村民推广双孢菇种植技术，带领村民脱贫致富。小小的菌菇成为西海固的希望。

在上海宝山，乡村振兴战略如何推进？广袤乡村的青山绿水，如何成为人民城市中的亮丽底色？

近300平方千米土地的宝山，是一片具有光荣革命传统的红色热土。在这里，打响了解放上海"第一枪"，为解放上海战役的决定性胜利做出了重大贡献。在这里，打下了建设宝钢"第一桩"，彻底改变了中国制造业发展所需钢材严重依赖进口、受制于人的被动局面。在这里，率先实现了"城乡一体化示范区"。1988年，宝山"撤二建一"，走上了一条城乡一体化发展的新路，在上海城市发展史上写下了辉煌一笔。

如今，站在"两个一百年"的历史交汇点，上海市委明确提出宝山要建设成为上海科创中心主阵地之一。农业农村作为宝山建设现代化、创新型、生态化国际大都市主城区的重要组成部分，如何打破农村地区地域、领域、隶属关系等限制，通过建强严密的组织体系，抓党建、强组织、聚人才、兴产业，让党旗在基层一线高高飘扬，是推进科创中心建设必须要解决好的问题。

一、党建引领，特色产业扎根乡村廿载

在热播电视剧《山海情》里，福建菌菇栽培专家凌教授向宁夏村民推广双孢菇种植技术，带领村民脱贫致富。小小的菌菇成为"苦瘠甲天下"的西海固的希望。

在宝山区罗店镇天平村，一家名为永大菌业的企业让天平村成为全国遐迩闻名的"菇乡"。谈及为何能在天平扎根近20年，永大菌业公司总经理、党支部书记黄国标至今仍满怀感恩。

2015年，突如其来的一把大火烧毁了他的整个厂房，造成直接和间接损失达上亿

元。正是在罗店镇党委、政府的大力支持下，历经两年重建，一座焕然一新的现代食用菌企业再度出现，凤凰涅槃，浴火重生。

在疫情肆虐的 2020 年，永大菌业创造产值 1.5 亿元，在上海"一村一品"众多涉农品牌行业中独占鳌头，跻身全国先进行列，并用全市唯一一家产值超亿元的创新实践成功刷新了上海"一村一品"涉农企业的最高纪录。

在永大菌业，菌菇培养基质生产的每一个步骤都被精细分区，却唯独没有菌菇生产区域。原来，企业在食用菌发展上不断探索"党建＋企业＋基地＋农户"的合作模式，即党组织搭平台、公司统一生产菌包、农户负责生产管理、产品由公司定价回收，充分发挥了企业和农户的各自优势，改变了传统食用菌生产"家庭作坊式"的落后局面，实现了食用菌生产从粗放到规范、从农艺到工艺的转变。据统计，这一模式带动了周边 300 多农户先后加入食用菌种植，户均年收入达到 20 万元以上。

60% 秸秆、15% 豆腐渣混合一定比例的木屑、麸皮或者米糠，这是菌菇生产所需要的养分。而汉康豆类作为一家生产、销售豆类制品的民营企业，生产中产生的豆渣因含水量高、运输难、处理成本较高而成为企业经营中的一件"烦心事"。

天平村党支部了解到这一情况后，以党建为纽带、以联建为契机，积极为两家企业搭建合作平台，实现"点草成金、变废为宝"。如今豆渣成为菌包原料，就近利用，不仅减少了企业的处理成本，还能为菌菇提供丰富的植物蛋白，提高出菇效率、降低生产成本。经测算，汉康豆腐的豆渣废弃物利用率达到 60% 以上，菌包添加豆渣后，生产成本每袋降低 1 毛以上，每年可为永大菌业节省生产成本 100 万元左右。

二、居村联动，实现城乡融合发展

宝山区北部地区以乡村为主，南部地区城市化程度高。独特的城乡地域分布特点，导致城乡居民对彼此生活环境和日常习惯"水土不服"。

如何发挥好村居党组织联动的作用，让城市居民看得到乡愁，让村民了解城市生活，带动城乡一体化发展，也是各级党组织的责任。

宝山区委聚焦城乡之间的融合渗透、良性循环和功能耦合，深入推进"结对百镇千村、助推乡村振兴"行动，由区委组织部、区农业农村委党组牵头，在月浦、罗店及张庙街道试点开展"一分菜园"项目，通过城乡党组织"一对一"结对，城乡居民看到了焕然一新的新社区、新乡村，城乡融合治理的妙处也浮出水面。

乡村居民参观通河四村等小区的公共客厅，实地了解、学习居委在开放式办公、一门式服务方面的丰富经验，直观感受到城市居民丰富多彩的社群生活和共商共治的自治氛围；居民向村民请教种菜方法，亲眼见证农村人居环境整治发生的极大变化，在美丽乡村中寄托乡愁记忆。

认养"一分菜园"，让乡村成为城市居民感受田园乐趣和自然风光的"后花园"与"疗愈地"，也使城镇变成了乡村居民学习新理念和提升"自治"力的"新课堂"与"进修地"。

在社区，居民通过居村联动项目享受乡村生态资源，缓解社区绿化用地紧张、减轻人地资源矛盾，开辟城市生活新空间。而在农村，试点"儿童友好型社区"建设，城乡义务教育五项标准达标率98.5%；完善乡村体育设施，村民共享"15分钟体育生活圈"，城乡供给不断均衡。

2021年以来，宝山区委进一步围绕党群服务中心功能体系建设，在全区现有963家党群服务阵地的基础上，"圈层式"优化布局，提标升级"两镇八村——蝴蝶兰""美丽乡村会客厅"等120家党群服务站点，通过做实"三张清单"，以法官律师送法下乡、专家义诊送医下乡、戏曲名家送戏下乡、优秀师资送教下乡，使村民在家门口即可享受与城区一样的优质专业服务，切实打通服务党员群众的"最后一公里"。

三、推进乡村振兴，人才先行

乡村要振兴，人才是关键。

"十四五"开局之年，面对新形势下的新挑战和新机遇，任务需要人才尽心完成、安排需要人才有力部署、改革需要人才集思广益，人才队伍建设更是实现乡村振兴目标的重中之重。

结合2021年居村党组织换届，宝山区委坚持把政治标准放在首位，落实"双好双强"要求，做到多看具体事，用事实和数据说话，从工作成绩衡量该干部的业务水平，保证挖掘出的干部工作能力出众；做到多听群众言，坚持多次实地考察、督导、收集干部工作的第一手资料，从与群众交谈中得知该干部的为人处世，从与同事交流中得知该干部的性格、作风，保证挖掘出的干部信念坚定、品德优良。

宝山区委积极贯彻落实工作要求，2021年选配8名选调生到月浦、罗店镇8个村开展为期2年的基层锻炼，通过落实"7+2"锻炼任务，为乡村发展注入了新力量。同时，将其中6名党员选调生吸纳为村级党建指导员，与在村企业年轻干部形成结对共建，通过开展农村基层党建、乡村产业发展、土地资源利用等专项调研，近距离互学、互帮、互助，共同见证和推动农村发展。

为留住优秀人才，镇村各级党组织也纷纷采取措施，为人才发展提供更多便利条件。罗店镇整合"天舒苑"资源，建立人才配套宿舍项目，以"政府引导、农民自愿、村委园区双向管理"为模式，将"农民集中住房"变为"园区高端人才宿舍"，为回乡人才创业、就业、作业营造舒适优良的建设软环境。同时，积极探索农村社区化管理新路径，吸收外来人员特别是党团员骨干参与乡村治理，着力构建自治、法治、德治相结合的乡村治理体系，推动农村新村民与当地村民互动，让新村民真正融入农村、建设农村。

2021-06-19

24 松江区："青年力量"为乡村振兴注入新活力

来源◎东方网（引自上海基层党建网）

最近，一款用松江大米加工而成的大米汽水即将上市，不仅实现了对当地农产品的深加工，还打造了"荡里有米"IP，实现一二三产融合发展。其开发者是石湖荡镇东夏村"80后"村民陈健。几年前，他放弃城里的高薪工作，回到家乡成为乡村电商创业者，下决心把松江大米推向全国。作为上海市乡村振兴示范村，东夏村正涌起一股"青春力量"，为乡村注入新的活力。在外创业十多年后，"农二代"陈洁也毅然回到东夏村，与陈健等合伙开办"有米餐厅"，作为浦江之首景区配套设施之一。"农二代"们回来了，新村民也多了起来：驻村干部万晓涵、乡村振兴建设者张一夫、音乐人曾国俊……新老村民正携手推动三产融合，带动农民增收致富，打造浦江之首生态人文产业社区。

一、不当白领当农民创客

陈健曾是城里一名上班族，从事农副产品供应链工作。2015年，他成为乡村电商创业者，曾一度将一款泡菜做到京东同类单品排名第一，年销售额2 000万元。2019年，他萌生把松江大米推向全国的想法。

"地处二级水源保护区，产自石湖荡镇的松江大米品质优良。但农民销售门路少，水稻卖给粮管所，每千克仅卖3元。"陈健说，"仅靠卖水稻，附加值并不高，利润有限。"东夏村农副主任钱根告诉记者，水稻亩均产量600千克，按每千克3元卖给粮管所，亩均收入1 800元，扣除人工费等投入，种植户增收难。

陈健将目光转向大米深加工产品。去年，他开发出"米露"（一款以大米为原料的新型饮料），受到消费者的好评。今年又开发出大米汽水，并以"荡里有米"为特色IP，设计一系列瓶标，融入浦江之首水文化、农耕文化等，进行"三产融合"产业赋能提升。"目前我们拥有日产5万瓶大米汽水的生产能力，后期将在全网铺货。"陈健说。

胸怀乡村振兴的信心，创业青年陈洁也决定扎根家乡发展。去年，浦江之首成功创建国家3A级景区。看到景区配套资源还不完善，他与陈健决定在景区附近的沈家浜开办一家乡村特色民宿。今年上半年，随着市属国资上海国盛集团旗下专注于乡村振兴的思尔腾集团参与到石湖荡镇乡村振兴中，两人与思尔腾集团等合作成立餐饮公司，共同打造"有米餐厅"，同样以"荡里有米"为特色IP，集餐厅、集市、小吃市集等功能为一体。目前，餐厅已进入装修阶段。

二、"90后"下乡成为新村民

农村宅地基平移归并是浦南乡村振兴、绿色发展的生动实践。眼下，东夏村农民集中居住平移归并二期项目开工，浦江之首景区配套资源加快完善，在如火如荼的乡村建设中，活跃着一群新村民。

今年3月，石湖荡镇与思尔腾集团签订产城乡一体化项目合作协议，双方成立上海思尔腾茸城科技服务有限公司（以下简称思尔腾茸城公司），作为乡村振兴实施主体平台和投资运营管理主体。公司副总经理张一夫带领一批"90后"扎根东夏村。

张一夫说，东夏村计划保留 2 个自然村落、撤并 8 个自然村落，"我们聚焦村民安置后的存量资产盘活问题，将把闲置宅基转变为浦江之首景区配套业态开发运营空间，引入多种业态，作为农村新社区的配套"。

乡村振兴既要"塑形"，更要"留魂"。张一夫表示，除了与社会资本合力培育餐饮、民宿等传统业态外，公司还将打造联合办公空间、路演中心、团建基地等，引进一批创业公司。据悉，计划在东夏村打造的联合办公空间——思画空间已招募到音乐、电商、视频制作青年团队，由 10 名成员组成。曾国俊的逃离城市音乐工作室便是其一，该工作室已完成《百舸》等歌曲创作。

以多种业态为支撑，思尔腾茸城公司设计了多种村民增收方式：房屋出租获取租金、集中居住获得土地流转收益、入股资产经营平台获得分红……农民还可以在家门口优先就业，实现"租金 + 股金 + 薪金"多层次增收。

思尔腾集团在奉贤区吴房村等地已打造出乡村振兴的样板。张一夫介绍，吴房村一期有 70 多幢宅基地，其中 50 多户村民自愿托管后，村民年收入从户均两三万元增长至近 10 万元，80 余家企业注册后实现年税收 9 900 万元。

东夏村毗邻松江枢纽，交通条件极佳；地处水源保护区，生态环境优良。相比吴房村，它有更好的资源禀赋。"浦江之首"与"上海之根""沪上之巅"齐名，去年开园以来迎接参观游客达 6 万余人次。"我们将在吴房村模式的基础上，结合石湖荡镇的特色与禀赋，将东夏村打造成具有松江特色的乡村振兴全国性样板。"张一夫说。

2021-08-18

三、信息交流篇

XINXI
JIAOLIUPIAN

上海实施
乡村振兴战略的探索与实践

1 聚焦数字化转型新要求
打造具有浦东特色的"数字农业"新格局

近年来，浦东新区紧扣农业数字化新任务、新目标，不断深化农业生产、管理、消费等全过程数字化转型，切实提升农业发展能级和水平。2020年，浦东新区被农业农村部评为全国县域数字农业农村发展先进县，并入选国家数字乡村试点。2021年，浦东新区以"数字农业，开创未来"为目标，持续推进农业数字化转型。

一、创新运用数字方式，推动农业生产提质增能

- 一是加快引进现代农业生产技术。浦东新区现有智能化大棚36万平方米，培养无人植保飞手90余人，水稻无人机飞防面积约15万亩次/年；试点无人驾驶插秧1500亩，一台无人驾驶插秧机一个作业季可以节约人工成本1万元左右。积极引进数字化农业生产技术，提升农产品规模化、标准化水平，擦亮农产品"浦东品牌"。比如，引进全国第一条智能化水蜜桃分拣分级流水线，通过待检果品甄选、自动分类包装、机器人堆垛等一体化系统，无损伤测定南汇水蜜桃单果重量、糖度、表面着色、内部裂核等情况，进一步提高"南汇水蜜桃"标准化生产水平，为浦东新区"南汇水蜜桃"获批筹建首批国家地理标志产品保护示范区奠定基础。

- 二是深化数字农业示范点建设。基于物联网技术，"试点"打造综合性数字生产示范基地，推动农业生产、生产控制、数据采集等智能化、无人化和实时化，进一步提升示范基地农产品生产率。国家农业产业化重点龙头企业清美集团在宣桥镇腰村建设220亩"智慧农田"示范基地，将5G、物联网等技术与水稻种植相结合，通过对周边气象、水文等信息进行采集、存储、分析，实现自动化灌溉、信息化管理，可节水10%~35%，减少氮肥施用10%~30%，促进水稻增产5%~20%。

- 三是完善农业信息服务平台。依托浦东农网、"浦东三农""浦东惠农通"微信公众号等平台，及时发布浦东新区"三农"工作动态、政府涉农信息以及有关通知、公告，全面介绍浦东新区新型农业经营主体、地产农产品等资讯，搭建政府、农户互

动枢纽、桥梁。依托"农民一点通""惠农通"、短信等平台，为浦东新区农民免费提供蔬菜、经作、植保、水产、农机等多个大类的农业种养技术指导以及产销信息、天气和灾害预警等服务，指导农户科学生产、高效经营。目前，服务已经覆盖全区358个行政村，年发送各类农业服务信息超过30万条。

二、构建涉农"一网统管"体系，优化新区农业管理模式

- 一是加强农业基础数据库建设。在全市率先建立农业用地"一张图"，建立健全"一田一卡""一组一图""一村一表""一镇一库"的"四个一"农用地信息管理体系，覆盖浦东新区38.2万亩农业生产用地。对每块农用地独立编号、核发"身份证"，建立队、村、镇三级农用地分布图、信息表和数据库。
- 二是积极构建涉农综合监管平台。在农业用地"一张图"基础上，探索建立综合监管平台体系，对分散的农业生产主体、农产品、农业机械、农资生产经营、农田、农村环境、集体资产等数据信息进行多维度梳理、分析和归集，实现农产品生产从种植、农事管理、施肥、用药、采收、销售的全过程追溯系统，追溯入网面积比率达到84.6%。消费者只要一扫追溯"二维码"，就能全面了解农产品生产过程中的天气、温度、农事记录等信息。

三、支持生产电商发展，培育农产品销售新业态

- 一是支持生鲜电商发展。浦东区域内有国内两大生鲜电商平台，"盒马鲜生"和"叮咚买菜"，都对浦东地产农产品起到很好的销售促进作用。其中，"盒马鲜生"在浦东航头镇建设"盒马"产业基地，集全自动立库、自动存储输送、分拣加工为一体的加工配送中心，预计2022年投产使用，服务上海各大"盒马"门店，年营收将超100亿元。
- 二是搭建公益电商平台。区属国企浦农集团及时搭建地产农产品公益电商平台，打造区域品牌。为缓解疫情期间"农民田间有菜卖不出，居民在家买不到菜"难题，及时搭建"浦农优鲜"电商平台，在田间地头组织开展专场直播带货活动，免费为农业生产主体提供技术支持，实现农产品从农村"田头"直供居民"餐桌"。结合每年浦东农博会，推进地产农产品线上销售，打造"永不落幕的农博会"。目前，已有178家当地及对口援助地区农业经营主体入驻，销售产品达到1 200余个，平台活跃客户近10万。

2 浦东惠南镇
吸引"沪乡人"创新创业见成效

近年来，浦东新区惠南镇注重乡村人力资源开发，多措并举激发人才活力，积极培育乡村振兴人才队伍，"沪乡人"返乡创业呈现新势头。

一、打破传统方式，充分发挥本村名人的"软回归"带动效应

海沈村是自行车奥运冠军钟天使和《沪乡记事》作者沈月明的家乡，惠南镇和海沈村锁定钟天使、沈月明两位名人，充分发挥他们的名人效应，使他们成为家乡海沈村的两张名片，鼓励他们为家乡代言、为家乡建设做贡献。

2018年，惠南镇与浦东农发集团、南汇现代农业园区投资发展有限公司签订了合作框架协议，启动了海沈村等美丽庭院及美丽乡村的规划、设计及产业布局等工作，借助钟天使这一独特资源优势，以"自行车小镇、活力海沈"为主线，融入体育休闲运动的主题，打造自行车文化公园，将自行车、徒步、跑步等体育活动与乡村观光相结合，发展乡村生态旅游。2019年6月，"骑迹乡村，印象惠南"乡村嘉年华系列活动之惠南瓜果节在海沈村举行，吸引了众多城里人前来参观游览、寻梦乡村。

沈月明担任新民晚报时政中心副总监，撰写的《沪乡记事》一书原汁原味反映家乡海沈20世纪80年代的乡愁和风土人情，目前则是海沈村文化代言人。今年惠南镇专门成立了"沪乡文化"创意促进中心，积极发挥广纳贤才和服务企业的综合平台功能，加速各方资源顺利对接，吸引更多文化能人、文化企业入驻乡村，推动"沪乡文化"创意产业和经济参与惠南镇发展。

二、培育乡村新业态，拓展青年人才施展才华的亮丽舞台

惠南镇积极探索引进人才的相关就业创业新路，针对不同的人才，给他们提供开放、包容的土壤和成长环境，让年轻人人尽其才、才尽其用，让海沈村成为一个创梦

的好地方。

"80后"的阮林芳是南汇本地人，一名从乡村里走出去的大学生，却选择了回乡创业，被人称作上海版"李子柒"。作为乡村创客的领路人，阮林芳和小伙伴们的"乡村梦"赶上了好时机。最近几年，惠南镇接连启动美丽乡村、美丽庭院等乡村振兴计划，阮林芳尝试把很多新锐元素带入海沈村的建设中，她的团队从原先的两人增加到现在的7人，全部都是回归乡村的年轻人。目前，阮林芳的"乡创空间"不但成了村里的亮点建筑和集散地，里面摆放的海沈村"形象代言人"——卡通版"海小天"和"8424西瓜"等各类文创产品，还成为乡村游客们爱不释手的纪念品。近期，阮林芳还把自己的公司也迁到了海沈村，设想打造海沈村"乡村CBD（中央商务区）"，以此带动更多创意企业、民宿、餐饮等新业态发展。

在她的带动下，越来越多青年开始返乡创业，也让不少早年返乡土生土长的年轻村干部越来越有了"创业"的干劲，更加坚定了农村基层干部"带头人"后备力量的决心和信心。

三、坚持党建引领，打造新型人才家园组织和服务平台

为了更好地推动乡村振兴发展，聚合农业产业带头人、集聚农业资源、输出优质农产品，2019年，惠南镇成立了由惠南农投公司、惠南集体资管中心、南汇现代农业园区投资公司以及相关合作社联合发起组建的"惠民农盟"，并成立了"惠民农盟"党支部。该党支部定期组织普及农业科学技术知识和推广农业专业性实用科学技术，举办推动农业、农村经济发展的技术交流会，到社区、农村开展咨询、讲座、培训等活动。每年通过技术下乡、技术配送、农事服务等形式开展各类活动500余场，惠及村民近20万人次。

同时，惠南镇还成立了以农业龙头企业、专业合作社、家庭农场为主体的"海沈农联社"，形成"品牌引领——主体联合——产销对接——利益分享"的新型农业经营模式，进一步扩大品牌农产品和农业领军人才的带动和聚合效应，凝聚培育和壮大农业带头人和新型职业农民队伍。

下阶段，惠南镇将继续把吸引人才作为乡村振兴的重要抓手，尤其是为青年人才回流乡村安居创业提供"肥沃土壤"。充分发挥沪乡文化创意促进中心优势，致力于帮助人才找到乡愁的寄托，将融入海沈村等农村发展中的"沪乡文化"进一步挖掘、传承、发扬，同时，吸引更多"沪乡人"怀揣着乡村的文脉与情怀，回归这片土地，加入乡村振兴的大潮。

3 闵行构建"大数据 + 智能化"资产监管系统助推农村集体经济再提升

闵行区作为全国首批农村改革试验区和农村集体"三资"管理示范区（县），通过"制度＋科技"组合发力打造闵行"三资监管2.0版"，运用构建资产大数据平台和区、镇两级智能化资产监管系统，运用GIS定位、公众号联动、数据自动监测预警、网上智能办公等技术，将全区1 353亿集体资产、760余万方集体物业纳入精细化、全程化、动态化监管。2018年，全区农村集体净资产同比增幅23%，60%的村总收入超千万元，50%以上的村集体经济组织实现收益分配，人均分配5 130元。目前，闵行区"探索农村集体经济新的实现形式和运行机制"已被农业农村部纳入新一轮全国农村改革试验区拓展试验任务。

一、依托大数据分析，清晰掌握全区资产家底

通过市、区、镇、村四级的数据互联互通，闵行区为农村集体资产织起了一张"天网"。

- 一是监管全覆盖。以数据共享为基础，打破信息壁垒，建立以区级为中心、市级为后台、11个街镇和156个村级单位为基本数据单元的四级数据库，监管全覆盖，不留盲区、不漏死角。
- 二是多维分析展示。以图表和数据等直观方式，对资产按种类、用途等进行横向汇总，按生命周期进行纵向对比，对资产增长率、资产托管率、资产收益率等重要经济指标进行多维度分析。
- 三是资产立体定位。通过GIS技术，在电子地图上对资产进行精准点位确认，并匹配电子标签，实现可视化管理。全区1 560家集体单位的房屋、物业、土地等均进网监管，极大巩固了清产核资工作成果。

二、动态跟踪资产经营，为集体经济发展保驾护航

闵行区对经营性资产实现"全程动态监控、风险及时预警"，有效防止了"人情租""廉价租"，促进了集体资产保值增值。

• 一是资产动态实时掌控。对资产租赁环节设置了资产空置率、合同签约率、租金收缴率等一整套监控指标，系统自动跟踪指标变动情况，客观反映资产经营收益，科学拟定租赁指导价。

• 二是经营风险提前预警。发现资产长期空置、租赁价格明显低于指导价、租金收缴不及时、经营收益波动异常等情况及时发布预警提醒，及早防范经营风险。

• 三是指导资产公开招租。强化对资产公开招租流程合规性、合同规范性的监督审查，全区超过 3 900 个进行公开招租的集体资产项目纳入系统实现"一键监管"，合同总额近 15 亿元。

三、创新全生命周期管理，筑牢农村集体廉政"防火墙"

闵行区对资产进行全程化、精细化闭环管理，体现了阳光操作、全程留痕。

• 一是建立资产全生命周期台账。转变传统卡片式管理模式，对资产登记、保管、托管、领用、调账、经营、处置等均建立重大日志功能。如梅陇镇创造性地实行了集体资产"五本台账"制度，资产管理记录完整、过程清晰、有据可查。

• 二是实行重大事项网上备案。按照"发生即备案"的原则，对集体单位投资分配、清产核资、资产核销、经济合同等十五类重大事项全面实行上网备案监管，为农村经济腐败织就了一张"天罗地网"。

- 三是上网透明化运作。租金收缴、免租期长短、租金核销环节等都通过上网透明化运作，实现租赁合同全面网签，有效防止了阴阳合同，规避了租赁风险；引入招商、规划、工商、税务等部门在线指导招租，进行项目会审，招租流程从线下的2个月缩短至线上的20天，极大提高了"一网通办"效率。

四、拓展监督管理模块，丰富监管内容

闵行区将《上海市集体资产监督管理条例》贯彻落实的监督检查由线下搬到线上，让履职更加模块化、标准化。

- 一是开通网上督办。区、镇农经管理机构依据《条例》履行询问调查、审计监督、风险预警、约谈整改、投诉举报处理等均实现无纸化办公。
- 二是多点信息公示。在公众号上设置信息公示链接，结合不同层级用户需求，分级设计信息公开界面内容，便于决策监督使用。
- 三是线上考核排名。科学设计量化考核指标体系，对街镇对《条例》的履职情况、资产使用情况、经营收益情况等进行年度考核，用数据说话、用指标管人，形成责任倒逼的工作机制。

4 闵行区实施数字化监管 让地产农产品质量安全"看得见"

闵行区聚焦民生办实事,以"数字化监管"为抓手,在全市首家试点"神农口袋"农业信息管理系统的基础上,将全区106家规模化生产经营主体全部纳入系统进行数字化监管,通过完善农产品"身份证"、安装质量监管"千里眼"、打造"1+3"监管模式等有效措施,确保地产农产品质量安全,让老百姓买得放心、吃得安全。

一、以知情权、监督权为牵引,完善农产品"身份证"

"合格证+追溯码",实现农产品追溯。探索通过"神农口袋"直接开具附带追溯二维码的食用农产品合格证,全程监管农产品质量安全,实现"带证上网、带码上线、带标上市"。多种途径实现食用农产品合格证制度全覆盖,稳步提高全区地产农产品带证上市量,满足消费者及广大市民的知情权和参与监督的权利。汇聚合力,强化绿色证后监管。将数字农业建设工作与证后监管进行整合,通过"神农口袋"对全区50家绿色认证企业实现生产端和监管端的全过程痕迹化管理,激发企业自觉做好安全生产管理,形成企业自律、行业他律、政府监管相结合的农产品质量安全管理新格局。

二、以可视化、可控化为手段,安上质量监管"千里眼"

将农业物联网技术与农业信息化管理有机结合,开展农业可视化管理,提升农业智能化水平,逐步实现农业可视化远程诊断、远程控制、灾变预警等智能管理的方式。在正义、漫田、侨嘉等基地试点种植地块的可视化视频监控,并纳入"神农口袋"进行实时手机端动态监测。计划按季度发布区主要农产品生产指数报告,在节假日和灾害天气期间,发布蔬菜稳产保供日(周)报,为农业生产者提供资讯,帮助生产者合理分析价格走势,及时调整生产计划。在浦蔬、逸灵、正义、侨嘉、漫田、航育基地开展智能化生产示范点建设，在全区打造一批具有一定标杆引领作用的智能化生产示范点。计划2021年再拓展建设一批标准型智能化信息化生产基地。

三、以"1+3"模式为保障，向消费者递交"承诺书"

一个平台，构建数字云管理底板。率先在全市试点"农业一张图"建设，全区共5万余亩农业生产现状用地划定为9 300余个农业地块，与种、养殖行为实现对应，实现全覆盖农事信息上网，为农业生产随时可查可管奠定基础。与左岸公司合作，打通数据壁垒，实现种植业、水产、农产品质量安全监管等多套业务系统与"神农口袋"的互联互通。

三重保障，强化质量安全监管。一是完善政策制度。制订《闵行区数字农业建设三年行动方案》以及区级信息直报考核标准、信息直报技术规范，明确农业种、管、收、上市等重点环节的数据直报要求，形成生产全流程信息闭环管理。二是成立专职队伍。组建107人的数据直报员队伍和73人的区镇两级驻场督导员队伍，形成"层层负责、人人有责、各负其责"的直报工作体系，保障数据采集的及时性、准确性、有效性。三是构建"四方联动"机制。日常督导每月全覆盖开展一次，用药高峰期和集中上市期加大频次。重点考核由区、镇两级联合开展，与相关资金类补贴挂钩，实行奖优罚劣。例行监测实行绿色农产品证后监管，发现违规检出及时追溯倒查。农业执法按照"双随机、一公开"原则，考核优秀的减少执法频次，发生过食品安全事故或不合格的实行重点监管。

5 | 嘉定安亭
开展长三角一体化合作的新探索

嘉定区安亭镇与昆山市花桥镇作为沪苏发展轴上的关键节点，两地交界区域12.8千米，东部是上海安亭国际汽车城，西部是江苏花桥国际商务城，两地人民的同城生活已然成为常态。21世纪初，两地已在城市建设、公共服务等方面积极推进融合对接，为率先实现一体化发展打下了良好基础。2018年以来，安亭镇借助长三角一体化的东风，联动"近邻"昆山花桥，牵手"远亲"温州瑞安，努力打造一体化格局下的乡村振兴新样本。

一、从自发到有序，积极探索一体化发展新路径

（一）建立"三级运作"体制机制

战略层面上，安亭与花桥、瑞安分别签署战略合作框架协议，明确合作共建的基本思路；决策层面上，成立双城共建工作领导小组，设立党群阵地共育、城市生态共建、产业发展共兴、社会发展共治四个联席委员会，对合作事宜共商共建；执行层面上，设立长三角一体化发展先行示范区推进办公室，统筹协调各职能部门开展共建合作项目，形成了"三级运作"的机制。同时，完善例会制度、月报制度，建立常态、长效的交流合作机制。

（二）开创"引领示范"合作路径

坚持党建一体化导向，以党群共建为核心，不断推进一体化共建工作的创新落实，推进党建与共建的深度融合。通过签署《党建共建协议书》，创新成立长三角一体化发展先行示范区推进办公室临时支部委员会，切实发挥党支部的战斗堡垒作用和党员的先锋模范作用。坚持项目化运作，在确定合作共建大项目的基础上，每年推进实施一系列子项目工程。2019年，安亭和花桥先后开展了100余次各类对接活动，联

动开展吴淞江、泗泾河水环境治理，联合完成花桥横漕社区吴淞江码头地带、安亭老街疏导点等交界地带的拆违复绿工作，累计拆除违法建筑7万多平方米；安亭和瑞安多次组织干部和企业家互访，促成瑞安安亭飞地创新港成立、国家机动车产品质量监督检验中心（上海）与瑞安市质量技术监督研究院牵手，2名瑞安干部在安亭挂职学习半年。

二、从乡村到飞地，精心培育合作共建新成果

（一）省际边界向阳花开

向阳村入选本市首批乡村振兴示范村，是安亭镇唯一的整建制保留村，完整保留着"水—林—宅—院—路（田）"的乡村风貌和村庄肌理。安亭在推进向阳村建设中，坚持与花桥"双城共建"，统筹加强两地城管、水务、环保、绿化等部门的联动，做到整治同步、建设同步、管理同步。在做好自身拆违、河道整治、绿化调整等工作的同时，积极与花桥对接，针对两地交界地块启动环境联合整治机制，累计复绿面积约85亩。两地多部门签订共建协议，探索长效常态的城市联动治理模式，全面提升城市精细化管理水平。

（二）创新飞地优势互补

安亭与瑞安坚持以产业为支撑，推动区域经济共赢发展。聚焦科技创新共享优势资源，安亭与瑞安共建瑞安—安亭汽车及关键零部件"飞地创新港"，面积3 000平方米，包含"飞地研发服务、飞地引智服务、飞地信息服务、飞地政策服务"四大服务功能，推动瑞安企业科技成果在安亭转化、产业化，目前已有8家瑞安企业入驻；推动资源优势互补，引导国家机动车产品质量监督检验中心（上海）与瑞安市质量技术监督研究院深度合作，检测中心已在瑞安正式挂牌成立实验基地。

三、从扩圈到融合，努力打造乡村振兴新样板

（一）内联外通扩大合作朋友圈

根据上海市城市总体规划，积极构建"嘉定安亭—青浦白鹤—江苏昆山花桥"市

域边界城镇圈，探索跨域综合发展模式，在安亭花桥"双城共建"的基础上，积极与青浦区白鹤镇开展对接合作。促进城镇圈内产城融合、职住平衡、资源互补、服务共享，实现地区组团式统筹发展、城乡发展一体化均衡发展，推动区域协调发展迈向更高水平和更高质量。充分发挥安亭汽车产业集聚优势和基础，主动和苏州、南通、盐城等千亿级汽车产业城市对接，引导汽车产业在长三角更加有序地布局分工，促成资源要素、创新要素、人才要素等更加合理地流动，努力将安亭打造为嘉定建设世界级汽车产业中心核心承载区的主战场。

（二）共建共享深化发展融合度

进一步发挥党建引领的作用，继续深化在组织共建、阵地共营、人才共育、经验共享、文明共塑和服务共推等方面的交流与合作，共同探索新时代城市基层党建的工作思路和运作模式。一方面，着力推进生态发展一体化，共同加强河流水质保护和水环境综合治理，全面提升水环境质量；着力推进交通设施一体化，实施"断头路"畅通工程和"瓶颈路"拓宽工程，优化交界地区公共交通线网，进一步提升出行便利度。另一方面，着力做大乡村旅游产业，共同打造集"产业、人文、生态"于一体的向阳村—安亭老街—吴淞江生态廊道—白鹤草莓园—花桥天福湿地等休闲旅游复合体项目，带动区域旅游产业联动发展；全面强化与瑞安的旅游合作，形成资源共享、信息互通、优势互补的产业合作机制。着力做强飞地经济，聚焦汽车产业推动区域联动，与花桥共同开展产业平台招商，组织大规模展会等；聚焦科技创新，做到资源互补、成果共享，进一步提升飞地服务水平，推进科技成果加快转化。

6 嘉定区"无人农场"建设初见成效

为响应上海城市数字化转型的号召,切实解决当前农业生产"后继乏人"和用工贵的难题,从2020年起,嘉定区外冈镇在全市率先启动"数字化无人农场产业片区"建设。目前,外冈镇300亩试验稻田内已初步实现耕、种、管、收等各环节的无人化作业,燃油成本降低50%以上、人力成本降低65%以上、土地利用率提高0.5%~1%,同步实现集群作业、自动规划路径等功能。嘉定区的探索实践,为建设信息化、数字化、无人化的智慧农业夯实了基础,为上海都市现代绿色农业高质量发展起到了示范引领作用。

一、基本情况

(一)选准无人农场建设的"试验田"

嘉定区外冈镇农业体量大、土地规模广,目前共种植水稻约2万亩,其中1.7万亩是连片的标准化农田,且有1.3万多亩已获得"绿色认证",便于无人机械在起步阶段的试验研究。同时,外冈镇农机服务社共有动力机械约250台,大部分适宜无人化操作改造。进入"十四五"时期,外冈镇结合实际,明确推进数字化无人农场产业片区建设,计划通过3~5年的创建,使整个产业片区成为"技术装备先进、生产绿色循环、品牌优势突出"的都市现代绿色农业样板区。

(二)明确无人农场建设的"风向标"

外冈镇选择联适导航作为技术合作方,依托镇农机服务专业合作社开展"数字化无人农场产业片区"建设。在300亩试验田里,利用北斗导航定位技术、无线通信技术和检测传感技术,对农作物生长全程自动监控,对农机作业过程实施准确检测。插秧机、自走式植保车、收割机在无人驾驶的情况下,自动完成插秧、植保、收割等水稻生产作业，真正实现水稻耕、种、管、收全阶段的全数字化和各无人机械间的协同作业。

（三）做好无人农场建设的"助推器"

- 组织保障上，嘉定区成立联合攻关小组，组织区农机技术推广站、外冈镇农业服务中心、新然公司、联适导航等单位和部门积极参与无人农场的规划建设，并与中国铁塔公司对接，在农机改装、地块试验、平台搭建、数据传输等方面做好组织保障。
- 政策扶持上，作为主要硬件的农机均按照嘉定区购机补贴政策给予机具价格80%的高额补贴。后续计划围绕无人作业适时推出相关补贴，引导农业生产向无人化方向发展。
- 技术支撑上，充分利用联适导航的成熟技术，应用精准农业装备及信息化技术，通过对现有农业机械在换向、换挡控制、避障功能、遥控功能、电控功能等方面进行改造升级，开展无人化作业的试验，对产生的问题及时整改，在技术保障上形成闭环。同时，区农机、农艺等技术部门着手开展农机无人化作业相关技术标准的研究工作，为无人农场建设以及大规模推广应用提供完备的技术支撑。

二、初步成效

（一）实现节本增效，解决农业生产力短缺桎梏

目前，嘉定区高水平设施良田机械插秧作业效率为80～100亩/天，用工平均成本为13.75元/亩。无人农场采用智能驾驶系统，作业效率为77～97亩/天，且由于无需摆秧工，平均成本降至7.2～9元/亩。经试验对照，相同作业条件下，自动驾驶较人工驾驶可以节约一个人工，平均成本大幅降低。同时，数字化无人农场的应用改变了农业生产对劳动力的强依赖性，重新定义农业人才的新标准，管理、技术复合型人才已然成为嘉定都市型农业人才的培养方向，找到了"谁来种地、如何种地"的答案。

（二）改变生产方式，引领都市农业发展新方向

引进无人化技术、智能机器人、大数据智慧决策等新型手段，推动农业生产方式变革，成为嘉定区破解都市农业发展瓶颈的重要途径之一。当农业插上科技的翅膀，

无需频繁下田,在田边用手机操作各种无人农机"指点江山"也能把地耕好、把秧插好、让粮食归仓,真正将种粮农民从"面朝黄土背朝天"的辛苦劳作中解放出来。从实践看,无人农场对农机手年龄结构上的调整起到很大帮助,吸引了不少有志青年加入其中。

三、未来展望

到 2025 年,嘉定区计划将无人农场应用规模扩大到 1 万亩,做到水稻生产过程全阶段数字化,通过数据采集和分析形成完备的大数据决策系统,实现项目从示范研究到产业化推广应用,为更深层次的无人化智慧农场做好技术储备,形成可复制、可推广的模式。

- 一是强化技术研究,加快农机改造。研究农田建设标准,从基础环节保障无人农场的适应性;结合数字农业建设,加快研究农事作业信息与种植业管理平台的数据对接,打通信息直报与无人作业的信息链条。到 2022 年底,提高各项技术的稳定性,加快农机无人化改造进程,实现 1 600 亩水稻生产全程无人化作业。
- 二是强化推广应用,实现预期目标。到 2025 年完成足够数量农机的改造升级,打造示范样板。加强对作业质量、水田管理、土肥测量、农情监测等信息的汇总统计,形成大数据决策机制。依托物联网、5G、人工智能等信息技术,通过远程控制农场设施、装备、机械等来完成农场生产、管理的无人化生产作业模式。

7 宝山区营建美好乡风 丰富乡村振兴内涵

美好乡风是乡村振兴的应有之意,与乡村产业更新、人居环境改善密不可分。近年来,宝山区创建全国乡村治理体系建设试点示范区,营造美好乡风与建设美丽乡村相结合,让美丽乡村更具人文气质、乡村生活更具舒适感。

一、以三个抓为切入口,做实教育内容

- 一是抓一类现象,推进移风易俗。在传统阵地基础上,依托"社区通"、各级微信公众号等平台,选取村民反响较大的事项,"身边人讲身边事,身边事教身边人",让乡风建设有落点。如大力宣传婚事新办、丧事简办、光盘行动等内容,把村民想而未做的事情,摆在明面上说清楚、做表率、树新风,减少村民精神负担和物质压力。并以教育主题定宣传内容,强化价值认同。

- 二是抓正面典型,加强集体认同。把握乡村熟人工作特点,深入挖掘、选树群众身边的"最美家庭"及感人事迹,让群众更相信、愿遵循。注重宣传好家风、好家训,汇聚和推介夫妻和睦、尊老爱幼、科学教子、勤俭持家、邻里互助的典型。开展"感动宝山、宝山好人"宣传,涌现出赵克兰、张海卿、杨锡华等文明家庭、道德模范。两年成功推选2户全国五好家庭、4户全国最美家庭、百名"最美邻里"等。

- 三是抓恰当形式,加强正面引导。全面完成419个居村文化活动室效能提升,通过一系列活动和可视化载体,让核心价值观潜移默化浸润村民日常生活。如罗店镇在水墨特色民居点,扮靓乡村文化墙、古镇人文长廊。月浦镇凝练本土文化,发布全市首个乡村IP形象(月小狮),加强文化认同。罗泾镇在美丽生态中沐浴文明乡风,利用睦邻点等聚集地,共话新风尚。

二、以看得见的获得感，注入乡风动力

- 一是改善人居环境，塑形美好乡风。全区把节约习惯、乡村文化、美学情操、守约意识等融入乡村建设过程，设立整治日、美化周、提升月，获评全国村庄清洁行动先进县。动员农户围绕宅前屋后，运用乡土材料打造精致的小花园、小菜园、小果园，并作为民心工程奖补的主体内容。各镇推开美丽庭院建设，引导村民你追我赶，村内"业、景、居"形态交融、相得益彰。

- 二是发展乡村新业态，改变生活方式。全区形成若干个花卉特色村落，采取企业+合作社+村民的模式，带动赋闲村民勤劳致富，在劳动中引导村民积极向上。在美丽片区里，引入和发展新产业，吸引村民就业，企业的价值观、对员工的要求重塑了村民精神状态。来村里就业的新村民、宅基地里的驻村企业也带来全新视野，乡村产业里的致富能手也彰显了榜样力量。

- 三是延伸文化产业，增加村民收获。把乡风建设与文化产业结合，提升乡村文化品位。推陈出新宝山国际民间艺术节，镇级的顾村樱花节、罗泾品鲜节、月浦花艺节、罗店龙船节等。在示范村建设过程中，拓宽了罗泾十字挑花、杨行吹塑版画、罗店鱼圆等"一地一品"非遗和乡土文化的产业化路径。利用网络、市场力量，发展民俗文创产业。

三、以融入多元元素，增强文化吸引

- 一是善于发现美丽，传承文化传统。全区充分挖掘、整理、保护乡土文化资源，丰富村民精神世界。突出乡情乡愁、历史记忆、红色教育，丰富示范村建设内涵。如月浦镇聚源桥村编写《乡土桥韵》，留住家乡桥的记忆；月狮村依托"百年姚氏老宅"，落成村史馆；罗店镇天平村修编传奇故事，重建神秘的六里古亭；罗泾镇海星村结合历史、渔事等元素，讲好海星故事；花红村唤醒男耕女织记忆，再现《耕织图》场景。

- 二是挖掘红色基因，凸显宝山特色。注重挖掘、修复宝山众多的乡村红色资源，做好旧址遗迹保护，发挥红色文化的育人功能。如月浦镇梳理上海解放月浦攻坚战史料，归集红色遗迹，乡村里落成红色文化展示馆，革命精神激励投身家乡建设。区级整合乡村景点、工业景观、红色资源等，形成7条党性教育现场教学线路，加强本土文化滋养。

- 三是加强文化流动，体现乡村特色。区委宣传部与区农业农村委联手，在示范村全覆盖打造新时代文明实践站点、农村文化书屋、文化墙等阵地。建设和验收时，采纳两家标准、体现乡土特色。推出4个乡村"众文空间"，成为家门口的"文化客厅"。推动文化资源双向流动，选取部分村里喜闻乐见的活动上升为区级案例，文化下乡作为村民活动的补充。让村民乐于参与，打造更多"带不走"的文艺作品，促进文化扎根。

四、以乡村治理思维，壮大文明参与

- 一是领导示范，学有榜样。全区要求乡村振兴示范村必然是乡风文明的示范村，示范村两委班子做出榜样，率先垂范，在违法用地、违法建筑、违法居住等清理中，要求村民做到的，村两委成员首先做到，乡村"五违"清理彻底。

- 二是你我约定，守约有奖。全区制定并下发清理规范村规民约办法，因地制宜将移风易俗内容通过民主程序纳入村规民约。紧扣制约乡村发展的几类通性问题，推行"一事一约"，推行基础条款＋特色条款，既明确基本要求，又尊重各地实际。引导将守约情况与享受村级福利、各级奖励相挂钩，调动村民参与。

- 三是文明创建，跟踪指导。将乡村移风易俗工作纳入精神文明创建，与美丽乡村创建一体推进，作为评选的必备条件。以问题为导向，定期发布测评通报，促进整改落实。近年宝山农村精神文明富有硕果。全区3个全国文明镇、6个全国文明村。2020年月狮村上榜全国村级"乡风文明建设"优秀典型（全国共21个）。

8 宝山区统筹开展村庄设计全面推进示范村建设

近年来，宝山区统筹开展第三、四批市级乡村振兴示范村村庄设计工作，探索内涵式、集约型、绿色化的乡村发展新路子，优化全域空间总体布局、重点完善乡村协调格局，为农业高质高效、乡村宜居宜业、农民富裕富足提供坚实支撑，村庄风貌改造卓有成效，空间功能品质明显提升。

一、系统完成现状深度调研，扎实绘好设计底色

- 一是政府牵头组团队。为全面掌握村域特色、理清策划规划要点、降低建设运营成本，宝山区通过长桌论坛、专题讲座等形式，推动管理部门、高校研究院、设计龙头企业、相关镇村等进行多方对话，与一线乡村建设者深入交流互动，为乡村规划设计打下坚实专业基础。同时，构建多专业复合型高质量团队，形成"策划—规划—设计—建设"四阶段的村庄建设全流程。
- 二是角度全面求实效。宝山区坚持问题导向、聚焦目标落实，对村庄基础数据进行调查收集和整合分析，力图由点到片系统梳理国土空间资源，迈好乡村振兴第一步。比如，月狮村在规划前期对生态环境、景观风貌、经济产业、人口社会等进行了详细的现状调研分析和数据底板整理，为设计打造与城市融合共生的花艺水乡提供精准支撑。同时，各示范村注重听民声、访民意、察民情，有的放矢总结规划设计亟须解决的实际问题。比如，沈杨村针对本村外来人口占比高这一实际情况，分户口类别进行意见征询，共计发放调研问卷120份，借助多样化渠道及时将民意民智反馈给设计团队，并通过村民代表大会进行协商讨论与最终表决，有效增强了方案的合理性和可实施性。
- 三是本底挖掘找特色。宝山区立足村庄自然禀赋、人文资源和产业体系，挖掘本底价值特色、形成科学发展预判。比如，新陆村深度分析村域生态、生产和生活空间内在机制，将大面积水源地涵养林营造成特色生态基底，实现草房、瓦房、楼房、

自建房和洋房居宅形态共存。同时，宝山区紧扣城乡融合、连片打造的思路核心，从区域条件、周边需求等视角着眼全局、统筹考虑，进行村庄区位的经济、生态和美学价值特色发掘，推动形成区域联动发展机制。比如，沈杨村从自身近郊"城中村"的区位独特性出发，探索与邻近的顾村公园、上海大学、蕰藻浜创意产业带等特色地标形成相互支撑的规模效应，带动顾村镇整体协同发展。

二、分层贯彻阶段推进要求，详细描绘行动蓝图

- 一是精准研判产业发展定位。宝山区对乡村产业发展方向的精准定位贯穿于村庄设计全流程体系，层层传导区域生态共建共治、区域产业共创共享、区域人群共游共乐的设计愿景，多方引入社会资本、拓展产业功能边界，显著提升乡村振兴建设片区的显示度和竞争力。比如，月狮村依托花海、林地、水系资源，与聚源桥村、沈家桥村有机串联，共建北上海花艺 IP；洋桥村围绕芋田、稻田资源打造休闲农庄、都市菜园，将农产品产业链进行下游延伸，构建以乡村休闲旅游为核心的产业体系，以三产融合满足多元市场需求，推动形成农村产业发展先导区。

- 二是调整优化整体用地布局。宝山区把村庄设计体系向上对接镇域层级的郊野单元规划和区全域层级的村庄布局规划，系统加强乡村地区国土开发利用与治理保护的管控性、实用性和统筹性。比如，月狮村针对产业空间不足难题，遵循相关上位规划标准和建设用地总量不变原则，调活林地资源、发展林下经济，增加经营性建设用地约 18 415 平方米，重点规划丛林矩阵、丛林网兜、儿童越野车等综合功能区域，做活多元亲子运动林带，打造让城乡居民畅享运动乐趣的农体融合示范点，建成后预计每年将吸引游客 3 万余人次，营业额可达 200 万元以上。

- 三是因村制宜建设特色风貌。宝山区既传承乡村美学、尊重地域特色，又创新改造重构、承接城市文明，依托乡村特色景观和传统文化内涵，兼顾区域经济实力、控制整体造价成本，建设具有可识别性、和而不同的乡村风貌。比如，新陆村利用保留完好的五代居宅建筑格局，还原沪苏交界地区的近现代生活变迁场景，打造乡建人居研学体验地；洋桥村积极推进古树挂牌、保护修缮百年老宅，建设集休闲农旅、康体养生、都市休闲功能为一体的"留客·乡闲中心"，成为乡土文化的重要传承载体。

三、推动多方参与共建共治，全程跟进设计实施

- 一是扎根乡村驻场设计，实时调和各方利益。宝山区为镇村民众和设计团队搭建便捷沟通桥梁，全方位提供政策对接与业务指导，帮助驻地设计师实现有效驻村陪伴。同时，搭建驻地工作交流会议平台，汇编形成工作手册，鼓励设计师积极融入田野生活、深入开展调研走访，实时协调各方关系、现场问题现场解决，成为推动乡建项目成功落地的"催化剂"和"润滑剂"。比如，沈杨村设计团队不定期召开矛盾协调会，施工团队、村干部、大学生志愿者等多主体全程参与，通过"小矛盾就地协商、大矛盾集中决策"的方式，权衡多方利益得失、解决群众合理诉求、完善设计方案、保证施工质量。

- 二是发挥村民主体作用，提升发展内生动力。宝山区始终秉承"村民村庄村民建"思路，推动设计实施过程中的村民共创，促使村民由不信任、不配合向主动献计献策、热情参与建设转变。比如，新陆村、洋桥村成立村民自治小组、优化协商议事机制，鼓励村民参与实地建设，负责绿化种植景观提升的施工队伍中，本地村民占比达60%；月狮村村民自发捐献独轮车、木犁、油灯、粮票等时代旧物，充裕村史馆历史底蕴，主动配合降低院墙高度，共同打造和谐建筑肌理，激发村民立足乡村、建设乡村、治理乡村的浓厚热情。

- 三是搭建资源整合平台，赋能郊野转型升级。宝山区整合高校、景区的科研力量和艺术资源，调动不同类型主体深度参与建设实施。比如，沈杨村与同济大学合作建设共享农园，作为师生党建活动的常驻根据地；与上海大学签订战略合作协议，共同开发创意街区。月狮村引入艺术家、创业者和学生工作营，联合打造艺术工作室，全面营造宜居、宜业、宜商、宜游的现代示范新村风貌，开启都市郊野乐活宜居新篇章。

9 松江坚持绿色生态理念推进绿色农产品发展

近年来，松江区坚持绿色生态发展理念，围绕"质量兴农、绿色兴农、品牌强农"的目标要求，积极开展绿色农产品生产与认证，注重提升农产品的品质和安全水平，不断增强特色农产品的市场竞争力。目前，全区现已获得"三品一标"认证企业132家，认证量20.22万吨、认证率达到90.7%，位列全市第一；创建了以"松江大米""仓桥水晶梨""松林猪肉""黄浦江大闸蟹"等为代表的地产优质农产品系列品牌，实现了农业提质增效。

一、生态种养打基础

松江土壤类型以青紫泥为主，土质肥沃，有机质含量高，农业生产基础条件好。推广家庭农场经营模式以来，全区注重用地与养地相结合，首创实施耕地质量保险7.5万亩，种植绿肥2.3万亩，冬季深翻12.8万亩，秸秆还田15万亩；推广粮食生产与生猪饲养的种养结合循环农业，使猪粪尿就地还田利用，通过绿色防控，增施有机肥、减少农药化肥使用等技术和措施，农田生态环境不断改善，为绿色食品认证奠定良好基础。

二、明确目标抓落实

- 一是明确工作目标。制定并下发《松江区绿色食品认证工作方案（2018—2020年）》，明确到2020年全区绿色食品认证率力争达到20%，蔬菜、林果标准园100%通过绿色认证。出台《松江区促进绿色农业发展奖补办法》，加大奖补力度，区财政每年安排1000万元专项资金用于支持绿色农业发展。
- 二是抓好业务培训。累计组织开展绿色食品标准培训、绿色认证监管队伍培训、绿色内检员培训、产品包装培训等各类绿色生产业务培训30多场次、2000余人次，做到认证企业全覆盖，提高了绿色生产、认证、监管、经营等能力。

三、严格准入强监督

- 一是建立企业负责人"面谈"制度。从政策、风险、标准、监管、市场等角度深入沟通，调动企业绿色认证的积极性，提高风险防范意识，增强企业遵循绿色食品标准的自觉性。
- 二是严格准入门槛。强化认证过程指导，对不符合申报要求、不按照绿色食品标准生产经营的企业坚决不予申报。
- 三是完善淘汰机制。加强风险预警，加大农产品抽检监测，强化日常监督检查。发现违法违规行为，采取行政处罚、注销证书和取消奖补资格等措施予以惩处，维护松江绿色农产品良好声誉。

四、示范引领抓认证

- 一是以点带面。以位于浦南绿色发展实践区核心的泖港镇作为示范镇，推进泖港镇内 2 万亩水稻绿色稻谷认证全覆盖。
- 二是突出重点。依托松林米业、浦远蔬菜、仓桥水晶梨等农业龙头企业和标准园重点开展稻米、蔬菜、林果绿色认证。
- 三是全域推进。在涉农街镇全面推进绿色农产品认证，建立绿色食品发展示范区，不断提升绿色食品认证率，扩大松江绿色农产品的市场影响力，预计 2018 年可完成绿色食品申报企业超过 50 家、面积 6 万亩、认证量 4 万吨。

10 松江区大力推广"幸福老人村"模式 积极探索农村社区"原居养老"

为缓解农村养老供需矛盾，破解养老设施建设成本高等难点、堵点，近年来，松江区叶榭镇积极探索"家门口"的"幸福老人村"养老新形态，通过集约利用闲置资源、广泛吸纳多方力量，让农村老年人实现"原居养老"。这一探索不仅有效提升了农村老年人的养老质量，也增强了本村、周边老人的幸福感和获得感。2020年，松江区"幸福老人村"模式荣获全国"敬老文明号"称号。

一、"租赁+改造+配套"，解决哪里养老

- 租赁：幸福老人村向村民连片租赁闲置宅基地房屋9户10栋，租金10万元/年。通过租赁的方式，能够完整保留农村自然气息和宅基地的生态结构，既盘活了农村宅基地闲置资源，又解决了农村老年人就近养老问题，让村民得到了"双份"实惠。
- 改造：对租赁房屋按"长者照护之家"标准进行适老性改造，根据功能服务和护理等级设轻度护理、中度护理、重度护理三个养护区域，为不同需求的老年人提供住、养、护服务。自2016年2月开始运营以来，已有38名常住老年人和106名日间照料对象。

- 配套：幸福老人村注重乡村生态，绿化覆盖率达55%，设有园林小道、蔬菜种植、活水鱼塘等，保留了原生态的乡村风味。优化养老服务资源配置，实现老年人日间照料中心、综合为老服务中心、卫生服务机构等整合设置或邻

近设置，满足多样化、全方位的生活、娱乐、医疗等需求。此外，每间居室内配有卫生间、空调、有线电视、应急呼叫器及配套家具，有效提升了养老服务质量。

二、"社会公益力量 + 本土人才创业 + 政府引导扶持"，解决谁来养老

- 社会公益力量：幸福老人村是上海市首家社会力量参与、借助农村公益养老项目运行的专业养老服务机构。通过打造培育"孝文化"，引进养老公益项目，形成了一批以"微孝1+1""微孝早餐""幸福庆生会""慢时光蜗牛乡村文化营"等主题的农村公益养老项目，有效带动吸引更多社会公益组织参与。目前，已有50多家学校、爱心企业、社会组织和5000多名爱心志愿者参与其中，开展活动500余场次，切实提高了社会对老年人的关注。

- 本土人才创业：幸福老人村由三位合伙人出资发起，发起人之一同时也是运营负责人蒋秋艳，是土生土长的叶榭人，也是一个性格开朗、敢想敢干、热心公益事业的人。2014年，她萌生了在农村开展养老实验的想法，随即与两名合伙人商议探索农村互助养老新模式，从而推动了慈善公益、传统文化与生态养老有机结合的"幸福老人村"应运而生。

- 政府引导扶持：区委、区政府大力支持幸福老人村养老模式，针对农村闲置宅基地房屋没有房产证而导致的养老照护机构经营注册、环评、食品卫生安全许可等问题，全部采用"一事一议"的方式予以推进。目前，建设和运营过程中的报建、消防、备案等问题已积极协调解决，并给予了政策、经费等大力扶持，包括市政府一次性建设费补贴和三年运营补贴（共计258万元）、各种社会养老项目补贴、社会慈善捐助等。

三、"资金 + 保障 + 政策"，解决可持续养老

- 资金：采取"四个一点"，即出资人投一点、政府补一点、老人出一点、社会资助一点。幸福老人村三位合伙人投资450万元，区政府予以建设补贴218.2万元，入住老人按照基本养老机构服务标准支付床位费和护理费。市老年基金会松江区代表处支持"微孝早餐"项目（每年20万元），市慈善基金会松江分会支持乡村老年大学

项目（每年10万元），确保项目有序平稳运行。

• 保障：组织建设健全，幸福老人村成立党支部、工会、老年人工作委员会等各类组织，并创建标准化农村养老管理体系。

专业人员充沛，幸福老人村聘用医护人员、社工、心理咨询师、营养师、康复师等各类专业技术人员，财会、厨师、保安、专兼职工作人员都持有相应的资格证书。加强护理员队伍，幸福老人村聘用护理人员9名，持证率达100%。

制度建设完善，幸福老人村印制入住手册，建立入住老年人档案，实现"一人一档"。创新员工考核制度、行政查房制度，以及入住老年人代表会议等制度，并建立多渠道满意度反馈途径和员工服务绩效评估分析机制。

• 政策：松江区出台在农村地区探索推广"幸福老人村"养老模式的实施意见，进一步明确"幸福老人村"的功能定位、设置要求和扶持办法，并在浦南四镇全面推广"幸福老人村"的经验做法。目前，泖港镇黄桥村"幸福老人村"已建成并投入运营。

11 青浦区探索利用有线电视拓宽服务村民和民主监督新途径

编者按：2018年以来，青浦区在我市郊区率先打造东方有线"村居频道"——把村情村事公开、互动评价等一系列功能放到每家每户的电视机上，通过东方有线电视平台，让村民可以监督、参与村务村事，足不出户享受就业、交通、社区事务办理等各类信息和服务，尝试更好地服务村民、深化村民自治。

2018年以来，青浦区从农民群众的实际需求出发，在原有的党务村务公开栏、农民一点通等基础上，探索利用东方有线电视平台拓宽服务村民和民主监督途径，进一步丰富美丽乡村建设内涵。目前，已在朱家角镇张马村、赵巷镇中步村、金泽镇蔡浜村、莲湖村和练塘镇泖甸村等5个美丽乡村建设示范村先行试点，后续将总结经验、完善内容，逐步在全区推广。主要做法如下。

一、拓展电视的交互功能，吸引村民管"村事"

青浦区农村地区常住村民多为中老年人，基本不会操作电脑和运用互联网，平日里休闲娱乐方式多以看电视为主。以张马村为例，目前常住村民500余户，每家都安装了有线电视，一天看电视的时间普遍在3小时以上。通过开通"张马频道"，紧紧围绕"贴近村民的行为习惯、贴近村民的生产生活需要、贴近村民监督村级组织的功能"的要求，让村民运用最为熟悉、简便和喜爱的方式，"一键操作"接触丰富信息。通过系统设置，电视开机画面为"张马频道"，直观地呈现党务、村务、财务运行等情况，用"身边人、身边事"吸引村民关注和参与。上线以来，得到村民群众的广泛好评。

二、凸显"三务公开"内容，开辟电视"公开栏"

频道中分别开设党务、村务、财务三个公开栏目，事项实时更新，将原来的"公开栏"搬上电视。党务公开栏目用图文并茂的形式，生动展示村里的党建活动。村务公开栏目刊载村里许多与百姓有关的民生事项。财务公开栏目将村里日常运行产生的财务发票、财务报表等内容，通过照片形式进行公开。平日里只握在村会计手里的"账本"，村民们通过电视第一时间在家里就能看到，让账目24小时"阳光"运行，成为村民民主监督的新抓手。

三、开设"互动评价"栏目，形成民情"直通车"

频道中创新性地开设"互动评价"栏目，改变以往传统的单向发布的做法，吸引村民积极参与到社区事务管理中来。在栏目中，村"两委"将村里涉及民生的重大事项、重大工程、实事项目进行公示，征求村民意见。村民既可以按原有方式反馈，也可以通过电视遥控器对每个事项投票表决（每一事项每户限投一票），投票结果作为村里确定重点工作和事项轻重缓急的重要参考指标。在原本面对面开会讨论的基础上，又增加一个民意渠道。另外，村民还可以对村"两委"班子成员、村民小组长开展工作作风、工作能力、工作成效方面跟踪评价（每月每户限投一票），为所在镇对村"两委"班子成员考核提供参考。

四、延伸村级公共服务，创新村民"服务台"

为方便"线下"服务村民，青浦区今年以来深化村级"一站两中心"建设，推广村干部开放式集中办公，推动"干部下楼"面对面解决问题。与此同时，为搞好"线上"服务，频道中还开设了"便民服务信息发布"功能，将四大类、91项村级民生服务事项清单在频道中发布。同时，针对村民的切实需求，及时发布周边企业招聘信息、公交出行等内容。频道同时设有"村内公共部位实时摄像头"和"亲情一键通话"功能，让村民第一时间看到村里治安状况、有机会与亲人视频通话，增强安全感和幸福感。频道还设有"村民村事展示"功能，分享村情村态、特色活动，丰富村民的电视"朋友圈"。

12 青浦区大力推进新时代幸福社区建设 努力打造"一站式""集成化"社区服务综合体

近年来，青浦区以建设上海对外服务的门户城市、长三角一体化发展的示范城市、面向全球的国际城市相匹配的现代化农村公共服务体系为契机，紧扣社区这一联系群众最紧密、服务群众最直接、组织群众最有效的基本单元，积极开展新时代青浦幸福社区建设创新实践，大力推动农村社区服务精准化、共享化，走出了一条"平台聚力、精准共享、全面覆盖"的农村公共服务建设现代化的新路径。青浦区的做法可以概括为"四化同步"。

一、社区运转模式"去行政化"

- 一是重塑社区中心运行框架。青浦区打破传统的村居行政办公空间格局，将幸福社区建成前台集中受理、中台协调指挥、后台高效运转的社区中心：在前台设置1～2个综合服务岗和综合自助终端；在中台设置开放式的村"两委"班子办公功能、议事功能和指挥功能；在后台按照"物理分散、逻辑集中"的原则，因地制宜合理设置其他相关功能性平台。
- 二是打造为民服务新空间。青浦区把更多的乡村公共空间转化为群众的活动空间，将社区中心作为居民群众的议事堂、会客厅，用丰富多彩的文化活动增强基层党组织团结凝聚社区群众的"黏性"。村民表示，走进社区中心就能明显感觉到原先以行政办公为主的村居公共空间转变为广受欢迎的休憩点和活动区。
- 三是推动村干部更接地气。幸福社区建成后，村干部主动走到村民中间，察民情、听民声、知民意、解民忧，推动社区工作从"坐堂候诊"向"上门问诊"转变，提升了广大干部对基层工作治理的理解和认识，激发了村干部们齐心协力、比学赶超的工作热情。

二、社区服务功能"高集成化"

• 一是强化社区服务空间集成。青浦区根据不同村庄的区域特点和人口结构，因地制宜整合行政事务受理、群团服务、老人就餐、日间照料、看病配药、医疗保健、残疾康复、文化休闲、科普服务、体育健身、便民超市等各类服务资源，打造一站式社区服务综合体和15分钟生活圈。目前，全区已基本完成覆盖11个街镇的20余个居村区中心试点建设，重固镇章堰村、金泽镇东西村等一批服务功能完备的社区中心即将投入使用。

• 二是创新服务资源配送体系。建立区、街镇、村三级服务内容配送体系，区级职能部门着重探索常态化下沉管理服务资源的工作机制，街镇着重探索"沙漏形"资源集成分配机制，社区中心着重探索公共产品集成供给工作机制。目前，全区已形成4类31项区级职能部门下沉社区中心资源配置清单，宠物疫苗预约接种、智慧医疗健康驿站等服务受到群众的普遍欢迎。

三、社区生活方式"泛智能化"

- 一是构建智能信息系统。青浦区着力推进"幸福云"数字化智慧社区全景应用系统建设,依托云平台减少重复性、机械性工作,解决乡村社区层面系统太多、表格太多、资源不足、能力不足的困境,使村干部最大限度把精力从表格填报、数据审核等工作中解放出来,实现服务精准配送。例如,针对农村 70 岁以上老人体检等具体工作,可通过人口标签管理实现政策宣传精准推送、服务资源精准供给。
- 二是探索共建、共治、共享新路径。依托"幸福云"平台,青浦区构建了一个开放式的基层"治理+生活"数字化转型平台,积极吸引优质企业参与智慧村庄建设,通过统一入口、数据互通和场景叠加,把共建、共治、共享融入乡村社区治理工作实践。比如,与同济大学合作,策划实施青浦区新时代幸福社区创意设计大赛,吸引了 11 所国内外院校的 20 支设计团队贡献智慧和力量。

四、社区干部队伍"准职业化"

- 一是建立统一管理体系。聚焦参与乡村社区治理的主体力量,青浦区将原隶属于街镇的人口协管员、网格员、就业援助员、助残员等各条线工作人员,逐步纳入社区中心统一管理,有效破解基层"看得到的管不到、管得到的看不到"的难点问题。
- 二是注重加强人才培养。青浦区坚持把乡村社区工作者作为未来基层治理的骨干力量,注重对乡村社区工作者的培训和梯队建设,不断加强对社会工作者的实践能力锻炼,提升社会工作者的专业化水平。同时,注重培育在乡村社区文化生活中具有重要作用的"社团达人",将其纳入基层治理常态化培训体系。
- 三是优化绩效考核机制。以幸福社区为工作平台,优化社区工作者考核机制,将在村庄工作人员的部分考核权限下放至幸福社区,并将考核结果作为个人年度绩效考核经费发放的主要参考依据。

13 奉贤推行"乡贤+"模式促进村级治理现代化

为加强农村精神文明建设，夯实基层治理基础，近年来，奉贤区以党建为引领，着力推行"乡贤+"新模式，开展乡村"软治理"，解决农村"硬难题"，开辟了一条政府治理与村民自治之间的"善治"之路。

一、乡贤+村干部，促进基层善治

- 一是搭建组织网络。奉贤在各镇、街道、社区、开发区均成立了乡贤理事会，村级层面成立了乡贤分会，建立健全运行机制，集聚乡贤力量。
- 二是发挥善治作用。调动乡贤自身威望高、熟悉村情、人脉广泛等优势，充分发挥"补位、辅治"作用，在化解矛盾纠纷中扮演好"解铃人"，实现柔性治理。例如，四团镇五四村公交站点设施简陋，村民乘车不便、意见很大。为此，妍杰机械公司董事长主动出资4万多元在村里造起了第一座"乡贤小站"，在他的感召下，其他乡贤和企业主纷纷响应，投资建设了5座"乡贤小站"，解决了村民"乘车难"矛盾。
- 三是培养村干部。围绕"国际化、市场化"拓展村干部视野，突破传统体制内选人用人局限，从乡贤中物色优秀人才，探索乡贤进入村干部队伍的渠道。2015年换届以来，共有79名乡贤（包括机关、企业、社会人士）到村任职，成为村级治理"领头雁"。

二、乡贤+项目，推动基层发展

一方面，奉贤以项目化为抓手，根据区域重点工作建设需求、乡村持续发展需求、村级治理任务需求、群众生产生活需求等，建立健全乡贤参与村级治理项目库，从项目来源上实现精准对接。区委遴选了30名企业家乡贤，一对一签约结对30个村，深度参与村级治理，目前已签约、开展项目105个。同时，依托"贤城先锋联盟"区域化党建平台，每年发布区域化党建服务项目，吸引在外乡贤人士回乡认领项目、参与治理。两年来共发布农村实事项目148个,项目实施率100%。

- 另一方面,奉贤不断拓展项目内涵:在农村生态环境建设方面,引导乡贤在"生态村组—和美宅基"创建、农村中小河道整治、农村基础设施建设等方面主动融入,变"旁观者"为"参与者";在农村改革发展方面,鼓励乡贤在农村"三块地"改革、集体资产保值增值、农业项目投资等方面出谋划策、搭建平台,推进农村改革取得更大实效;在农村公共服务方面,促进乡贤在睦邻"四堂间"建设、农村文化团队建设、农村文化事业发展等方面加强扶持扶助,更好地为农村百姓提供服务。

三、乡贤+文化,引领乡风文明

- 一是挖掘乡贤文脉基因。成立区乡贤文化研究会,依托各级乡贤组织,充分调动行政、民间资源和力量,积极挖掘奉贤"乡贤文化"历史遗产,编撰乡贤名录等文史资料,保留乡贤文化基因,激发其反哺桑梓、泽被乡里、温暖故土的自豪感与归属感,用文化感召乡贤回归故里。
- 二是传承好家风、好家训。注重发挥乡贤示范引领作用,让身边人讲身边事,培育"卖房救婆婆的好媳妇李翠花""入选中国好人榜、百姓英雄夏永新"等多位乡贤善举典型。
- 三是丰富农村文化生活。秉承"敬奉贤人、见贤思齐"的贤文化传统,培育以乡贤为带头人的群众文化团队,开展丰富多彩的文体活动,依托"宣传大篷车"等平台送戏下乡,在乡村田野、农村宅基地演出,营造浓厚的村级文化氛围。

四、乡贤+公益,改善基层民生

- 在区级层面,开展集中性公益活动。乡贤主动认领来自村民或农村集体的梦想,帮人圆梦。据统计,全区已累计开展5次集中行动,实现梦想11 108个,其中近一半是来自村级的梦想。
- 在镇级层面,搭建多元化公益平台。各镇、街道、社区、开发区依托乡贤理事会,建立健全运行机制,采取成立基金、组建协会等多种方式,为乡贤参与公益搭建平台。
- 在村级层面,推出常态化公益服务。乡贤热心公益、反哺家乡,有效延伸政府服务触角,营造出"村民有困难找乡贤"的工作氛围。

14 奉贤区实施"生态村组·和美宅基"积分制成效明显

近年来，奉贤区面对"乡村房子越来越破、人口越来越老、环境越来越差、城乡裂痕越来越大、捧着金饭碗要饭"的窘境，以"生态村组·和美宅基"积分制为抓手，加快推进乡村治理体系和治理能力现代化，探索一条国际化大都市背景下的乡村振兴新路。奉贤区的做法得到了中央农办、农业农村部的充分肯定，成为夯实乡村治理根基的典范。

一、主要做法

奉贤区坚持与人民群众创造力结合、与农民持续增收结合、与乡村人居环境改善结合、与治理体系和治理能力现代化结合，自2017年以来，先后出台了"生态村组·和美宅基"积分制实施方案等7个相关文件，召开了9次"赶考"现场会，问责了推进较慢的10个村主要负责人，表彰了200多个创建先进村组和先进个人。至2019年底，100%村组创建成为"生态村组·和美宅基"。

- 一是以奖代补。根据"生态村组·和美宅基"积分制实施方案，开展"三清三美"创建，即清五违、清群租、清垃圾，河道美、绿化美、民风美，包括6大项、26小项要求，设置不同分值、权重、一票否决和加分扣分项，鼓励村民主动清理违法建筑、群租、旱厕、田间窝棚，参与河道养护、植树护绿、垃圾分类。验收达标后，区、镇两级按每年每户3 000元的标准核拨奖励资金，每名村民小组长每年奖励1 000元；村民小组全部创建达标的，在原有基础上增拨奖励资金每年每户1 000元，每名村民小组长每年增发奖励500元。2020年起设置积分星级，实施差异化奖励。

- 二是责任共担。聚焦村民小组治理单元，村民之间互相监督、互相促进，只要一户不达标，即整个村民小组不达标，村民集体荣辱观念大幅增强，实现了由自上而下转变为自下而上，由政府主导转变为村民自治，乡村治理更自觉、更精细。

- 三是履约践诺。引导各村组成立自治管理小组，把创建中的难点问题转化为议题，形成村民自治的"小宪法"——"美丽乡村·美丽约定"。约定党员要带头模范遵守，要求群众做到的，党员和党员家庭须首先做到；约定村民房屋出租实行"一证一户制"，做到"来登去销"；约定按照"二分法"实行垃圾分类；对违反"美丽约定"的，经村组会议讨论予以通报批评，拒不整改的，不得参加评优、不得享受村级福利。

二、长效机制

- 一是坚持党建引领。开展"双联双进"，即"委局联街镇、干部联村居"，13个委办局与各街镇、134名处级干部与各村党组织"一对一"联系结对，通过帮助基层解决乡村治理中的具体问题，推动经济社会和干部能力"双进步"。

- 二是坚持尊重农民意愿。激发村民的主人翁意识，依托村民学校、宅基课堂、党建微家等阵地，广泛开展面对面互动交流，实现自治、法治、德治"三治融合"，村民之间关系更为和谐，邻里纠纷明显减少。

- 三是坚持信息化管理。把一网通办、一网统管"两张网"深深嵌入乡村治理体系，把积分制纳入奉贤云治理平台和网格化平台，实行"沉浸式"办公、"零距离"服务，织密小网格、构筑大安全，打通乡村治理"最后一公里"。

三、实际成效

一是乡村风貌更美。自 2017 年实施"生态村组·和美宅基"积分制以来，共拆除违法建筑 652 万平方米，清除违法违规企业和宅基违法经营 2 954 家，整治河道 4 336 条，新增绿化 315 万平方米，成功创建为上海市生活垃圾分类示范区，申报国家生态园林城区。

二是农民口袋更鼓。在生态环境持续改善的基础上，"三园一总部""生态商务区""田园综合体"项目蓬勃而起，2019 年落户总部项目 140 个，实现税收 2.1 亿元，2020 年可达 4 亿元，出现了一批年可支配收入超 1 000 万元甚至 1 亿元的村，为乡村治理奠定坚实经济基础。

三是发展活力更强。因为乡村美了、富了，吸引了多元力量参与乡村治理，景点多了，租金涨了，产业发展了，以前子女回家不愿意多待，现在不仅待得住，还带朋友来乡下玩，回乡创业成为新潮。比如，吴房村引进了 32 个公司、117 名本科生和研究生，成为"网红村"，社会活力显著增强，治理效能明显提升。

下一步，奉贤区将打造升级版"生态村组·和美宅基"积分制，巩固深化全国首批农村社区治理实验区成果。小平台大产业、小空间大战略、小事件大动静，"小康社会提前到，乡村处处喜洋洋、农民生活乐陶陶"。

15 金山区推进文旅融合
传承乡村文脉，留住乡愁乡韵

近年来，金山区着力开展乡村优秀传统文化挖掘、整理、展示，不断增强传统乡村文化的影响力和辐射力，走出了一条让乡村留住"形"、守住"魂"、吸引"人"的乡村文脉传承发展之路，为乡村振兴注入了强劲活力。2021年7月，"金山区城市化背景下的乡村文脉传承"成功入选第四批国家公共文化服务体系示范项目名单，为乡村文旅产业提档升级打下了坚实基础。

一、主推六大项目：全方位发力，厚植乡村文化发展之基

金山区全面实施"弘扬乡风、塑造乡景、深耕乡史、留住乡味、传承乡音、品味乡韵"六大项目，积极探索传承乡村文脉的工作路径和方法。

（一）弘扬文明乡风

大力弘扬金山好人文化，好人资源库增至226人；深入推进道德讲堂，延伸"市民修身点"到宅基；搭建百姓文化展示平台，建成206个村居综合文化活动室；举办乡村艺术节、田野音乐会等活动。

（二）塑造美丽乡景

充分挖掘原有自然景观和人文景观资源禀赋，打造与古树、古桥、古建筑和文物古迹相关联的历史文化地标，完成全区182处文物保护点保护标志树立及干氏宅等11处不可移动文物的修缮；建成古船坊、油车石磨、尚品书院、吕巷土布馆等30多处乡村人文景观。

（三）深耕浓厚乡史

在全国率先开展覆盖全区的村史村志编纂工作，全区124个行政村村志全部完成

编撰出版，建成20个村史馆；编撰出版《金山丛话》，创编展演南社主题话剧《南社》，举办金山船舫水下考古特展，开展纪念顾野王诞辰1500周年系列活动，与嘉兴市联合编纂出版《吴越韵痕——金山·嘉兴风土诗词精读》。

（四）留住浓郁乡味

加强枫泾丁蹄、亭林月饼等金山传统美食制作技艺的保护和传承，留住民间美食文化味道，申报堰菜、海鲜美味成为市级非遗代表性项目，"亭林炙豆"获评大世界基尼斯纪录"烤制时间最长的毛豆小吃"，举办金山海鲜文化节等。

（五）传承独特乡音

整理124个行政村优秀传统故事，编撰出版《故事里的金山乡村》；支持枫泾镇新义村创建"中国故事村"，培育村故事队讲方言故事；开展"梨园雅韵·大美金山"中华戏曲传承传播系列活动，促进戏曲艺术表演团体与农村戏曲团队"结对子、种文化"。

（六）品味多彩乡韵

做强金山农民画品牌，建成金山农民画传习所，积极推动农民画长三角交流、走出国门办展；开展农民画、花灯、莲湘等"非遗进民宿""非遗进校园"项目；挖掘梳理金山乡土记忆，出版《印象金山》图册。

二、建立四大机制：多层次联动，打造乡村文化发展之翼

金山区注重整体布局，建立四大工作机制，为乡村文化发展插上腾飞的翅膀。

（一）建立乡村文化资源挖掘和共享机制

聚焦百位乡村文化达人、百篇优秀民间故事、百处乡村景观、百种乡土记忆和百个百姓文化展示平台等"五个百"项目，对全区乡村优秀传统文化开展深入挖掘和梳理。要求每个镇都举办以"泥土的芬芳"为主题的"金山乡村艺术节"，集中展示"五个百"挖掘成果，让群众感知到、参与到文脉内容展示和体验活动中，真正实现乡村文化从群众中来到群众中去。

（二）建立文教融合发展机制

以文教融合作为传承乡村文脉的重要平台，开展"梨园雅韵·大美金山——中华戏曲传承传播"系列活动和学校非遗传承体验基地建设。常规性开展金山农民画、金山故事、朱泾花灯等学校非遗传承体验，金山民俗文化项目在校园内得到普及和传承。

（三）建立文旅融合发展机制

推出"金山如画"文旅品牌，聚焦美丽乡村示范村、集聚乡村民俗和自然资源，不断推进金山人文和田园的完美结合，深度推进公共文化服务和公共旅游服务的融合，使得金山优秀乡村文脉成为乡村旅游的重要内容，有机融入乡村文化产业发展。

（四）建立长三角联动发展机制

深度融入长江三角洲一体化发展国家战略，积极与浙江省嘉兴市、平湖市和江苏省盐城市、东台市等地在文化场馆共建、文化活动联办联演、优秀文化品牌共育等方面开展探索和实践。例如，通过开展金山农民画、吕巷小白龙、廊下莲湘等非遗项目的互动交流活动，联合举办"吴根越角·古韵流芳——金山嘉兴江南文化传承"立功竞赛活动，全力推进长三角地区优秀乡村文化的联动发展。

三、紧扣三大示范：高维度谋划，重塑乡村文化发展之魂

（一）突出乡村文化振兴的创新性示范

金山区遵照"繁荣兴盛农村文化，焕发乡风文明新气象"的工作要求，在保护传承传统乡土文化的基础上，强调创造性转化、创新性发展，不断赋予时代内涵、丰富表现形式，充分发挥乡村文明在凝聚人心、教化群众、淳化民风中的重要作用。例如，利用村志提供的史料打造各种形态的村史馆，全面记录金山乡村发展历程，让乡村既有历史的色彩，也有人情的温度，既有"面子"，也有"里子"，使之成为金山乡村文明传承的主要阵地。

（二）注重乡村文化振兴的导向性示范

金山区把乡村文脉传承与社会主义精神文明建设结合起来，建造上海首个好人主

题公园,宣传"好家风、好家训";开展金山农民画、金山故事、戏曲等主题展示展演,以符合农村特点的有效方式深化"四史"学习教育、爱国主义教育,弘扬社会主义核心价值观。同时,把乡村文脉传承与美丽乡村建设结合起来,推动乡村文化建设与旅游相结合,促进乡村公共文化服务和乡村产业融合发展,实现金山乡村文化传承和可持续发展。

(三)发挥乡村文化振兴的带动性示范

金山区依托六大项目界定乡村文脉的范畴,涵盖了乡村优秀文化的各个方面,有力地推动了各地区根据自身特点开展乡村文脉传承发展工作。"五个百"乡村文化资源挖掘机制以及文教融合、文旅融合发展机制为乡村文脉传承和展示提供了很好的平台,为各个乡村摸清家底提供了良好的工作经验,既满足了游客的个性化、多样化需求,也促使地方政府和居民学会用游客的眼光来重新看待本土文化资源,极大地激活了乡村文脉传承和乡土文化发展的内生动力。

16 金山区创新农保服务助力乡村振兴

近年来，金山区农业和保险部门紧密协作，在传统种养殖业5大类18个险种的基础上，通过产品创新、模式创新、服务创新、技术创新，又推出了18个新险种，有效化解了农业生产和农村生活面临的各种风险，走出了一条超大城市保险助力乡村振兴的新路子，形成了一批可复制可推广的金山经验。

一、服务产业兴旺，促进农业生产高质量

金山区立足建立农业生产风险保障体系，将农险业务从保基础向保特色拓展，保险范围实现了由点及面的产业链全覆盖。

（一）创新特色水果保险

为帮助农户解除水果种植"靠天吃饭"的后顾之忧，从2021年起，金山区农业保险部门联合气象局、农技中心，科学设置日照、降雨、温度等定损指标，推出了以"小皇冠"西瓜品质为投保对象的气象指数保险，为全区1000亩西瓜种植户提供了因气象原因导致西瓜品质不高造成的损失，消除了农户丰产不丰收的顾虑。

（二）支持有机水稻生产

为推进全市唯一的国家有机产品认证示范区创建工作，降低有机水稻生产因病虫草害发生的减产损失，金山区农业保险部门于2020年开发了有机水稻收入保险，为全区3800亩有机水稻提供亩均保额为2400元的产量损失和价格损失风险保障，助推粮食生产转型升级。

（三）保障蔬菜周年供应

2020年新冠肺炎疫情发生后，为应对蔬菜市场供求不平衡和批发价格波动大的情

况，金山区农业保险部门为区内订单农业大户制定了商业性蔬菜订单价格指数保险方案。当保险蔬菜理赔期间平均市场价格较同期保险价格上涨，且上涨幅度超过保险约定涨幅时视为保险事故发生，从而保障了蔬菜种植户的利益。目前，该险种的保障金额已达到1 200万元。同时，金山区出台了《疫情防控期间绿叶菜保险工作操作细则》，加大对绿叶菜价格保险力度，实现抢种、补种农户"愿保尽保"，在不增加每亩保险费的基础上，降低理赔门槛，保障菜农在获得原保险理赔款的基础上再增加1倍理赔款。

（四）防范畜禽养殖损失

为促进生猪养殖转型升级，金山区农业保险部门与全国首款动物检疫移动监管系统"动检通"开展合作，将全区54 000余头生猪、3 300余头能繁母猪有效切入生猪全流程在线管控，总保额达6 100余万元。针对热应激导致奶牛夏季产奶、繁殖和免疫能力明显下降带来的损失风险，还创新开发了奶牛热应激指数保险，每年夏季对6个奶牛养殖户的2 300多头奶牛的损失进行了有效保障。

二、服务生态宜居，实践绿色发展新理念

金山区秉持"绿水青山就是金山银山"的发展理念，利用保险的杠杆撬动农村生活和农业生产更加生态、更加绿色。

（一）助力乡村环境整治

在创建乡村振兴示范村过程中，金山农业保险部门在枫泾镇新义村开发了农村村民建房保险和环境整治费用补偿保险，为117户农户开展农房修缮、宅前屋后环境整治、小三园品质提升提供配套金融服务。每户村民分别与施工单位签订施工合同，每份施工合同签订一张保险单，保费的90%由政府财政补贴、10%由农户自行承担。

（二）注重农地绿色养护

2018年，在农业农村部的支持下，金山区农业保险部门创新开发了耕地地力指数保险，以三年为周期，由专业机构前后两次对土壤有机质含量和耕层厚度两项地力指标进行检测，视指标变化的"增幅水平"来承担给付赔偿。通过投保，农户对土地保护的意识明显增强，全区承保的5万亩耕地地力显著提升。此外，金山区农业保险部门还计

划推出绿肥深翻养地保险、有机肥补贴保险，利用卫星遥感技术对全区 12.75 万亩绿肥进行全生育周期监测，打通农业补贴与农业保险良性互动的绿色通道。

三、服务乡风文明，营造和谐乡邻好氛围

金山区将扩大金融服务与履行社会责任相结合，业务范围实现纵向到底、横向到边，有效发挥和睦乡邻的"润滑剂""黏合剂"作用。

（一）搭建乡村服务网络

金山区农业保险部门将服务力量下沉到最基层，在全区 124 个行政村建立了"三农"金融保险服务站，组建了一支以农副村主任为主要成员的村级协保员队伍，通过灾前预防动员、灾后查勘定损，为农民提供点到点、零距离的"三农"保险服务，不仅打通了农村普惠金融业务的"最后一公里"，还将现代商业的契约精神宣传到户到人，增进了村民的守信意识。

（二）促进乡邻合作共建

浙江省平湖市与金山区毗邻，两地相近的水果种植结构，使嘉兴农户也期盼能享受同样的农保服务。对此，金山区农业保险部门主动牵线搭桥，在金山区吕巷镇和平湖市新埭镇成功试点农业保险"一体化"发展。以两地均种植的黄桃、梨等特色水果风险保障需求为切入点，协助双方政府制定统一标准的补贴政策，为两地农户提供统一标准的保险方案和保险理赔服务，初步形成了"统一布局、统一政策、统一标准"的"沪浙一体化"农业保险服务体系。

四、服务治理有效，稳固农村生活良好秩序

金山区以保险理赔的确定性对冲农村生产生活可能存在的不确定性，为乡村治理贡献了力量，分担了基层政府的压力。

（一）参与乡村综合治理

为给村集体在疫情防控等工作中遭遇到无法预测、不可避免的突发性事件所要承

担相关经济赔偿责任提供综合保障，金山区农业保险部门以村委会为单位设计乡村综合治理保险方案，将医疗救助、火灾事故、食品安全、见义勇为、动物袭击、无过错责任、人身意外伤害、集体资产损失等一揽子风险事项进行打包兜底，为村委会减少了额外的财政负担，及时化解了社会矛盾。2020年，全区63个村完成了投保，总保额超过8亿元。

（二）大灾应急前置减损

金山区农业保险部门与农业、气象部门建立灾害天气预警机制和突发灾害应急机制，在应对台风等自然灾害时做到第一时间响应，根据灾情实际先行赔付给农户，将政府临时性、后置式的救灾救济行为转化为制度化、前置式的灾害应对机制，发挥了金融行业的"稳定器"作用。比如，2020年"黑格比"台风赔偿3 348万元，2021年"烟花"台风预计赔偿超过6 000万元。

（三）突发事件防患未然

为防范2021年初寒潮对农作物的损害，金山区农业保险部门还创新防灾减损新

模式，采购了18 900米无纺布送往多家合作社，帮助农户树立"以防代赔"的理念，有效降低赔款支出。

五、服务生活富裕，注入农民增收强动力

金山区以保险为支点，撬动信贷、期货等金融形态，形成"保险+收入"的综合服务机制，成为促进农民增收的"放大器"。

（一）托底农产品销售价格

为避免发生"谷贱伤农"的情况，金山区农业保险部门对多种农产品提供价格保险，当实际平均销售价格低于保险目标价格时，按照约定进行赔偿，从而帮助金山区农户实现农产品销售优质优价。如完成上海首单生猪"保险+期货"承保以及全国首单生猪"保险+期货"理赔服务，为生猪养殖企业额外提供了3 600万元的市场风险保障；开发有机稻米价格保险，引导有机水稻种植户从"卖稻谷向卖稻米"转变。

（二）纾困生活困难农户

为解决本地生活困难农户的实际需求，金山区农业保险部门打造了全市首个农村综合帮扶公共管理平台，定制了全市首个集"物价补贴、重疾、医疗、意外、财产"五位一体的农村综合帮扶保障计划，总保额达23亿元。特别在2020年，针对低收入农户一日三餐的刚性支出，创新开发了"菜篮子"物价指数保险，根据市发改委每月公布的"粮油菜肉禽蛋"价格指数的涨幅来计算赔偿金额，每位投保人当年获得了562元的物价补贴。

（三）提供支农惠农信贷

金山区农业保险部门通过提供"银担保"、小额信贷保等涉农信贷保证服务，帮助新型农业经营主体解决"贷款难、融资贵"等问题。自2008年开办以来，累计为全区逾70%的经营主体提供4.33亿元涉农信贷担保，累计赔款支出493.61万元。

17 崇明区着力破解基层人才选育管三大难题加强村党组织书记队伍建设

全面推进乡村振兴，关键在基层，重任在"班长"。近年来，崇明区以高标准、高要求实施"班长工程"，进一步加强村书记队伍建设，着力破解选人难、育人难、管人难三大难题，努力培养基层优秀人才，增强基层干事创业的活力和动力。

一、全面撒网，好中选优

（一）拓宽村书记来源渠道

为破解自全面推行村书记、村主任"一肩挑"以来出现的"用人荒"，崇明区组建专门工作小组对全区 268 个村进行全覆盖调研，制定"一村一方案"，对村书记人选不足的村，实行"三个不论"，即不论区域、不论编制、不论级别，坚持以符合"一肩挑"任职条件和素质高、能力强、干劲足为标准，从全区公务员、事业编制人员、国有企业人员中选派 50 人为村书记，换届后大专及以上学历的村书记有 218 人，占比 81.3%。

（二）加强后备人才储备

着眼于 2021 年村"两委"换届，崇明区不断规范笔试、面试等招录环节，注重从新型农业经营主体负责人、大学生村官、农村致富带头人、退伍军人等优秀群体中招录村后备干部，构建"优秀人才－村后备干部－村干部－村书记"培养链。

（三）有序推进 2021 年村"两委"换届工作

区、镇、村均成立由党委书记任组长的换届工作领导小组，加强对换届工作骨干的业务培训，依托报纸、电视、"两微一端"等媒体手段开展宣传引导，推动换届工作部署落实到位；针对"两委"候选人初步人选，由区委组织部、区民政局等 14 个部门进行联合审查，并由各乡镇党委与区督导组进行实地考察，确保人选把关到位；针对选情排摸、动员部署、推荐人选等重要环节，由26名包联区领导和区督导组进行专项督导58次，针对共性问题开展专项提示，确保程序指导到位；坚守底线，严格制定相关制度，加强沟通联系，做到违纪、舆情矛盾等风险防范到位。

二、搭建平台，训考结合

（一）打造五大平台

针对新任村书记年龄较轻、经验缺乏等情况，崇明区打造"导师领航""瀛洲书记工作室""瀛洲书记论坛""村居大讲堂"、基层党建教育实践基地等五大平台，聚焦党性教育、业务知识、应用能力等方面，帮助村书记提高站位、扩宽视野、更新知识体系。

（二）开展学习培训

全区268个处级以上领导干部作为"工作导师"对结对村的村书记进行一对一指导，7名优秀村居书记对5名年轻书记开展"老带青"带教；每季度邀请区优秀村书记举办"瀛洲书记论坛"，每月邀请专家教授、各级领导及高校、市级机关、市属企业挂职干部等做"村居大讲堂"培训；培育13家基层党建教育实践基地，充分发挥典型示范作用，供新任村书记观摩学习，每个基地平均每月接待外来学习考察12批次。

（三）强化培训结果

针对个别村书记上课不认真听、学习实效性不足等问题，崇明区在村书记入职培训结束后分批组织闭卷考试，考试合格的颁发"上岗证书"，考试不合格的指定1名所在乡镇党委领导作为"补课老师"进行"一对一"辅导，直到补考合格为止。

三、严管加压，厚爱鼓劲

（一）实施岗位目标管理，督促快速成长

推行"村级办事承诺制"，新任村书记上任后制定任期目标和年度目标，与村民

代表签订《村级办事承诺书》，年中接受村务监督委员会监督，年底"双述双评"，考核结果与待遇报酬、评优奖励挂钩；实施"晋位升级"，3年为一轮，每年将村级组织评定为"好""较好""一般""较差"4个等次，衡量村书记工作成效，结果与待遇报酬、干部调整、优秀村干部定向招录等挂钩。

（二）拓宽晋升渠道，激发干事热情

开展定向招录，每年分配一定比例岗位，从优秀村书记中定向招录乡镇公务员、事业单位人员，共有42名村书记通过该形式被招录为公务员和事业单位人员；推荐为"两代表、一委员"，近年来共推荐72名政治素质好、参政议政能力强的村书记当选为区级"两代表、一委员"，让村书记有了更多"话语权"；推荐为乡镇领导班子换届提名人选，对特别优秀的村书记推荐为乡镇领导班子换届提名人选，近年来共有8名村书记通过选举担任乡镇领导干部。

（三）提高薪酬待遇，吸引更多人才

2015年以来，崇明区以每年增速超过10%的速度不断提高村书记收入，吸引越来越多的优秀人才选择回到农村发展，在农村广阔舞台上实现人生价值。

18 崇明区开展全球农业精准招商助推重大农业项目建设

自2018年起,崇明区把全球农业精准招商作为先手棋、关键招,连续四年每年推出5万亩以上优质规模良田,助推农业招大、引强、选优,加快企业集聚、产业集群,初步构建了以项目辐射带动周边产业发展的乡村发展格局。目前,全区已推动14个重大农业项目落地建设,占地面积3 533亩,总投资41亿元,建设设施大棚面积超过75万平方米。其中,由由中荷现代农业产业园、恒大·上海高科技农业基地、上海崇明智慧生态花卉园、正大崇明300万羽蛋鸡场等5个项目已建成投产,上海崇明国际菊花生态园、华腾标准化生态养猪场等7个项目计划2021年内建成投产。

一、栽好"梧桐树",实施土地精细管控

针对农村土地块小、散等现状,崇明区开展土地精细化管理,进一步提高土地规模化程度,夯实招商引资基础。

- 一是加强整村制土地归并整合和规范流转。共归并零散地块数量312个,地块总面积约5 800亩。规范和统一全区农村土地流转程序和土地流转合同,全区土地规范流转率达到93%。
- 二是实行土地分类管理。梳理现有产业重点区域、集群发展区域,按照土地性质、发展定位和配套资源等属性对土地进行分类,并按照30亩、100亩、300亩标准对地块规模进行梳理,有针对性地引进发展"精品龙头""精细特色"项目,形成崇明农业发展数据底板,满足投资主体多样化投资需求。2021年梳理并向市场推出225个地块,共5.4万亩优质土地。
- 三是探索"五地融合"招商模式。重点开展设施农用地、建设用地、永久基本农田、生态涵养地、一般耕地等五类地块资源梳理,探索建立"五地融合"优质资源的组合打包农业招商模式,在不突破管控要求的前提下,实现项目用地范围内自由组合,进一步适应现代农业生产特点,满足产业融合发展需求。

二、筑好"引凤巢",开展全球精准招商

聚焦农业产业链"建、延、补、强",崇明区持续在招商宣传、渠道等关键点发力,加快优质项目和投资主体集聚崇明。

- 一是广覆盖开展招商宣传。利用崇明农业招商、崇明"三农"、上海崇明等新媒体发布招商信息、热文逾50条(篇),多形式宣传崇明农业建设成果、远景规划和扶持政策,展现崇明作为"长江口生态福地、世界级投资沃土"的优势和潜力,增强客户投资意向。持续优化农业招商微信公众号,实时更新地块、政策信息,提供在线政策解读、答疑解惑服务,新增分类查询栏目,实现按照土地性质和所处乡镇两个类别对地块进行快速查询。
- 二是多渠道拓展招商空间。招商模式上,建立"大型全球招商会+定期小型招商沙龙"复合招商模式,瞄准行业龙头、骨干企业开展上门招商、主题招商、会展招商、线上招商,提高招商精准性和覆盖面。招商渠道上,与驻沪商会、协会、在崇花卉企业等机构建立招商合作,成功举办上海福建商会专场招商推介会、上海女企业家协会专场推介会、崇明花卉专场招商推介会等。累计召开大型全球招商推介会2场,专场招商会5场,对接282家投资主体,其中优质主体42家。

- 三是全方位锚定招商重点。聚焦花卉产业、智慧蔬菜、生态养殖，持续引导优质农业产业项目向两大绿色田园先行片区和规划三大产业发展片区集聚；借花博会举办契机，推进花卉产业结构调整，中荷现代花卉中心、上海崇明国际菊花生态园等8个优质花卉项目相继落地，基本形成了具有世界水准、专业特色、体现生态智能的高端花卉产业集聚区雏形。

三、当好"店小二"，推动项目落地建成

为全力推动已落地的重大农业项目建成投产，崇明区强化资源整合和协调联动，做好项目建设、运行的各类保障措施。

- 一是开展跟踪服务，做好项目建设的"助推器"。以投资主体的需求为导向，结合乡镇产业发展目标，协同属地政府统筹做好地块踏勘、手续办理、用地配置、公共设施等服务。
- 二是强化跟踪督办，当好项目建设的"报警器"。将正大、恒大、由由等9个项目纳入区"挂图督办"，区重大办发挥协调督查职能，实施施工进度每月报送和定期通报制度，加强节点跟踪管控。
- 三是完善配套设施，成为项目运行的"支撑杆"。区重大办牵头项目责任单位、配套工程建设单位、行业主管部门等共同推进电力、燃气配套建设，确保项目早建成、早投入。

四、政策机制篇

ZHENGCE
JIZHIPIAN

上海实施
乡村振兴战略的探索与实践

1 | 关于促进和保障崇明世界级生态岛建设的决定

崇明是上海最为珍贵、不可替代、面向未来的生态战略空间。为了积极践行创新、协调、绿色、开放、共享的发展理念,凝聚全社会共识,努力按照国际先进水平将崇明建设成为具有引领示范效应、具备生态环境和谐优美、资源集约节约利用、经济社会协调可持续发展等综合性特点的世界级生态岛,上海市人民代表大会常务委员会特作如下决定。

- 一、崇明生态岛建设是长江经济带发展国家战略和上海生态文明建设的关键环节,应当充分利用和发挥崇明独特的环境优势,把生态文明建设放在突出的战略位置,树立尊重自然、顺应自然、保护自然的生态文明理念,推进绿色发展,弘扬生态文化,倡导绿色生活,实现永续发展。

- 二、崇明生态岛建设,应当坚持生态立岛原则,将节约优先、保护优先作为基本方针,将绿色发展、循环发展、低碳发展作为基本途径,将深化改革和创新驱动发展作为基本动力,建立健全生态文明的制度体系,实现人与自然和谐共生。

- 三、市人民政府应当加强对崇明生态岛建设工作的统一领导,建立推进协调机制,加强目标管理和工作统筹,形成全市推动崇明生态岛建设的合力。市人民政府各相关部门应当根据各自职责,深化完善实施机制,积极推进崇明生态岛建设工作。崇明区人民政府应当落实国家和本市关于生态文明建设的工作部署、任务要求,确保崇明生态岛各项建设工作有序推进。市人民政府及其相关部门应当加强与周边省市的规划建设和管理协同,促进区域生态建设一体化发展。

- 四、崇明生态岛建设,应当将生态理念与新型城镇化、城乡一体化发展要求相结合,优化空间发展格局,推动生态、生产和生活空间融合发展。统筹崇明岛、长兴岛、横沙岛发展;严格控制常住人口总量、建设用地规模和建筑高度;严格划定生态保护红线,加强滩涂、湿地保护,推进崇明东滩鸟类国家级自然保护区、长江珍稀水生动物保护区建设,依法划定禁猎(渔)区,构建野生鸟类保护管理体系,建立防止外来有害生物入侵的屏障体系,保障生态安全和生物多样性。

五、崇明生态岛建设，应当按照减量化、再利用、资源化的要求，推进各类废弃物综合利用，构建覆盖全社会的资源循环和利用体系，发展循环经济；应当按照防治结合、标本兼治、综合施策的要求，加强水污染、大气污染防治，实施土壤污染治理和生态修复；应当优化公共绿化空间布局，有序增加绿地林地总量，提升生态环境品质。

六、崇明生态岛建设，应当按照生态自然优势和生态发展优势共同发展的要求，强化科技创新引领作用，开展湿地保护、生态修复等领域关键技术的研究和攻关；深入推进产业结构调整，推进产业绿色、智能升级；重点聚焦生态农业、海洋经济、旅游休闲、健康服务、文化体育、会展商务等领域，提升绿色农业现代化发展水平，推动绿色先进制造业发展，提升现代服务业功能品质，繁荣发展创新经济。

七、崇明生态岛建设，应当按照生态惠民的要求，构建绿色生产生活方式，提高生态人居环境水平。积极发展清洁能源，构建绿色能源开发利用体系；按照低碳出行、外畅内优的导向，发展绿色交通；发展绿色建筑，加强绿色建筑规划设计和建设管理，按照具有中国元素、江南韵味、海岛特色的要求，构建和谐多元的建筑风貌；提高社会事业发展水平，完善公共服务设施体系，提供优质的公共服务，拓宽就业渠道，建立城乡一体化的社会保障体系，让崇明居民享受生态岛建设的成果。

八、崇明生态岛建设，应当增强全社会的生态文明意识，健全举报、听证等公众监督制度，形成全社会共建共享的良好社会风尚；崇明居民应当率先增强生态保护理念，践行绿色生产生活方式，积极投入崇明生态岛建设；鼓励支持国内外相关科研机构、院校、企事业单位、社会组织和个人积极参与崇明生态岛建设。

九、市人民政府及其相关部门应当积极争取国家支持，围绕崇明生态岛建设的重点领域和关键环节，创新符合崇明特点的政策措施，加大财政投入力度，完善生态补偿机制，健全人才培养、交流机制，创新生态环境治理机制，推进生态文明体制改革。

十、市人大常委会根据崇明生态岛建设需要，及时制定、修改或者暂时调整、停止实施与崇明生态岛建设有关的地方性法规；在坚持国家法制统一原则和本市地方性法规基本原则的前提下，市人民政府可以先行先试，就崇明生态岛建设制定政府规章或者规范性文件，并报市人大常委会备案；崇明区人大及其常委会可以就促进和保障崇明生态岛建设工作作出相关决议、决定，并报市人大常委会备案。

十一、本市人民法院、人民检察院应当积极履行职责，依法开展生态环境领域的公益诉讼，严惩各类破坏生态环境的违法犯罪行为，为崇明生态岛建设提供司法保障。

• 十二、市人大常委会和崇明区人大常委会应当通过听取专项工作报告、开展执法检查等方式，加强对本决定执行情况的监督。市人大常委会和崇明区人大常委会应当充分发挥各级人大代表作用，组织人大代表围绕崇明生态岛建设开展专项调研和视察等活动，汇集、反映人民群众的意见和建议，督促有关方面落实崇明生态岛建设的各项工作。

2 上海市实施《中华人民共和国农民专业合作社法》办法

第一章 总则

- 第一条 为了规范本市农民专业合作社的组织和行为,保护农民专业合作社及其成员的合法权益,鼓励、支持、引导农民专业合作社高质量发展,有效推进本市农村"美丽家园""绿色田园""幸福乐园"工程建设,促进乡村振兴战略实施,根据《中华人民共和国农民专业合作社法》等有关法律、行政法规,结合本市实际,制定本办法。

- 第二条 本市行政区域内农民专业合作社的设立、运行以及相关的扶持、管理等活动,适用本办法。本办法所称农民专业合作社,是指在农村家庭承包经营基础上,农产品的生产经营者或者农业生产经营服务的提供者、利用者,自愿联合、民主管理的互助性经济组织。

- 第三条 在农民专业合作社中,根据中国共产党章程和党内法规的规定成立党组织。农民专业合作社应当为党组织的活动提供必要条件。

- 第四条 市、区人民政府应当将农民专业合作社发展纳入国民经济和社会发展规划,建立健全财政投入和经费保障机制,制定政策措施,促进农民专业合作社的发展。本市建立农民专业合作社综合协调机制,统筹协调、研究解决农民专业合作社发展中的重大事项,推动农民专业合作社的建设和发展。

- 第五条 市、区农业农村部门和乡镇人民政府按照各自职责,负责本行政区域内农民专业合作社的指导、扶持、服务和监督工作。市、区发展改革、财政、经济信息化、市场监管、商务、科技、金融、税务、规划资源、人力资源社会保障、教育、粮食和物资储备、林业、水务、生态环境等部门应当按照职责分工,共同推进农民专业合作社发展的相关工作。

- 第六条 本市支持农民专业合作社高质量发展,创新合作模式和机制,拓展农民专业合作社经营内容和领域;鼓励同业或者产业密切关联的农民专业合作社在自愿前提下开展合作与联合。

- 第七条　本市全面落实长江三角洲区域一体化发展国家战略，与长江三角洲区域相关省建立促进农民专业合作社发展的合作机制，推进长江三角洲区域农民专业合作社优势互补与协同发展；鼓励农民专业合作社与国内其他地区农民专业合作社合作，推动开展国际交流。

第二章　设立与运行

- 第八条　设立农民专业合作社，应当依法向市场监管部门申请登记，领取农民专业合作社法人营业执照。未经依法登记并取得营业执照，不得以农民专业合作社的名义从事生产经营活动。农民专业合作社名称、成员出资总额、法定代表人等法定登记事项发生变更的，应当自作出变更决议之日起三十日内，向原登记机关申请变更登记。
- 第九条　农民专业合作社以其成员为主要服务对象，开展以下一种或者多种业务：

（一）农业生产资料购买、使用；

（二）种植、养殖、捕捞生产；

（三）农产品生产、销售、加工、运输、贮藏及其他相关服务；

（四）农业机械作业及维修服务；

（五）农村民间工艺及制品、休闲农业和乡村旅游资源的开发运营；

（六）与农业生产经营有关的技术、信息、设施建设运营等服务。

- 第十条　设立农民专业合作社应当依法制定章程，并由全体设立人一致通过。农民专业合作社制定的业务规范，可以作为章程的附件。鼓励农民专业合作社使用章程示范文本。市农业农村部门应当会同市市场监管部门制定农民专业合作社章程示范文本。
- 第十一条　具有民事行为能力的公民，以及从事与农民专业合作社业务直接相关的生产经营活动的企业、事业单位或者社会组织，能够利用农民专业合作社提供的服务，承认并遵守农民专业合作社章程，履行章程规定的入社手续的，可以成为农民专业合作社的成员。
- 第十二条　农民专业合作社成员符合下列情形之一的，计入农民成员比例：

（一）具有农业户口的；

（二）具有土地承包经营权证的；

（三）具有农村集体经济组织成员证明的。

非本市户籍人员在本市设立、加入农民专业合作社，符合前款情形之一，并在本市承租土地、水面等的，计入农民成员比例。农民专业合作社的成员中，农民至少应当占成员总数的百分之八十。

• 第十三条　除本办法第十二条规定外，下列单位和个人也可以发挥自身优势，依法设立、加入农民专业合作社：

（一）农村集体经济组织；

（二）农业科学研究单位和农业技术服务组织；

（三）基层供销合作社；

（四）农业产业化龙头企业、家庭农场；

（五）农业科技人员；

（六）致力于农业发展的其他组织和人员。

• 第十四条　农民专业合作社成员应当按照章程约定的出资方式、数额和缴付期限，履行出资义务，并按照法律规定和章程约定参与盈余分配。农民专业合作社成员依法以土地经营权、林权等出资的，不得改变土地用途，出资年限不得超过土地经营权、林权等的剩余期限。

• 第十五条　农民专业合作社自然人成员死亡后，其成员资格终止，农民专业合作社应当按照章程规定的方式和期限，退还记载在该成员账户内的出资额和公积金份额，并依法返还资格终止前的可分配盈余、分摊资格终止前的亏损及债务。

• 第十六条　农民专业合作社成员大会选举和表决，实行一人一票制，成员各享有一票的基本表决权。出资额或者与本社交易量（额）较大的成员按照章程规定，可以享有附加表决权。本社的附加表决权总票数，不得超过基本表决权总票数的百分之二十。农民专业合作社章程可以规定附加表决权不得行使的情形，也可以规定基本表决权与附加表决权相加行使的上限。

• 第十七条　理事长、理事、执行监事或者监事会成员，由成员大会依法从本社成员中选举产生，依照法律法规和章程的规定行使职权，对成员大会负责。

• 第十八条　农民专业合作社应当依法建立健全财务管理制度，设置会计账簿，为每个成员设立成员账户。农民专业合作社应当依法设置会计机构或者在有关机构中设置会计人员；不具备设置条件的，应当委托经批准设立从事会计代理记账业务的中介机构代理记账、核算。成员账户除了记载法律规定的内容外，还应当记载下列内容：

（一）国家财政直接补助形成的财产量化份额；

（二）他人捐赠形成的财产量化份额；

（三）从农民专业合作社得到的盈余返还份额。

• 第十九条 农民专业合作社对国家财政直接补助形成的财产，享有占有、使用和处分的权利，并可以以该财产对债务承担责任。农民专业合作社解散或者破产清算时，上述财产的处置按照国家和本市有关规定执行。

• 第二十条 农民专业合作社接受他人捐赠的，可以按照捐赠协议享有所捐赠财产的权利。捐赠协议约定不明的，视为农民专业合作社所有，农民专业合作社可以依法处置。

• 第二十一条 农民专业合作社对于国家财政直接补助形成的财产和他人捐赠的财产，应当建立单独的台账，并接受有关部门的审计或者捐赠人的监督。

• 第二十二条 农民专业合作社应当依法建立农产品生产记录或者质量安全台账，健全农产品质量安全管理制度、检验检测制度，落实农产品质量安全追溯制度，提高农产品质量安全水平。

• 第二十三条 农民专业合作社的下列事项应当向成员公开：

（一）农民专业合作社的重大经营决策的执行情况；

（二）国家财政直接补助和他人捐赠形成的财产情况；

（三）其他涉及成员切身利益的事项。

农民专业合作社应当在会计年度终了时，向成员公布经营和财务状况，接受成员的监督。

• 第二十四条 鼓励农民专业合作社根据发展需要，以产品和产业为纽带开展合作，自愿组建农民专业合作社联合社。农民专业合作社联合社应当按照法律法规和章程的规定，开展生产经营活动，并享受农民专业合作社的相关优惠政策。

• 第二十五条 农民专业合作社联合社应当设立由全体成员参加的成员大会，并可以根据需要，设立理事会、监事会或者执行监事。农民专业合作社联合社的理事长、理事应当由成员社选派的人员担任。理事长、监事长（执行监事）不得在同一成员社中产生。

第三章 促进与发展

- 第二十六条 市、区人民政府应当将促进农民专业合作社发展的经费纳入本级财政预算,通过财政补助、贷款贴息、先建后补等方式,重点用于支持农民专业合作社基础设施建设、质量标准认证、市场营销、技术创新与推广、人员培训等事项。

- 第二十七条 科技、农业农村部门鼓励农民专业合作社联合科研单位共同申报相关科技计划项目,支持其开展与农业生产经营有关的研发与服务。科技、农业农村部门应当对农民专业合作社培育与引进新品种、应用新技术的项目予以指导和支持。农业科研院所、高等学校、技术推广机构和科学技术协会等组织应当为农民专业合作社提供技术咨询、科普宣传等服务。鼓励具有丰富农业实践经验的专家为农民专业合作社提供技术支持。

- 第二十八条 鼓励农业科技人员和大中专毕业生到农民专业合作社工作。在农民专业合作社工作的农业科技人员和大中专毕业生可以按照本市规定,在同等条件下优先评定职称。

- 第二十九条 在农民专业合作社工作的农业科技人员和大中专毕业生可以按照本市规定,参加城镇职工社会保险。本市户籍的农民专业合作社成员可以按照本市规定,参加城镇职工社会保险。在农民专业合作社从事农业劳动的从业人员可以按照本市规定,办理灵活就业登记。

- 第三十条 非本市户籍的农业科技人员和大中专毕业生在农民专业合作社工作的,可以按照本市居住证积分管理的有关规定,申请积分办理,享受相应的公共服务;符合本市落户政策规定的,可以申办本市常住户口。

- 第三十一条 乡镇人民政府指定或者聘任农民专业合作社辅导员,为农民专业合作社提供业务指导、政策咨询、财务会计辅导等服务,促进农民专业合作社规范发展。农业农村部门应当加强辅导员管理,定期开展辅导员专业知识和技能培训。

- 第三十二条 对符合以下条件之一的农民专业合作社,在财政补助、贷款贴息等方面优先给予支持:

（一）具有良好农业规范、食品安全管理体系认证、质量管理体系认证的;

（二）具有绿色食品、有机产品认证的;

（三）具有农产品地理标志的;

（四）具有地方特色农产品品牌的。

- 第三十三条　农民专业合作社享受国家规定的对农业生产、加工、流通、服务和其他涉农经济活动的税收优惠。
- 第三十四条　鼓励金融机构加大对农民专业合作社及其成员的贷款支持力度，完善抵押物、质押物的评估机制，积极开展与农业生产经营周期相匹配的流动资金贷款和中长期贷款业务，简化贷款审批流程。鼓励保险机构开展符合农民专业合作社产业升级发展需求的综合保险服务。建立健全包括农作物生产以及农产品运输、储存、加工、销售等全流程风险产品体系，扩大农业保险覆盖范围，提高农业保险赔付标准，增强农民专业合作社抵御风险的能力。
- 第三十五条　农民专业合作社兴办加工企业等需要建设用地或者设施农用地的，在符合国土空间规划和农业相关规划的前提下，规划资源部门应当优先安排用地计划，及时办理用地手续。农民专业合作社从事种植业、养殖业的，享受国家农业用电优惠电价；农民专业合作社从事农产品初加工或者符合其他相关规定的，可以申请农业生产分时电价优惠。
- 第三十六条　农业农村、商务、教育、粮食和物资储备等部门应当采取措施，帮助具备条件的农民专业合作社与连锁超市、食品加工或者餐饮服务企业、高等院校及大型企业的后勤采购单位等搭建农商对接、产销衔接平台，拓展农产品新型流通渠道。
- 第三十七条　鼓励和扶持具有生产经营规模和出口能力的农民专业合作社参加具有国际影响力的展销会、推介会等活动，开展技术交流，拓展国际市场。
- 第三十八条　农民专业合作社整车运输列入国家《鲜活农产品品种目录》鲜活农产品的车辆，按照国家有关规定，享受道路通行费优惠。
- 第三十九条　鼓励供销合作社通过引领创办、资金注入、项目扶持、人才培训、市场开拓、产供销服务等形式，做好农民专业合作社培育和服务工作。

第四章　规范与管理

- 第四十条　农业农村部门和市场监管部门应当加强对农民专业合作社的监管，引导农民专业合作社建立健全内部运行、财务会计和生产经营等管理制度，促进农民专业合作社规范发展。
- 第四十一条　农业农村部门应当会同相关部门制定和完善农民专业合作社示范

社标准，评审认定农民专业合作社示范社，并按照国家和本市有关规定予以扶持。农业农村部门应当建立健全农民专业合作社示范社动态监测制度，定期监测农民专业合作社示范社运行情况。

- 第四十二条　支持和鼓励农民专业合作社根据专业特点设立联合会。农民专业合作社联合会应当加强农民专业合作社自律和诚信建设，引导农民专业合作社和成员提升发展质量，维护农民专业合作社和成员的合法权益。

- 第四十三条　农业农村部门应当建立健全农产品质量安全管理制度、控制和追溯体系，引导农民专业合作社开展农业标准化生产，推行绿色生产方式，发展循环农业，并为农民专业合作社申请农产品质量安全认证提供咨询、指导和服务。农业农村部门应当组织开展农民专业合作社农产品质量监督抽查。抽查农民专业合作社的名单和结果，应当向社会公开。

- 第四十四条　市场监管部门应当在农民专业合作社设立、变更或者注销登记完成后，通过本市法人信息共享与运用系统，将有关登记信息与农业农村等部门进行共享。

- 第四十五条　农民专业合作社应当按照国家有关规定，向市场监管部门报送年度报告，并向社会公示。市场监管部门应当组织开展农民专业合作社年报信息随机抽查。抽查农民专业合作社的名单和结果，应当通过企业信用信息公示系统向社会公示。

- 第四十六条　农业农村部门和相关部门应当按照国家和本市有关规定，将农民专业合作社生产经营活动中产生的失信行为予以记录，并依法向本市公共信用信息服务平台归集。

- 第四十七条　农民专业合作社应当依法开展经营活动，连续两年未从事经营活动的，依法吊销其营业执照。农民专业合作社解散、清算等事宜，按照国家相关法律规定处理。农民专业合作社自主申请注销登记的，农业农村、市场监管、税收等部门应当为其提供便利服务。

- 第四十八条　农民专业合作社与成员之间发生纠纷时，可以协商解决或者申请调解，也可以依法向人民法院提起诉讼。农民专业合作社及其成员按照前款规定申请调解的，乡镇人民政府、村（居）民委员会、人民调解组织应当予以调解处理。

第五章　法律责任

第四十九条　对违反本办法的行为，法律、行政法规已有处理规定的，从其规定。

第五十条　行政机关及其工作人员有下列行为之一的，对直接负责的主管人员和其他直接责任人员依法给予行政处分；给农民专业合作社造成损失的，依法承担赔偿责任；构成犯罪的，依法追究刑事责任：

（一）弄虚作假骗取国家财政补助资金的；

（二）强迫、阻挠农民或者其他单位、个人，设立、加入或者退出农民专业合作社的；

（三）其他玩忽职守、滥用职权、徇私舞弊侵犯农民专业合作社及其成员合法权益的行为。

第五十一条　农民专业合作社及其管理人员采取弄虚作假、隐瞒真实情况等方式，套取政府扶持项目和资金的，由有关部门追回项目资金，并依法追究相应责任。

第五十二条　农民专业合作社的理事长、理事和管理人员有下列行为之一，造成农民专业合作社财产损失和其他合法利益损害的，应当依法承担赔偿责任；构成犯罪的，依法追究其刑事责任：

（一）侵占、挪用或者私分本社资产的；

（二）违反章程规定或者未经成员大会同意，将本社资金借贷给他人、对外投资或者以本社资产为他人提供担保的；

（三）接受他人与本社交易的佣金归为己有或者向本社转嫁债务的；

（四）违反章程规定作出决策，损害本社及其成员合法权益的；

（五）从事损害本社经济利益的其他活动。

3 上海市中华鲟保护管理条例

第一章 总则

- 第一条 为了加强中华鲟保护管理，维护长江生物多样性和生态平衡，坚持长江经济带共抓大保护，推进生态文明建设，根据《中华人民共和国野生动物保护法》《中华人民共和国渔业法》《中华人民共和国环境保护法》《中华人民共和国水生野生动物保护实施条例》等法律、行政法规，结合本市实际，制定本条例。
- 第二条 本市行政区域内中华鲟保护管理以及相关活动，适用本条例。
- 第三条 本市实行政府统一领导、部门分工负责、全社会共同参与的中华鲟保护管理体制，以保护中华鲟为宗旨，坚持生态优先、统筹协调、严格监管、社会共治的原则。
- 第四条 市和相关区人民政府应当将中华鲟保护管理纳入国民经济和社会发展规划，采取积极措施加强中华鲟保护管理，并将中华鲟保护管理经费纳入同级财政预算。市渔业行政主管部门负责本市中华鲟保护管理工作，组织或者协调开展相关行政执法、资源调查、环境监测与评估、生态修复、收容救护、科学研究、科普宣传等工作。规划资源、住房建设、生态环境、水务（海洋）、交通、绿化市容（林业）、市场监管、公安、应急、海事等部门按照各自职责，共同做好本市中华鲟保护管理相关工作。
- 第五条 本市加强中华鲟保护的宣传教育和科学知识普及工作。相关行政主管部门以及新闻媒体、学校、社区等应当开展中华鲟保护法律法规和科学知识的宣传教育，提高全社会中华鲟保护意识。鼓励自然人、法人和非法人组织通过捐赠、资助、志愿服务等方式参与中华鲟保护活动，支持中华鲟保护公益事业。
- 第六条 对于污染、破坏中华鲟生存的生态环境的行为，法律规定的有关组织向人民法院提起公益诉讼的，市渔业行政主管部门依法给予支持。
- 第七条 对在中华鲟救助、收容等保护活动中成绩显著的单位和个人，市渔业行政主管部门应当依法给予奖励。

第八条　本市中华鲟保护管理经费主要来源于以下渠道：

（一）财政预算和专项拨款；

（二）自然人、法人和非法人组织提供的捐赠、资助；

（三）法律法规规定的其他筹集渠道。

上述经费应当专款专用，不得用于与中华鲟保护管理无关的事项。

第二章　保护措施

第九条　市渔业行政主管部门应当开展中华鲟生长、洄游、种群分布、数量、结构等方面的资源调查，评估资源状况，建立资源调查档案，为科学保护提供依据。

第十条　市渔业行政主管部门应当会同相关部门开展中华鲟资源现状、生存环境特征、种群特性、种群动态等方面的研究工作，提高物种保护、生态保护与修复等方面的科学技术水平。

第十一条　市渔业行政主管部门应当组织或者协调开展中华鲟人工繁育工作，制定中华鲟人工繁育工作规范，建设人工繁育基地，留存中华鲟繁殖群体和活体基因，增加人工繁育资源和遗传多样性。

第十二条　市渔业行政主管部门应当按照国家有关规定开展中华鲟增殖放流工作，并可以采取标志放流、跟踪监测等措施进行增殖放流效果评估。市渔业行政主管部门应当制定中华鲟增殖放流活动管理规定，规范增殖放流活动。

第十三条　禁止非法出售、收购、运输、利用中华鲟及其制品。禁止生产、出售、收购、运输、食用中华鲟及其制品制作的食品。禁止为非法出售、收购、运输、利用中华鲟及其制品提供交易服务。禁止为非法出售、收购、运输、利用中华鲟及其制品或者为禁止使用的猎捕工具发布广告。禁止利用中华鲟及其制品的名义进行营销宣传。因科学研究、人工繁育、展示等特殊情况需要出售、收购、运输、利用中华鲟或者其制品的，应当按照国家有关规定获得批准。

第十四条　禁止捕捉、杀害中华鲟。因科学研究等特殊情况必须捕捉中华鲟的，应当按照国家有关规定取得特许捕捉证。取得特许捕捉证的，应当按照特许捕捉证规定的数量、地点、期限、工具和方法进行捕捉。捕捉作业完成后，应当及时向捕捉地的区渔业行政主管部门申请查验。市和相关区渔业行政主管部门对捕捉中华鲟的活动应当进行监督检查，并及时报告监督检查结果。

- 第十五条　任何单位和个人误捕中华鲟的，应当立即无条件放生。任何单位和个人发现受伤、搁浅、受困中华鲟的，应当及时报告渔业行政主管部门，由其采取紧急收容救护措施；也可以要求附近具备救护条件的单位采取紧急救护措施，并报告渔业行政主管部门。已经死亡的中华鲟，由渔业行政主管部门妥善处理。因保护中华鲟受到损失的，可以向渔业行政主管部门申请补偿；经调查属实并确实需要补偿的，由渔业行政主管部门按照有关规定给予适当补偿。

- 第十六条　市渔业行政主管部门应当建立健全中华鲟收容救护体系，对执法机关罚没的中华鲟，以及野外发现的误捕、受伤、搁浅、受困的中华鲟开展收容救护工作。市渔业行政主管部门可以指定具备救护条件的单位作为固定收容救护单位。收容救护单位应当对接收的中华鲟进行检查、检疫、治疗、安置、暂养等。

- 第十七条　市和相关区渔业行政主管部门应当组织社会各方面力量，采取人工鱼礁、水生动植物底播等生态修复措施，维护水域生态环境，预防和控制外来水生动植物入侵，改善中华鲟的栖息环境。

- 第十八条　市和相关区渔业行政主管部门应当会同相关部门开展中华鲟生存环境水文、水质、底质、地形地貌、底栖生物等环境监测，建立相应的监测网络和数据共享机制，并对其生存环境状况进行评估。

- 第十九条　实施开发利用活动或者工程建设项目可能对中华鲟产生影响的，应当按照国家有关规定编制专题论证报告，并将其纳入环境影响报告书（表）。建设单位应当按照环境影响报告书（表）落实环保措施，控制环境影响。建设项目的环境影响报告书（表）未依法经审批部门审查或者未予批准的，建设单位不得开工建设。

- 第二十条　经批准的开发利用活动或者工程建设项目对中华鲟产生不利影响的，应当制定并落实生态修复方案和措施，使用生态环保材料，并向市渔业行政主管部门备案。

- 第二十一条　市渔业行政主管部门应当加强中华鲟保护管理工作所需设施设备的建设和维护，并配备相应的专业人员，提升保护管理能力。

第三章　监督管理

- 第二十二条　市渔业行政主管部门应当建立与生态环境、绿化市容（林业）等相关行政管理部门的协调机制，依托"一网统管"等方式协作开展信息共享、联合执法、突发事件应对等工作，共同做好中华鲟保护管理。市渔业行政主管部门应当加强与司法机关的工作衔接，依法及时打击危害中华鲟保护的违法犯罪行为。

- 第二十三条　市渔业行政主管部门应当与生态环境、水务（海洋）等部门加强沟通和协作，在编制涉及中华鲟的水域环境污染、生态破坏事故及自然灾害等应急预案时，制定对中华鲟保护的应急管理措施，明确相关部门的工作职责。

- 第二十四条　对造成或者可能造成中华鲟生存环境污染、破坏的行为，有关单位和个人应当立即采取控制污染、停止作业等相应措施，并及时向相关行政主管部门报告。市渔业行政主管部门与生态环境、水务（海洋）等部门应当按照各自职责及时调查处理。

- 第二十五条　市渔业行政主管部门应当每年制定中华鲟保护管理检查计划，可以会同市自然保护区行政管理部门按照职责开展检查和指导。市渔业行政主管部门开展现场检查时，可以向相关单位和个人询问、调查有关情况，查阅、复制有关资料。被检查的单位和个人应当予以配合。

- 第二十六条　可能造成危害中华鲟的严重事故，有关单位未及时消除隐患的，市渔业行政主管部门可以约谈责任单位主要负责人，要求其采取有效措施消除隐患。

- 第二十七条　市渔业行政主管部门应当按照国家有关规定建立健全评价机制，分析、评价中华鲟保护管理效果，提出改进措施。

- 第二十八条　任何单位或者个人发现危害中华鲟的违法行为的，可以向市和相关区渔业行政主管部门投诉举报。市和相关区渔业行政主管部门对接到的投诉举报，属于本部门职责的，应当及时进行核实、处理、答复；不属于本部门职责的，应当立即通知有权处理的部门，并及时移交相关材料、告知投诉举报人。有权处理的部门应当及时予以处理。

- 第二十九条　市渔业行政主管部门应当会同有关部门每年向社会发布本市中华鲟保护管理报告，内容包括：

（一）中华鲟资源及分布状况；

（二）中华鲟生存环境状况；

（三）中华鲟人工繁育、增殖放流、收容救护等情况；

（四）中华鲟管理情况；

（五）其他需要报告的情况。

第四章　区域协作

- 第三十条　市渔业行政主管部门应当与长江流域其他地区相关部门建立中华鲟保护管理区域协作机制，协同推动中华鲟保护管理。
- 第三十一条　市渔业行政主管部门应当与长江流域其他地区相关部门加强中华鲟保护管理的执法合作，搭建区域性执法协作平台，推进执法信息交流和证据通报，协同打击非法猎捕、非法经营利用等违反中华鲟保护管理规定的行为。
- 第三十二条　本市相关行政主管部门应当与长江流域其他地区相关部门协同开展流域性的中华鲟资源调查和生存环境监测，加强科研合作、技术交流和成果共享，推动中华鲟全生命周期联动保护。
- 第三十三条　市渔业行政主管部门应当与长江流域其他地区相关部门加强中华鲟的收容救护合作，共享收容救护设施设备，互相提供收容救护人员与技术资源，定期开展收容救护技术交流，共同提升收容救护水平。
- 第三十四条　市渔业行政主管部门应当与长江流域其他地区相关部门加强中华鲟迁地保护合作，建立迁地保护、人工繁育和科普教育基地。
- 第三十五条　市渔业行政主管部门应当与长江流域其他地区相关部门加强中华鲟遗传多样性保护合作，建立基因档案，加强种质资源交流，提高中华鲟遗传多样性。

第五章　法律责任

- 第三十六条　有下列情形之一的，由市或者区渔业行政主管部门等相关部门依据《中华人民共和国野生动物保护法》《全国人大常委会关于全面禁止非法野生动物交易、革除滥食野生动物陋习、切实保障人民群众生命健康安全的决定》《中华人民共和国水生野生动物保护实施条例》等法律、行政法规的规定予以处罚，构成犯罪的，依法追究刑事责任：

（一）违反本条例第十三条第一款规定，非法出售、收购、运输、利用中华鲟及其制品的；

（二）违反本条例第十三条第二款规定，生产、出售、收购、运输、食用中华鲟及其制品制作的食品的；

（三）违反本条例第十四条第一款、第二款规定，未取得特许捕捉证或者未按照特许捕捉证规定的数量、地点、期限、工具和方法捕捉中华鲟的。

违反本条例规定的其他行为，法律、行政法规有处罚规定的，从其规定。

• 第三十七条　任何单位和个人，违反生态环境法律、法规，除依法承担相应的行政责任、刑事责任外，造成中华鲟栖息水域生态环境损害的，还应当依法承担相应的生态环境损害赔偿责任。

• 第三十八条　行政机关工作人员在从事中华鲟保护管理工作中玩忽职守、滥用职权、徇私舞弊的，依法给予处分；构成犯罪的，依法追究刑事责任。

第六章　附则

• 第三十九条　江豚、胭脂鱼、松江鲈等国家重点保护的其他珍稀、濒危水生野生动物，按照相关法律、法规的规定实施保护管理。

4 上海市促进家庭农场发展条例

• 第一条 为了保障本市家庭农场健康发展，维护家庭农场合法权益，发挥家庭农场的农业经营主体作用，促进农业增效、农民增收、农村发展，推进乡村振兴战略实施，根据有关法律、行政法规，结合本市实际，制定本条例。

• 第二条 本条例适用于本市行政区域内家庭农场的生产经营以及相应的扶持、指导、服务与规范等活动。本条例所称家庭农场是指以家庭成员为主要劳动力，以家庭为基本经营单元，从事农业规模化、标准化、集约化生产经营的主体。

• 第三条 市、区人民政府应当建立健全支持家庭农场健康发展的体制机制，制定政策措施，促进家庭农场适度规模经营和高质量发展。农业农村部门是本市家庭农场的主管部门，负责本行政区域内涉及家庭农场相关政策的拟定和协调落实，承担家庭农场发展的扶持、指导、服务、规范等相关工作。发展改革、财政、市场监管、规划资源、商务、金融、人力资源社会保障、绿化市容（林业）、科技、文化旅游、生态环境、水务、气象等部门应当按照各自职责，做好促进家庭农场发展的相关工作。镇（乡）人民政府负责对家庭农场生产经营的服务指导和规范管理的日常工作。

• 第四条 本市实行家庭农场名录制度。家庭农场可以按照规定纳入名录库享受相关扶持政策，也可以根据经营情况退出名录库。市农业农村部门制定本市家庭农场纳入名录库的基本要求，基本要求可以包括主要经营者的成员条件、技能水平、劳动力结构，以及土地经营权获取、经营范围与规模等事项。区农业农村部门可以根据市农业农村部门的基本要求，结合当地资源条件、行业特征、农产品品种特点等实际，对本区纳入家庭农场名录库的具体要求作出细化规定。市、区农业农村部门应当将家庭农场纳入名录库的相关要求、扶持措施及入库的家庭农场名录向社会公开，并实行动态更新。

• 第五条 家庭农场合法权益受法律保护，任何单位和个人不得侵犯。家庭农场依法可以享受国家和本市的直接补贴和项目支持。对国家和本市财政直接补助形成的生产经营资产享有占有、使用和收益的权利，并可以按照规定进行处分。

- 第六条　本市坚持农村土地集体所有、维护农村土地承包权益，保障农村土地经营权向家庭农场有序流转。市、区农业农村部门应当优化农村土地经营权流转服务体系，健全农村土地经营权公开流转平台，并做好相关政策咨询、信息发布、价格指导等工作。镇（乡）人民政府应当按照促进家庭农场发展的原则，结合合理利用土地、农作物生长特点和保持土地经营权流转关系相对稳定等需求确定流转期限，流转期限原则上不低于三年。市、区农业农村部门应当健全完善农村土地经营纠纷调解、仲裁体系，有效化解土地经营权流转纠纷。

- 第七条　家庭农场应当通过农村土地经营权公开流转平台获取农村土地经营权，并签订土地经营权流转合同，明确流转期限、土地用途、流转价格等内容。推广使用农村土地经营权流转合同示范文本。家庭农场依法取得流转期限为五年以上土地经营权的，可以持取得土地经营权的相关材料以及其他必要材料申请土地经营权首次登记。

- 第八条　区、镇（乡）人民政府应当在符合国土空间规划和农业相关规划的前提下，对家庭农场用于仓储、晾晒、冷藏保鲜、农机放置、农产品初加工等设施用地给予统筹支持和合理安排。镇（乡）人民政府应当通过资源统筹等方式帮助家庭农场解决烘干晾晒、贮藏保鲜、农机服务以及相关设施、设备的保障和更新等问题。

- 第九条　市、区人民政府应当采取措施，培育农业社会化服务组织，引导其开展面向家庭农场的病虫害统防统治、肥料统配统施、机械化生产、灌溉排水、贮藏保鲜等服务。

- 第十条　市、区人民政府应当将促进家庭农场发展的经费纳入本级财政预算，通过财政补助、贷款贴息、先建后补等方式，重点用于支持家庭农场基础设施建设、农业生产设施建设、质量标准认证、市场营销、技术创新与推广、人员培训等事项。

- 第十一条　金融管理部门应当按照国家要求推进普惠金融发展，鼓励银行业金融机构在风险可控的前提下，增加对家庭农场的信贷支持力度。鼓励金融机构建立适合家庭农场特点的授信制度，开展与农业生产经营周期相匹配的流动资金贷款和中长期贷款业务，简化贷款审批流程。通过设立的政策性农业信贷担保资金、创业担保贷款担保资金，将符合条件的家庭农场纳入政策性融资担保政策的覆盖范围，完善风险补偿机制。

- 第十二条　市、区农业农村部门应当为家庭农场提供政策性保险，引导家庭农场参加各类农业保险，增强家庭农场抵御风险的能力。鼓励保险机构加强对家庭农场的综合保险服务，建立健全包括农作物生产和农产品运输、储存、加工、销售等全流程风险保障体系，扩大农业保险覆盖范围。

第十三条　市、区科技、农业农村部门应当指导和支持家庭农场应用新品种、新技术、新农艺，支持有条件的家庭农场建设科技试验示范基地，参与实施农业技术研究和推广活动。农业科研、农技推广等机构应当组织农业科研人员、农技推广人员，通过技术培训、定向帮扶等方式，为家庭农场提供先进适用技术。

第十四条　家庭农场经营者可以自主决定向市场监督管理部门申请登记。符合条件的，市场监督管理部门应当依法受理并准予登记。

第十五条　市、区商务、农业农村部门应当采取措施，推动家庭农场和电子商务平台经营者建立合作关系，拓宽农产品流通渠道。鼓励电子商务平台经营者通过降低入驻门槛和促销费用等方式，支持家庭农场发展农村电子商务。

第十六条　支持家庭农场开展绿色食品、有机农产品、农产品地理标志认证，推动品牌建设。市、区农业农村部门应当对家庭农场开展品牌建设，给予指导和服务。

第十七条　家庭农场从事种植业、养殖业的，执行本市农业生产电价，并可以参照农民专业合作社执行农业分时电价。

第十八条　家庭农场经营者应当提高从事农业生产管理的能力，参加相关技能培训，掌握相应的知识和技能。市人力资源社会保障、农业农村部门应当建立健全农业职业培训制度，完善新型职业农民、农业职业经理人、农村实用人才等培育计划，提高家庭农场技术、管理等水平。鼓励涉农院校、科研院所和农业产业化龙头企业等，采取田间教学等形式为家庭农场提供职业技能培训服务。鼓励家庭农场经营者通过多种形式参加职业培训，取得专业技术职称、职业资格证书、职业技能等级证书或者专项职业能力证书。

第十九条　本市户籍人员在家庭农场就业期间，经协商一致，可以通过集体参保方式，参照本市灵活就业人员参加城镇职工基本养老保险和医疗保险。市、区人民政府应当完善家庭农场经营者参加社会保险的相关政策，扩大覆盖面，提高保障水平。

第二十条　市农业农村部门应当建立统一的信息服务管理平台，开展家庭农场数据采集、运行分析等工作，收集、汇总、发布、更新国家和本市有关家庭农场发展的政策措施、行业动态等信息，为家庭农场提供个性化服务，并为公众提供查询服务。

第二十一条　本市开展家庭农场示范建设，发挥示范家庭农场在发展适度规模经营、应用先进技术、实施标准化生产、提高农产品质量等方面的示范作用。市、区农业农村部门应当会同相关部门制定和完善市、区两级示范家庭农场认定标准并组织评审。对经评审认定为示范家庭农场的，市、区农业农村部门应当进行定期监测和动态调整，并给予相关政策扶持。

- 第二十二条　家庭农场可以与相关企业、农民专业合作社和社会化服务组织在资金、技术和市场等方面加强合作，形成农业产业化联合体，提高农业经营效益。鼓励家庭农场发起或者加入农民专业合作社。鼓励家庭农场发展农产品初加工产业、休闲农业、创意农业，拓展互联网销售模式，加强与文化旅游等二三产业融合，促进都市现代农业发展。区农业农村部门和镇（乡）人民政府应当为家庭农场对外合作、产业延伸等提供指导和服务。

- 第二十三条　家庭农场从事生产经营活动应当遵守农村土地用途管制、耕地保护、生态环境保护、农产品质量安全管理等相关规定，使用并维护好农田水利、林网等基础设施，不得从事以下行为：

（一）擅自将流转经营土地再流转给第三方；

（二）损害农田水利、林网等基础设施；

（三）从事掠夺性经营，损害土地、其他农业资源和环境；

（四）擅自改变流转经营土地的农业用途；

（五）采取弄虚作假、隐瞒真实情况等手段，套取政府扶持项目和资金；

（六）违反法律、法规的其他行为。

家庭农场有前款第一项至第五项所列行为之一的，依法承担法律责任，区农业农村部门应当将其移出家庭农场名录库。

- 第二十四条　侵犯家庭农场合法权益的，应当依法承担法律责任。国家机关工作人员在促进家庭农场发展工作中玩忽职守、滥用职权、徇私舞弊或者有其他违法行为的，由其所在单位或者上级主管部门依法给予处分；构成犯罪的，依法追究刑事责任。

5 关于促进和保障长江流域禁捕工作若干问题的决定

为了做好本市长江流域禁捕及相关工作，加强生态环境保护和修复，实施长江大保护，保障生态安全，根据《中华人民共和国长江保护法》《中华人民共和国渔业法》以及相关法律、行政法规的规定，上海市人民代表大会常务委员会特作如下决定。

- 一、本市全面贯彻落实国家关于加强长江水生生物保护和做好长江禁捕有关工作等规定，把长江禁捕工作作为当前和今后一个时期的重大任务，确保禁捕以及相关工作取得实效。

- 二、本决定所称禁捕区域是指国家和本市确定的长江流域以及重点水域禁捕范围。禁捕期限按照国家和本市有关规定执行。

- 三、市人民政府应当将禁捕工作纳入国民经济和社会发展规划，建立禁捕重大事项协调机制，定期听取禁捕工作情况汇报，研究解决重点难点问题，并将禁捕工作情况纳入绩效考核和目标任务考核体系。相关区人民政府应当落实属地管理责任，健全长效监管机制，依法打击非法捕捞等行为，建立渔政协助巡护队伍，做好禁捕以及相关保障工作。市农业农村部门负责和协调禁捕工作。发展改革、经济信息化、商务、公安、民政、司法行政、财政、人力资源社会保障、规划资源、交通、水务（海洋）、文化旅游、市场监管、林业、城管执法等部门以及上海海警局、上海海事局、长江航运公安局上海分局等驻沪中央直属机构根据各自职责分工，做好禁捕相关工作。

- 四、本市发挥"一网统管"、城市数字化、网格化管理等优势，加快实现各部门信息数据共享，建立健全非法捕捞等违法行为的及时发现、响应和处置机制。市农业农村、公安、交通、市场监管、水务（海洋）等部门和相关区人民政府应当加强执法力量和装备设施资源整合，探索推进水陆联动和多部门联合执法、联动执法、协同执法。依托上海海警局、上海海事局、长江航运公安局上海分局等驻沪中央直属机构的执法优势，建立中央直属机构与本市政府部门的联动执法机制，加大对非法捕捞等行为的依法查处力度，提高执法效能。市有关部门应当加强对相关区、镇（乡）人民政府落实禁捕工作的指导，重点加大对"三无"船舶在沿江沿海水域的检查管控和依法查处力度。市农业农村部门应当制定管理制度，加强禁捕区域垂钓管理。

五、市、区相关部门依照以下职责分工对违法行为依法查处：

（一）非法捕捞、利用或者变相利用垂钓进行捕捞的行为，由农业农村部门依法查处；

（二）"三无"船舶在禁捕区域航行、停泊的，由海事部门依法处理；"三无"船舶有涉渔行为的，由农业农村部门依法查处；

（三）船舶携带涉渔工具在禁捕区域航行、停泊的，农业农村、海警、海事、公安、交通、林业等部门可以依法登临检查；发现涉渔违法行为的，由农业农村部门依法查处；

（四）携带电鱼、毒鱼、炸鱼等装置、器具或者其他禁用渔具进入禁捕区域的，由农业农村部门依法查处，或者由公安、海警、交通、水务（海洋）、林业部门依法调查取证后移送农业农村部门查处；情节严重的，移送公安部门依法查处；

（五）收购、运输、加工、销售、利用非法渔获物，或者以长江渔获物的名义虚假宣传的，由农业农村、交通、市场监管等部门按照职责分工依法查处；

（六）其他破坏禁捕工作的违法行为，依据国家和本市有关规定予以处理。

六、本市依法严惩破坏禁捕工作的违法犯罪行为。人民法院、人民检察院、公安机关、海警机构和相关行政执法部门应当明确案件移送的程序和时限，依法履行职责，分工协作，有效衔接，确保案件依法移送、侦查、起诉、审判和执行。

七、市有关部门和相关区人民政府根据工作实际和管理需求，加快建设执法船（艇）、专用码头和相对集中的船舶扣押、拆解场所。市和相关区农业农村、公安、市场监管等部门应当强化执法队伍和能力建设，加大行政执法和案件查处力度。市和相关区发展改革、经济信息化、商务、财政、规划资源、交通等部门应当采取措施，保障执法监管中涉及的码头、装备、设施和信息化建设等相关必要需求。

八、各类新闻媒体应当宣传禁捕法律法规和政策，投播禁捕公益广告，在全社会营造自觉禁捕、保护生态的氛围。鼓励公众积极参加与禁捕退捕有关的志愿服务活动。单位和个人应当增强水生生物保护意识，严格执行长江水生生物保护的各项规定。发挥社会监督作用，对破坏禁捕等违法行为建立举报奖励制度。支持相关科研机构依法依规开展水域生态科学技术研究以及生物完整性指数监测，发布监测报告，开展长江流域禁捕效果评估，为相关政策制定和完善提供科学支持。

九、本市应当持续推进退捕渔民安置保障工作。市人力资源社会保障部门和相关区人民政府应当加强退捕渔民的就业指导和职业技能培训，优先安排就业困难的退捕渔民从事公益性工作；市、区民政部门应当做好退捕渔民的生活困难兜底保障工作。本市各级财政部门应当加大资金投入力度，统筹整合相关资金，支持退捕渔民转产安置、社会保障等资金需求。

- 十、本市在实施长三角一体化发展国家战略基础上，探索推进长江流域禁捕跨省联动监督、协同立法、联合执法等行动。本市建立健全与江苏省、浙江省、安徽省协同的非法捕捞闭环监管长效机制，探索建设覆盖三省一市的船舶登记信息共享平台、渔船动态监管平台、水产品市场流通追溯监管平台和执法信息互通共享平台，共同打击破坏禁捕工作的违法犯罪行为。本市依托部省际长江口禁捕管理工作协调机制，联合江苏省、浙江省协同推进长江水域非法捕捞整治，加强长江口禁捕管理区管理。

- 十一、本决定所称的"相关区"，是指浦东新区、崇明区、宝山区、奉贤区、金山区以及禁捕水域范围涉及的其他区。本决定所称的"三无"船舶，是指无船名船号、无船舶证书、无船籍港的船舶（艇、筏）。

6 上海市农村村民住房建设管理办法

第一章 总则

第一条（目的和依据）

为了加强本市农村村民住房建设管理，引导农村村民住宅建设合理、节约利用土地资源，推进乡村振兴战略实施，根据有关法律、法规，结合本市实际情况，制定本办法。

第二条（适用范围）

本办法适用于本市行政区域范围内农民集体所有土地上农村村民新建、改建、扩建和翻建住房（以下统称"村民建房"）及其管理。

第三条（有关用语的含义）

本办法中下列用语的含义是：
（一）农村村民，是指具有本市农业户口的本市农村集体经济组织成员；
（二）农户建房，是指由村民以户为单位，自行申请宅基地建造住房的活动；
（三）集体建房，是指村民委员会或者村、镇集体经济组织受村民委托，在村域或者镇域范围内，统一规划、统一设计、集中建造住房的活动。

第四条（管理部门）

市农业农村行政管理部门是本市农村宅基地使用的主管部门；区农业农村行政管理部门负责本辖区内宅基地使用的具体管理。

市规划资源行政管理部门是本市村民建房规划、用地的主管部门；区规划资源行政管理部门负责本辖区内村民建房的规划、用地管理，镇（乡）土地管理所作为其派出机构具体实施相关的管理工作。

市住房和城乡建设行政管理部门是本市村民建房的建筑活动主管部门，并负责农村建筑风貌的引导；区建设行政管理部门负责本辖区内村民建房的建筑活动监督管理。

区人民政府和镇（乡）人民政府负责本辖区内村民建房的管理。镇（乡）人民政府受区规划资源行政管理部门委托，审核发放农户建房的乡村建设规划许可证，对农户建房进行开工查验和竣工验收；受区建设行政管理部门委托，进行农户建房安全质量的现场指导和监督检查。

发展改革、生态环境、绿化市容、公安、民政等有关部门按照各自职责，协同实施本办法。

第五条（基本原则）

农村村民实施建房活动，应当符合规划、节约用地、集约建设、安全施工、保护环境、注重风貌。

农村村民建房的管理和技术服务，应当尊重村规民约和村民生活习惯，坚持安全、经济、适用和美观的原则，注重建筑质量，完善配套设施，落实节能节地要求，体现历史文化和乡村风貌。

第六条（分类引导）

位于规划确定的农村居民点范围内的农户，在符合村庄设计和乡村风貌管控要求的前提下，允许翻建、改建住房。

位于规划确定的农村居民点范围以外的农户，引导其选择进城镇集中居住，或者到规划确定的农村居民点实施平移集中建房。

同户（以合法有效的农村宅基地使用证或者建房批准文件计户）居住人口中有两个以上（含两个）达到法定结婚年龄的未婚者，其中一人要求分户，且符合所在区人民政府规定的分户条件的，采取多种方式，保障其居住权。

第七条（技术规范和规划编制）

市住房和城乡建设行政管理部门应当会同市规划资源、生态环境、绿化市容等部门组织编制村民建房的规划技术标准、住宅设计标准、配套设施设置规范和乡村风貌导则。

编制郊区总体规划、镇总体规划和村庄规划的，应当合理确定本辖区内村民建房的布点、范围和用地规模。区建设行政管理部门和镇（乡）人民政府应当加大宣传力度，向农村村民普及建房技术与质量安全知识。

第八条（建房方式）

本市鼓励集体建房，引导村民建房向规划确定的农村居民点集中。所在区域已实施集体建房的，不得另行申请农户建房；所在区域属于经批准的规划确定的农村居民点，且尚未实施集体建房的，农户可以按规划申请建房。

第九条（风貌管控）

镇（乡）人民政府应当根据本市乡村风貌导则，结合地区自然肌理、传统文化和建筑风貌元素等，将风貌管控要求纳入村规民约，并通过专业设计引导村民建房。

第十条（用地计划）

区规划资源行政管理部门应当确定村民建房的年度用地计划指标，并分解下达到镇（乡）人民政府。

镇（乡）人民政府审核建房申请，应当符合区规划资源行政管理部门分解下达的村民建房年度用地计划指标。

第十一条（公开办事制度）

区农业农村、规划资源、建设行政管理部门和镇（乡）人民政府应当实行公开办事制度，将农户建房的申请条件、申报审批程序、审批工作时限、审批权限等相关规定和年度用地计划进行公开。

第十二条（宅基地的使用规范）

农户只能拥有一处宅基地，其宅基地的面积不得超过规定标准。

农户按规划易地实施建房的，应当在新房竣工后 3 个月内拆除原宅基地上的建筑物、构筑物和其他附着物；参加集体建房的，应当在新房分配后 3 个月内拆除原宅基地上的建筑物、构筑物和其他附着物。原宅基地由村民委员会或者村集体经济组织依法收回，并由镇（乡）人民政府或者区规划资源行政管理部门及时组织整理或者复垦。

区人民政府在核发用地批准文件时，应当注明新房竣工后退回原有宅基地的内容，并由镇（乡）土地管理所负责监督实施。

第十三条（宅基地自愿有偿退出）

区、镇（乡）人民政府和村民委员会、村镇集体经济组织可以采取多种形式，鼓励宅基地使用人自愿有偿退出合法取得的宅基地。区人民政府可以制定具体实施办法。

第二章　农户建房

第十四条（申请主体）

符合下列条件之一的集体经济组织成员，需要申请宅基地建房的，可以以户为单位提出申请：

（一）实行家庭联产承包责任制以来享有土地承包经营权，属本市农业户口且户口、生产生活在本村的；

（二）属本市农业户口，且因合法的婚姻、收养关系户口迁入本村的；

（三）属本市农业户口，且根据国家移民政策户口迁入本村的；

（四）法律、法规规定的其他情形。

农户建房用地人数的计算方法，按照本办法第三十五条规定执行。

第十五条（建房条件）

符合下列条件之一的农户，可以对原有住房进行改建、翻建或者易地新建：

（一）按照村镇规划调整宅基地，需要易地新建的；

（二）原有住房属于危险住房，需要易地新建或者在原址翻建的；

（三）原有住房因自然灾害等原因灭失，需要易地新建或者在原址翻建的；

（四）区人民政府规定的其他情形。

前款中的危险住房，是指根据我国危险房屋鉴定标准的有关规定，经本市专业机构鉴定危险等级属 C 级或 D 级，不能保证居住和使用安全的住房。

第十六条（禁止建房的情形）

具有下列情形之一的农户，不得申请宅基地新建住房，或者对原有住房进行改建、扩建或者翻建：

（一）拥有多处宅基地的；

（二）已有宅基地上存在违法用地、违法建筑等情况，未按照相关规定完成整改的；

（三）将原有住房出售、赠与他人，或者未经有关部门许可将原有住房改为经营场所的；

（四）离婚户对宅基地及住房权益未处置完毕的；

（五）区人民政府规定的其他情形。

第十七条（村级审查程序）

村民委员会接到农户建房申请后，应当在本村或者该户村民所在的村民小组，将农户成员人数、建房位置、宅基地和建筑占地面积、建筑方案等相关信息张榜公布，公布期限不少于30日。

公布期间无异议的，村民委员会应当在申请表上签署意见后，连同建房申请人的书面申请报送镇（乡）人民政府；公布期间有异议的，村民委员会应当召集村民会议或者村民代表会议讨论决定。

第十八条（行政审批程序）

镇（乡）人民政府应当在接到村民委员会报送的申请表和建房申请人的书面申请后20日内，会同镇（乡）土地管理所进行实地审核。审核内容包括申请人是否符合条件、拟用地是否符合规划、拟建房位置以及层数、高度、风貌是否符合标准等。

镇（乡）人民政府审核完毕后，应当将审核意见连同申请材料一并报区规划资源行政管理部门；区规划资源行政管理部门会同区农业农村行政管理部门初核后，由区人民政府审批建房用地。审批应当在20日内完成。

建房用地批准后，由区人民政府发给用地批准文件；由镇（乡）人民政府发给乡村建设规划许可证。

第十九条（审批结果的公布）

区人民政府和镇（乡）人民政府应当将农户建房的审批结果张榜公布，接受群众监督。

第二十条（宅基地范围划定和开工查验）

经批准建房的农户应当在开工前向镇（乡）土地管理所申请划定宅基地范围。

镇（乡）土地管理所应当在 10 日内，到实地丈量划定宅基地，并通知镇（乡）人民政府派员到现场进行开工查验，实地确认宅基地内建筑物的平面位置、层数、高度和风貌。

农户应当严格按照用地批准文件、乡村建设规划许可证和施工图纸的要求进行施工。

第二十一条（施工图纸）

农户建造两层或者两层以上住房的，应当使用具备资质的设计单位设计或经其审核的施工图纸，或者免费使用市住房和城乡建设行政管理部门推荐的通用图纸。

施工图纸应当符合相应技术规范、设计标准以及乡村风貌导则。

市和行政管理部门应当组织落实向农户推荐通用图纸的实施工作。

市住房和城乡建设行政管理部门应当建立乡村建筑师名单，由镇（乡）人民政府组织建筑师为农户提供技术咨询和指导服务。

第二十二条（施工队伍）

农户建房应当选择具有相应专业能力的施工队伍。施工队伍中，应当配备符合规定的质量员、安全员。

第二十三条（质量和安全监督）

农户应当与施工队伍签订建房协议，并约定质量和安全责任。

镇（乡）人民政府应当落实质量安全专管人员对农户建房实施质量和安全监督，也可以委托符合条件的第三方质量安全管理机构实施质量和安全监督。

第二十四条（配套设施）

镇（乡）人民政府应当配套完善农村居民点内道路、路灯、污水处理、生活垃圾分类处置、通信等设施。

第二十五条（竣工期限）

镇（乡）人民政府在审核发放乡村建设规划许可证时，应当核定竣工期限。

易地新建住房的竣工期限一般为 1 年，最长不超过 2 年。

第二十六条（竣工验收）

农户建房完工后，应当通知镇（乡）人民政府进行竣工验收。镇（乡）人民政府应当在接到申请后的 15 日内，到现场进行验收。

镇（乡）人民政府应当提前通知镇（乡）土地管理所，由镇（乡）土地管理所派员同时到实地检查农户建房是否按照批准的面积和要求使用土地。

经验收符合规定的，镇（乡）人民政府应当将验收结果送区建设行政管理部门备案。

第三章　集体建房

第二十七条（集体建房的统筹安排）

区人民政府应当按照经批准的村镇规划，结合实际，组织制定集体建房实施计划。有条件的村民委员会或者村、镇集体经济组织可以按本办法规定实施集体建房。

第二十八条（集体建房的规划和用地审批）

实施集体建房项目的村民委员会或者村、镇集体经济组织应当依法向区规划资源行政管理部门申请办理建设项目规划许可。审批过程中，规划资源行政管理部门应当征询农业农村、生态环境、绿化市容、水务等部门的意见，明确污水收集处理、生活垃圾收集处理等配套设施的建设要求。

村民委员会或者村、镇集体经济组织取得建设用地规划许可后，凭以下材料向区规划资源行政管理部门提出用地申请：

（一）建设用地申请书（含项目选址、用地和居住人口规模、资金来源、原宅基地整理复垦计划等情况）；

（二）建设用地规划许可证书及其附图；

（三）相关会议关于实施集体建房项目的决定；

（四）相关农户符合建房条件且同意参加集体建房的有关材料；

（五）住房配售初步方案（含住房配售对象情况、配售面积、按规定应当退还的原宅基地情况等）。

集体建房用地选址涉及跨村用地调整的，镇集体经济组织对被占用土地的村集体经济组织和农民予以经济补偿后，经镇集体经济组织与被占地村集体经济组织协商一致，将土地权属调整为镇集体经济组织所有。提出用地申请时，除前款规定的材料，还应提交用地权属调整和协商补偿的有关材料。

经审核批准的，区规划资源行政管理部门应当颁发建设用地批准书。

第二十九条（集体建房的工程建设管理）

集体建房适用国家和本市有关建设工程质量和安全的管理规定。

集体建房项目应当按照规定，向区建设行政管理部门办理建筑工程施工许可、竣工验收备案手续。

区建设行政管理部门应当加强集体建房项目的工程质量和安全管理。

第三十条（集体建房的配售）

集体建房的住房配售初步方案，由村民委员会或者村、镇集体经济组织召集会议讨论决定。

集体建房项目竣工验收备案后，村民委员会或者村、镇集体经济组织应当按照住房配售初步方案和经有关行政主管部门批准的事项，提请会议讨论确定住房配售的具体方案。

实施集体建房的村民委员会或者村、镇集体经济组织应当向本集体经济组织内符合建房条件的村民配售住房。镇（乡）人民政府应当对集体建房的配售情况进行监督检查，检查结果送区农业农村行政管理部门备案。

村民委员会或者村、镇集体经济组织应当向村民公布集体建房的成本构成和配售情况，接受村民监督。

第三十一条（集体建房的环卫设施配建要求）

集体建房应当按规定同时配建生活垃圾收集容器和设施，并建造集中收集粪便的管道和处理设施。

第三十二条（集体建房的相关标准和规范）

实施集体建房，应当符合本市城市规划管理技术规定、住宅设计标准、配套设施设置规范和乡村风貌导则。

第四章　相关标准

第三十三条（用地面积标准）

农户建房的用地面积按照下列规定计算：

（一）5人户及5人以下户的宅基地面积不超过140平方米、建筑占地面积不超过90平方米；

（二）6人户及6人以上户的宅基地面积不超过160平方米、建筑占地面积不超过100平方米。

区人民政府可以在前款标准范围内，根据户内人数情况，确定宅基地面积、建筑占地面积的具体标准。

对于宅基地原址翻建、易地新建的，相关标准应当按照前款规定执行。

第三十四条（建筑占地面积的计算标准）

农户建房的建筑占地面积按照下列规定计算：

（一）室外有顶盖、有立柱的走廊的建筑占地面积，按立柱外边线水平面积计算；

（二）有立柱的阳台、内阳台、平台的建筑占地面积，按立柱外边线或者墙体外边线水平面积计算。

无立柱、无顶盖的室外走道和无立柱的阳台不计建筑占地面积，但不得超过批准的宅基地范围。

第三十五条（用地人数的计算方法）

农户申请建房用地的人数，按照该户内符合第十四条规定的人数进行计算。

2001年1月1日以后出生，父母至少一方为农业户口的本集体经济组织成员，其本人城镇居民户口地址以及生产、生活在本村的人员，可以计入户内。领取本市《独生子女父母光荣证》（或者《独生子女证》）的独生子女，按2人计算。户口暂时迁出的现役军人（武警）、在校学生、服刑人员，以及符合区人民政府规定的其他人员，可以计入户内。

农户内在本市他处已计入批准建房用地人数的人员，或者因宅基地征收（拆迁）

已享受补偿安置的人员,不得计入用地人数。

区人民政府可以制定关于农户申请建房用地人数的具体认定办法。

第三十六条（用地程序和标准）

原址改建、扩建、翻建住房或者按规划易地新建住房的,均应当办理用地手续,并按本办法规定的用地标准执行。

第三十七条（间距、层数和高度标准）

村镇规划对农户建房的间距、层数和高度标准有规定的区域,按照村镇规划执行。

村镇规划尚未编制完成或者虽已编制完成但对农户建房的间距、层数和高度标准未作规定的区域,间距、层数由镇（乡）人民政府按照实际情况确定；房屋檐口高度不得超过 10 米,屋脊高度不得超过 13 米。

第五章 法律责任

第三十八条（镇乡人民政府的监督检查）

镇（乡）人民政府应当加强对本区域内农户建房活动的监督检查,发现有违反国家和本市有关规定的行为的,应当予以劝阻、制止。

第三十九条（农村村民非法占地建房的处罚）

农村村民未经批准或者采取欺骗手段骗取批准,非法占用土地建设住宅的,由区规划资源行政管理部门依据《中华人民共和国土地管理法》的有关规定,责令退还非法占用的土地,限期拆除在非法占用的土地上新建的建筑物和其他设施。

超过本市规定的标准,多占的土地按非法占用土地处理。

新建房屋竣工后,不按规定拆除原有房屋、退还宅基地的,按照非法占用土地处理。

第四十条（违反规划管理的处理）

未依法取得乡村建设规划许可证或者未按照乡村建设规划许可证的规定进行建设

的，由镇（乡）人民政府依据《中华人民共和国城乡规划法》的有关规定，责令停止建设、限期改正；逾期不改正的，可以拆除。

第四十一条（违反质量和安全要求的处罚）

实施集体建房的村民委员会，村、镇集体经济组织和参与集体建房项目的勘察、设计、施工、监理单位依法对住房建设工程的质量和施工安全承担相应法律责任。

集体建房的工程质量和施工安全不符合有关法律、法规和规章规定的，由区建设行政管理部门依法予以处罚。

第四十二条（行政复议和诉讼）

当事人对具体行政行为不服的，可以依法申请行政复议，或者依法向人民法院提起诉讼。

第四十三条（执法者违法违规行为的追究）

有关行政管理机关应当依法履行职责，严格依照法定程序办理村民建房审批手续，不得假借各种名义收取费用。

有关行政管理机关的工作人员违反规定，玩忽职守、滥用职权、徇私舞弊、收受贿赂、侵害农村村民合法权益的，由有关部门依法给予行政处分；构成犯罪的，依法追究刑事责任。

第六章　附则

第四十四条（应用解释部门）

市农业农村、规划资源、住房和城乡建设行政管理部门依据各自职责，可以对本办法的具体应用问题进行解释。

7 关于贯彻《中共中央、国务院关于实施乡村振兴战略的意见》的实施意见

为贯彻《中共中央、国务院关于实施乡村振兴战略的意见》，结合本市实际，中共上海市委、上海市人民政府提出如下实施意见。

一、明确上海实施乡村振兴战略的总体要求

（一）指导思想

全面贯彻党的十九大精神，以习近平新时代中国特色社会主义思想为指导，按照产业兴旺、生态宜居、乡风文明、治理有效、生活富裕的总要求，坚持党管农村工作，坚持农业农村优先发展，坚持农民主体地位，坚持乡村全面振兴，依托现代化国际大都市优势，以推进都市现代绿色农业发展为重点，以转变农业农村发展方式为主线，以完善乡村规划体系为引领，以深化农村改革创新为动力，建立健全城乡融合发展的体制机制和政策体系，探索在土地等资源紧约束条件下走农业持续发展、农村面貌持续改善、农民收入持续增长的新路，实现更高水平的小康社会和更高水平的城乡融合发展，努力在实施乡村振兴战略中作出示范、走在全国前列。

（二）目标任务

到2020年，乡村振兴取得重要进展，初步实现农村布局相对合理、产业融合发展、人居环境整洁、基础设施完善、公共服务健全、农民生活宽裕的目标。到2035年，乡村全面振兴，农业农村基本实现现代化，努力把都市农业和郊区农村建成可持续发展的示范区和宜居城市的后花园，与上海建成卓越的全球城市和具有世界影响力的社会主义现代化国际大都市相得益彰。到2050年，实现更高水平的农业农村现代化、城乡深度融合、人与自然和谐发展。

二、以农业供给侧结构性改革为主线，促进都市现代绿色农业提质增效

（一）完善和落实农业布局规划

划定粮食生产功能区、蔬菜生产保护区、特色农产品优势区（以下简称"三区"），推进"三区"农田基础设施和农业装备建设，提升"三区"生产能力，制定出台有关管理办法，确保用途稳定。深入实施《上海市养殖业布局规划（2015—2040年）》。优化林业建设布局，开展公益林、经济林等建设，加大对果林建设的支持力度，推进生态廊道、农田林网建设和村庄绿化。

（二）提升绿色农业生产水平

以提质增效为目标，组织实施上海市都市现代绿色农业发展三年行动计划，到2020年全市绿色农产品认证率达到20%。以农业供给侧结构性改革为主线，加快构建现代农业产业体系、生产体系、经营体系，提高农业创新力、竞争力和全要素生产率。开展土壤污染状况详查，深入实施土壤污染防治行动计划，提升耕地质量。大力推广绿色生产模式和机械化生产方式，着力提升绿叶蔬菜等鲜活农产品生产能力。实施化肥、农药减量化施用，提升农业废弃物无害化处理和资源化利用水平。加强渔业资源保护和渔业生态环境修复，实现长江水生生物保护区全面退捕，建立长江流域重点水域禁捕补偿制度。大力发展种源农业，开展精细化农业气候区划，完善农业科技创新体系、现代农业产业技术体系和农业农村科技推广服务体系，推进国家农业科技园区建设。建设农机库房和粮食烘干设施，加快推进农机设施装备数字化、自动化、信息化、智能化步伐。积极发挥国有农业企业在都市现代绿色农业发展中的主力军作用。建立全市统一的农业公共信息化平台，实现对农业信息的精准化控制，强化信息服务能力。提高气象为农服务水平，增强防灾抗灾救灾能力。

（三）加强农产品质量安全监管

实施质量兴农、绿色兴农、品牌强农战略，加快农业生产各类标准的制定和应用，提升农产品标准化生产水平。加强重大动植物疫病防控。提高基层农产品质量安全监管能力，健全农产品质量和食品安全监管体系，探索建立有效的基层农产品质量和食

品安全监管工作合作机制。严厉打击违规使用禁限用农兽药、非法添加和超范围超限量使用食品添加剂等行为。制订绿色食品发展工作方案，推进绿色食品、有机产品和地理标志认证，支持创建国家有机产品认证示范区。

（四）培育新型农业经营主体

采取多种途径，培育各类新型农业经营主体和农业社会化服务组织。鼓励农民将农村承包土地流向新型农业经营主体，促进农业生产标准化、规模化、集约化。完善政策措施，支持农业龙头企业做大做强，发挥其带头引领作用，健全农业龙头企业与农民利益联结机制，探索培育农业产业化联合体；增强农机合作社等专业合作社服务能力，提高农民合作社发展质量，积极培育农民合作联社；提升家庭农场生产和经营水平，促进各类农业经营主体培育与现代农业发展有机衔接。

（五）促进农村一二三产业融合发展

全面拓展农业多种功能，不断延伸农业全产业链，通过股份合作等形式，让农民共享全产业链增值收益。制订上海地产绿色农产品产销对接行动计划，实现农产品货畅其流。促进地产农产品加工转化增值，发挥国有商业零售企业市场优势，建立健全地产农产品现代化物流和营销体系，打造农产品销售公共服务平台。立足区域资源特色，加快本市农产品品牌和区域公用品牌培育和发展。结合美丽乡村建设，依托"环、楔、廊、园、林、湿"生态环境格局，发展具有引领示范作用的休闲农业和乡村旅游项目，开发乡村特色生态旅游产品和精品线路，打造绿色生态乡村旅游产业链。对改造利用农村闲置房屋发展民宿等项目，研究出台消防、特种行业经营等领域便利市场准入、加强事中事后监管的办法。依托"互联网+"，培育农业新产业新业态，发展乡村共享经济、特色文化产业。围绕国家"一带一路"建设、长江经济带发展战略和长三角一体化建设的要求，深化本市对外农业合作交流。充分发挥中国（上海）自由贸易试验区优势，培育具有国际竞争力的农业企业，实施"引进来、走出去"战略，搭建农业及农产品国际交流合作平台，积极开展境内外农产品促销展览，提升上海农产品品牌影响力。

三、以完善乡村规划体系为引领，打造生态宜居美丽乡村

（一）编制乡村振兴规划

制定上海市乡村振兴规划（2018—2022年），明确乡村功能定位，研究部署若干重大工程、重大计划、重大行动，细化、实化政策措施。各涉农区要编制本地区乡村振兴规划，市相关部门要编制乡村振兴专项规划或工作方案，分类有序推进乡村振兴。健全规划实施保障机制，落实与规划相匹配的财力投入和用地等相关政策。

（二）完善乡村规划体系和形态布局

落实《上海市城市总体规划（2017—2035年）》，按照空间布局科学、功能定位合理、梯次衔接有序、实施落地可行的要求，形成中心镇、一般镇、村庄协调发展的乡村格局。加快新市镇总体规划编制。推进特色小城镇建设，辐射带动周边农村地区发展。完善村庄布点规划，确定保护村、保留村、撤并村范围，修订村庄规划导则，加快村庄规划编制，注重保留历史形成的自然肌理和传统文脉，防止简单城市化。因地制宜推动农民集中居住，多种途径实现城乡空间布局优化。完善撤并村农户向中心镇、一般镇、撤制镇和保护村、保留村集中居住的政策措施，研究跨村安置的政策导向。对高速公路、高速铁路、高压走廊沿线和生态环境敏感区域以及纯农地区小型分散自然村落等区域，优先安排农民集中居住项目。完善"城中村"改造政策。健全农村住房政策体系，区分既有宅基地房屋更新和新申请宅基地建房，修订完善本市农村村民建房管理的有关规定，探索建立多元化住房保障通道。建立统筹推进区域风貌建设的工作机制，编制乡村风貌规划设计和建设导则，出台乡村传统建筑元素和住宅建筑方案图集，发挥村规民约在村庄风貌营造中的作用，引导村民依据规划实施旧房更新和改造，提升农房质量安全、建筑功能和风貌水平。实施村庄设计，建立乡村规划师和建筑师制度，培养乡村传统建筑名匠。遴选具有江南水乡韵味的村落，开展美丽乡村规划设计和建设试点。优化村镇用地、规划和建设项目审批方式，提高审批效率。

（三）提升美丽乡村建设水平

编制上海市美丽乡村建设行动计划，分层次推进美丽乡村建设。全面开展农村人居环境整治和改善工作，加快推进农村村庄改造，进一步完善农村基础设施建设和管理养护标准。推进"四好农村路"建设，加快实施农村公路提档升级工程，调整燃油

税返还资金分配办法，落实人员保障措施。推进农村村内道路达标建设，规范农村道路架空线管理。推进农村信息化、数字化建设，开发适应"三农"需求的互联网技术，提升应用和服务水平，推动远程医疗、远程教育等应用普及。加快城乡中小河道综合整治，加强村沟宅河治理，加大农村生活污水治理力度，基本消除劣 V 类水体。建立健全市、区、街镇三级河、湖长体系，继续开展江河湖水系连通工程建设和水生态修复治理，加快推进生态河道建设。以建设湿垃圾处置站点为基础，扩大农村生活垃圾分类和资源化利用示范范围，巩固农村生活垃圾综合治理机制。到 2020 年，实现农村生活垃圾分类全覆盖。全面开展无违建村创建工作。在完成农村人居环境整治和改善基础上，聚焦保护村、保留村，提升农村生态品质，促进乡村产业发展，挖掘乡村文化内涵。到 2020 年，创建 100 个市级美丽乡村示范村。按照美在生态、富在产业、根在文化的建设主线，开展美丽乡村精品村试点，进一步提升村落形态、人居环境和产业能级，积极发展特色农业、创意农业、休闲农业、乡村旅游业、文化产业、传统经典产业、康养产业等新产业新业态，全面增强乡村经济活力，推进乡村生产、生活、生态深度融合。注重美丽乡村建设资金资源整合，探索美丽乡村建设以奖代补机制。鼓励有条件的地区，由区统筹资金资源，集中推进美丽乡村建设。强化相关区政府主体责任，加强目标管理考核。引导农民参与美丽乡村建设和家园管护工作。积极发挥新乡贤作用。

（四）推进郊野公园规划建设

以郊区农田、自然村落、历史风貌等现有生态人文资源为基础，锚固生态节点，科学合理布局郊野公园，突出农业农村元素，展现自然人文风貌，以"生产生活生态"融合、"农林水"融合、"农旅文"融合为重点，为周边地区乡村振兴提供动力，为市民提供郊野游憩空间，让郊野公园成为市区的后花园、市民的好去处和农村的新典范。到 2020 年，全市规划建设 24 个郊野公园。

四、以繁荣兴盛农村文化为载体，提升乡村社会文明水平

（一）加强农村思想道德建设

以社会主义核心价值观为引领，采用民间曲艺、板报墙报、自媒体等农民群众喜闻乐见的形式，深入开展中国特色社会主义和"中国梦"宣传教育。坚定"四个自信"，

开展爱国主义、集体主义、社会主义教育。加强社会公德、职业道德、家庭美德、个人品德建设，加大社会责任意识、规则意识、集体意识、组织意识培养力度，整体提升农民综合素质。

（二）传承发展农村优秀传统文化

制订推进文化乡村创建工作方案，深入挖掘农耕文化蕴含的优秀思想观念、人文精神，发挥其在凝聚人心、教化群众、淳化民风中的重要作用。划定乡村建设的历史文化保护线，制定完善有关政策，保护历史文化名镇名村、传统民居、文物古迹、农业遗迹。传承传统建筑文化，发展有历史记忆、地域特色的美丽乡村。实施非物质文化遗产传承发展工程，开展传统文化进乡村等主题活动，建设文化生态保护区。

（三）加强农村公共文化建设

探索建立有上海特色的农村公共文化服务体系和标准，按照有阵地、有内容、有人员、有保障、有评价的要求，完善农村公共文化服务。汇集各类公共文化资源，均衡乡镇社区文化活动中心布局，提升村综合文化活动室（中心）服务功能。加大乡村基层公共文化内容精准配送力度，繁荣"三农"题材文艺创作，培养发掘农村文化本土人才。加强农村群众文化团队建设，推广文艺下乡、文化走亲、志愿服务等，繁荣农村文化。加大农村体育健身设施投入力度，开展各类农村体育活动。

（四）开展弘扬时代新风行动

持续推进农村移风易俗，反对铺张浪费，综合整治农村大操大办、盲目攀比、高额彩礼等不良习俗，树立勤俭之风。发挥村规民约的规范作用，建立健全村民议事会、红白理事会、禁赌禁毒协会等群众组织，广泛开展乡风评议。弘扬中华优秀传统文化，大力开展市民修身行动等主题活动，突出上海地域特点和江南文化特色，抓好农村乡风民风和文化生活建设。

五、以加强农村基层基础建设为根本，构建现代乡村治理体系

（一）加强农村基层党组织建设

强化农村基层党组织领导核心地位，发挥农村基层党组织战斗堡垒作用和农村党

员先锋模范作用。强化村干部教育培训，把大规模培训村干部列入各级干部教育培训计划。实施农村带头人队伍整体优化提升行动，制定加强村干部建设的意见。完善村干部待遇。按照国家和本市相关规定，为村干部缴纳社会保险金，提高村干部基本养老金水平，切实解决村干部后顾之忧。注重吸引高校毕业生、机关事业单位优秀党员干部到村任职，强化"班长工程"，选优配强村党组织书记。规范健全从优秀村党组织书记中选拔乡镇领导干部、招录机关公务员、招聘乡镇事业编制人员制度。加强农村基层党风廉政建设，严厉整治涉农补贴、集体资产管理、土地征收等领域中侵害农民利益的不正之风和腐败问题。

（二）深化村民自治实践

健全完善村级治理体系，加强农村基层群众性自治组织规范化建设，厘清村民委员会、村集体经济组织职责权限。进一步完善村务监督委员会，利用"制度+科技"等现代化手段，通过数字电视、手机App等信息化方式扩大监督覆盖面，拓展村民参与村务监督渠道，增强村务公开民主管理的针对性和有效性。在村民会议、村民代表会议制度基础上，积极探索建立村民议事会、理事会等协商议事平台，形成民事民议、民事民办、民事民管的多层次基层协商格局。完善农村社区基本公共服务体制机制，健全基本公共服务设施，推进农村社区综合服务中心建设，提供"一站式"服务。鼓励社会组织参与农村社区治理，引导和培育生活服务类、公益慈善类、文体活动类、专业调处类等社会组织到农村社区开展专业化服务，支持专业社会工作者和志愿者到农村社区开展服务，形成社区、社会组织、社会工作专业人才"三社联动"的良好局面。

（三）建设法治乡村

强化法律在维护农民权益、农业支持保护、生态环境治理、化解农村社会矛盾等方面的权威地位。依法明晰基层政府与村民委员会的权责边界。维护村民委员会、农村集体经济组织等特别法人地位和权利。增强基层干部法治理念、法治为民意识，加强基层执法。发挥人民调解优势，化解矛盾纠纷。加强农村土地承包经营纠纷调解仲裁体系建设。加大农村普法力度，健全农村公共法律服务体系，加强对农民的法律援助和司法救助。开展民主法治示范居村创建活动，全面提升农村社区治理法治化水平。

（四）提升乡村德治水平

坚持以德为先，深入发掘乡村熟人社会蕴含的道德规范和公序良俗，强化道德教化作用，引导农民向上向善、孝老爱亲、重义守信、睦邻友善、勤劳致富、勤俭持家。广泛开展新风户、文明户等评选表彰活动，深入宣传典型事迹，弘扬真善美，传播正能量。建设新乡贤文化，以乡情为纽带，以优秀基层干部、道德模范为示范引领，培育新型农民，涵育文明乡风。

（五）建设平安乡村

严格执行农村社会治安综合治理领导责任制，大力推进农村社会治安防控体系建设。组织推进扫黑除恶专项斗争，依法加大对农村邪教活动和境外渗透活动打击力度。加强对农村地区来沪人员的服务和管理。健全农村公共安全体系，加强农村警务、消防、安全生产工作。以网格化管理为抓手，以现代信息技术为支撑，实现基层服务和管理精细化精准化。推进农村"雪亮工程"建设。推动落实农村地区重点建筑消防安全主体责任，加强农村消防基础设施和微型消防站建设。

六、以提高农村民生保障水平为抓手，实现农民生活富裕

（一）促进农村劳动力转移就业和农民增收

鼓励多渠道就业，健全农村劳动力转移就业服务体系。把农民技能培训工作列入本市职业技能培训总体计划，推进农民职业培训。加大对农村高技能人才培养基地的扶持力度，加强非农就业定向培训和岗位技能提升培训，增强培训针对性。鼓励相关区在纯农地区和生态保护地区提供更多公益岗位，优先安排当地农民就近转移就业。发展多元化的农村经济，通过创业创新项目比赛、创业孵化扶持等形式，支持发展实业项目，创造条件为农民提供更多就业岗位。实施专项就业补贴，鼓励各类企业和农业经营主体吸纳当地农民就业，增加工资性收入。拓宽农民增收渠道，提高农业经营性收入。深化农村各项改革，让农民分享改革成果。加大各级财政补贴力度，努力提高农村社会保障水平，增加转移性收入。

（二）优先发展农村教育事业

高度重视发展农村义务教育，推动建立以城带乡、整体推进、城乡一体、均衡发展的义务教育发展机制。做强做优职业院校涉农专业。统筹城乡教育资源，持续推进优质教育资源向郊区农村辐射，重点加强农村师资队伍建设，努力提升农村学校教育质量。统筹教育经费，增量部分重点用于农村地区发展基础教育。

（三）推进健康乡村建设

加强农村公共卫生服务，提高农村慢性病防治能力建设水平，推进农村地区精神卫生、职业病和重大传染病防治，深入开展乡村爱国卫生运动。建立健全农村基层医疗服务体系，重点加强乡村医生队伍建设，注重培养面向农村的全科医生，提高农民就医可及性和农村医疗水平。实施农村养老美好生活行动计划。以养老设施布局专项规划落地和医养结合为突破口，在农村地区建设养老机构和社区综合型托养服务机构，形成街镇有"院"、片有"所"、村组有"点"的服务网络。推广农村互助式养老服务，为失能等老人提供长期护理保险服务。统筹区域养老服务资源，增强农村养老服务能力，提升农村养老服务质量。

（四）加强农村社会保障体系建设

健全城乡职工统一的失业保险制度和城乡居民统一的基本养老保险、基本医疗保险制度。推进符合条件的本市户籍人员在农民合作社、家庭农场和合作联社就业期间参加本市职工基本养老保险、基本医疗保险。研究制定职业农民缴金补贴政策。做好农民重病大病救助工作，加大残疾人就业帮扶力度。健全农村儿童、妇女关爱服务体系。

（五）深化农村综合帮扶工作

聚焦低收入农户，确定帮扶对象，实施精准帮扶。强化对口帮扶，重点帮扶经济欠发达的纯农地区。强化产业帮扶，以乡镇为主体，由区级统筹，通过盘活集体建设用地等途径，再建设一批收益持续稳定的综合帮扶项目，收益向低收入农户倾斜。强化就业帮扶，积极实施低收入农户就业培训，并优先提供就业岗位。强化社会保障兜底，做好社会保障救助工作。对综合帮扶形成的资产，归镇级集体经济组织所有，收益重点用于因病、因学、因灾致困的低收入农户帮扶。做好低收入农户危旧房改造工作。

七、以强化制度性供给为保障，加快各类要素向乡村集聚

（一）深化农村基本经营制度和产权制度改革

落实农村土地承包关系稳定并长久不变政策，衔接落实好第二轮土地承包到期后再延长30年的政策，让农民吃上长效"定心丸"。深化农村承包地"三权分置"改革。健全土地流转规范管理制度，探索建设区级土地流转平台，加强农用地用途管控。全面实施《上海市农村集体资产监督管理条例》，完善村级集体经济组织治理结构，推进村经委托镇管方式，稳妥推进镇级产权制度改革。继续指导闵行区开展全国农村改革试验区工作。实施强村富民工程，鼓励集体经济组织投资或回购厂房、不动产等物业，创新农村集体资产保值增值模式，加快集体经济转型发展。支持有条件的区按照有关规定为集体经济组织安排留用地或留用物业。鼓励市级产业园区与相关镇开展"区区合作、品牌联动"，由镇级层面统筹农村集体资金、资产、资源共同参与园区开发建设；鼓励整合镇村集体资金，委托区级国有企业统筹管理，投资参与收益稳定的市、区重大公共服务项目建设。

（二）深化农村土地制度改革

研究出台支持乡村振兴的土地政策，保障农村基础设施、村级公益事业建设项目、农业设施、乡村产业发展、农民住宅用地需求。在编制土地利用规划和实施年度计划中，优先安排农村基础设施、公共服务和农民住宅用地。加强乡村土地综合整治，相关区盘活的建设用地指标向乡镇倾斜，并按照不低于5%的比例重点向保护村、保留村倾斜，用于农业设施建设和休闲农业、乡村旅游等发展。完善城乡建设用地增减挂钩等相关支持政策。允许调整优化村庄用地布局，在符合规划前提下，鼓励有效利用存量集体建设用地，发展民宿民俗、休闲农业、乡村旅游等产业。研究制定符合上海都市现代绿色农业发展实际需求的设施农用地用途管制规定和用地标准，对农产品初加工设施用地、食用菌工厂化栽培用地、农田灌溉泵站等，实施设施农用地备案管理。探索建立设施农用地选址布局调整机制，对高水平、高科技、高附加值的现代农业项目选址落地予以重点支持。推进房地一体的农村集体建设用地和宅基地使用权确权登记颁证。坚持农民离地不失地、离房不失房原则，探索宅基地所有权、资格权、

使用权"三权分置",落实宅基地集体所有权,保障宅基地农户资格权和农民房屋财产权,适度放活宅基地和农民房屋使用权,不得违规违法买卖宅基地,严格禁止下乡利用农村宅基地建设别墅大院和私人会馆。按照国家统一部署,开展松江区集体经营性建设用地入市、农村土地征收、宅基地制度改革试点。

(三)确保财政投入持续增长

建立健全实施乡村振兴战略财政投入保障制度,公共财政更大力度向"三农"倾斜,确保财政投入与乡村振兴目标任务和建设标准相适应。调整完善土地出让收入使用范围,进一步提高农业农村投入比例。制定完善以绿色生态为导向的农业补贴制度,加大对农业资源和生态环境保护的投入力度,扩大"绿箱"支持政策实施规模和范围。完善耕地质量保护和提升政策,增加对绿肥种植和冬季深耕的补贴,调整完善农机补贴范围,完善绿色农业发展项目和资金管理办法,制定粮食产业经济发展政策,扶持稻米全产业化发展。加大对纯农地区和生态保护地区的转移支付力度,完善对生态保护成效的工作考评机制,将转移支付资金进一步向纯农地区和生态保护地区倾斜。继续推进基础设施建设投入向郊区和纯农地区倾斜,强化相关区在乡村基础设施建设中的主体责任,加大市级财政扶持力度,扩大公共财政覆盖农村基础设施、环境整治和风貌保护等建设领域,将道路等基础设施管养纳入公共财政保障范围。加快建立健全涉农资金统筹整合长效机制,按照渠道不乱、用途不变的要求,加大资金聚焦力度,试点探索"大专项+任务清单"管理模式,扩大以奖代补范围,提高财政资金使用效能。创新财政支农投入机制,充分发挥财政资金的引导和放大作用,通过贷款贴息等方式,撬动各类社会资本更多投向乡村振兴。完善政策性农业信贷担保支持政策,依托市级农业信贷担保体系,强化担保融资增信功能。规范区和乡镇政府举债融资行为,不得借乡村振兴之名违法违规举债融资。

(四)提高农村金融服务水平

发挥上海综合金融服务优势,支持在沪商业银行、小额贷款公司、融资担保公司等金融机构创新涉农金融产品和服务模式,引导更多金融资源配置到农村经济社会发展的重点领域和薄弱环节,更好满足乡村振兴战略需求。创新激励机制,鼓励上海农商银行等在沪商业银行加大对"三农"的金融服务力度。按照国家统一部署,稳妥有序开展农村土地经营权抵押贷款试点。拓宽融资渠道,支持中小农业企业充分利用全国中小企业股份转让系统、上海股权托管交易中心等多层次资本市场挂牌融资，支持符合条件的农业龙头企业直接上市融资。发展都市农业保险，探索满足新型农业经营主体需求的保险产品，继续开展农业保险创新项目以奖代补试点。支持农业保险机构针对都市农业特点开发个性化农业保险产品，开展农业收入保险试点，推广"保险＋期货"农业保险模式。

（五）加强农村各类人才建设

全面建立职业农民制度，健全相关配套扶持政策。开展农业生产和服务技能培训，提升职业农民证书"含金量"，涉农补贴政策向持证农民倾斜。实施新型职业农民培育工程，开展新型职业农民激励计划试点，加快培育爱农业、懂技术、善经营的新型职业农民。培养一批农业科研领军人才，打造农业科技创新团队。深化农业专业技术职称改革，持续推进农业职业技能鉴定，实施农技推广服务特聘计划。支持科研院所专业技术人员到乡村和企业挂职、兼职和离岗创业。健全农业科研人员成果转化收入分配办法。健全"一主多元"农技推广服务体系，建立公益性和经营性农技推广融合发展机制，允许农技人员通过提供增值服务合理取酬。建立农村专业人才统筹使用制度，提高农村农业人才服务保障能力。扶持培养一批农业职业经理人、经纪人、乡村工匠、文化能人、非遗传承人和农村经营管理人才。研究制定鼓励各类专业人才参与乡村振兴的政策，允许符合要求的公职人员回乡任职。制定出台相关优惠政策，采用自主培养与人才引进相结合的方式，开展学历教育、技能培训、实践锻炼等多样化人才培育工作。重视培养"三支一扶"大学生，吸引年轻人才到农村创业就业。

八、坚持和完善党对"三农"工作的领导

（一）健全党领导"三农"工作的体制机制

成立市实施乡村振兴战略领导小组，完善党委统一领导、政府负责、党委农村工作部门统筹协调的农村工作领导体制，健全市、区两级党委农村工作机构，充实工作力量。党委农村工作部门要充分履行决策参谋、统筹协调、政策指导、推动落实、监督考核职能，统筹加强"三农"工作领导干部的配备和管理。各级党委和政府要把农业农村优先发展的要求落到实处，在干部配备上优先考虑。党政一把手是第一责任人，各级书记抓乡村振兴。建立健全实施乡村振兴战略领导责任制，实行实施乡村振

兴战略年度报告制度，各涉农区党委和政府每年要向市委和市政府报告本区实施乡村振兴战略情况。建立区、乡镇党政领导班子和领导干部推进乡村振兴战略的实绩考核制度，将考核结果作为选拔任用领导干部的重要依据。各有关部门要结合自身职能定位，明确工作思路，细化政策举措，主动对表，积极作为。市委农办对各有关部门实施乡村振兴战略情况进行督查考核并向市委报告。支持有条件的区在实施乡村振兴战略中先行先试、探索创新。

（二）加强"三农"工作干部队伍建设

把懂农业、爱农村、爱农民作为基本要求，加强"三农"工作干部队伍培养、配备、管理、使用。相关区、乡镇党委和政府主要领导要懂"三农"工作、会抓"三农"工作，分管领导要真正成为"三农"工作的行家里手。制定实施培训计划，提升"三农"工作干部队伍能力和水平。注重提拔使用涉农优秀干部，形成人才向农村基层流动的用人导向。

（三）营造乡村振兴良好氛围

深化城乡党组织结对帮扶活动，形成城乡合力，推进乡村振兴战略。加强对推进乡村振兴战略丰富实践的宣传。建立有效激励机制，吸引社会力量参与乡村建设发展。发挥工会、共青团、妇联、科协等群团组织以及各民主党派、工商联和无党派人士的优势和作用，共同参与乡村振兴战略。发挥地方立法在乡村振兴中的保障和推动作用。建立乡村振兴专家决策咨询制度，组织智库加强理论研究。

实施乡村振兴战略是一项宏大的系统工程，任重而道远。我们要更加紧密地团结在以习近平同志为核心的党中央周围，高举中国特色社会主义伟大旗帜，以习近平新时代中国特色社会主义思想为指导，以更足的干劲、更实的作风，抓突破、抓推进、抓落实，通过扎实有效的工作，把方针变为方案，把方案变为措施，把措施变为行动，确保上海乡村振兴战略目标任务真正落到实处、取得实效。

8 关于鼓励本市专业技术人才参与乡村振兴战略的通知

为贯彻落实市委、市政府《关于贯彻〈中共中央、国务院关于实施乡村振兴战略的意见〉的实施意见》(沪委发〔2018〕7号)精神,上海市人力资源和社会保障局就鼓励本市专业技术人才参与乡村振兴战略的有关工作通知如下。

一、目标任务

完善政策措施,鼓励引导本市农业、工程、经济、文化旅游、教育卫生、社会事业等领域专业技术人才积极参与乡村振兴战略,激励专业技术人才在农村广阔天地大施所能、大展才华、大显身手,打造一支强大的乡村振兴专业技术人才队伍。

二、改进专业技术职称评价方式

克服唯学历、唯论文等倾向,职称外语和计算机考试成绩不作前置条件和硬性要求,进一步突出实践能力、业绩贡献考核,加大专业技术人才参与乡村振兴工作取得的实践成果、脱贫致富产生的社会和经济效益等评价权重。在完善同行专家评价的基础上,不断探索评审专家到田间地头、施工现场、医院学校社区等一线,丰富现场考核、实践考核方式。积极探索以农业技术推广成果、技术工作总结、教案、病例等替代论文,重点考察实践成果和应用价值。对长期扎根乡村基层一线,在乡村振兴工作中作出重要贡献、取得突出业绩的专业技术人才,开辟职称评审"绿色通道",不受所在单位岗位总量、结构比例限制。

三、健全农业科技领域职称评价

深化农业系列职称制度改革。适应农业科技和农业产业发展需要,完善种植、畜牧兽医、水产农机、农业信息化等专业评价标准。加大农业科学研究人员实践业绩成果评价，突出绿色农业核心技术、创新业绩。推进本市农村集体职称转评国家职称办法，突出实践经验和能力评价，打造一支业务过硬的一线专业技术人才队伍。细化农民合作社专业技术人员职称申报办法，鼓励符合条件的人员参加相应职称考试评审，提高技术水平。

四、丰富工程经济领域职称评价

在郊区制造业集聚区进一步增强职称工作服务，增设评价机构，加强工业生产领域工程技术人才队伍建设。完善规划建筑、园林绿化、土木水务、交通环保等职称评价办法，引导建设交通领域工程技术人才投身美丽乡村建设，在实践中不断提升建设管理水平。强化农村经济专业学科和专家队伍建设，激励农村农业企业经营管理人才多出成果。在金融投资、旅游宾馆、交通物流、会计审计等高级经营管理人才评价中，将参与乡村振兴战略的业绩成果作为职称评审的重要内容。

五、推进文化社会领域职称评价

以"文化兴推动乡村兴"的理念，将文化挖掘、文物保护、文艺下乡、非遗传承等作为艺术、群众文化、文物博物系列职称评价的重要业绩，适应繁荣乡村社会主义文艺创作和公共文化服务体系建设需要。落实本市乡村教师支持计划，高中教师晋升高级职称，须具备不少于1个学年的初中或乡村学校教学经历；在乡村学校任教的中小学教师，在晋升高级职称时，可适当放宽任职资历、论文、教学研究成果等申报条件；城区中小学教师，具有在乡村学校或薄弱学校任教经历的可优先申报。推进公立医疗机构临床主治医师到基层医疗机构定期工作，并作为晋升卫生系列高级职称的条件。将乡村服务经历纳入社区卫生高级职称评价的范围，支持乡村卫生站（所）提高专业水平。支持鼓励初、中级社会工作专业人才到农村社区开展服务，符合条件的可兑现相关待遇。

六、加强专业技术人才继续教育工作

深入实施专业技术人才知识更新工程，本市市级高级专业技术人员研修等培训项目，适当向乡村振兴需要的专业领域倾斜，加大农业技术开发、农业经营旅游、农村电商、农村社会治理等方面急需紧缺人才培训力度。鼓励边远郊各区加大投入，结合区域乡村振兴发展重点，会同有关行业主管部门，实施区域关键岗位专业技术人才培训培养工作。强化继续教育对提升农村农业专业技术人才能力素质的主渠道作用，发挥继续教育基地、工程师研修基地等平台作用，大力实施乡村基层专业技术人才培训计划，试点从农村基层选拔优秀专业技术人才参加有关高层次人才研修项目，或者到高校、科研院所等进修学习制度。

七、加强高层次专家服务乡村振兴战略

依托现代农业领军人才选拔推荐平台，选拔培养优秀的农业领军人才，打造农业科技创新团队。同时，注重农业领域青年人才培养，鼓励农业科技青年人才申请上海市人才发展资金资助。开展上海市专家服务基层基地及项目资助工作，根据上海乡村振兴战略的总体要求，选拔科技含量高的农业领域专家服务基层基地或项目进行资助，引导农业科技高层次人才到农村开展技术咨询、现场带教等服务活动，充分发挥高层次人才在带领技艺传承、带强产业发展、带动群众致富方面的积极作用。

八、拓宽乡镇事业单位进入渠道

积极吸纳社区党组织书记、大学生村官和"三支一扶"等在乡镇基层表现优秀的人员，充实乡镇事业单位工作人员队伍。乡镇事业单位可采取直接考察的方式，招聘高级专业技术人才、紧缺急需的专业人才。对于进入这些单位、岗位的事业单位工作人员，乡镇事业单位可按照双方协商一致的原则，约定最低服务年限。

九、优化乡镇事业单位岗位管理制度

合理优化乡镇基层事业单位中、高级专业技术岗位结构比例，发挥中级专业技术

岗位对于吸纳乡村适用性人才的作用。乡镇事业单位副高级专业技术岗位可由区行业主管部门统筹使用。乡镇事业单位中不设置正高级岗位的，对于其中长期服务基层，取得突出业绩的专业技术人才，经主管部门审核同意，可以申报和聘任正高级专业技术职务。乡镇事业单位通过特设岗位引进的急需紧缺专业人才，其所聘岗位等级可最低至专业技术八级，不受所在单位岗位总量、结构比例限制。

十、鼓励高校、科研院所中科研人员支持乡村建设

支持教育、卫生、科技、宣传文化等行业建立教师、医生、科技、文化等专业技术人才定期服务乡村机制。加快农业科技创新成果转化，健全农科教产学研联盟。鼓励高校、科研院所等事业单位专业技术人才到乡村和企业挂职、兼职和离岗创业，发挥好各类农业科技人才的作用。鼓励拥有成果的科研人员或团队在履行岗位职责、完成本职工作的前提下，经单位批准同意到乡镇和涉农企业中兼职、挂职。科研人员兼职期间，与所在单位其他在岗人员同等享有参加职称评聘、评奖评优、岗位等级晋升和社会保险等方面的权利。符合条件的科研人员可保留人事关系离岗，创业孵化期5年内返回原单位的，保留原聘专业技术职务，按规定缴纳社会保险和职业年金的，离岗创业年限视作连续工龄。

9 关于本市建立健全涉农资金统筹整合长效机制的实施意见

近年来，按照党中央、国务院的要求和市委、市政府的部署，本市探索推进市农委部门内涉农资金整合，以美丽乡村建设项目为平台，开展部门间政策聚焦和集中投入，取得了一定成效。为充分发挥财政政策对实施乡村振兴战略的基础保障作用，根据《国务院关于探索建立涉农资金统筹整合长效机制的意见》（国发〔2017〕54号）和《中共上海市委、上海市人民政府关于贯彻〈中共中央、国务院关于实施乡村振兴战略的意见〉的实施意见》（沪委发〔2018〕7号），市政府就建立健全本市涉农资金统筹整合长效机制提出实施意见如下。

一、明确总体要求

（一）指导思想

全面贯彻党的十九大精神，以习近平新时代中国特色社会主义思想为指导，统筹推进"五位一体"总体布局和协调推进"四个全面"战略布局，遵循国家"三农"工作方针政策，紧紧围绕实施乡村振兴战略，将涉农资金统筹整合作为深化财税体制改革的重要内容，优化财政支农投入供给，加强财政支农政策顶层设计，理顺涉农资金管理体系，创新涉农资金使用管理机制，改革和完善农村投融资体制，切实提升本市支农政策效果和支农资金使用效益。

（二）基本原则

一是突出问题导向。坚持资金统筹整合与政策优化完善相结合。有效解决当前涉农资金多头管理、交叉重复、使用分散的问题，进一步优化顶层设计，通过动态调整完善政策措施、明确扶持导向、创新体制机制、聚焦资金投入，强化财政资金引导作用，带动更多社会投入，不断提高涉农资金使用效益。二是坚持分类施策。在市、区两级分类有序推进涉农资金统筹整合，对部门内涉农资金在预算编制环节进行源头整合，部门间涉农资金主要围绕重大项目、重点区域打造资金整合平台，强化部门协调、资金聚焦，由点及面、以面带片，整体提升地区涉农资金统筹整合效益。三是加强市、区联动。建立涉农资金统筹整合沟通协商机制，加强市、区联动，促进市级宏观指导和区级自主统筹的有机结合，自上而下强化任务落实、自下而上强化需求导向，在全市形成支持涉农资金统筹整合工作的长效机制。四是推进简政放权。深入推进涉农领域"放管服"改革，有序推动审批权下放，赋予区级必要的统筹涉农资金的自主权，激励地方积极主动作为。加强事中事后监管，依法依规、有序有效推进涉农资金统筹整合。

（三）主要目标

到2020年，实现农业农村发展领域部门内和部门间涉农资金的统筹整合，构建形成农业农村发展领域权责匹配、相互协调、上下联动、步调一致的涉农资金统筹整合长效机制，并根据新一轮政府机构改革，以及农业领域政府间财政事权和支出责任划分改革、预算管理相关制度改革，适时调整完善。

二、推进部门内涉农资金整合

（四）归并设置涉农资金专项

进一步完善现行涉农资金管理体系，对部门内性质相同、用途相近、交叉重复的涉农资金予以清理整合。市级层面，在本轮农村村庄改造建设（2015—2020年）完成后，将该专项归入农村改革与发展专项，实现支持农村地区发展各类资金的全面整合。结合国家机构改革等相关工作推进情况，完成整合归并后，市级涉农资金最终形成农业综合补贴、都市现代农业发展、农业生态与农产品安全、科技兴农、农村改革与发展、农业综合开发、小型农田水利、农村生活污水处理、河道整治、林业建设、土地整理等大专项。根据农业农村发展新形势、新任务，确需专项支持的新增政策需求，优先通过优化完善上述大专项扶持内容和规模予以解决。引导各涉农区进一步加大对"三农"均衡性转移支付、生态补偿转移支付资金的统筹使用力度。各涉农区在梳理本区涉农资金专项的基础上，结合市级涉农资金整合归并，同步开展部门内涉农资金专项归并设置。

（五）深化涉农资金实质性整合

对已经完成归并设置的涉农专项，进一步深入推进实质性整合。贯彻落实国家和本市对农业供给侧结构性改革和实施乡村振兴战略的要求，优化完善涉农专项政策内容，建立以绩效为导向的政策动态调整机制，确保政策导向和财政投入与乡村振兴目标任务相适应。

（六）合理设定任务清单

本市涉农资金大专项的管理，探索实行"大专项+任务清单"机制。大专项的管理部门分别根据各自涉农资金应当保障的政策内容设立任务清单。任务清单分为约束性任务和指导性任务，给予区级不同的统筹使用权限。约束性任务主要包括国家和本市明确要求的涉及重大民生的事项、市级规划任务、新设试点任务等，其他任务为指导性任务。充分赋予区级自主权，允许各涉农区在完成约束性任务的前提下，根据当地产业发展需要，区分轻重缓急，按照指导性任务的要求，在同一大专项内统筹使用资金。市财政局会同有关部门对任务清单定期开展评估，建立调整优化和退出机制。

（七）同步下达资金与任务清单

加强资金分配与任务清单的衔接匹配，确保资金投入与任务相统一。以大专项为单位，实现涉农资金和任务清单集中同步下达。区级有关部门要组织完成约束性任

务，因地制宜统筹安排指导性任务，进行细化分解，制定资金使用方案和任务完成计划，并分别报送市财政局和有关部门备案。

三、推进部门间涉农资金统筹

（八）切实加强部门间协调合作

推进部门间涉农资金的统筹整合，关键是实现部门间充分、有效的协调合作。在市级层面，由市财政局负责召集会商，于每年上半年适时听取并审议各相关部门和区提出的下一年度涉农资金统筹整合需求，协调和指导各涉农区以目标为导向合理搭建涉农资金统筹整合平台。在区级层面，要切实加强领导，部门间充分协调配合，以项目为抓手，建立健全涉农资金统筹整合机制，确保各项任务落实到位、部门责任划分明晰、项目推进机制顺畅。

（九）充分发挥规划的引领作用

市级涉农相关部门以国民经济和社会发展规划、各专项规划为基础，及时编制各类涉农布局规划和实施规划，涉农专项的设置和使用要符合规划要求，为区级开展资金整合提供保障。各涉农区围绕各类涉农资金统筹整合平台，合理编制相关项目实施计划，以计划引领年度涉农资金统筹使用和集中投入。

（十）促进功能互补、用途衔接的涉农资金集中投入

市、区两级相关部门围绕改革任务、重点区域和重点项目等，因地制宜搭建相应的涉农资金统筹整合平台，目前重点支持美丽乡村建设、农林水联动、农村一二三产业融合发展等平台建设。各涉农区按照"渠道不乱、用途不变、集中投入、各负其责、各记其功、形成合力"的要求，统筹安排各类功能互补、用途衔接的涉农资金，有效引导其他相关专项资金在整合平台上共同聚焦重点区域和重点项目，全面提升资金使用效益。根据平台整合情况，不断充实完善投入项目和内容，适时开展整合平台之间的进一步融合，由点及面、以面带片，形成涉农资金统筹整合的规模化效应。充分发挥各涉农区在推进涉农资金统筹整合工作中的主体作用，结合各条线项目实施要求，建立科学合理的项目推进协调机制，挖掘亮点典型，总结推广经验，自下而上完善涉农资金统筹整合体制机制。

（十一）加强性质相同、用途相近的涉农资金统筹使用

根据国家统一部署，探索将各级财政安排的性质相同、用途相近的涉农资金纳入同一资金池，统一设计方案、统一建设标准、统一资金拨付、统一组织实施、统一考核验收，形成政策合力，逐步实现同一工作事项按照部门职责分工，由一个行业部门统筹负责。

（十二）合理设置涉农专项

各有关部门在新设涉农专项前，进一步梳理明确政策定位和边界，从预算编制源头避免出现部门间性质相同、用途相近的资金，有效实现一类工作事项由同一部门统筹负责，或形成功能互补、用途衔接的涉农资金集中投入。

四、改革完善涉农资金管理体制机制

（十三）加强管理制度体系建设

各级政府继续对涉农资金管理制度进行清理、修订和完善，做到每一个涉农资金专项对应一个资金管理办法。各涉农区出台或修订的相关管理制度，充分体现中央和本市关于涉农资金统筹整合的要求。

（十四）逐步下放审批权限

有关部门按照"放管服"改革总体要求，在做好宏观指导的基础上，优先选择区域性特点强、信息复杂程度高、基层审批机制较为完善的项目，探索逐步下放涉农项目审批权限，强化区级政府统筹使用涉农资金的责任，赋予地方相机施策和统筹资金的自主权。

（十五）充实涉农资金项目库

市级相关部门和各涉农区依据国家和本市"三农"工作方针政策和相关规划，科学选择涉农项目并充实项目储备，对相关项目库内项目实施动态管理。加强财政与其他相关部门之间，市与区之间，年度之间项目库的衔接，归并重复设置的涉农项目。加快资金安排进度，适当简化、整合项目报建手续，健全完善考核措施，确保项目发挥效益。

（十六）完善财政扶持方式

建立健全实施乡村振兴战略财政投入保障制度，在确保财政投入与乡村振兴目标任务相适应的基础上，进一步优化政策导向，提高补贴环节精准性，强化资金集中聚焦，充分发挥财政资金的杠杆引导作用。完善财政投入方式，支持推进财政资金先建后补、以奖代补扶持方式，加强市对区的目标管理考核，赋予基层更多自主权，鼓励各涉农区在市级指导和要求下，因地制宜、集中投入、打造亮点。

（十七）加强涉农资金监管

探索推进事中事后监管的创新路径，建立合理有效的市对区监督考核体系，在逐步下放审批权、简化审批手续的基础上，重点考核区级涉农资金投入情况、涉农项目支持方向、涉农资金使用绩效等，以考核结果作为市级涉农资金分配的重要依据，形成权责明确、有效制衡、齐抓共管的监管格局。健全决策责任追究制度，对违反涉农资金统筹整合相关制度规定、造成涉农资金重大损失的，对相关责任人予以问责。加强信用监管，对严重失信主体探索建立联合惩戒机制。

（十八）完善绩效评价机制

市财政局会同有关部门根据市级制定的资金使用方案、任务完成计划和绩效目标，开展绩效考核，逐步建立以绩效评价结果为导向的政策完善机制及资金分配机制。健全完善科学全面的绩效评价指标体系，逐步由单项任务绩效考核向行业综合绩效考核转变。建立健全奖励激励机制，对涉农资金统筹使用成效突出的区，在资金安排上予以适当倾斜。

（十九）加大信息公开公示力度

市相关部门和各涉农区在涉农资金的统筹整合方案决策前，充分听取各方意见，管理办法、资金规模、扶持范围、分配结果等按照规定向社会公开。利用互联网、大数据等信息化手段，探索实行"互联网＋监管"新模式。鼓励各涉农区建立统一的涉农资金信息公开网络平台。

五、落实保障措施

（二十）加强组织领导

市级层面成立涉农资金统筹整合领导小组，由分管市领导任组长，成员单位包括市财政局、市发展改革委、市农委、市水务局、市规划国土资源局、市绿化市容局等部门和各涉农区政府，负责统筹组织、协调、指导、督促推进涉农资金统筹整合工作，领导小组办公室设在市财政局。各涉农区政府参照建立区级涉农资金统筹整合领导小组，把涉农资金统筹整合工作摆在突出位置，切实承担主体责任，按照实施方案有关要求，狠抓工作落实，充分发挥乡镇、村和农民在涉农资金统筹整合工作中的基础作用，调动基层工作的积极性、主动性和创造性。

（二十一）加强部门协同

各有关部门加强沟通配合，为推进涉农资金统筹整合工作提供机制保障。财政部门以资金、规划和任务清单管理为抓手，指导和支持涉农资金统筹整合。行业部门科学设置、细化分解任务清单，做好任务落实和考核评价等工作。

（二十二）鼓励探索创新

鼓励各涉农区根据部门内资金整合与部门间资金统筹的工作思路，因地制宜开展多形式的涉农资金统筹整合。需突破现有管理制度规定的，按照管理权限和程序报批或申请授权。

（二十三）加强舆论宣传

认真总结和推广各涉农区、各有关部门在涉农资金统筹整合中的经验、做法，加强信息报送和政策宣传，注重宣传的引导性和时效性，努力营造全社会关心、支持涉农资金统筹整合的新局面。

10 关于促进本市乡村民宿发展的指导意见

乡村民宿是指利用农村依法建造的宅基地农民房屋、村集体用房、闲置农房、闲置集体建设用地等资源，依托当地自然人文景观、生态环境和农村生产生活特色，基于合理的设计、修缮和改造，既保持乡村传统风貌，体现当地生活特色，又能以旅游经营的方式，为旅游者休闲度假、体验当地风俗文化提供住宿、餐饮、农副产品展销等服务的小型住宿设施。

为促进本市乡村民宿健康有序发展，根据《中共上海市委上海市人民政府关于贯彻〈中共中央、国务院关于实施乡村振兴战略的意见〉的实施意见》（沪委发〔2018〕7号）等，市旅游局、市农委制订本指导意见。

一、指导思想

坚持"创新、协调、绿色、开放、共享"的发展理念，践行"绿水青山就是金山银山"的科学思想，围绕实施乡村振兴战略，加强统筹规划，强化规范管理，优化发展政策，充分发挥乡村民宿在推动城乡和产业融合互动，促进休闲农业和乡村旅游创新转型等方面的积极作用。着力将乡村民宿培育成为繁荣农村、富裕农民的新兴产业，为城乡居民提供望得见绿、看得见水、记得住乡愁的高品质旅游体验，实现农村生活、生产与生态深度融合，把上海农村建设成为宜居、宜业、宜游的美丽乡村。

二、基本原则

（一）规划引领，有序发展

相关各区编制乡村民宿发展规划，明确发展定位、空间布局、品牌特色，在郊野公园、森林公园、旅游度假区周边区域，以及规划确定的保留村、乡村振兴示范村等地区，有序推进相关工作。引导乡村民宿结合资源禀赋和产业特色，挖掘人文历史和非物质文化遗产，突出上海地域特点和江南文化特色，避免低水平重复建设。逐步形成布局合理、规模适度、特色鲜明的乡村民宿发展格局。

（二）政府引导，市场参与

强化政府在政策扶持、规范管理、公共服务、环境营造等方面的作用。制定、推行乡村民宿服务质量标准，开展质量评定工作。发挥市场配置资源的决定性作用，引导和支持社会资本、集体经济组织等参与乡村民宿发展与经营。鼓励农户将宅基地房屋统一委托村集体经济组织，集中租赁给经营主体用于发展乡村民宿。构建政府引导、市场参与、合作多赢的良好格局。

三、乡村民宿设立条件

（一）经营主体

支持具有专业化经营能力的企业法人参与乡村民宿经营活动。鼓励具有一定实力的农民合作社、农村集体经济组织通过投资、租赁等方式，参与乡村民宿的建设和运营。允许有条件的农户以注册个体工商户的形式，将自有宅基地农民房屋用作乡村民宿经营。

（二）经营用房

乡村民宿用房须为独立式建筑，或者具有独立通道门户，权属合法清晰，并符合《上海市企业住所登记管理办法》的规定。本指导意见适用于单体建筑内的房间数量不超过14个标准间（或单间）、最高4层且建筑面积不超过800平方米的民宿。

（三）建筑安全

乡村民宿应符合有关房屋质量安全要求，落实房屋质量安全责任。建筑结构应安全牢固，无安全隐患。在设计、修缮及改造时，应遵循城乡一体化要求和建筑工程管理有关规定，依法按照有关标准，进行设计和开展修缮和改造，建筑用地范围和合法建筑面积应保持不变。鼓励民宿的经营业主进行房屋质量安全鉴定。

（四）公共安全

乡村民宿应参照住房和城乡建设部、公安部、原国家旅游局《关于印发农家乐（民宿）建筑防火导则（试行）的通知》（建村〔2017〕50号）的规定，配置必要消防设施器材，落实日常消防安全管理，履行消防安全职责。使用旅馆业治安管理信息系统或手机端App，落实旅客住宿登记、访客管理等制度。建立食品安全、卫生安全、环境安全等管理制度和应急预案。

（五）生态环境

乡村民宿应综合考虑所在地环境容量，加强排污纳管、污水处理等设施配备建设，确保达标规范排放。落实生活和餐饮垃圾分类处理，配齐生活垃圾分类设施。全面消除经营区域违法户外广告设施及零星乱设摊、保持村容村貌整洁。

（六）从业人员

乡村民宿经营从业人员应持有合法身份证明或者务工证明，境外从业人员还应符合国家和本市有关规定。从事接触直接入口食品岗位的从业人员应持有健康证明，并经卫生知识培训合格。

（七）诚信经营

乡村民宿经营主体必须依照法律法规的要求，提供真实准确的住宿、餐饮等信息，不得做虚假宣传。

（八）基层治理

各乡镇应加强区域范围内的乡村民宿规划执行、治安、消防、村容村貌、建筑质量等的监管。乡村民宿经营活动应符合村级治理要求，维护农民合法权益，在村民委员会的指导和督促下，遵守村规民约，维护邻里友好和谐。各相关区应成立乡村民宿协会等行业组织，制订业主经营公约，加强行业自我管理与监督。

四、保障措施

（一）建立工作机制

建立健全市、区两级乡村民宿推进机制。市级层面建立由市政府分管领导牵头，市旅游局、市农委、市发展改革委、市规划国土资源局、市工商局、市食品药品监管局、市公安局、市卫生计生委、市住房和城乡建设管理委、市绿化市容局、市环保局、市民政局、市城管执法局等部门和单位组成的乡村民宿发展联席会议（以下简称"联席会议"），统筹协调推进乡村民宿健康发展，联席会议办公室设在市旅游局。各相关区结合本地实际，建立乡村民宿发展工作协调领导小组，科学布局乡村民宿发展规划，制定相关实施细则，建立健全事中事后联合监管机制，落实扶持乡村民宿发展的引导政策，为乡村民宿可持续发展创造良好环境。

（二）优化证照管理

各级政府部门按照持续推进"放管服"改革的要求，对符合条件的乡村民宿申请人，由区市场监督管理局依法核发营业执照及食品经营许可证。符合小型餐饮服务提供者临时备案条件的，可向所在地乡镇政府或者街道办事处申请临时备案。符合消防安全技术要求的乡村民宿申请人，可到民宿所在地派出所进行乡村民宿备案。对符合条件的乡村民宿申请人，可采用告知承诺制，由区卫生计生委核发公共场所卫生许可证。

（三）加强事中事后监管

相关各区职能部门、街镇按照法定职责，对涉及公共安全事项的，落实好日常监督管理及属地监管责任，开展执法检查、协同监管，规范乡村民宿经营。建立并完善记录、抽查和惩戒的事中事后监管制度和平台，对违反法律法规、告知承诺管理办法的要及时查处。

（四）强化用地保障

通过农村土地综合整治、集体建设用地减量化等盘活的建设用地指标，优先用于休闲农业和乡村旅游（民宿）配套设施等建设。农村集体经济组织自办或以土地使用权入股、联营等方式，与其他单位共同开发乡村民宿的，可依法使用集体建设用地。

对乡村民宿新建的配套服务接待设施,符合相关规划,可实行"点状"供地。

(五)加强金融支持

建立健全乡村民宿的专业保险体系,探索满足乡村民宿经营需求的保险产品。支持在沪商业银行、小额贷款公司、融资担保公司等金融机构创新金融产品和服务模式,按照国家统一部署,依法开展农村土地经营权抵押贷款试点,引导金融资源配置到乡村民宿产业发展。

(六)注重人才建设

组织开展乡村民宿经营管理和服务人员的专业技能、安全防范、经营管理等相关岗位培训,培育专业化乡村民宿人才队伍。

(七)扩大宣传推广

通过举办上海乡村旅游节、乡村民宿主题展等形式,综合利用自媒体、网络、第三方平台等多种信息化手段,宣传推送乡村民宿特色产品,扩大对优质乡村民宿的宣传和推广,引领和带动乡村民宿提升整体服务品质。

11 上海市乡村振兴战略规划（2018—2022年）

为贯彻落实党的十九大提出的乡村振兴战略，科学有序推动我市乡村产业、人才、文化、生态和组织振兴，根据《中共中央、国务院关于实施乡村振兴战略的意见》和中共中央、国务院印发的《乡村振兴战略规划（2018—2022年）》以及《中共上海市委、上海市人民政府关于贯彻〈中共中央、国务院关于实施乡村振兴战略的意见〉的实施意见》，上海市委、市政府制定本规划。

第一章　贯彻落实新发展理念，加快实施乡村振兴战略

（一）重大意义

实施乡村振兴战略，是党的十九大作出的重大决策部署，是决胜全面建成小康社会和建设社会主义现代化国家的重大历史任务。郊区乡村是上海发展的重要组成部分，在拓展发展空间、保障市民生活、提供环境容量、含蓄城市资源、传承乡村文化等方面发挥着不可替代的作用，滋养着城市生生不息、可持续发展。上海始终高度重视城乡发展一体化工作，坚持"三倾斜一深化"方针，城镇化水平和质量持续提升，整建制都市现代农业示范区加快创建，城乡一体的基础设施建设管理水平不断提高，覆盖城乡的基本公共服务体系逐步健全，城乡社会保障制度率先实现省级统一，城乡居民收入差距逐步缩小，村级集体经济组织产权制度改革基本完成，城乡发展一体化水平居于全国前列。站在新的历史起点上，上海要充分发挥超大城市优势，重塑城乡关系，着力增强乡村振兴的内生动力，重点在郊区乡村规划、发展都市现代绿色农业、优化农村人居环境、促进农民增收等方面加大力度补好短板，不断探索城郊融合型乡村振兴新路，推动我市农业更加绿色高效、农村更加美丽宜人、农民更加富裕安康，加快打造具有江南水乡特征和国际大都市郊区特色的上海农业农村新面貌。

（二）指导思想

以习近平新时代中国特色社会主义思想为指导，全面贯彻党的十九大精神，践行新发展理念，按照产业兴旺、生态宜居、乡风文明、治理有效、生活富裕的总要求，面向全球、面向未来，把农业农村摆在全市发展的优先位置，促进乡村与都市功能深度融合，以乡村规划为引领，以转变农业农村发展方式为主线，以"美丽家园、绿色田园、幸福乐园"工程为抓手，着力改善乡村人居环境，着力推动乡村产业高质量发展，着力推动乡村基础设施和公共服务提档升级，着力促使乡村焕发文明新气象，着力促进农民持续增收，着力构建城乡融合发展的体制机制和政策体系，实现更高水平的小康社会和更高水平的城乡融合发展，使郊区乡村成为提升城市能级和核心竞争力的战略空间，成为超大城市生态功能、提供绿色农产品的承载基地，成为记得住乡愁、留得下乡情的美丽家园，成为广大市民向往、舒心游憩的后花园，努力在全国实施乡村振兴战略中走在前列、作出示范。

（三）基本原则

1. 坚持党管农村工作。毫不动摇地坚持和加强党对农村工作的领导，明确党政一把手作为第一责任人的乡村振兴战略领导责任制，落实各级党组织书记统筹协调、一级抓一级的工作机制，推动形成党委和政府共同负责、齐抓共管的工作格局，注重协同性和关联性，推动乡村全面振兴。

2. 坚持农业农村优先发展。在继续贯彻落实"三倾斜一深化"基础上，进一步强化制度供给，形成有利于农业农村优先发展的制度安排，在干部配备上优先考虑，在要素配置上优先满足，在资金投入上优先保障，在公共服务上优先安排，在基础设施、人才集聚等方面持续加大投入力度，确保各类要素投入与乡村振兴目标任务、建设标准相适应。

3. 坚持立足"两个面向"。立足更高更远的视角和思路来谋划乡村振兴工作。面向全球，对标具有世界影响力的社会主义现代化国际大都市建设目标，高水平推进乡村振兴；面向未来，在乡村振兴中体现超大城市稀缺资源的价值。发挥规划在乡村振兴工作中的引领作用，遵循乡村发展规律，因地制宜、突出特色，体现我市乡村特有的农业景观、民居风貌和乡土文化。

4. 坚持城乡融合发展。确立城乡等值、有机融合、多元多样理念，着力解决城乡之间不平衡、不协调的体制机制问题，建立完善城乡融合的体制机制和政策体系。积极探索适应超大城市特点的城乡融合之路,促进城乡资源要素双向流动,更好发挥市场作用,积极鼓励社会力量参与,以乡村振兴破解城乡二元结构矛盾。

5. 坚持农民主体地位。充分尊重农民意愿,把维护农民群众根本利益、促进农民共同富裕作为出发点和落脚点,让农民群众在乡村振兴中有更多获得感、幸福感、安全感。厘清政府主导作用与农民主体作用的边界,激活乡村振兴内生动力,把发动群众贯穿于乡村振兴全过程和各环节,发挥基层首创精神,完善农民参与和引导机制,调动农民参与乡村振兴的积极性,培养农民群众动手建设美好家园的能力。

6. 坚持扎实有序推进。科学把握超大城市乡村差异性和发展走势分化特征,从城郊型乡村实际出发,因地制宜、分类施策、循序渐进,不搞一刀切。保持历史耐心和定力韧性,量力而行,合理设定阶段性目标任务和工作重点,形成统筹推进的工作机制,分步实施、从容建设、久久为功,一张蓝图干到底。

(四)发展目标

1. 到 2022 年:率先基本实现农业农村现代化,基本形成城乡空间布局合理、功能多元多样、产业融合发展、基础设施完善、公共服务健全、村容村貌整洁有序、农民生活宽裕的格局,让乡村成为上海现代化国际大都市的亮点和美丽上海的底色,为建成与具有世界影响力的社会主义现代化国际大都市相适应的现代化乡村奠定扎实基础。

- 基本形成以都市现代绿色农业为代表的乡村产业体系。构筑彰显上海特色、体现乡村气息、承载农村价值、适应现代需求的产业体系,农业现代化水平和都市现代绿色农业综合效益持续提升,依托"互联网+"的农村一二三产业深度融合,城乡利益联结机制更加完善,特色农业品牌更有影响力,农业劳动生产率达到全国领先水平。

- 基本形成生态美丽宜居的乡村人居环境。农村生态环境质量明显改善,美丽乡村建设扎实推进,郊野自然生态风貌和乡土景观特色加快修复,崇明世界级生态岛基本框架逐步形成,江南水乡文脉与上海传统农居风格加快融合,城乡互联互通的基础设施条件进一步完善,农民基本居住需求得到解决,让农村环境留得住人、吸引住人。

- 基本形成民风淳朴的乡村文明氛围。由"物的乡村"加快迈向"人的乡村",社会主义核心价值观内化为农民群众行为方式和行为习惯,乡村公共文化服务体系更加健全,传统农耕文明的优秀遗产与国际大都市海派文化紧密结合,让大都市乡村文明展现出独特魅力和时代风采。

- 基本形成和谐有序的乡村治理格局。建立健全党委领导、政府负责、社会协同、

表1 乡村振兴战略规划主要指标

序号	主要指标	单位	2017年基期值	2022年目标值	备注
1	农业现代化水平	/	77	80	预期性
2	农业劳动生产率	万元/人	7.6	12	预期性
3	地产农产品绿色食品认证率	%	8.1	30	预期性
4	休闲农业和乡村旅游接待量	万人次	1 928	2 500	预期性
5	农村生活污水处理率	%	56	95以上	预期性
6	农村生活垃圾资源回收利用率	%	—	38	预期性
7	农田化肥、农药施用量	万吨	8.9 0.35	7.03 0.28	约束性
8	森林覆盖率*	%	16.2	18以上	约束性
9	农民相对集中居住完成量	户	—	50 000	预期性
10	城乡义务教育"五项标准"达标率	%	30	100	预期性
11	村综合文化活动室（中心）服务功能达标率	%	80	100	预期性
12	市级文明镇覆盖面	%		80	预期性
13	镇总体规划和保留村规划覆盖率	%	30	100	预期性
14	"无违建村"创建率	%	30	>90	约束性
15	有村规民约的村占比	%	98	100	预期性
16	农村基层党的组织和党的工作覆盖率	%	—	全覆盖	约束性
17	农村家庭人均可支配收入	元	27 825	增速不低于城镇家庭人均可支配收入	预期性
18	农村养老示范睦邻点	个	500	2 500	预期性
19	农村公路提档升级	千米	—	2 000	约束性
20	村卫生室配备乡村医生	名	—	>2	预期性

*注：按上海市城市总体规划（1999—2020年）确定的陆域面积计算。

公众参与、法治保障的现代乡村社会治理体系，镇村基层社会治理能力进一步提高，自治法治德治有效结合，走出一条体现特色、充满活力、和谐有序的乡村善治之路。

• 基本形成共享发展、共同富裕的持续发展之路。城乡均等的基本公共服务和社会保障水平再上新台阶，农民生活质量明显改善，精准帮扶机制更加有效，农民就业水平显著提高，城乡居民收入差距继续缩小，重要领域和关键环节改革基本完成。

2. 到2035年：乡村全面振兴，农业农村实现现代化，努力把都市农业和郊区农村建成可持续发展的示范区和宜居城市的后花园，与上海建成具有世界影响力的社会主义现代化国际大都市相得益彰。

3. 到2050年：实现更高水平的农业农村现代化，城乡深度融合，人与自然和谐发展。

第二章　加强规划引领，分类推进乡村发展

（一）发挥规划引领作用

重视规划在乡村振兴工作中的引领和先导作用，坚持规划先行，提高规划能力，使规划成为形成共识、共绘蓝图、共同行动的纲领。

1. 完善市域空间结构布局。乡村振兴要坚持规划建设用地总规模负增长，坚持节约和集约利用农村土地，严格控制新增建设用地，加大乡村存量建设用地挖潜力度。镇区是乡村经济社会发展的区域中心，是连接城市和乡村的纽带，要进一步突出新市镇在承接城区和新城功能延伸、服务乡村居民方面的载体作用。加强镇的规划建设和管理，依托镇统筹城乡资源要素，提高乡村地区基础设施和公共服务资源配置水平。分类推进新市镇发展，根据功能定位、人口规模配置各类服务设施，满足镇域居民基本公共服务和就业需求。乡村规划编制要考虑城镇化进程，合理预测乡村人口规模及变动趋势，将乡村人口规模特征及年龄结构等因素作为确定乡村居住用地规模和保留村数量的依据，同时，衔接城市总体规划目标，具体制订撤并村等实施计划或方案。坚持高品质策划和高标准规划同步开展，研究明确村庄发展方向、定位和布局等要素，确定公共服务配置规模和选址以及居住用地、产业用地、生态用地规模和布局等。

2. 加快实现多层次规划全覆盖。以区为主，加快编制镇总体规划、郊野单元（村

庄）规划及镇区控详规划，从统筹镇域发展角度谋划镇村布局，2019年实现郊野单元（村庄）规划全覆盖，2020年前基本实现新市镇总体规划暨土地利用总体规划全覆盖。各区要围绕产业兴旺、生态宜居、乡风文明、治理有效、生活富裕的总要求，对实施乡村振兴战略进行总体设计和阶段性谋划，细化实化工作重点、政策措施、推进机制，部署重点行动、重点计划、重点工程。区、镇要通过总体规划、单元规划和详细规划等各类规划逐级明确布局和设施配置。区总体规划要明确村庄发展规模，明确村庄撤并、保留（保护）的分类原则和空间布点方案，将农村居民点和减量规模分解至各街镇。镇总体规划要落实撤并村、保留（保护）村的规模和用地布局，明确拆除、转型和保留的现状建设用地。合并编制郊野单元规划和村庄规划，确定各地块的用途、属性、布局，并在明确建设用地总量、基本农田总量、各类设施用地等底线约束前提下，适度保持规划弹性，为乡村振兴战略实施预留空间。

（二）优化生产生态生活空间

按照促进生产空间集约高效、生活空间宜居适度、生态空间田美水秀的总体要求，在新形势下继续坚持推进"三个集中"，在进一步推进农田向规模经营集中、工业向园区集中的基础上，把推进农民集中居住作为主攻方向，促进农村生产生活空间集约高效利用，为增加超大城市生态空间和环境容量创造条件。

1. 优化利用生产空间。落实农业功能区制度，确保基本农田范围内生态环境、水土资源保持良好，加大土地综合整治和生态修复力度，形成相对集中连片、生产配套设施齐全的空间格局。深化落实"产业基地——产业社区——零星工业用地"三级产业空间布局体系。由区、镇两级总体规划划定产业基地和产业社区边界并深化土地使用规划，乡村地区的零星工业地块可经过有关程序认定批准后予以保留，并允许根据规划和环保条件进行改扩建，实现提质增效、转型发展。进一步为乡村服务业发展预留空间，为农村产业融合发展提供保障。

2. 严格保护生态空间。贯彻落实守住人口规模、建设用地、生态环境和城市安全底线的要求，持续推进低效建设用地减量化，进一步扩大郊区农村生态用地规模。积极调整生态用地结构，增加森林面积，提升生态资源服务价值。加强自然保护区建设，确保自然保护区面积只增不减。对一类和二类生态空间实行分级管控措施，逐步清退与生态保护无关的项目，恢复生态功能。注重乡村的生态服务价值和合理开发利用，利用生态资源周边地区，有序导入生态文化趋向型产业，统筹策划，促进农业与旅游、文化、教育、康养等产业深度融合。

3. 合理配置农村生活空间。按照慢行可达的空间范围，结合行政村边界划定乡村社区生活圈、服务圈、商业圈，统筹考虑乡村布局和就业岗位分布，合理配置公共服务和生产服务设施，满足农村居民卫生、养老、社交和商业等需求。各行政村要根据人口规模和特征及产业发展导向，因地制宜配置"1＋N"基本公共服务设施。"1"为行政村级别的基础性公共服务设施，是村内主要服务中心，为整个村域人口服务，配置内容包括村"两委"办公场地、村民文化礼堂、卫生室、老年人日间照料站等。"N"为村庄级别的基础性公共服务设施，为自然村人口服务，根据实际使用需要和服务半径要求分散设置，配置内容包括健身点、养老睦邻点、公共厕所等。对于老年人口较多的村，应按需配置老年人活动室、日间养老服务站点和卫生室；对于游客较多的农村，应适当增加公共厕所、座椅、路灯、购物餐饮以及污水垃圾处理设施；对于部分农房闲置度较高的空心村，应综合施策加强治理。在设施配置上，要打破条线分割，按照共建共享原则整合资源，提高设施服务效率。

4. 多策并举推进农民相对集中居住。把握当前农宅进入集中翻建期的窗口期，坚持农民集中居住方向，多策并举，务求实效。对于"三高"沿线、生态敏感区、环境整治区以及规划农村居民点范围外30户以下居住分散的村庄，以城镇化地区和经规划的农民集中居住点为主要载体，确保在实现宅基地减量化目标的前提下，通过向城镇集中、平移集中等方式，着力推进农民相对集中居住。加强鼓励农民进城镇集中居住的政策引导，抓紧评估和完善《关于促进本市农民向城镇集中居住的若干意见》，加大市级支持力度，落实区级责任，在规划空间、土地周转指标、建设资金来源和房型选择等方面采取一系列措施，确保一批项目顺利实施并及早见效。抓紧研究制定农村村民易地建房（宅基地平移）支持政策，对于进城镇集中居住愿望较低的农户或保留村内符合建房条件的农户，允许其向经规划的农民集中居住点平移，市、区两级政府在基础设施规划建设方面给予支持。加强区级指导、镇级统筹，妥善解决跨村集中建房所需土地问题。鼓励各区积极探索农民集中居住新模式新路径，支持相关区在纯农地区实行农民集中安置居住试点，尽快推动形成行之有效的农民集中居住基层实践方案。顺应城镇化和重大基础设施建设需要，继续以土地征收模式推进农民集中居住，统筹使用大居安置房或其他保障房源，减少农民等候安置时间。

表 2　村庄各类设施参考配置标准

序号	设施名称	参考配置标准
1	村民委员会	包含村"两委"办公场地、村级行政服务中心、水电网络代办、警务点等
2	村民会所	包含村民文化礼堂、村民舞台、红白事会场等
3	卫生室	每个行政村 1 个（社区卫生服务中心所在村可除外），如行政村面积大于 5 平方千米，应增设一个
4	老年人日间照料站	为村内生活不能完全自理、日常生活需要一定照料的半失能老年人提供膳食供应、个人照顾、保健康复、休闲娱乐等日间托养服务
5	老年人活动室	主要为生活能完全自理的老人提供戏剧、棋牌、歌舞等文化娱乐设施
6	养老睦邻点	按老年人口规模配置
7	公共厕所	对游客和外来人口较多的村增加配置
8	生活垃圾收集房	按不少于 100 个村民或 30 户为 1 个的标准配置
9	游客接待中心	保护村或游客较多的村
10	两中心（网格化管理中心、党建服务中心）	网格化管理中心承担村内治安等功能
11	农家书屋	根据实际情况配置
12	为农服务超市	如游客较多，加强配置便利店、饮品店等
13	停车场	按实际需求选配
14	健身点	每个自然村 1 个
15	消防设施点	按消防安全标准配置
16	道路及附属设施	包括路灯、监控探头、防护围栏等
17	公交站点	每个行政村至少 1 个，人口大村可增设
18	配套电路及变电站	按人口和用电量配置
19	污水收集管网或小型处理设施	按人口和污水处理量配置
20	供水管网及燃气管网	按人口和用量配置，燃气可使用 LNG、LPG 和 CNG 瓶供应模式
21	电信网络配套工程	包括基站等，游客较多的村可增加 wifi 设施
22	居住区内绿化	按不低于 10% 配置

专栏 1：农居相对集中行动

进一步完善支持政策，创新安置方式，探索多种渠道、多种方式解决农民住房和建房问题，按照"建设用地不增加、耕地不减少"的原则，合理安排建设用地规模，满足集中居住需求和公共服务配套用地。继续加大推进农民相对集中居住的力度，推进"三高两区"和规划农村居民点范围外 30 户以下自然村的农民进城镇集中居住，或向经规划的农民集中居住点平移。到 2022 年，完成 5 000 个自然村落归并，5 万户农民实现集中居住。

（三）分类指导推进乡村发展

上海乡村属于城郊融合型，在形态上要保留乡村风貌，在治理上要体现城市精细化管理水平，在发展方向上要逐步强化服务城市发展、承接城市功能外溢。

1. 持续优化提升保留村。保留村主要指现状具有一定规模、在较长时期内仍将存续的村庄，是乡村振兴的主战场。具体包括：进行过整治改造或美丽乡村建设的村庄，各级财政投入较多的村庄；基本农田保护区或片林内与农林生态景观较好协调的村庄；达到一定规模的村庄；入选或候选中国历史文化名村名单的村庄和中国传统村落名录的村庄以及位于历史文化风貌保护区内的村庄等。结合现有特色产业，根据要素禀赋，兼顾种植养殖产业和休闲旅游、文化创意等产业，部分靠近工业园区的村庄可适度保留制造业。按照村庄设施配置标准，结合村庄规模以及发展导向，完善农村道路水电等基础设施和公共服务设施。加大力度引导农民集中居住，对于符合建房条件的农户，允许其按照规划和现行村民住房建设管理规程及相关标准，实施原址翻建或易地迁建。

2. 有序推进撤并村治理。撤并村主要指所在土地需进一步开发利用或受邻避设施影响较大、且近期有条件实施集中居住的村庄。具体包括：纳入城中村改造范围的村庄；基础设施及商业开发项目涉及征地的村庄；受邻避设施影响不适宜居住的村庄；户数在 30 户以下、农宅较分散的村庄。在撤并村范围内应实施较严格的产业准入政策，控制外来人口，防止为实施撤并出现新的矛盾。把握撤并村实施范围和节奏，统筹考虑配套设施建设任务，既不盲目搞建设，也要满足未搬迁居民的基本公共服务需求，原则上不再新建相关道路或实施村庄改造。进一步引导并推进农民集中居住，对于少部分因生活习惯或其他原因不愿撤并的村民，保持应有耐心，不强行搞拆迁。

3. 聚焦打造乡村振兴示范村。乡村振兴示范村是实施乡村振兴战略成果的集中体现。按照产业兴旺、生态宜居、乡风文明、治理有效、生活富裕的总要求，建设一批示范村，以点带面，整体提升我市乡村振兴工作水平。示范村应是村庄定位清晰、功能有特色、产业和基础设施有支撑、生态环境良好、具有一定自然禀赋条件或历史文化价值等特点的村庄。强化特色优势产业培育，引进新型生产要素和生产组织，拓展多元产业功能，延长产业链。市、区两级政府要支持示范村基础设施建设，率先实现生活垃圾分类和生活污水处理全覆盖。按照村庄特色产业发展需要，配置旅游、休闲等服务设施。引导村民依据规划和建设导则实施旧房更新和改造，注重乡村整体建筑风貌的统一性、协调性和美观性，形成鲜明的地域特色。充分考虑各区实际，有条件的地区可开展全域乡村振兴示范镇建设。

第三章　大力促进乡村产业融合发展

牢牢把握都市现代绿色农业功能定位，以满足超大城市市民需求为导向，促进一二三产业融合发展，健全产业链、提升价值链，全面构建与国际大都市相适应的现代乡村产业体系。

（一）促进都市农业提质增效

以整建制创建国家现代农业示范区为抓手，深化农业供给侧结构性改革，着力推动生产布局优化、物质技术装备水平提升、生产经营能力增强，提高农业质量和效益。

专栏2：都市现代绿色农业发展行动

建立以绿色生态为导向的制度体系，全面提升农业绿色生产技术和设施装备水平。到2022年，农田化肥、农药施用量分别下降21%和20%，地产农产品绿色食品认证率达到30%，农业组织化率达到90%，农业科技进步贡献率达到80%，力争在农业现代化方面发挥领头羊作用。

推行农业绿色生产方式。退出麦子种植，实施休耕养地，推广有机肥替代化肥、病虫害绿色防控技术；强化绿色食品认证，农药、兽药、化肥等投入品经营和使用环节实现全过程可追溯管理；全面实现畜禽粪尿、农作物秸秆等农业废弃物资源化利用；探索生态循环水产养殖模式，实现规模化水产养殖尾水治理全覆盖;统筹落实粮食生产功能区、蔬菜生产保护区、特色农产品优势区和畜牧、水产布局规划。到2022年,创建1~2个整建制生态循环农业示范区,建设10个生态循环农业示范镇,打造100个生态循环农业示范基地。强化农业科技装备支撑。选育推广高效优质多抗的农作物和畜禽、水产新品种;研发推广绿色高效的肥料、饲料、生物农药等农业投入品;引进创制蔬菜瓜果绿色高效生产、畜禽水产生态循环养殖等节能低耗智能设施装备,重点打造30个蔬果"机器换人"绿色生产示范基地;实施"互联网+"绿色农业,构建农业公共信息化平台,建设农业"一网""一图""一库",提高农业精准化服务管理水平;建立高效、安全、低碳、循环、智能、集成的农业绿色发展技术体系。

1. 优化农业生产力布局。以保障蔬菜有效供给、保护粮食生产能力、做强特色农产品为目标,将粮食生产功能区、蔬菜生产保护区、特色农产品优势区建成都市现代绿色农业的生态高效示范基地。进一步优化种植业生产布局和品种结构,退出麦子种植,减少水稻面积,发展高效园艺作物。全面落实我市养殖业布局规划,支持建设美丽生态牧场和畜禽种源基地。完善水产业养殖布局,有序发展远洋渔业,推进横沙渔港、芦潮港渔港经济区建设。

2. 推进物质技术装备水平升级。统筹推进农业综合开发、土地综合整治、小型农田水利规划实施,加快推进高标准农田建设,健全管护机制。加快农机装备转型升级步伐,聚焦蔬菜生产全程机械化,大力推动蔬菜生产"机器换人"。重点示范推广高效植保和精量施肥装备与技术,发展工厂化、绿色生态高效养殖基地等人工可控环境水产养殖,为"减肥减药"绿色发展提供有力保障。引进和开发推广高端农业装备,推进自动化、智能化农业装备多领域、全方位应用。

3. 强化科技创新支撑。全面落实科技兴农战略,建立健全农业科技创新体系,完善科研院所、高校、企业等创新主体协同攻关机制,建设一批实验室、研发中心、工程中心等创新平台。聚焦种源、智能装备、生态技术、信息技术等重点领域,加快推进新品种、新装备、新技术研发。坚持产学研融合、育繁推一体化推进机制,加快选育具有市场应用价值的突破性动植物新品种(系)。建立健全农业科技创新成果评价和转化机制,推进农业科技成果转化交易平台建设。完善一主多元农业科技推广机制,创新农业科技推广服务方式,加快成熟适用绿色技术、绿色品种的示范、推广和应用。

4. 培育新型农业经营主体。坚持家庭经营基础性地位，推进多种形式家庭农场发展，深化总结家庭农场"松江模式"，促进家庭农场向"机农一体""种养结合"的专业化、规模化、生态化方向纵深发展。鼓励引导农民专业合作社发展新产业、新业态，开展专业化服务，支持和引导农民合作社联合社发展。支持农业龙头企业创新联农带农的利益联结机制，加强各环节主体协作协同，形成利益共享的农业产业化联合体。鼓励农业骨干企业对标国际最高标准、最好水平，发展成为核心竞争力强、具有全国影响力的大型龙头企业，探索发展具有上海特色的世界级农场。发挥工商资本在技术、人才、资金上的优势，鼓励投资适合专业化、规模化经营的生态高效农业。

（二）着力发展高水平绿色农业

以创建国家农业可持续发展试验区、农产品质量安全示范市为抓手，滚动实施农业绿色发展三年行动计划，增加绿色农产品供给，不断提高绿色食品认证率。

1. 加强农业资源保护和节约利用。实施耕地休养生息，落实季节性休耕，推进轮作和生态种植。推进高效节水灌溉设施建设，创新工程监管体制和运行管护机制。推进农业水价综合改革，健全农业节水激励机制。按照长江大保护要求，落实捕捞渔船"双控"制度，推进长江全面禁捕。加大水生生物增殖放流力度，实施中华鲟、江豚等珍稀水生生物保护工程，推进长江口海洋牧场建设。支持我市畜禽遗传资源的保护和开发。

2. 推进农业清洁生产。实施农业投入品综合治理，严肃查处农业投入品超范围使用等违法违规行为，指导经营者规范使用农业投入品。减少化肥农药使用，保持化肥农药负增长，控制农业源氨排放；开展水产养殖老旧养殖池塘提标改造，强化养殖尾水治理，扩大节水减药减排技术应用范围。集成推广畜禽养殖节水节料技术和畜禽粪污资源化利用技术，巩固秸秆禁烧和利用成果，建立综合利用新模式，提升农业废弃物综合利用水平。加强农产品产地环境保护，建立农药包装废弃物、农膜等农业废弃物回收利用体系。

3. 加强农产品质量安全监管。落实质量兴农战略，建立健全农产品质量安全标准、监管、检测和信用体系。加快农业生产各类标准的制定和应用，制定和修订涉及产地环境治理等标准，创建一批标准化示范基地、示范企业和示范合作社。强化镇村基层农产品质量监管体系建设，实现网格化监管全覆盖。加强检验检测与监督抽查衔接,加大执法监管力度,强化重大动植物疫病防控工作。落实农产品产地准出和市场准入制度,推进质量安全追溯及监管平台建设。推动农产品生产经营信用体系建设,实现生产经营主体信用档案动态管理,制定农资和农产品生产经营严重失信主体名单管理办法,强化对严重失信行为的惩戒。

4. 创新产加销一体化机制。依托"互联网+"建立健全农产品现代化物流和营销体系,促进农产品品牌建设和产销对接,鼓励产加销全产业链一体化经营。加快建设集冷藏、运输、加工、销售为一体的冷链物流体系。加强营销渠道建设,巩固传统对接渠道,积极发展直销、直供、农产品电商等新业态,促进绿色农产品线上线下融合发展。

5. 打响都市绿色农业品牌。落实品牌强农战略,围绕特色品种、特色产区、经营主体打响农产品品牌、区域公用品牌、企业品牌,支持自主品牌发展,加强品牌建设管理服务。推进区域公用品牌建设,在种源、生产加工、包装储运、销售等环节实行统一管理。

专栏3:现代农业经营体系构建行动

完善促进新型农业经营主体发展的制度体系,构建地产绿色农产品产销平台,创新经营模式,推进一二三产业深度融合,提高农业社会化服务水平。到2022年,做强做大20个农产品知名品牌。培育现代农业经营主体。建立健全农民合作社退出机制,提升农民合作社发展质量,大力发展以经营区域公用品牌、地理标志和特色农产品为重点的合作社联合社;完善家庭农场支持发展政策,鼓励创建多种类型的家庭农场;建立农业龙头企业评价机制,通过资金、技术、品牌、信息等融合,探索组建农业产业化联合体;建立健全公益性服务与经营性服务相结合、专项服务与综合服务相协调的农业社会化服务体系;开发农业新功能新模式,培育农村新产业新业态,建成30个国家级休闲农业和乡村旅游示范点。建设地产农产品品牌。制定品牌农产品评价标准,建立上海农产品知名品牌目录制度;围绕开展绿色食品认证和发展地方特色农产品,建立线上与线下相结合的品牌农产品营销体系;完善农产品品牌培育、发展和保护机制,塑造上海农产品整体品牌形象,培育区域特色明显、市场知名度高、发展潜力大、带动能力强的农产品区域公用品牌和企业品牌。到2022年,前20名知名品牌年销售额达到1000亿元。

（三）推动乡村产业融合发展

适应国际大都市居民消费需求升级，积极推进农业与旅游、教育、文化、康养等产业深度融合，推动乡村从主要卖产品向卖风景、卖文化、卖体验转变，大力发展主要服务国际大都市需求的乡村新产业新业态，推动乡村产业升级。

1. 培育乡村新产业新业态新模式。鼓励龙头企业利用集体建设用地等资源在乡村发展工厂化、立体化等高科技"数字农场"，提高本地生鲜农产品供应保障能力。发展田间到餐桌的"中央厨房"式农产品个性化定制服务，鼓励种植户对农产品深加工，提高附加值，探索分享农业、众筹农业等新型农业产业模式。推动科技、人文等元素融入农业，鼓励通过盘活农村闲置房屋、集体建设用地等资源，打造乡村创意产业园区。探索林下复合经营等林下经济新模式。

2. 推进休闲农业和乡村旅游发展。适应市民快速增长的休闲旅游需求，充分挖掘农业生态价值、休闲价值和文化价值，大力开发农业多种功能，提升乡村休闲服务能级。有效推进全市休闲农业和乡村旅游发展及其用地布局规划衔接工作，结合美丽乡村和郊野公园规划，建设一批乡村旅游集聚区、集聚镇村。丰富乡村空间体验性消费场景，发展生态空间、亲子教育、文化体验、康养健身等体验性娱乐性消费需求的产业，创建一二三产融合先导区（示范区）。串联历史和乡村文化脉络，挖掘具有上海特色的马家浜文化、崧泽文化、广富林文化、福泉山文化、马桥文化、青龙镇文化等历史文化内涵，策划精品旅游线路，整合乡村旅游资源，提升上海乡村旅游品牌影响力。加快实施促进民宿发展指导意见，完善行业服务标准。

3. 发展具有文化内涵和地域特色的乡土产业。传承民间艺术、手工技艺、民俗活动等乡土文化，做深做强乡村文化产业链，通过非物质文化遗产（包括舞龙、舞狮、滚灯、划龙船、绒绣、顾绣、竹刻、草编、茭白叶编结、面食制作、米酒制作等）的品鉴、生产和体验，进一步激发文化遗产的艺术魅力和经济活力，振兴老字号、打响土字号、做美乡字号。

（四）提升镇村产业能级

立足于本乡本土资源，通过合作共享扶持等多种方式加大城市对乡村的支持力度，发展新型农村集体经济，提高镇村产业发展活力。

1. 分类施策提升乡镇园区产业能级。加强市、区招商引资统筹，市级层面强化统筹引领，搭建全市产业项目及资源的信息集成和供需对接平台，促进优质产业项目向乡村导入；区级层面加强土地资源统筹，合理配置乡村用地指标，支持优质新增项目供地。对于部分不符合产业发展导向、亩均产出长期低下的乡镇工业园区，应实施逐步退出。推动具有转型提升空间的乡镇工业园区"二次开发"，建立"镇园区管""区区联动"机制，发挥国家级、市级开发区和专业化市场开发主体的示范带动作用。

专栏4：镇级园区转型提升行动

以产业园区为载体，提升镇村经济自我造血能力，推进"区区合作、品牌联动"，创新村集体资产保值增值模式，加强资金要素支撑，充分发挥国家级开发区在品牌、规划、开发、建设、管理和人才等方面的优势，通过品牌输出的方式，带动资本与产业联合，共建合作园区或合作联盟，鼓励国家级、市级开发区与乡镇工业区之间通过品牌合作、管理合作、股权合作等多种方式实施联动发展。到2022年，全市镇级产业园区亩均产出达到200万元/亩。

2. 促进农村集体经济转型升级。创新集体资产保值增值模式，提高统筹层次，推进跨村合作、项目帮扶，通过委托管理、组建平台公司、股份制、租赁等形式参与产业融合发展，提升集体经济自我造血能力。借鉴国有企业对口支援的经验做法，探索"一区一企""一园一企""一镇一企"帮扶机制。盘活零星工业用地，支持集体经济组织安排留用地或留用物业发展区域特色产业。

第四章　全力打造生态宜人的美丽乡村

统筹生产、生活、生态，推进生态环境治理，持续改善农村人居环境，打造农民宜居、市民向往的美丽乡村。

（一）强化乡村环境治理

坚持系统性、整体性原则，围绕水、土、气等重点领域，促进乡村生产生活生态环境明显改善。

1. 着力提升水体环境。在确保防洪除涝安全前提下，重点打造美丽河湖。建立健全市、区、乡镇（街道）三级河长、湖长体系，强化农村河湖管理保护。持续改善河道水环境，深入开展消除劣V类水体整治行动，持续开展入河排污口调查和规范化治理工作。畅通河网水系，实施断头河整治三年行动计划，多轮次开展镇村级河道疏浚。加快推进生态河道建设，打造"水清、岸绿、河畅、景美"的江南水乡风貌。

专栏5：消除劣Ⅴ类水体整治行动

按照"水岸联动、截污治污、沟通水系、调活水体、改善水质、修复生态"的治水思路，以全面深化河长制为契机，建立涉及控源截污、沟通水系、生态修复、执法监督、长效管理等措施的有效协同治理机制，制订消除劣Ⅴ类水体"一河一策"方案，落实截污纳管、环境整治、排污口治理、雨污混接改造、市政雨水泵站治理、农村生活污水处理和农业面源污染治理、水系沟通、生态修复、引清调水、长效管理等10项措施，全面开展消除劣Ⅴ类水体整治工作。到2020年，全市基本消除劣Ⅴ类水体。

2. 改善大气环境水平。编制实施新一轮清洁空气行动计划，强化农村大气污染治理。实行源头管控，强化秸秆露天禁烧。减少农业源氨的挥发，实施氨排放水平监测监控，降低亩均氮肥施用水平。进一步加强镇村企业扬尘污染控制和工业源挥发性有机物治理力度，取缔所涉领域露天敞开式作业。

专栏6：化肥农药减施工程

按照"源头防控、过程拦截、末端循环利用"的原则，以化肥农药减施、节水节肥等为重点，不断降低化肥农药亩均施用量，推进农业面源污染防治。优化调整农作物种植结构和茬口布局，通过农业种植结构调整减少化肥农药施用。鼓励使用商品有机肥、农作物配方肥料和缓释肥料等，推广水肥一体化技术，优化肥料结构，降低化肥使用比例。持续推广使用有机肥和测土配方施肥技术，扩大缓释肥料应用面积。推行农作物病虫害专业化统防统治和绿色防控技术，大力推广高效低毒低残留环保型农药以及生物农药，加强病虫害预测预报。大力推广使用防虫网、诱虫板、杀虫灯、性诱剂等绿色防控技术，减少病虫害防治次数和化学农药数量。促进生态循环农业发展，推广种养结合等生产模式。建立农田农药、化肥使用档案，防止重金属等污染。

3. 加强土壤环境治理。开展土壤环境状况调查评估，实施分类管控。推进农业面源污染防治，开展保留畜禽养殖场综合治理，实施化肥农药减施工程。实施设施菜田土壤保育和改良，提高土壤肥力。推进农作物秸秆和蔬菜废弃物资源化利用，建立健全农业废弃物回收贮运和综合利用体系。到2022年，受污染耕地和污染地块安全利用率不低于95%，主要农作物秸秆综合利用率达到96%以上。

（二）持续整治和改善农村人居环境

持续深入推进农村人居环境整治，引导培育乡村特色风貌，规范管理农民建房，有序推进美丽乡村建设。

1. 推进农村生活垃圾治理全覆盖。在保持生活垃圾全收集处理基础上，加快就近就地型湿垃圾处理站和可回收物点、场、站建设，完善和提升农村环卫设施水平，实现农村湿垃圾就近就地资源化利用和"两网融合"。加强对各涉农区生活垃圾治理成效的测评工作。继续开展农村生活垃圾分类示范村创建，推广创建成果。

专栏7：农村生活污水处理设施提升计划

巩固提升农村生活污水处理设施及管网建设成果，围绕村点覆盖全面、群众受益广泛、设施运行常态、治污效果良好的工作目标，加大项目建设管理和长效管理力度，确保农村生活污水处理设施一次建设、稳定运行、持续发挥效用。逐步健全完善农村生活污水处理设施运维管理体系，研究设施运行维护市级财政补贴政策，积极探索推广专业化、市场化、集约化管养模式。深入调研农村生活污水处理设施及管网运行现状，编制更新改造计划，分批分年度对建成时间较长、处理工艺存在局限性和管网老化设施进行提标改造。

2. 推进农村生活污水处理全覆盖。加快农村公共厕所提档升级，300户以上的村庄至少建设一座三类以上公共厕所。推动城镇污水管网向周边村庄延伸覆盖，因地制宜推广污水处理新技术。到2022年，农村生活污水处理率达到95%以上。

3. 加快培育都市乡村风貌。建立"五违四必"区域环境综合整治常态长效机制，整治公共空间和庭院环境，消除私搭乱建、乱堆乱放，全面推进无违建村（街镇）创建。组织开展城乡环境清洁行动，提升农村人居环境卫生规范化和精细化管理水平。规范农户家庭养殖。实施《上海市郊野乡村风貌规划设计和建设导则》，全面提升上海郊野乡村地区的人居环境、文化内涵和景观品质，打造传承文脉的村落特色和建筑风貌。

专栏8：无违建村（街镇）创建行动

开展无违建村（街镇）创建行动，加强存量违法建筑整治，全面拆除重点类型存量违法建筑。严格落实巡查发现责任、快速处置责任，全面禁止出现新增违法建筑，有效遏制违法搭建现象，大幅改善乡村居住生活环境。到2018年底，全市"无违建创建先进村"完成率达到60%，"无违建创建先进街镇"完成率达到30%；到2019年底，全市"无违建创建先进村""无违建创建先进街镇"完成率均达到90%；在此基础上，2022年完成突出存量违法建筑的整治。

4. 提升美丽乡村建设水平。聚焦保留村，分层次继续推进美丽乡村建设。建立市级"以奖代补"机制，加强区级资金统筹，支持美丽乡村建设。积极推广美丽庭院、和美宅基等美丽乡村建设模式。通过"十百千"专项行动，着力开展乡村振兴示范村建设、美丽乡村示范建设和农村人居环境整治。

专栏9：美丽乡村建设"十百千"行动计划

为提升美丽乡村建设水平，实施美丽乡村建设"十百千"行动计划。"十"是指以十为单位确定乡村振兴示范村，"百"是指以百为单位确定美丽乡村示范村数量，"千"是指以千为单位推进农村人居环境整治工程。工作目标是：到2022年，全市建设90个以上乡村振兴示范村，建设200个美丽乡村示范村，实现1 577个行政村人居环境整治全覆盖，形成一批可推广、可示范的乡村建设和发展模式。

5. 规范和引导农民建房。积极回应农民群众诉求，规范管理和有序引导并举，积极稳妥解决农民建房问题，改善农民居住条件。以具备条件的农业户籍集体经济组织成员为基础，研究制定全市宅基地建房资格认定指导意见。对于具备建房主体资格且住房确有困难的农民群体，在保留村范围内的，可在经规划的集中建房点新建或原址翻建；在撤并村范围内且暂不具备条件实施集中居住的，可通过原址修缮等方式解决，也可逐步纳入城乡住房保障体系。加强管理，逐步规范整治农宅修缮变相翻建等行为，加强宅基地占地面积、建筑面积约束和对农宅的风貌引导；建立完善公开透明的农民建房轮候程序，充分发挥村规民约和自治组织的监督作用。研究建立城乡统一住房保障体系，多渠道解决农村居民住房困难问题。鼓励各区开展宅基地退出试点，创新办法，建立合理的补偿机制，引导农民宅基地自愿有偿退出。

（三）持续加强乡村生态建设

进一步加大郊区乡村生态建设力度，提升乡村为城市提供环境容量、供给生态产品的能力，增添乡村生态亮色。

1. 大力实施乡村绿化造林。聚焦市级重点生态廊道、崇明世界级生态岛、重点环境综合整治区域，推进落实造林计划。结合新一轮农林水联动三年计划和林业专项规划，推进生态廊道、农田林网和"四旁林"建设。充分利用闲置土地和宅前屋后等零星土地开展植树造林等活动，推进村庄绿化。

2. 加强生态湿地资源维护。做好重要滩涂湿地和野生动物栖息地保护修复工作，强化生态保护红线区域的保护和管理，研究提出湿地分级保护管理的要求和措施。积极推进市级湿地公园、野生动物重要栖息地建设。到2022年，全市湿地保有量维持在46.5万公顷，湿地保护率提高到50%。

3. 持续推进郊野公园建设。不断完善功能配置，将郊野公园打造成为拥有良好田园风光、提供都市休闲游憩和感受乡村文明的郊野开放空间。启动浦东合庆郊野公园、金山漕泾郊野公园等一批新的郊野公园建设，陆续推进规划中的郊野公园建设。加强已开放郊野公园的运营管理工作。

4. 建设崇明世界级生态岛。坚持生态立岛，丰富生态服务功能，提升生态产品供给能力。完善乡村规划体系和乡村治理体系，加快推进农民集中居住，塑造崇明特色的乡村风貌。围绕崇明建设"海上森林花岛"目标，打造"绿化、彩化、珍贵化、效益化"典范。到2022年，形成世界级生态岛基本框架，森林覆盖率达到30%，自然湿地保有率达到43%，绿色食品认证率达到90%以上。

第五章 传承弘扬海派乡村文化新风尚

立足上海历史文化脉络和乡村文明，继承和弘扬优秀的乡土文化，持续推进农村精神文明建设，健全和完善乡村公共文化服务体系，提升农民素质，打造国际大都市文明乡风、良好家风、淳朴民风，建设邻里守望、诚信重礼的文明乡村。

（一）强化乡风文明建设

推进社会主义核心价值观教育进乡村，提升农民文明素质和精神风貌，倡导科学文明生活，不断提高乡村社会文明程度。

1. 把社会主义核心价值观融入乡村日常生活。采取民间艺术、地方戏曲、板报墙报等农民群众喜闻乐见的形式，深化中国特色社会主义和"中国梦"宣传教育。借助红色文化、海派文化和江南文化，推进乡村文化与建党精神、城市精神、改革开放精神融合发展。不断创新载体、方式和内容，深入开展时代楷模、道德模范、"感动上海年度人物""美丽上海追梦人"等评选活动，塑造乡村能人和乡贤的良好形象。深入推进科技、文化、卫生"三下乡"活动。广泛开展"注重家庭、注重家教、注重家风"建设，以家训带家风、以家风树村风、以村风扬民风。

2. 大力培养农民群众诚信道德意识。加强农村诚信道德建设，强化农民的社会责任意识、规则意识、集体意识，建立健全农村信用体系。健全完善礼遇制度，关爱帮扶道德模范，树立好人好报、德者有得的鲜明导向，大力弘扬尊德尚贤的价值理念。强化主人翁意识。

3. 开展弘扬时代新风行动。大力弘扬上海城市精神，深化市民修身行动，探索农民方便参与、乐于参与的修身新途径，努力提高农民思想道德素质和科学文化素质。弘扬中华民族敬老、爱老、孝老的传统美德，关心爱护困难老人、独居高龄老人的生活，不断提高幸福养老感受度。开展移风易俗行动，通过建立村规民约，广泛开展乡风评议，褒扬新风、鞭挞陋习。优化殡葬用地布局，推进节地生态安葬。合理引导红白事消费标准、办事规模，加强行业管理和服务，把道德要求转化为公序良俗。推进志愿服务行动，精心设计一批适合上海乡村振兴的志愿服务项目。

（二）弘扬乡村传统文化

挖掘、继承和创新上海有形、活态的乡土文化，不断赋予时代内涵、丰富表现形式，为增强文化自信提供有效载体。

1. 传承和发扬优秀乡村传统文化。制订推进文化乡村创建工作方案，充分发掘具有农耕特质、江南地域特点的物质文化遗产，留住有形的乡村文化，生动再现上海乡村文明发展轨迹。推进非物质文化遗产传承发展，深化推进"非遗在社区"上海非物质文化遗产社区传承传播工作，支持农村因地制宜、因时制宜举办中国农民丰收节、"我们的节日"等各类民俗节庆活动。深入挖掘乡村特色文化符号，打造冈身松江文化圈、淞北平江文化圈、沿海新兴文化圈、沙岛文化圈等郊区文化风貌。

2. 发展乡村特色文化产业。加强规划引导、典型示范，建设一批特色鲜明、优势突出的农耕文化产业展示区，打造一批特色文化产业乡镇、文化产业特色村和文化产业群。鼓励各区通过培育品牌、开发衍生品、跨界合作等形式，打造乡村文化产业精品。促进具有上海特色的传统食品制作技艺类项目提高品质，形成品牌，带动就业。开发传统节日文化用品和民间艺术、民俗表演项目，促进乡村文化资源与现代消费需求有效对接。

专栏 10：乡村文化产业品牌计划

结合上海打响"四大品牌"，培育崇明老白酒、上海米糕、枫泾丁蹄等一批具有上海特色的传统食品制作技艺类项目；依托沪剧、海派木偶戏等"非遗"文化，发展一批具有上海特色的文化产业；制定上海传统工艺振兴目录，对于列入振兴目录的项目予以重点支持，调动年轻一代从事传统工艺的积极性，培养高水平工匠队伍。

（三）强化农村公共文化服务

推动城乡公共文化服务体系融合发展，增加优秀乡村文化产品和服务供给，为农民群众提供高质量的精神营养。

1. 健全乡村特色的公共文化服务体系。按照有标准、有网络、有内容、有人才的要求，健全农村现代公共文化服务体系。均衡农村公共文化服务布局，强化农村地区社区文化活动中心、居村委综合文化活动室等载体功能，加强农村文化阵地建设，提升服务能级。加强农村群众文化团队建设，推进农村群众文化团队"文化走亲"。合理优化布局农村体育设施建设，开展各类农民体育活动。推进建设新时代文明实践中心试点，打通农村现代公共文化服务体系的运行机制、文化科技卫生"三下乡"工作机制、群众性精神文明创建工作引导机制。

2. 增加乡村公共文化产品和服务供给。完善市、区、街镇、居村四级公共文化内容配送体系，加大上海市民文化节、各区品牌文化活动在农村的辐射力度。推广政府购买公共文化服务，探索运用市场机制、社会捐助等多种形式，增加和丰富乡村文化资源供给。加大乡村基层公共文化内容精准配送力度，建立农民群众文化需求反馈机制，开展"菜单式""订单式"服务。支持"三农"题材文艺创作生产，提升农村公共数字文化服务能力。

3. 培育壮大乡村文化队伍。挖掘乡土文化本土人才，支持乡村文化能人积极发挥作用，加强各类基层文化队伍培训，提高农村文化骨干专业技能。扶持壮大文化志愿者和群众文化活动积极分子队伍，组织广大文艺工作者下乡，吸引优秀高校毕业生从事基层公共文化服务。

第六章 加快构建超大城市现代乡村治理新体系

建立健全党委领导、政府负责、社会协同、公众参与、法治保障的现代乡村社会治理体系，夯实基层基础，进一步提高乡村基层社会治理能力，建设充满活力、和谐有序的善治乡村。

（一）加强农村基层党组织建设

加强和改进村党组织对村级治理的领导，充分发挥村党组织的战斗堡垒作用，牢牢把握村级治理正确方向，把党的政治优势、组织优势、群众工作优势转化为农村基层治理优势。

1. 健全党组织为核心的农村基层组织体系。建立健全以村党组织为领导核心，村民委员会为主导，村民为主体，村务监督委员会、村集体经济组织、驻村单位、群众团体、社会组织等共同参与的村级治理架构，突出村党组织坚强领导作用，增强村民委员会依法组织村民自治的能力，提高村务监督委员会开展村级民主监督的水平。强化农村基层党组织领导核心地位，推进村党组织书记通过法定程序担任村委会主任和集体经济组织负责人，推行村"两委"班子成员交叉任职，充分发挥农村基层党组织的战斗堡垒作用和党员的先锋模范作用。加强农村基层党建责任落实和监督，将抓党建促乡村振兴作为基层党建述职评议考核和巡视巡察的重要内容，作为干部选拔任用重要依据。复制推广城市基层党建经验做法，深化拓展区域化党建工作。壮大农村基层党组织力量，推动党在农民专业合作社、家庭农场等农村新型经济组织的组织和工作全覆盖。推行村级小微权力清单制度，落实好村级组织运转经费保障政策。加强对涉农领域腐败和作风问题的专项治理。

2. 加强农村基层党组织带头人和党员干部队伍建设。选优配强村"两委"班子成员特别是村党组织书记。实施村党组织带头人整体优化提升行动，建立村党组织书记区级备案管理制度。强化"班长工程"，将村党组织书记培训纳入党校主体班培训体系，将抓党建促乡村振兴等课程作为村党组织书记示范培训的重要内容。加强村干部后备队伍建设，有计划地选派机关、事业单位优秀党员到矛盾纠纷多、治理难度大、攻坚任务重的村担任党组织书记。深化推进从考录公务员中选聘大学生村官机制，探索实行优秀青年干部市委党校学习、乡村蹲点调研与艰苦岗位锻炼相结合的干部培训制度。大力吸引有志青年投身乡村振兴事业。关心关爱农村基层干部，加强党内激励关怀帮扶。加强对农村党员的教育、管理、监督，推进"两学一做"学习教育常态化制度化，开展"不忘初心、牢记使命"主题教育。

（二）促进自治法治德治相结合

坚持自治为基、法治为本、德治为先，深化、创新村民自治机制，加快推进基层"三治"融合发展。

1. 深化村民自治实践。以自治为基础，贯彻落实《上海市实施〈中华人民共和国村民委员会组织法〉办法》，健全完善村民自治制度机制。丰富基层民主协商形式，在村民会议、村民代表会议制度基础上，探索村民议事会、理事会等协商平台，形成民事民议、民事民办、民事民管的多层次基层协商格局。加强农村基层群众性自治组织规范化建设，规范村级组织体系、设施配置、运行机制、民主自治、队伍建设和保障措施。实施"阳光村务工程"，完善村务监督机制，进一步规范村务监督的内容、权限和方式，深化创新村务公开工作，充分运用有线电视、移动端APP等现代化手段，拓展村民参与村务监督的渠道。规范制定修订村民自治章程、村规民约，建立健全村民自我教育、自我管理、自我监督机制。在农民建房资格、村集体资产管理、拆违控违、村容村貌维护等方面充分发挥村民自治作用。推广"睦邻四堂间""客堂汇"等农村社区治理实践，利用农村宅基住房，通过设施改造，打造成为方便村民民主议事、互助服务平台，形成富有农村特色的客堂自治文化。

2. 推进农村依法治理。开展民主法治示范村创建活动，提高农民法治素养，强化法律在维护农民权益、农业支持保护、生态环境治理、化解农村社会矛盾等方面的权威地位。维护村民委员会、农村集体经济组织、农村合作经济组织的特别法人地位和权利。深化完善市场监管、城市管理等领域分类综合执法改革，推动乡村层面综合执法力量下沉，提高执法能力和水平。增强基层干部法治理念，积极运用法治思维和法治方式化解矛盾纠纷，加大农村普法力度。健全农村公共法律服务体系。

3. 提升乡村德治水平。深入发掘乡村熟人社会蕴含的道德规范和公序良俗，大力选树道德楷模，深入开展时代楷模、道德模范等评选活动，挖掘培育农民身边的榜样，让身边好人成为美丽乡村的亮丽名片。深化文明村、镇创建活动，评选一批创建基础扎实、管理民主高效、村风文明健康的先进村、镇。发掘乡贤文化的时代价值，推广"崇贤馆""尚贤馆"等载体建设经验，展示乡贤事迹，传播乡贤文化，壮大新乡贤队伍。持续推进"除陋习、行文明、有素养"专项整治行动，宣传新"七不"规范。建立健全村民议事会、道德评议会、红白理事会等群众组织。加强农村宗教场所管理。

专栏 11：文明村、镇创建活动

组织开展上海市文明村、镇创建评选，评选出一批创建基础扎实、管理民主高效、村风文明健康的先进村、镇。每两年开展一次上海市文明村、镇评选活动，争取到 2022 年上海市文明村达到 700 个、文明镇覆盖面达到 80%。大力开展农村"文明家庭""最美家庭""星级文明户""美丽客堂间"创建活动，夯实农村精神文明建设基础。结合生态文明建设，开展"生态文明村""生态文明走廊""美丽庭院"等特色创建，促进生态文明与精神文明协调发展。

专栏 12：乡贤培育和成长计划

引导一批村内老党员、老干部、人大代表、退伍军人、经济文化能人"扎根乡村"，鼓励一批离退休党员干部、知识分子和工商界人士"告老还乡"，评选一批热爱家乡，在社会各行各业作出重要贡献、取得突出业绩、体现时代精神风貌的"十佳乡贤"，发现、培育、壮大农村乡贤队伍。

4. 精心打造平安乡村。严格执行农村社会治安综合治理领导责任制，健全农村社会治安防控体系。坚持重心下移，深入推进综合行政执法改革向基层延伸，理顺条块关系，加强综合保障，强化乡村治理执法力量支撑。完善农村基层网格化管理，健全市、区、街镇、村居四级综治中心工作平台，完善功能和运行机制，通过平台间互联互通、资源整合、联动处置，有效解决农村治安和社会稳定突出问题，实现小事不出村、大事不出镇、服务不缺位。推进农村"雪亮工程"和智能安防系统建设，到2019年底，实现村级视频监控系统建设全覆盖、全联网，确保治安形势平稳可控。开展农村安全隐患整治，坚决遏制重特大安全事故，深入开展扫黑除恶专项斗争。

5. 完善农村基层服务体系。完善农村社区基本公共服务体制机制，健全服务设施，整合服务资源，推进农村社区综合服务中心建设，提供"一站式服务"，加快完善乡村便民服务体系。推动共治共享，鼓励社会组织参与农村社区治理，引导和培育生活服务类、公益慈善类、文体活动类、专业调处类等社会组织到农村社区开展专业化服务，支持专业社会工作者和志愿者到农村社区开展服务。

专栏13：农民美好生活提升行动

完善农村公共服务设施布局，提升养老、医疗、教育、文化等公共服务能力，加强和创新乡村治理，打造充满活力、和谐有序的善治乡村，不断提高农民获得感、幸福感、安全感。提高养老服务能力，大力发展互助式养老，加快建设镇有"院"、村有"所"、组有"点"的农村养老设施网络，丰富老年人日间照护形式，推广"睦邻互助点""幸福老人村""托老所""四间堂"等睦邻点模式，为周边老年人提供生活照料、邻里社交、精神慰藉、非正式日常照料和互助服务。到2022年，全市农村地区建成示范睦邻点2 500个，实现标准化乡镇养老院和托老所全覆盖。

加大农民喜闻乐见的文化产品配送力度，推动"戏曲进乡村"，推进村级多功能活动中心"农民会所"建设，为农民开展文艺演出、体育健身、民俗集庆等活动提供场所和平台。深入挖掘乡村特色文化符号，打造一批特色鲜明的乡村传统文化产业精品。提升乡村治理能力，推行区域化党建、乡村管理、群众工作、群防群治相融合的网格化工作模式。实施"阳光村务工程"，利用有线电视、移动端APP等平台拓宽服务村民和民主监督新途径，到2022年，实现村务公开和民主监督信息化全覆盖。推行村干部开放式办公，加强村干部与村民面对面沟通，提升服务效能。全面推进农村"雪亮工程"建设，深入推进乡村依法治理，到2022年，全面完成村民自治章程和村规民约制定工作，建设50个市级民主法治示范村。

第七章　让乡村振兴成果惠及更多农民群众

围绕农民群众最关心、最直接、最现实的利益问题，加快补齐农村民生短板，在基础设施、公共服务等方面不断缩小城乡差距、全面实现高水平的城乡一体化和城乡融合，让农民群众有更多获得感、幸福感、安全感。

（一）加强农村基础设施建设

继续将基础设施建设重点放在郊区农村，持续加大投入力度，推动农村基础设施提档升级，促进城乡基础设施互联互通。

1. 加强农村交通设施建设。全面推进"四好农村路"建设，优化农村公路路网结构，实施农村公路新改扩建和提档升级等项目，提高农村公路管养水平，开展"四好农村路"示范镇（路）创建工作，研究制定相关技术指导意见以及市级财政资金对"四好农村路"的支持政策，鼓励各相关区加大农村公路资金投入力度。提升乡村公交运营和服务水平，优化公交线网布局，提高公交线路和站点配套标准，加强公交枢纽（首末站）等基础设施建设，加大各区对镇村公交运营的扶持力度。提升农村物流运输服务水平，积极发展适用于农村货物运输的厢式专业化车型，鼓励创新农村货运组织模式。开展村主路、村支路达标建设工作，整修改造村内危旧桥梁，按需建设人行桥，配备必要的照明装置。

专栏 14：农村公路提档升级行动

开展农村公路提标改造，加强道路拓宽、路面改造、危桥改造、安防工程及附属设施增设、完善绿化景观、路灯配置等，到 2022 年，完成农村公路提档升级改造 2 000 千米，乡、村道安全隐患整治 800 处，优、良、中等路比例达到 96% 以上，农村公路绿化率达到 95% 以上，建制村通公交比例达到 100%。

2. 完善农村现代能源设施。加快实施崇明地区农村电网改造升级工程。推进农村燃气基础设施建设，加强城市和郊区输配管网规划建设，加快区域燃气管网和配套设施向新农村区域延伸和覆盖，使具备通气条件的农民集中居住社区实现天然气供应。推进农村新能源和可再生能源发展，大力推进风电、光伏等新能源创新发展。因地制宜推进生物质能综合利用，不断提高乡村用能水平和清洁能源比重。

专栏 15：天然气管网向乡村地区延伸支持计划

加强城市和郊区输配管网规划建设，加快区域燃气管网和配套设施向新农村区域延伸和覆盖，到2022年，实现新市镇天然气管网"镇镇通"；鼓励采用LNG、LPG气化供应站和CNG瓶组供应站模式，建设形成覆盖城乡的燃气供应系统。

3. 深入推进农村信息化建设。全面推进农村地区宽带网络升级建设，优化农村移动通信网络布局，到2020年，实现农村千兆光纤全覆盖。加快农业公共信息化平台建设，开发适应"三农"特点的信息技术、产品、应用和服务，加强信息技术与农业生产融合应用，促进农业农村电子商务加快发展，推动农业政务信息化提档升级，推进农业农村信息服务便捷普及，全面实施信息进村入户工程，支持智慧村庄建设。

专栏 16：数字乡村建设计划

推进智慧村庄建设，提升农民对智慧城市的体验度和感受度。加强对农村地区网络弱覆盖区域的网络建设，打造以 i-Shanghai 为核心的公益 WLAN 网络服务体系。到2020年，实现农村千兆光纤全覆盖，全市家庭宽带平均接入带宽达到200Mb，固定宽带用户感知速率达到50Mb。

（二）促进农村劳动力充分就业和农民增收

大力实施乡村创新创业行动，持续加大农村帮扶资金投入力度，推进农民收入等持续增长。

1. 强化农民就业促进工作。推进落实就业援助、跨区就业补贴、低收入农户专项就业补贴、离土农民就业专项计划等专项政策举措，鼓励各区加大专项就业政策支持力度，帮助农村劳动力实现单位就业或灵活就业。提供细分化公共就业服务，分类施策，开展职业介绍、职业指导、重点帮扶等多种形式的针对性就业服务，加强农民职业技能培训。加强乡镇、行政村基层就业服务平台建设，推进农村劳动力转移就业示范基地建设和充分就业地区建设。

2. 实施乡村创业带头人行动。促进创业带动就业，全面落实国家支持返乡创业相关政策，采取小额贷款担保、贴息、房租补贴、创业培训等综合措施，优化创业环境，切实降低创业成本，吸引和鼓励各类人才特别是青年大学生回乡创业创新。强化政策分类引导，对于受过高等教育且具有家乡情结的在外农家子弟，组织开展一批创业创新项目比赛、创业孵化扶持等活动，激发创业活力，培养创业动力；对于对乡村自然和文化有向往有追求的城市人群，引导支持其中的成功人士、企业家及投资人到乡村参加建设；对于一直留在农村的能带动农民促进农业发展的专业农民，组织针对性、实用性学习培训，提高其自主创业能力，持续推进新型职业农民专项激励计划试点。

3. 深化农村综合帮扶工作。继续加大帮扶工作力度和帮扶资金投入力度，以增强"造血"能力为抓手，统筹谋划、协调推进，引导各区在充分整合现有公共政策基础上，结合本区实际，聚焦经济相对薄弱村生活困难农户开展切实有效的帮扶。进一步发挥党建引领作用，落实区级主体责任，拓宽帮扶渠道。到2022年，我市生活困难农户生活质量和生活水平明显改善。

4. 深化农村基本经营制度和产权制度改革。落实农村土地承包关系稳定长久不变，衔接落实好第二轮土地承包到期后再延长30年的政策。深化承包地"三权分置"改革，规范经营权流转管理，加快推进适度规模经营。全面实施《上海市农村集体资产监督管理条例》，强化成员大会（成员代表会议）、理事会、监事会职能，完善农村集体经济组织治理结构，切实保障成员知情权、表决权、收益权、监督权，积极稳妥推进镇级农村集体经济组织产权制度改革，坚持效益决定分配原则，鼓励有条件的集体经济组织实行年度分红。

专栏17：农民长效增收行动

有针对性地对农民开展培训，促进农民非农就业，加快培育职业农民；发展新型集体经济，增加农民财产性收入；深化农村综合帮扶工作，拓宽增收渠道，确保农民收入增幅高于城镇居民收入增幅和GDP增速。加强农民职业技能培训以促进就业。对于未就业且有就业创业意愿的农民，通过建档立卡"一人一策"提供就业创业培训和就业创业服务，重点促进非农就业；对于已就业农民，根据不同需求分类施策，提供个性化技能提升培训服务，促进更高质量就业。加快新型职业农民培育，有序推进新型职业农民制度试点。到2022年，完成农民非农就业培训40万人次，培育2.5万名新型职业农民，实现对有就业创业意愿的农民就业创业服务全覆盖，未就业农民通过培训实现就业创业1万人。深入推进农村改革。继续深入开展农村综合帮扶工作，加大帮扶力度，提高统筹层级，建设一批收益稳定长效的帮扶"造血"项目，显著提高生活困难农户生活质量和水平。鼓励开展农村闲置农房、存量集体建设用地盘活利用试点。加快推进镇级农村集体产权制度改革，积极推动镇村集体经济组织实行年度收益分配，促进农民财产性收入持续增长。

（三）有效增加农村公共服务供给

持续加大统筹力度，促进更多资源向农村倾斜，着力提升城乡基本公共服务均等化水平。

1. 持续加强郊区农村教育。全面推进义务教育城乡一体化，在全面完成城乡义务教育一体化"五项标准"任务基础上，加强拓展和延伸。落实城乡学校携手共进计划，组织优质学校赴郊区对口办学，推动郊区新建学校高起点办学。以郊区公办初中提质增效为重点，实施百所公办初中强校工程，通过"名校长名师培养工程"、特级校长和特级教师流动等方式，提升"强校工程"实验校师资水平，并采取优质资源领衔组建紧密型学区或集团等方式，提升实验校整体办学水平。加强农村小规模学校建设，在人口相对集中的乡镇配置优质教育资源。做强现代农业职业教育集团，推进产教融合和校企合作，加强涉农专业特色和品牌创建。推进郊区农村社区教育、老年教育，创设村民学校、宅基课堂、睦邻学习点等新型学习载体，丰富农村终身教育服务供给。通过转移支付等途径加强教育经费统筹保障。提升郊区师资建设水平，吸引优秀人才到乡村学校任教，实施乡村教师支持计划，选派新一批特级校长到乡村学校支教。

专栏18：城乡学校携手共进计划

以提升农村义务教育学校办学质量为核心，精选中心城区优质学校、优质教育专业机构赴郊区对口办学，通过全方位托管或关键项目互助合作，为郊区输入优秀的师资团队和专业的教育资源，促进农村义务教育学校优质、健康、可持续发展。到2022年，城乡学校携手共进计划覆盖120所农村义务教育学校。

2. 不断推进健康乡村建设。健全乡村基层医疗服务体系，提高乡村居民就医可及性和农村医疗服务水平。优化医疗卫生资源配置，完善社区卫生服务中心平台建设，逐步实现社区卫生服务中心对郊区村卫生室的全面管理。强化社区卫生服务功能在村级层面的落实，加强村卫生室服务功能，适当增加村卫生室的配药品种。深入推进家庭医生签约服务，不断完善居民健康守门人制度。培养面向农村的全科医生，转变乡村医生服务模式，融入社区卫生服务体系。提高农村慢性病防治能力建设水平，积极推进农村地区精神卫生、职业病和重大传染病防治。

3. 继续完善农村社会保障体系。进一步完善城乡居民基本养老保险制度、基本医疗保险制度和大病保险制度，推进符合条件的我市户籍人员在农民合作社、家庭农场和联合社就业期间参加我市职工基本养老保险、基本医疗保险。持续提高城乡居民养老保险基础养老金水平，年度增幅不低于同期低保增幅。全面实施特困人员救助供养制度，做好农民重特大疾病救助工作。推动涉农区、镇通过政府购买服务，为农村儿童和妇女、老年人以及残疾人提供关爱服务。

4. 提升农村养老服务能力。实施农村养老美好生活行动计划，加大养老设施改造力度，鼓励支持农村集体建设用地优先用于发展养老服务。提升镇办养老机构运营水平，在农村地区科学、合理、有序建设养老机构、社区综合型托养服务机构和睦邻点，形成多层次全覆盖的养老服务网络。纯农地区重点以村为单位，依托标准化老年活动室或部分闲置资源，结合村卫生站建立具有生活照料功能的场所，有条件的村可建立老年人集中居住的托老所。制定睦邻点建设行动计划，在村组层面积极培育具有一定规模且集生活照料、邻里社交、精神慰藉、非正式日常照料、互助服务功能于一体的"示范睦邻点"。支持和推广松江区叶榭社区"幸福老人村"、嘉定区樊家村村办托老所等各具特色的农村照护模式，推广农村互助式养老服务。为失能老人等提供长期护理保险服务。

第八章　加快构建城乡融合的体制机制和政策体系

用改革创新的办法推动实施乡村振兴战略，聚焦乡村振兴工作中的重点领域和关键环节，不断深化农村制度改革、强化人才和用地保障、加大多元投入和金融支农力度，建立城乡融合的体制机制和政策体系。

（一）强化乡村振兴人才支撑

实行更加积极、更加开放、更加有效的人才政策，推动乡村人才振兴，让各路优秀人才依托国际大都市优势资源在农村大施所能、大展才华、大显身手。

1. 着力培育新型职业农民。坚持政府主导、立足产业、精准培育的原则，加快构建一支"爱农业、懂技术、善经营"的新型职业农民队伍，为发展都市现代绿色农业提供强有力的人才支撑。全面建立职业农民制度，夯实职业培训基础，实施新型职业农民专项激励计划试点，完善职业农民保障制度，促进新型职业农民队伍文化素质、技能水平和经营能力显著改善。到2022年，培育新型职业农民2.5万人次，持专业证书的农业劳动力占比达到75%。

2. 加快农民技能人才培养。推进农业类高技能人才培养基地规划布局和建设发展，加强对郊区高技能人才培养基地的专项资助政策扶持，鼓励现有高技能人才培养基地向农民技能人才培养开放。积极开展农民和农业技能竞赛，通过各类技能竞赛选拔表彰一批优秀农民高技能人才。结合郊区绿色农业和区域性重点产业发展需求以及乡村建设和非遗技艺传承的需要，加大对农民首席技师和技能大师等技能带头人的培养资助力度，带动农民整体技能水平提升。

3. 加强专业技术人才队伍建设。鼓励引导农业、工程、经济、文化旅游、教育卫生、社会事业等领域专业技术人才积极参与乡村振兴事业。深化农业农村领域职称制度改革。加大岗位实践能力、业绩水平和实际贡献的评价权重，不将发表论文作为评价农业应用型人才的限制性条件。拓展农业经济领域职称评价办法，继续完善乡村教师和基层社区卫生、农业工程领域职称评价，鼓励专业技术人员扎根基层一线。加强农业农村领域专业技术人才知识更新培训，在部分区建设若干基层专业技术人才继续教育基地，加强基层一线工程技术人员继续教育培训。加大对农业高层次人才的支持力度，更加关注农业科技领域高层次专业技术人才及其团队的遴选和培养。支持有条件的农业领域企事业单位积极申报博士后科研工作站。

4. 鼓励社会上各类人才投身乡村建设。建立有效激励机制，增强乡村对人才的吸引力，促进各类人才下乡返乡。引导各类人才参与农村基层建设。完善支持高校毕业生到基层工作的政策措施，通过政府购买岗位、实施学费和助学贷款代偿、提供创业扶持等方式，积极引导支持高校毕业生到基层工作和创业。吸引支持企业家、党政干部、专家学者、医生教师、规划师、建筑师、律师、技能人才等，通过下乡担任志愿者、投资兴业、包村包项目、行医办学、捐资捐物、法律服务等方式，关心支持参与乡村振兴。培育壮大新乡贤队伍，建立完善新乡贤吸纳机制，鼓励离退休党员干部、知识分子和工商界人士"告老还乡"，到乡村发挥余热、施展才能，实现宝贵人才资源从乡村流出再返回乡村的良性循环，鼓励各地区挖掘整理乡贤资源，研究制定吸引新乡贤的支持政策。引导工商资本下乡，落实和完善融资贷款、配套设施建设补助、税费减免等扶持政策，引导企业家积极投身乡村振兴事业，通过项目建设带动人才回流农村，培养本土人才，为乡村振兴注入现代生产元素和人力支撑。

（二）加强乡村振兴用地保障

完善农村土地利用管理政策体系，盘活存量，用好流量，辅以增量，激活农村土地资源资产，保障乡村振兴用地需求。

1. 改革乡村振兴用地保障制度。探索建立乡村用地指标优先保障制度，各区在编制土地利用年度计划中，低效建设用地减量化形成的用地指标要向乡村地区倾斜、向保留村集聚，优先用于农民集中居住和公共服务设施、休闲农业和乡村旅游项目等。加大乡村用地监管和违法用地整治力度，重点推进低效工业用地、宅基地（一户多宅等）、设施农用地等专项整治，制定实施计划并进行整治复垦。在符合规划和对永久基本农田实施分类保护的前提下，允许通过土地综合整治等手段在划定的空间范围内和规定期限内，实施存量建设用地平移、集聚和布局优化。探索建立乡村建设用地实行周转指标制度，各区在总量控制前提下，保证建设用地不增、基本农田不减，对于乡村振兴重大项目涉及确需调整地块的情况，有条件的允许对"三区"划定范围进行存量微调。结合清理消化批而未供土地以及盘活利用闲置土地工作，腾挪有关用地指标，盘活利用存量建设用地，支持发展乡村振兴项目落地。

2. 强化规划土地管理政策支持。聚焦优化乡村用地布局、提高用地效益、优化审批监管等方面推进制度创新和政策突破。加快推进总体规划编制，允许各区通过郊野单元（村庄）规划调整优化保留村的建设用地布局。规范用地分类，简化用地管理程序，对于不破坏耕作层且符合条件的农业生产项目以及休闲农业和乡村旅游项目中的非建设用地，简化地类认定和管理；对于乡村新产业新业态项目按建设用地进行管理的，可实行"点状"布局开发。分类提高设施农用地比例，规范设施用地类型，按照设施农用地布局规划，合理安排设施农用地项目，用好增量，盘活存量，支持现代农业发展。鼓励农业生产和村庄建设等用地复合利用，提高土地节约集约利用水平。大力推进土地整治，以全域土地整治为平台，统筹山水林田湖草系统整治，推进郊野公园建设。通过优化提升审批程序和采取负面清单监管等方式，促进乡村项目及时落地和规范管理。

3. 推进农村土地制度改革试点。探索宅基地所有权、资格权、使用权"三权分置"，落实宅基地集体所有权、保障宅基地农户资格权和农民房屋财产权，适度放活宅基地和农民房屋使用权，不得违规违法买卖宅基地，严格禁止下乡利用农村宅基地建设别墅大院和私人会馆。按照国家统一部署，进一步深化统筹推进松江区集体经营性建设用地入市、农村土地征收、宅基地制度改革三项试点，选取符合条件的集体经营性建设用地适当加快试点进度，探索建立征收补偿与入市增值收益分配的协调联动机制。审慎积极推进宅基地改革试点，合法合理认定农民宅基地资格权，探索国际大都市郊区多元化的农民居住安置模式，完善农民建房审批管理制度，探索闲置房地资源盘活利用，加快制定和完善宅基地改革试点制度性文件。

（三）健全多元投入保障机制

加大财政投入保障力度，提高土地出让收益用于农业农村的比例，创新投融资机制，拓宽资金筹集渠道，加快形成财政优先保障、金融重点倾斜、社会积极参与的多元投入格局，确保全市乡村振兴投入力度不断加大。

1. 确保财政优先保障。建立健全实施乡村振兴战略的财政投入保障制度，公共财政要以更大力度支持乡村振兴，确保财政投入与乡村振兴目标任务和建设标准相适应。强化各级财政对乡村振兴的投入责任，在市级财政加大投入力度的基础上，区和乡镇级财政要按照事权分工和支出责任，补基础设施和环境短板，强管护养护弱项，促农民集中居住，加大对乡村地区基础设施建设养护、公共服务水平提升和农民集中居住等重点领域的投入力度。加快建立健全涉农资金统筹整合长效机制，研究完善乡村振兴重点领域专项资金，试点探索"大专项+任务清单"管理模式，完善财政资金"先建后补、以奖代补"方式，强化目标考核和监督管理，提高财政资金使用效能。

2. 提高土地出让收益用于农业农村的比例。坚持取之于地、主要用之于农的原则，根据国家部署，适时调整完善土地出让收入使用范围，为乡村振兴提供新的资金来源渠道。聚焦土地出让收入支出重点，优化整合现有市对区的支持政策，加大对乡村振兴的支持力度，进一步提高土地出让收益用于农业农村的比例。

3. 引导和撬动社会资本投向农村。优化乡村营商环境，加大农村基础设施和公用事业领域开放力度，制定完善工商资本参与乡村振兴的负面清单和管理办法，广泛吸引外资、民资等社会力量投资乡村振兴。鼓励利用外资开展现代农业、产业融合、生态修复、人居环境整治和农村基础设施等建设。创新财政支农投入机制，充分发挥财政资金的引导作用和放大效应，通过贷款贴息等方式，撬动各类社会资本更多投向乡村振兴。规范有序盘活农业基础设施存量资产，回收资金主要用于补短板项目建设。推广一事一议、以奖代补等方式，鼓励农民对直接受益的乡村基础设施建设投工投劳，让村民和自治组织更多参与建设管护。

（四）加大金融支农力度

创新涉农金融产品和服务，改善农村地区金融服务环境，提升"三农"金融供给能力，助力乡村振兴。

1. 健全金融支农服务体系。加快乡村普惠金融发展，深入推进专业化体制机制建设。推动政策性银行加大对农业农村基础设施的中长期信贷投放。支持大中型商业银行深入探索事业部专营机制，在风险可控前提下，合理下放审批权限、简化业务流程、提高服务效率。推动城市商业银行和农村商业银行建立"三农"金融服务专门机制，提供特色化、差异化金融服务。规范发展新型农村金融机构，支持各涉农区设立小额贷款公司和融资担保公司，推动村镇银行进一步优化股权结构，构建新型服务网络形式。鼓励证券、保险、基金、期货、租赁、信托等金融资源开展涉农金融业务。

2. 创新金融支农产品和服务。稳步推进农村土地经营权和农村集体经营性建设用地使用权抵押贷款试点，探索开展农业设施、设备抵押贷款和生产订单融资，拓展涉农有效抵押物范围，适时向全市推广。开展农村住房财产权抵押贷款研究。推出家庭农场及专业大户贷款、农民专业合作社贷款、农业产业链贷款等新型融资模式。支持农业保险机构探索满足新型农业经营主体需求的个性化农业保险产品，开展农业收入保险试点。扶持各类涉农主体利用期货市场降低生产经营风险，推广"保险+期货"农业保险模式。完善农业大灾风险政策，鼓励农业保险机构通过再保险方式分散农业大灾风险。推动金融服务向行政村延伸，依托社区超市、供销社经营网点，广泛布设金融电子机具、自助服务终端和网络支付端口等，打通金融服务"最后一公里"。在乡村地区大力开展移动支付便民示范工程。

3. 引导更多金融资源支持乡村振兴。将支持乡村振兴作为信贷政策结构性调整的重要方向，落实乡村振兴贷款增量奖励政策，制定针对服务乡村振兴中高标准农田建设、农村人居环境改善、田园综合体建设、产业发展等重点方面的专项激励政策。完善政策性农业信贷担保体系，扩大扶持对象范围，加大扶持力度。

4. 改善金融支农环境。防范化解区域金融风险，重点打击非法集资等涉众型非法金融活动，妥善处置涉农金融风险。加快推进农村信用体系建设，建立"三农"征信数据库。积极推进"信用户""信用村""信用乡镇"创建，强化农民金融意识、诚信意识和风险意识，改善农村信用生态环境。

第九章　凝心聚力、狠抓落实，扎实推进乡村振兴事业

各涉农区、各部门要以我市乡村振兴战略规划及各级各类相关规划为蓝图，强化组织领导，加强实施监督，做好政策保障，不折不扣地把规划中的各项任务落实到位，稳步有序实施乡村振兴战略。

（一）加强组织领导

坚持党对乡村振兴工作的全面领导，切实履行各级政府职责，加强各部门协同推进，为乡村振兴提供坚强组织保障。

1. 健全党领导的体制机制。充分发挥上海市实施乡村振兴战略领导小组的改革协调功能，完善党委统一领导、政府负责、农业农村工作部门统筹协调的领导体制，建立健全事关乡村振兴重大事项、重要问题、重要工作由党组织讨论决定的机制，落实党政一把手是第一责任人、各级书记抓乡村振兴的工作要求，让乡村振兴成为全党全社会的共同行动。

2. 加大市级部门工作统筹力度。进一步加强市级部门统筹，市有关部门要各司其职，明确年度目标任务，制订工作实施方案，在规划标准制定、重要改革措施推进、项目政策协调、资金资源配置和监督执法检查等方面形成长效机制，指导和帮助区、乡镇、村共同推进落实乡村振兴战略规划。

3. 落实各涉农区主体责任。各涉农区要切实履行主体责任，依照本规划科学编制区级实施乡村振兴战略规划或方案，明确目标任务，细化实化政策措施。处理好本区城市化地区与农村地区的关系，进一步加大在乡村基础设施建设、生态环境整治、基本公共服务均等化、农村社会治理和改善农村民生等方面的投入力度，努力使乡村振兴的成果惠及广大农民群众。

（二）加强实施监督

加强对规划实施情况的考核监督和激励约束，明确责任主体和进度要求，确保各项工作取得实效。

1. 建立健全报告制度。实行实施乡村振兴战略年度工作报告制度，各涉农区党委和政府每年要向市委、市政府报告本区实施乡村振兴战略的进展成效、问题瓶颈和措施建议。

2. 建立健全考核制度。建立区、乡镇党政领导班子和领导干部推进乡村振兴战略的实绩考核制度，将考核结果作为选拔任用领导干部的重要依据。市有关部门要加强对区、乡镇乡村振兴工作的考核，根据各区实际，聚焦镇村规划落实、农业现代化水平提高和产业融合发展、推进农民集中居住、农村基础设施建设和环境整治、农村民生改善以及农村重要领域改革等重点任务，因地制宜形成可分解、可考核、可评估的工作指标，纳入区党政领导班子绩效考核。加强乡村振兴领域的统计监测工作，为评估考核工作成效提供依据。引入第三方力量，建立健全乡村振兴评价评估体系，重视对评估成果的应用，确保各项工作得到全面落实。

3. 建立健全督察制度。建立以市为主体、农民参与的乡村振兴专项督察制度，每年度对各涉农区、乡镇、村以及牵头责任部门开展全面督查，对规划中确定的重要指标、重大工程、重大项目和重要任务，明确责任主体和进度要求，通过定期书面报送、现场督查、人大代表和政协委员视察以及新闻媒体监督等开展多形式、常态化督查，接受全社会监督。

（三）强化配套保障

充分认识乡村振兴任务的综合性和长期性，在法律法规、信息化、推进实施等方面统筹谋划、有序推进。

1. 加强法治保障。善于运用法治思维和法治方式推进乡村振兴工作，严格执行现行涉农法律法规，在规划编制、项目安排、资金使用、监督管理等方面提高规范化、制度化、法治化水平。充分发挥人大在乡村振兴中的立法保障和推动作用，完善体现上海超大城市特色的乡村振兴法规规章和标准体系。加强基层执法队伍建设，强化农村市场监管，规范乡村市场秩序，维护农民群众合法权益。

2. 提高信息化和统计工作水平。以互联网思维、大数据技术为基础，为乡村振兴工作、决策、协调提供支撑。依托乡村信息基础设施体系建设，推动政府信息、乡村信息、市场信息融合互动，形成以管理和应用为核心的共享数据库。完善乡村振兴的统计工作，充分利用农业普查数据，加强对各类农用地利用调整情况、农业从业人员数量和结构等相关数据的科学监测，整合"三农"资源，加强工作联动，建立健全乡村信息数据常态跟踪监测和评估分析机制。

3. 有序推进建设。合理设定乡村振兴阶段性目标和工作重点，分步实施，形成统筹推进的工作机制。引导部分干部群众摒弃"等靠要"思想，激发农村各类主体活力，推动主体、资源、政策协同发力，形成高效协作的运行机制。立足阶段特点，科学评估财政承受能力、集体经济实力和社会资本动力，依法合规谋划乡村振兴筹资渠道，合理确定基础设施、公共产品、制度保障等供给水平，形成可持续发展的长效机制。

（四）营造良好氛围

搭建社会力量参与乡村振兴的平台，加强组织动员和宣传工作，健全政府、市场、社会协同推进乡村振兴的参与机制。

1. 扩大社会参与。搭建全过程、全方位的公众参与平台。建立健全有效激励机制，鼓励和引导社会组织、有志青年和成功人士、社会公众积极参与乡村振兴工作。发挥工会、共青团、妇联、科协等群团组织以及各民主党派、工商联和无党派人士的优势和作用，共同参与乡村振兴工作。建立乡村振兴专家决策咨询制度，组织专业智库加强超大城市乡村振兴的理论和实践案例研究，汇聚全社会共同参与乡村振兴的智慧和合力。

2. 加强宣传引导。加大我市推进乡村振兴战略的宣传力度，丰富宣传内容、拓宽宣传渠道、创新宣传形式，广泛宣传解读乡村振兴战略及相关规划精神，增强广大城乡群众对乡村振兴工作的认同感和主人翁意识，总结各区和基层生动实践，讲好乡村振兴的上海故事，营造良好社会氛围。

12 关于在实施乡村振兴战略中选派优秀干部支持本市经济相对薄弱村发展工作的通知

近年来,本市一些地区和单位结合实际,积极选派机关、企事业单位优秀干部到村任职,在抓党建、抓帮扶、抓发展等方面取得了明显成效,积累了有益经验。为进一步推动抓党建促乡村振兴,上海市委组织部、市农业农村委就在上海实施乡村振兴战略中选派优秀干部支持本市经济相对薄弱村(以下简称"薄弱村")发展有关工作事项通知如下。

一、总体要求

深入学习贯彻习近平新时代中国特色社会主义思想和习近平总书记考察上海重要讲话精神,认真贯彻落实《中国共产党农村基层组织工作条例》和中央、上海关于实施乡村振兴战略的有关意见,按照2019年上海市乡村振兴重点任务具体部署,在实施乡村振兴战略中选派优秀干部支持薄弱村发展,加强市、区、乡镇(街道)三级联动,实现直接联系服务薄弱村全覆盖,为推动农村基层组织建设、培养锻炼年轻干部、直接联系服务农村基层和群众、促进农村改革发展稳定提供坚强的组织保证。

二、选派范围和方式

(一)选派范围

全市共有9个涉农区、1 572个建制村,其中有527个薄弱村(以2018年数据统计确定),主要分布在浦东、金山、松江、青浦、奉贤、崇明等6个涉农区。此次选派工作面向上述6个涉农区所有薄弱村,闵行、宝山、嘉定等3个无薄弱村的涉农区,可结合本区农村实际,参照开展选派优秀干部支持农村发展工作。

（二）选派方式

具体包括两种：

- 一是驻村指导员。由市、区两级共同选派 200 人，重点面向乡村振兴任务重的薄弱村，1 人 1 村全脱产驻村工作。市选派 65 人，人选主要从市级机关、市属国有企业和中心城区机关、企事业单位中产生，其中市级机关选派 21 人，参与本市农村综合帮扶工作的 32 家市属国有企业选派 23 人，涉农区以外的 7 个中心城区每个区选派 3 人共 21 人。区选派 135 人，人选主要从浦东、金山、松江、青浦、奉贤、崇明等 6 个涉农区的区属机关、企事业单位中产生，派驻本区薄弱村。2018 年村"两委"集中换届后，涉农区已从区属机关、企事业单位下派干部担任薄弱村书记的，是否纳入区选派的驻村指导员范围，由各区结合实际确定。

- 二是挂村联系员。面向其余 327 个薄弱村选派挂村联系员，每名联系员联系 1~3 个薄弱村，具体数量由浦东、金山、松江、青浦、奉贤、崇明等 6 个涉农区自行确定，人选可重点从薄弱村所在乡镇（街道）机关、企事业单位中产生。

三、选派条件和程序

（一）人选条件

中共正式党员，政治素质好，坚决贯彻执行党的理论和路线方针政策；有较强工作能力，敢于担当，善于做群众工作，开拓创新意识强；事业心和责任感强，作风扎实，不怕吃苦，甘于奉献；具有正常履行职责的身体条件。原则上不超过 45 周岁，有 3 年以上工作经历，有农村工作经验或涉农方面专业技术特长的优先。市选派的驻村指导员一般为副处级或正科级；区选派的驻村指导员一般为正科级或副科级。其中，从国企产生的驻村指导员参照上述条件。挂村联系员人选条件，由各区结合实际具体设定。

（二）选派程序

驻村指导员人选由市、区派出单位经过宣传动员、个人报名或组织推荐，组织人事部门汇总遴选提交单位党委（党组）同意后上报。其中，市选派的驻村指导员人选报市委组织部审核确定，区选派的驻村指导员人选由区委组织部审核确定并报市委组织部备案。挂村联系员人选由相关乡镇（街道）党（工）委推荐上报，区委组织部审核确定。各派出单位党委（党组）要加强审核，切实把好人选政治关、品行关、能力关、作风关和廉政关，确保选派干部素质能力过硬，能够履行选派工作职责。

四、选派干部的职责和任务

（一）驻村指导员职责任务

在乡镇（街道）党（工）委领导下，宣传贯彻中央、市委关于乡村振兴工作的方针政策和决策部署；指导农村基层组织建设，加强党建引领村级治理，推动全面从严治党主体责任在基层落实；指导落实农村综合帮扶、"结对百镇千村，助推乡村振兴"行动、加强村级民主监督等工作举措，推动村级集体经济发展壮大；面对面直接联系服务群众，发挥本单位优势，帮助解决村民生产生活实际困难和具体问题。

（二）挂村联系员职责任务

在乡镇（街道）党（工）委领导下，宣传贯彻中央、市委关于乡村振兴工作的方针政策和决策部署；协助加强以党组织为核心的村级组织体系建设，推动全面从严治党主体责任在基层落实；协助落实农村综合帮扶、"结对百镇千村，助推乡村振兴"行动、加强村级民主监督等工作举措，助力村级集体经济发展壮大；定期联系走访，及时了解群众需求，协调解决村民生产生活实际困难和具体问题。

五、管理和考核

（一）任职待遇

第一批驻村指导员工作期限为 2019 年 6 月至 2021 年 2 月，第二批驻村指导员工作期限为 2021 年 3 月到 2022 年 12 月，有关工作经历视为干部基层工作经历和同职级一个岗位的任职经历。驻村指导员任职期间，不承担派出单位工作，原人事关系、工资和福利待遇不变，党员组织关系转到所在村党组织。

（二）管理要求

驻村指导员由市委组织部、市农业农村委统筹管理，具体在市农业农村委设立驻村指导员管理办公室，办公室同时承担市选派驻村指导员联络工作。各涉农区区委组织部、农业农村委负责日常管理，派出单位负责协助管理，乡镇街道党（工）委负责直接管理。在6个涉农区分别建立1个驻村工作组，由1名副处级驻村指导员任组长并兼任区农业农村委副主任，组员由其他驻村指导员组成。驻村工作组同时接受市、区两级领导和指导，协助开展驻村指导工作。

（三）考核原则

对驻村指导员的考核，采取日常考核、年度考核、任期考核相结合的方式。日常考核由乡镇（街道）党（工）委负责。年度考核由区委组织部提出建议等次，建议为优秀等次的，在派出单位年度考核中一般应评定为优秀等次，不占派出单位优秀等次指标，派出单位应给予相应的奖励和待遇。市选派驻村指导员的任期考核，由市委组织部牵头，会同市农业农村委、相关区委组织部、派出单位组织人事部门共同进行。区选派驻村指导员的任期考核，由区委组织部会同派出单位组织人事部门共同进行。考核结果作为评先评优、干部选拔任用的重要依据，对任职期间表现优秀的在同等条件下优先使用。

（四）关心关怀

派出单位要经常关心驻村指导员的工作生活，为其办理任职期间人身意外伤害保险，定期安排体检，帮助解决生活等方面的实际困难。相关涉农区和乡镇（街道）要为驻村指导员提供必要的工作食宿条件，所需经费由区财政承担。相关单位要与驻村指导员开展经常性谈心谈话，及时了解掌握思想动态，对工作表现突出的，给予鼓励和肯定。

挂村联系员工作年限与驻村指导员一致，具体待遇、管理和考核等，由涉农区区委组织部结合实际确定。

六、加强选派工作的组织领导

选派工作在市委领导下，由市委组织部牵头抓总，市农业农村委配合协调。各级

党委（党组）要高度重视，结合落实本市乡村振兴重点任务，有力有序有效推进落实。相关涉农区区委组织部、区农业农村委和乡镇（街道）要切实履行工作责任，充分发挥选派干部作用，支持薄弱村各项工作取得明显成效。各派出单位要充分发挥自身优势，支持选派干部开展工作，共同推动薄弱村经济社会发展。

各涉农区应及时将选派干部工作开展情况报市委组织部和市农业农村委。

13 关于促进金融创新支持上海乡村振兴的实施意见

为深入贯彻落实《上海市乡村振兴战略规划（2018—2022年）》《中国人民银行、银保监会、证监会、财政部、农业农村部关于金融服务乡村振兴的指导意见》等要求，进一步促进金融创新，支持上海乡村振兴战略，上海市金融工作局中国人民银行上海分行、中国银行保险监督管理委员会上海监管局、中国证券监督管理委员会上海监管局、上海市财政局、上海市农业农村委员会提出如下实施意见。

一、总体要求

以习近平新时代中国特色社会主义思想为指导，按照产业兴旺、生态宜居、乡风文明、治理有效、生活富裕的总要求，围绕上海乡村振兴战略规划发展目标，聚焦美丽家园、绿色田园、幸福乐园"三园"工程，深化金融供给侧结构性改革，发挥上海金融市场齐全、金融机构集聚优势，多方合力，促进金融创新，引导更多金融资源配置到上海乡村振兴重点领域和薄弱环节，为建成与具有世界影响力的社会主义现代化国际大都市相适应的现代化乡村提供有力金融支持。

二、主要任务

（一）创新金融产品和服务，推动乡村产业融合发展

1. 推动金融科技应用，强化金融创新支撑。大力发展数字普惠金融，支持金融机构运用互联网、物联网、大数据、人工智能等技术整合各类涉农主体数据，探索业务申请、身份认证、支付结算和实时授信等全流程在线操作的金融服务。依托"新农直报平台"等数字化平台，进一步丰富线上金融产品和服务功能。

2. 优化涉农融资服务，促进都市农业提质增效。引导金融机构开展与农业生产经

营周期相匹配的流动资金贷款和中长期贷款业务，简化贷款审批流程。加强续贷产品开发和推广，面向优质涉农企业推广无还本续贷模式。推动创新农业大型机械、生产加工设备等融资租赁产品。

3. 拓展抵质押物范围，提高涉农信贷可获得性。推广农村土地承包经营权抵押贷款业务，稳妥推进集体建设用地使用权抵押贷款试点，按照国家农村宅基地制度改革要求适时探索农民住房财产权、宅基地使用权抵押贷款试点。依法合规探索集体资产股权担保融资。推动开展厂房和大型农机具抵押、运输工具抵押，做实应收账款质押、订单融资、保单融资等业务。加快确权登记、价值评估、交易流转、处置变现等配套机制建设，推动建设产权登记机构，大力发展产权评估机构，引导农村产权流转交易市场健康发展，探索建立农村产权抵押多元化风险分担机制。

4. 促进绿色金融发展，打响都市绿色农业品牌。支持政策性银行、商业银行、金融租赁公司等发行绿色金融债。探索耕地地力指数保险，助推绿色农业生产。面向知名农产品企业推出品牌质押、专利权质押等无形资产信贷产品。加强对崇明世界级生态岛建设的金融支持，为绿色农业管控体系试点提供综合金融服务，助推实现农资产品全程监管。

5. 充分利用多层次资本市场，支持涉农重点产业发展。支持符合条件的涉农企业在主板、科创板、中小板、创业板以及新三板、上海股权托管交易中心上市挂牌和再融资，支持涉农企业发行债券，开展并购重组，推动传统农业升级改造和新型农业发展。建立市、区两级拟上市挂牌企业资源库，开展涉农企业培训辅导，培育上市挂牌资源。

6. 创新农业保险产品和制度设计，提升农业抵御风险能力。发挥农业保险风险补偿作用，建立健全农作物生产、农产品运输、储存、加工、销售、消费等全流程风险保障体系。积极推广"农业保险+"模式，开展符合涉农主体需求的"保险+信贷""保险+订单""保险+期货"等综合金融保险服务。探索开展农产品气候品质保险试点、农作物收入保险试点。完善农业大灾风险补偿机制，优化政策性农业保险条款费率和保险责任。

（二）集聚金融资源和社会资本，支持打造生态宜人的美丽乡村

7. 探索有效金融支持路径，助力乡村生态环境整治。引导金融机构积极探索有效融资模式，优先支持纳入市规划的农地整治修复、农业高效节水灌溉等项目，支持上

海美丽乡村示范村、乡村振兴示范村和现代生态循环农业示范区、示范镇、示范基地建设。引导开发性、政策性银行运用抵押补充贷款资金，加大对农村生态环境整治、农业基础设施升级等领域的信贷投放。

8. 引导多方资本共同参与，助力乡村农民住房建设。引导和支持金融机构对接农民相对集中居住、乡村振兴示范村、保留（保护）村改造等项目，不断拓展已有城镇化贷款产品功能，加强村民建房和农村基础设施配套建设的金融服务。充分发挥政策性金融资源作用，探索政府引导、企业和社会资本参与的市场化运作模式，设计多元化组合增信方式，创新推出与上海农民相对集中居住相关的融资产品。鼓励有实力的国有企业积极参与农民相对集中居住社区建设。用好发行地方政府债券等方式，支持农民相对集中居住社区中的公益性项目建设。

（三）提升农村金融服务覆盖面，让乡村振兴成果惠及更多农民群众

9. 下沉金融服务重心，提升农村生活服务便利。鼓励金融机构加快郊区、乡镇区域自助类渠道建设，根据实际需求布放自助银行设备，建设金融便民服务点。支持移动支付在农村地区推广应用，实现超市、菜场、郊野景点、民宿等重点场景的全覆盖。完善银行和保险机构基层服务网络，2019年实现郊区行政村"三农"金融保险服务站全覆盖。

10. 加强农村就业创业金融服务，助力农民收入持续增加。发挥上海创业担保贷款担保资金作用，简化担保手续，引导商业银行加大对新型职业农民、返乡创业大学生创业担保贷款投放。对金额50万元以下个人创业担保贷款，借款人免于提供抵、质押方式的反担保。推动市属金融机构做好新一轮农村综合帮扶，因地制宜创新金融服务。推动金融机构加强对农村集体经济组织资金的托管、理财、委托贷款等服务，满足农村集体资产保值增值需求。

11. 加强公共服务金融支持，助力农村公共服务水平提升。引导金融机构积极参与乡村医疗、教育、养老和健康产业投资，推出符合上海乡村特色的文化、旅游、民宿信贷产品。推动保险机构对农村儿童、妇女、老人、残疾人、生活困难农户等特殊人群，提供人身意外伤害保险、补充医疗保险和长期护理保险等关爱保障服务。

（四）营造良好金融生态，增强金融服务上海乡村振兴可持续性

12. 完善农村信用体系建设。持续推动小额贷款公司、融资担保公司、融资租赁

公司等机构接入金融信用信息基础数据库。推动农业农村、气象等部门向符合条件的金融机构开放公共数据，支持金融机构利用公共信用信息开展信贷产品和服务、风险防范等创新。督促涉农企业依法合规经营，不断增强信用意识，规范会计核算制度和关联交易管理。

13. 加强金融知识宣传教育。发挥上海金融人才讲师团等作用，开展形式多样的"金融知识下乡"活动，实现农村地区金融宣传教育全覆盖。依托基层营业网点、便民服务点，设立金融知识宣传柜台，向农民提供通俗易懂的金融知识读本。推动金融机构加强对金融产品和服务的信息披露和风险提示，提高农民风险识别、自我保护的意识和能力。

14. 加强农民金融消费权益保护。督促金融机构建立健全金融消费权益保护内控制度，畅通消费者投诉处理渠道。严格执行国家关于涉农金融服务收费的各项规定，对于不合理收费、服务欺诈等行为依法严肃问责。加强农村违法违规金融活动整治，加强对逃废债行为的惩罚。

三、支持保障

15. 加强财政资金支持。深入推进涉农专项资金统筹整合，增强乡村振兴财政资金支持合力。落实农村金融机构定向费用补贴政策，研究出台新一轮小微企业信贷风险补偿和奖励政策。加大涉农贷款财政贴息力度，支持农民合作社、家庭农场、农业产业化龙头企业发展。完善农业保险保费补贴政策，推广农业保险"以奖代补"创新项目做法。

16. 加大基金投资力度。鼓励设立现代农业产业基金，支持涉农重点产业发展和田园综合体建设。支持上海国有资本联合金融机构、社会资本等设立乡村振兴发展基金，加大对郊区和乡镇产业园区建设、一二三产融合发展、污水管网建设和污水处理等投资。推动市供销合作发展股权投资基金优先支持上海新农村流通服务网络工程项目，上海地区投资额超过基金总投资额的60%。推动上海创业投资引导基金、天使投资引导基金加大对符合条件农业科技企业的支持。

17. 深化政策性担保服务。完善政策性农业信贷担保体系，持续扩大担保业务覆盖面，符合"双控"标准的担保额不低于总担保额的70%，对符合条件的农业信贷担保项目，出现代偿时最高承担未偿还贷款本金部分的90%。不断创新担保方式，鼓励合作金融机构按照低于各项贷款平均水平的较优惠利率发放涉农贷款。

18. 增强监管约束和激励。发挥好差别存款准备金工具的正向激励作用，加大再贷款、再贴现支农力度。金融机构要保持同口径涉农贷款余额持续增长，实现普惠型涉农贷款增速总体高于各项贷款平均增速。适度提高不良贷款容忍度，金融机构普惠型涉农贷款不良率高出自身各项贷款不良率3个百分点（含）以内的，可不作为监管评级和内部考核评价的扣分因素。对不良容忍度之内的普惠型涉农贷款，信贷相关人员已按规定履职并无重大过失的应予以免责。

14 关于进一步建立健全我市城乡融合发展体制机制和政策体系的实施方案

为贯彻《中共中央、国务院关于建立健全城乡融合发展体制机制和政策体系的意见》，上海市委、市政府结合实际，制订本实施方案。

一、总体要求

以习近平新时代中国特色社会主义思想为指导，以协调推进乡村振兴战略和新型城镇化战略为抓手，以缩小城乡发展差距和居民生活水平差距为目标，着力破解影响城乡融合发展的体制机制障碍。到2022年，城乡间要素自由流动，率先在城乡融合发展体制机制改革上取得突破，率先基本实现农业农村现代化，基本形成城乡功能互补、三二一产业融合、城市形态和乡村风貌相得益彰的城乡融合发展格局，努力将上海打造成全国城乡融合发展的示范区。到2035年，城乡融合发展体制机制更加完善，全面实现郊区农业农村现代化，走出一条超大城市高水平城乡融合发展道路。

二、主要任务

（一）促进产业兴旺，建立健全乡村经济多元化发展的体制机制

1. 完善促进新型农业经营主体发展政策。发展新型农业经营主体，培育专业化市场化服务组织。完善家庭农场支持政策，鼓励创建多种类型的家庭农场。推进农民合作社地方立法，推动农民合作社转型升级，建立健全农民合作社退出机制。进一步健全农业龙头企业与农民的利益联结机制，培育若干农业产业化联合体。

2. 以标准化为抓手提高农业农村发展水平。研究编制农业农村标准化专项规划，逐步形成上海都市现代农业标准体系。强化农业标准化示范推广，推进地产农产品标准化示范基地创建，提升地产农产品标准化生产率。开展农村综合改革标准化试点，

形成可复制、可推广的发展模式。

3. 建立乡村新产业新业态培育机制。持续推进农村产业融合发展，构建具有大都市特点的乡村产业体系。培育和壮大乡土特色产业，拓展农业全产业链，因地制宜发展农产品加工流通业，推动建设"中央厨房"。实施地产绿色农产品产销对接行动，建立完善"基地+电子商务"的发展模式，培育一批农业电子商务企业。实施休闲农业和乡村旅游精品工程，培育一批休闲农业示范村、示范园和农事节庆文化品牌。

4. 建立农业重大项目推进机制。引导工商资本积极参与乡村产业发展，研究制定农业发展项目扶持办法，创新涉农财政性建设资金使用方式，加大对农业产业化规模化项目的支持力度。鼓励各涉农区积极引进体现行业引领性、标杆性的规模化农业项目，整合各类涉农资金聚焦投入，推动农业重大项目落地。

5. 建立健全农村集体经济可持续发展机制。探索具有大都市特点的镇村集体经济可持续发展路径和模式，推动集体经济转型升级和集体资产保值增值。允许农村集体经济组织探索人才加入机制。形成一批"安全可靠、收益稳健、易见成效"的农村综合帮扶项目。结合镇村集体经济产权制度改革，研究收益分配长效机制，完善农村集体产权权能。

6. 有序推进农村宅基地资源盘活利用。按照新修订的土地管理法要求，逐步完善宅基地管理体制机制。鼓励各涉农区开展宅基地存量盘活和自愿有偿退出试点，研究出台进一步加强宅基地管理的政策。建立农村宅基地统计调查制度，组织开展宅基地和农房利用现状调查。

7. 促进集体经营性建设用地优化利用。按照国家部署，建立集体经营性建设用地入市制度。支持工业园区周边的集体建设用地发展租赁房，加强集体建设用地全生命周期管理，优化政策标准和审批路径，提高建设用地产出水平。

8. 更好发挥国有企业对乡村振兴的带动作用。建立国有企业参与乡村振兴的长效机制，搭建供需信息共享服务平台，促进政企有效对接。创新涉农金融服务产品和抵押担保政策，优化管理服务，提高审批效率，做好政策宣传、技术培训等工作。

9. 促进科技成果入乡转化。推动农业领域科技成果交易服务体系建设。鼓励科研人员带成果入乡转化，建立科研人员到乡村离岗兼职和创业制度。进一步扩大高校、科研院所、医疗卫生机构等事业单位科研活动自主权，支持涉农单位制定科研成果转化推广激励与利益分享的实施办法。

（二）实施精细化管理，建立健全乡村基础设施长效管护机制

1. 完善农村公路和村内道路管护机制。落实区级主体责任，明确各涉农区农村公路和村内道路管理机构，确保经费、人员落实。加强对农村公路和村内道路管护质量的长效监督，将相关工作纳入对区、乡镇街道的绩效考核。

2. 完善乡村环卫设施管护机制。完善村级公共厕所、垃圾收集间等环卫设施管理模式。加强建设与管理，推动农村公共厕所提档升级，将公共厕所建设纳入镇村发展规划，合理安排建设和管理资金，加强保洁员队伍建设。

3. 完善乡村生活污水管护机制。开展农村生活污水设施更新改造和提档升级，提升养护作业单位规模化、标准化水平，鼓励引导区域化、一体化养护。

4. 深化农村公共基础设施管护体制改革。落实好农村公共基础设施管护体制改革政策，建立明晰的管护责任制度，健全高效的分类管护机制，完善管护配套制度，构建适应我市经济社会发展阶段、符合农业农村特点的农村公共基础设施管护体系。

（三）增进民生福祉，进一步提高城乡基本公共服务和社会保障均等化水平

1. 健全城乡教育资源均衡配置机制。实施城乡学校携手共进计划，探索建立人口导入区和导出区基础教育学校编制统筹管理机制。完善绩效工资分配方法，促进优秀教师向乡村学校流动。全面完成城乡义务教育一体化"五项标准"建设任务，有重点地推进学校设施设备提升。切实加强乡村小规模学校和乡镇寄宿制学校建设，促进学校"小而优"发展。

2. 完善社区卫生服务机构布局建设。进一步深化和拓展社区卫生服务功能，修订社区卫生服务机构建设标准，完善社区卫生服务中心（分中心）、服务站及村卫生室布局建设。进一步优化村级卫生服务网络，每个行政村至少设置一所村卫生室或社区卫生服务站，村域面积超过5平方千米的再增设一所。

3. 健全城乡公共文化服务体系。进一步推动公共文化资源向乡村倾斜，完善公共文化设施功能，促进资源联动共享。支持乡村民间文化团体开展符合乡村特点的文化活动，持续开展"文化走亲"活动，打造"一居村一品牌活动"，引导"非遗在社区"特色示范点（项目）建设。促进乡村民宿健康有序发展，推动成立乡村民宿社团组织、制定团体标准及行业公约。

4. 完善城乡一体的社会救助体系。完善最低生活保障、特困人员供养、受灾人员

救助、支出型贫困家庭救助、医疗救助、教育救助、住房救助、就业救助、临时救助和社会力量参与的"9+1"救助制度体系。健全和完善社会救助标准动态调整和精准救助工作机制。

5. 创新符合大都市特点的乡村养老模式。依托乡村良好的自然生态条件,研究探索集观光、休闲、疗养、健身、娱乐等于一体的新型乡村养老模式。

6. 切实改善农民生活居住条件。加快推进农民相对集中居住工作,引导农民进城镇集中居住或在农村平移建房,确保一批农民相对集中居住项目顺利实施并及早见效。多渠道解决农村居民住房困难问题,研究符合农村特定群体特点的住房保障政策。

7. 促进农民收入持续增长。全面落实农民长效增收行动计划,促进农民就业创业。推进新型职业农民制度试点。推动镇、村集体经济组织实行年度收益分配,促进农民财产性收入持续增长。

(四)完善乡村治理,推进乡村治理体系和治理能力现代化

1. 建立健全乡村治理机制。研究提出建立健全党组织领导的自治、法治、德治相结合的乡村治理体系的目标任务和举措,充分发挥农民参与乡村治理主体作用。完善以村党组织为领导,村民自治组织、村务监督组织、集体经济组织、农民合作组织为纽带,其他经济社会组织为补充的村级组织体系。进一步加强村级党组织建设,加强党员干部队伍建设。促进城乡党组织结对帮扶与农村综合帮扶工作有序衔接,深入开展"结对百镇千村,助推乡村振兴"行动。

2. 加强和改进乡村治理能力。进一步规范村级组织工作,健全村级议事协商制度,深化村民自治实践。进一步加强农村法律服务供给,推进民主法治示范村创建。实施乡风文明培育行动。规范完善村规民约建设,建立健全村规民约监督和奖惩机制。全面实施"阳光村务工程",完善党务、村务、财务三公开制度,全面推行村干部开放式办公。推进"雪亮工程"建设。开展村干部任期和离任经济责任审计。建立健全小微权力监督制度,加大基层小微权力腐败惩治力度。加强农村社会工作专业人才队伍建设。

(五)强化资金保障,建立健全各类资金支持乡村振兴的体制机制

1. 健全市、区两级涉农财政投入保障机制。加大财政投入力度,确保财政投入与

城乡融合发展目标任务和建设标准相适应。市、区合力扶持一批符合农业发展导向的农业经营主体发展。推进区级涉农资金统筹整合，形成涉农资金统筹整合长效机制。对符合条件的城乡融合公益性资本项目根据需求申请发行地方政府债券予以支持。落实全面预算绩效管理要求。

2. 完善乡村金融服务体系。配合国家在沪金融监管部门，推广农村土地承包经营权抵押贷款，在松江区稳妥有序推进集体建设用地使用权抵押贷款试点。支持小额贷款、融资担保、融资租赁、保理等地方性金融机构加强乡村振兴金融服务。创新市政策性农业信贷担保资金担保方式。支持乡村振兴发展基金用于城乡融合典型项目。

（六）增强乡村活力，建立健全各类人才参与乡村振兴的体制机制

1. 充实农村基层干部队伍力量。推进大学生村官与选调生工作衔接，鼓励引导高校毕业生到村任职。完善驻村指导员制度，加强对驻村工作的指导和考核。把懂农业、爱农村、爱农民作为基本要求，加强"三农"工作干部队伍的培养、配备、管理和使用。

2. 加强乡村医疗卫生人才队伍建设。加大全科医生招生与培养力度，同步实施全科医生转岗培训。建立全科医生定期至上级医院轮训和执业制度。建立全科医生与上级医院专科医生紧密联系机制。支持综合性医院全科医生定期到社区卫生服务中心开展带教和执业。进一步优化社区卫生服务中心绩效工资分配办法，向重点岗位、关键岗位倾斜。

3. 拓展吸引各类人才助力乡村振兴的渠道。加大"三支一扶"计划实施力度，吸引各类人才尤其是应届高校毕业生到乡村就业、创业和开展定期服务，让农业科研人才、专业技术人员、创新创业青年等向乡村一线流动，促进乡贤、"农二代"等回乡发展，探索本土人才培育新模式，强化乡村振兴人才支撑。

三、保障措施

1. 强化分工协作。市相关部门要积极主动作为，按照本实施方案明确的任务内容，抓紧出台配套改革措施。将本实施方案中的相关工作纳入乡村振兴目标考核，加强统筹协调和跟踪督导。

2. 落实主体责任。各涉农区要增强主体责任意识，细化实化政策措施。协调处理

好中心城、新城等城市化地区与新市镇、村庄等乡村地区的关系,加大对乡村地区基础设施建设、生态环境整治、基本公共服务均等化、乡村治理和改善民生等方面的投入力度。

3. 支持试点创新。鼓励各涉农区围绕城乡融合发展积极开展试点创新,支持符合条件、基础较好的涉农区创建国家城乡融合发展试验区,总结一批可复制的基层实践和经验做法,加快在全市推广。

4. 注重宣传引导。建立健全政府、市场、社会协同推进城乡融合发展的工作机制,形成全社会共同推动城乡融合发展的合力。加大对促进城乡融合发展的宣传力度,营造良好社会氛围。

15 关于引导市属国有企业助力乡村振兴的指导意见

近年来，本市市属国有企业在"三农"发展和乡村建设领域开展了积极的实践探索，取得了较好的成效。在当前推进乡村振兴的热潮中，市属国有企业有基础、有条件、有机会充分利用其资源、市场、人才等优势，积极参与助力乡村振兴。为进一步贯彻市委、市政府重大战略决策，在建设乡村振兴"三园"（美丽家园、绿色田园、幸福乐园）工程中发挥市属国有企业更大的作用，上海市农业农村委员会、上海市国有资产监督管理委员会、上海市住房和城乡建设管理委员会、上海市规划和自然资源局、上海市财政局、上海市地方金融监督管理局、上海市文化和旅游局就鼓励引导市属国有企业参与乡村振兴提出如下意见。

一、建立需求对接机制

（一）建立需求对接平台

鼓励支持市属国有企业发挥自身优势，通过多种市场化方式，多层次、全方位参与本市乡村振兴建设，带动乡村的产业、生态、文化等振兴。市农业农村委、市国资委要利用现有信息发布渠道，汇集市属国有企业发展需求和涉农区建设需求，定期发布乡村振兴相关信息和政策，提高市属国有企业和涉农区信息共享度。

（二）构建协同工作机制

市农业农村委、市国资委应会同市发展改革委、市规划资源局、市财政局、市地方金融监管局、市住房和城乡建设管理委、市文化和旅游局以及各涉农区人民政府建立联席会议制度，共同推动引导市属国有企业参与乡村振兴的各项工作。市、区要定期组织交流互动活动，分区、分乡镇、分专题开展交流会、招商会、洽谈会等，促进市属国有企业和各涉农区达成更多合作。各涉农区要加强组织领导，谋划和对接市属国有企业参与乡村振兴，加大资源和项目统筹，为发挥国有企业带动作用创造条件。

二、保障建设项目落地

（三）建立项目审批绿色通道

各涉农区应结合本区实际，建立乡村振兴项目库。为提高项目准入标准和审批效率，对经联合会审后符合规划的优质产业项目可以优先纳入乡村振兴项目库；对规划未覆盖的产业项目，可以作为预备项目，由各涉农区、乡镇优先编制规划，经联合会审后纳入乡村振兴项目库。入库项目纳入绿色审批通道，采用整体打包立项等做法。各涉农区要优化工程招投标方式，改变乡镇分散招投标，同类项目实行区级统筹招投标，减少市属国有企业重复工作。

（四）保障各类用地需求

切实落实建设用地周转指标制度，各涉农区将盘活的建设用地指标按照不低于5%的比例重点向乡村产业发展倾斜，将指标执行情况纳入乡村振兴考核。乡村建设项目应符合规划，对暂时难以确定用途的建设用地，可以预留建设用地机动指标和空间。乡村建设项目实行建设用地和非建设用地分类使用，对建设用地可以实行点状供地。对已纳入乡村规划的项目，可以结合项目方案设计，同步细化修正用地范围、建设用地边界等规划参数。结合乡村特点，适当放宽绿地率、装配式建筑等规划控制指标要求，提高容积率，促进土地节约集约利用。鼓励市属国有企业与农村集体经济组织通过出租、作价入股等合作方式，盘活和利用农村闲置集体建设用地和闲置用房发展休闲农业、乡村旅游、健康养老、餐饮民宿、文化体验、创意办公、电子商务等新产业、新业态，发展壮大集体经济。

三、加强政策支持引导

（五）强化财政支持

充分发挥市属国有企业市场主体、民生保障和产业引领作用，积极引导其参与产业引领性强、标杆性突出的乡村振兴重大项目建设。市属国有企业参与乡村振兴、都市农业重大项目建设可享受面上的财政支持政策。各涉农区应结合实际制定相关配套政策措施，加大对市属国有企业参与乡村振兴的财政扶持力度。

（六）强化金融服务

通过多元化组合增信等方式，开发支持本市农民相对集中居住等相关融资产品，鼓励有实力的市属国有企业积极参与农民相对集中居住社区建设。发挥证券类市属国有企业作用，引导涉农企业对接多层次资本市场，加强培训辅导，支持涉农企业股份改制、挂牌上市等。支持上海国有资本联合金融机构、社会资本等设立乡村振兴发展基金，加大对乡村振兴各类建设的投资。

（七）强化差别化考核

发挥考核的指挥棒作用，根据企业类型建立对市属国有企业的差别化绩效考核机制，企业参与乡村建设的相关投资在利润考核中按一定比例予以扣除。建立激励机制，对市属国有企业参与乡村振兴取得显著成效的应进行表彰，增强荣誉感。

（八）强化模式创新

根据涉农区和乡镇的需求意愿，鼓励有实力的市属国有企业探索参与农民相对集中居住项目建设的新机制，加强政策支持，通过银企合作等市场化方式，给予农民相对集中居住项目资金支持，加大项目推进力度。支持市属国有企业通过投资、入股等形式，助力乡村建立长效造血机制。探索建立市属国有企业、农村集体经济组织与农民之间利益共享机制。

（九）强化人才支撑

鼓励市属国有企业引进高水平人才或创新团队，参与乡村产业发展；鼓励在沪院校、科研单位与市属国有企业建立人才联合培养机制，加快培养乡村振兴需要的紧缺人才；举办在沪院校涉农专业毕业生专场招聘会，支持市属国有企业、涉农区建立农业农村产业人才库；支持市属国有企业采取多种方式，培养培育各类人才，帮助涉农区开展招商引资，拓展国内国际市场。

各涉农区应结合实际，制定具体实施细则，建立乡村振兴项目库；市属国有企业应结合自身优势，制定具体行动方案，为乡村振兴作出更大贡献。

16 关于规范本市乡村地区"点状供地"实施的通知

为进一步促进本市乡村振兴战略实施，规范乡村地区"点状供地"工作，完善土地供应管理，加强国土空间用途管制，促进乡村地区土地高质量利用，市规划资源局将有关事项通知如下。

一、总体要求

牢固树立耕地保护底线意识，严守生态保护红线、永久基本农田保护红线、建设用地规模底线等要求，严格国土空间用途管制和各类国土空间开发建设行为准入规则，遵循乡村地区国土空间利用特征和规划依据，规范乡村地区土地供应行为，加强科学策划、用途管制和实施监管，强化节约集约用地意识，提高土地利用水平，确保符合规范、稳妥有序、统筹利用。

二、"点状供地"概念

本通知所指"点状供地"是指城市开发边界以外不适合成片开发建设的地区，根据国土空间规划确定的用地性质和土地用途，结合区域资源环境承载能力、区位条件、用途管制要求、市政公建配套要求和项目实际需求，对项目范围区内建（构）筑物实际占地面积等点状布局，按照"规划多少、建设多少、转用多少、批准多少"的原则实施土地供应。

三、适用范围

严格限定"点状供地"的业态和规模，本通知适用范围具体包括：能源、交通、水利、军事设施、农村基础和公共服务设施，以及现代农业、文旅、康养等乡村新产业新业态项目。

四、做好规划设计

镇（乡）人民政府应按照国土空间规划组织开展村庄设计，充分考虑项目区范围内建设用地与非建设用地的管控要求，统筹考虑产业发展、公共服务基础设施、农村居民点布局等因素，编制整体设计方案，合理确定项目范围，划定建设用地边界，明确规划设计条件，做好与各类空间规划的衔接。

五、分类审批管理

"点状供地"项目区内的用地管理应坚持科学合理、节约集约，确保建设用地、农用地等图斑相对完整和集中连片。对于项目涉及占用农用地和未利用地的，建筑物主体和配套设施要整体办理农转用手续并按建设用地进行管理；对于未纳入建设用地开发的，可以依据规划实施或作为生态保留用地；对于项目涉及使用林地、草地、园地、河道、设施农业等非建设用地的，应严格遵循国土空间用途管制规则依法办理使用手续。

六、实施差别供地

"点状供地"项目可以通过使用集体建设用地、集体建设用地征收为国有建设用地后按本市相关规定实施供地（松江区可以按照试点相关规定采取集体经营性建设用地入市）。"点状供地"应结合项目工程设计，编制供地方案，明确供地边界和供地方式，并将产业类型、建设要求、公建配套、履约监管责任等要求一并纳入供地方案。项目区为单个地块的，按照单宗建设地块供地；涉及多个地块组合利用的，可以结合项目实际组合供地。

七、办理规划许可

"点状供地"项目应依法办理规划许可手续。对于使用集体建设用地的，应向区规划资源部门申请办理乡村建设规划许可证；对于征收为国有建设用地后实施供地的，应按本市相关规定向区规划资源部门申请办理规划许可手续，并依法办理开发建设需要的其他事项。

八、依法确权登记

"点状供地"项目应依据本市相关规定申请办理不动产登记。使用主体对取得的土地须整体持有，不得分割转让，并将不得分割转让等限制条件在出让合同、用地批准文件和不动产权证中予以明确。

九、落实监管责任

"点状供地"应根据不同用地类型落实全生命周期管理要求，市、区规划资源部门严格落实国土空间用途管制责任，严禁乱占耕地和擅自扩大农村集体建设用地使用范围和政策适用范围，强化"点状供地"项目全生命周期管理，严格控制建筑密度、高度和风貌，加强日常巡查和违法用地执法力度。

17 上海市推进农业高质量发展行动方案（2021—2025年）

为贯彻落实党中央、国务院关于实施质量兴农战略的决策部署，全面提升都市农业质量效益和竞争力，推进我市农业高质量发展，根据乡村振兴"三园"工程建设总体要求，上海市人民政府制定本方案。

一、明确总体目标

围绕推进农业绿色发展，贯彻落实"人民城市人民建，人民城市为人民"重要理念，努力实现"五高"（高品质生产、高科技装备、高水平经营、高值化利用、高效益产出）。以农业"三区"为重点，通过实施五大行动，构筑五大保障机制，聚焦打造一批绿色田园先行片区，不断优化农业资源要素配置、产业结构、空间布局和管理方式，提高农业综合效益和竞争力，推进农业高质量发展。到2025年，基本建立农业高质量发展制度框架体系。

- 农业产业结构不断优化。地产农产品产量基本稳定，品种结构进一步优化，高效特色农业占比达到85%以上。

- 绿色农产品比重显著提升。扩大绿色生产基地建设规模，地产绿色优质农产品占比达到70%。地产农产品品牌覆盖率显著提升，打造3~5个具有市场影响力的区域公用品牌。

- 科技装备处于国内领先。进一步提升农机装备质量水平，设施菜田绿叶菜生产机械化水平达到60%。农业科技进步贡献率达到80%。农业信息化覆盖率达到80%。

- 生态循环发展深入推进。大力推广绿色高效生产方式，化肥农药使用强度显著下降，耕地质量不断提升，农业废弃物综合利用率达到99%。

- 经营管理水平明显提高。新型经营主体、社会化服务组织、农业高新技术企业不断壮大，农业产业化组织带动率达到60%。

二、实施五大行动

（一）绿色循环发展行动

1. 推行绿色生产方式。绿色生产基地覆盖率达到60%，绿色农产品认证率达到30%以上。开展化肥农药减量增效行动，推进10万亩蔬菜绿色防控集成示范基地和2万亩蔬菜水肥一体化项目建设。建设12家美丽生态牧场。建设100家国家级水产健康养殖示范场，水产绿色健康养殖比重达到80%。

2. 推进生态循环农业发展。集中打造2个生态循环农业示范区、10个示范镇、100个示范基地。加强农药包装废弃物和农业薄膜回收处置，基本实现全量回收。畜禽养殖废弃物和粮油作物秸秆资源化利用实现全覆盖。市域内80%规划保留规模化水产养殖场完成尾水处理设施建设。

（二）科技装备提升行动

1. 建设农业智能化生产基地。以区、镇为单位建设一批基于数字化管理的农机社会化服务组织，打造10万亩粮食生产无人农场，建设2万亩高标准蔬菜绿色生产基地，打造一批智能化菜（果）园。大力发展食用菌、蔬菜种苗、花卉园艺等工厂化生产，全面提升都市农业设施装备水平。

2. 夯实数字农业发展基础。深化数字农业建设，2022年前基本建立涉农数据标准和整合利用机制，建立人、土地、资金等主题应用库。推进农业生产管理信息系统建设，蔬菜、水稻及特色果品生产管理信息实行"一网"管理。推进畜产品、水产品质量溯源监管系统建设，提升全产业链数字化管理水平。

3. 提升现代种业创新能力。建立农业种质资源保护体系，实施现代农业种质创新与示范工程，加大地方特色种质资源保护与开发力度。加快推进上海南繁科研育种、集约化育苗、种畜禽等基地建设，支持基础好的种业企业开展商业化育种，培育2~3家育繁推一体化企业，鼓励种业企业开展国际战略合作。

（三）经营主体培育行动

1. 培育农业龙头企业。聚焦重点产业集群和重大投资项目，重点打造100家年销售额1亿元以上具有核心竞争力和带动能力的农业龙头企业。培育50家现代农业高新技术企业。推动农业龙头企业与农民专业合作社、家庭农场合作，支持30家农业产业化联合体做优做大做强。

2. 提升农业新型经营主体。加强家庭农场和农民专业合作社规范化建设，组织300家家庭农场、700家农民合作社开展示范创建，重点培养100家市级以上示范家庭农场和200家市级以上示范合作社。在金山、崇明区推进农民专业合作社质量提升行动。

3. 发展区域性农业服务组织。打造5个区域性集约化育苗中心。布局一批规模适度的农产品预冷、贮藏保鲜等初加工冷链设施。聚焦蔬菜生产保护区建设和农业绿色生产基地，发展"全程机械化＋综合农事"服务，服务覆盖率达85%。支持农村综合帮扶资金用于集体经济组织发展现代农业。

4. 培育高素质农民。强化政策激励，引导有志青年投身现代农业。全市累计培育农业经理人500名，大专学历以上文化程度占比达到70%，累计培育新型职业农民2.5万名，形成一支有文化、懂技术、善经营、会管理的高素质农民队伍。

（四）特色品牌建设行动

1. 打造优质食味稻米品牌。调优水稻品种和茬口布局，筛选和推广一批品优味佳的食味稻米品种。完善稻米品质评价以及生产、加工、保鲜贮藏标准体系。推广应用电子信息追溯标识，集中打造优质食味稻米区域公用品牌。到2025年，上市销售的地产稻米品牌化比例达到50%。

2. 提升特色产业品牌优势。聚焦蔬菜、瓜果、生猪、水产等优势特色产业，做精做优一批特色农产品区域品牌和企业品牌，积极推动地产特色农产品品牌列入中国农业品牌目录。开展农产品评优推介活动，提高地产优质农产品品牌影响力。

3. 做强休闲农业文化品牌。加强农事节庆文化活动建设，进一步挖掘和培育乡村农耕文化，各涉农区重点培育和提升1~2个休闲农业文化品牌。

（五）产业融合增效行动

1. 建设产业融合发展平台。结合乡村振兴示范村和美丽乡村示范村建设，集聚优势资源和产业特色，推进"绿色田园""美丽家园"和休闲农业、乡村文创、农村电商等新产业、新业态的融合发展，打造一批产业特色镇（村）、产业融合发展示范园。

2. 拓展农业多种功能。延伸拓展传统农业的功能边界，促进农业与文化、旅游、教育、康养等产业融合，提升休闲农业和乡村旅游水平，重点打造10条休闲农业和乡村旅游精品线路。

三、打造先行片区

（一）浦东生鲜蔬菜产业片区

聚焦浦东新区北部蔬菜生产保护镇建设，打造蔬菜产销联合体。集成应用智能装备、自动控制、物联网系统等智能化设施装备技术，建设一批以绿叶菜为重点的智能化生产基地，形成基地直供商超的新型营销模式。

（二）浦东品牌瓜果产业片区

以老港、新场等传统种植区作为核心节点，厚植"南汇8424"西瓜和"南汇水蜜桃"等产业优势，打造区域特色品牌。引导专业组织与农民建立健全利益共享机制，形成销售、经营、生产一体化的产业联合体。

（三）金山特色果蔬产业片区

以吕巷水果公园和金石公路万亩特色果园为核心，培育"金山味道"区域公用品牌。做大做强廊下中央厨房产业集聚区建设，引进和培育一批食用菌工厂化生产企业，打造集总部、科研、科普、展示于一体的"蘑菇小镇"。

（四）金山农旅融合产业片区

依托320国道农文旅走廊辐射圈的交通优势，以绿色有机水稻、蔬菜为重点，辅以高品质水果和水产品，结合枫泾镇及周边休闲农业旅游资源，打造配套乐高乐园发展的高品质农产品供应基地和农业休闲观光区。

（五）崇明现代畜禽养殖产业片区

聚焦新村乡垦区1.2万亩农地，以300万羽蛋鸡养殖产业为支撑，结合周边水稻种植、花果产业构建生态基底，打造崇明种养循环现代农业产业园。通过生态循环、智慧农场、农旅交融的模式，实现产业融合发展。

（六）崇明高端设施农业产业片区

以崇明现代农业园区和港沿地区为核心，集成应用绿色生产技术，重点建设一批集花卉、蔬菜、生猪、奶牛、特色水产养殖为一体的智能化、工厂化生产基地。建设绿色农产品加工示范基地，打造农产品中央厨房。

（七）嘉定数字化无人农场产业片区

围绕外冈镇 1.7 万亩粮田和 2.5 万头生猪养殖场，推进无人农场建设，实现区域内水稻全程无人化作业，畜禽粪污、秸秆资源实现循环利用，大力提升区域范围内绿色优质稻米产业化率。

（八）松江优质食味稻米产业片区

利用浦南黄浦江水源保护区的生态优势，积极发展稻米产业化联合体，做精做优"松江大米"区域公用品牌。以小昆山万亩粮田为基础，推动农业高新技术的融合应用。建设五厍花卉特色农产品优势区。

（九）奉贤东方桃源综合产业片区

以"奉贤黄桃"国家地理标志产品为重点，优化升级黄桃产业。结合乡村振兴示范村建设以及蔬菜等农产品生产基地，打造一批集休闲观光、农事体验、乡旅文创为一体的规模型田园综合体。

（十）青浦绿色生态立体农业片区

以练塘镇万亩粮田和青浦现代农业园区为核心，打造水稻、水生作物、特种水产"三水"融合的立体种养模式，积极发展无土栽培和植物工厂，做好"美环境""种风景"大文章，提升农业综合效益。发展林下经济。

（十一）宝山乡村康养产业片区

罗泾镇北部五村联动，以塘湾村母婴康养产业为龙头，海星村千亩蟹塘、花红村绿色米食基地、新陆村绿色蔬菜基地和洋桥村果蔬乡肴基地为支撑，做强母婴康养和绿色农产品上下游产业链，打造大健康乡村新产业。

（十二）闵行都市田园农业片区

依托浦江郊野公园、召稼楼古镇、首批乡村振兴示范村革新村，结合市航育科普教育基地及特色农产品生产基地，串点成线，在浦江镇中东部地区为广大市民近距离打造休闲+科普的"第三生活空间"。

（十三）光明现代种养循环产业片区

建设爱森海湾生态养殖基地，探索环保配套集中、集约化程度高的养殖模式。建设现代化蔬菜种植示范园，实现全程机械化生产模式。强化智能装备集成，绿色生态循环，为都市现代种养业发展提供示范。

四、健全保障机制

（一）工作推进机制

各涉农区要围绕行动方案，制定五年目标和年度任务清单，细化各项建设内容，明确时间节点，落实责任单位和责任人，锁定目标、锁定内容、挂图作战。市乡村振兴办对工作推进进度实施目标管理。

（二）财政金融保障机制

各涉农区要进一步加大均衡性转移支付资金支持绿色农业发展的力度。各类财政

支持政策优先向先行片区倾斜，积极推动产业基金、担保、贴息、以奖代补等支持方式，带动金融和社会资金投入农业发展领域。优化农业保险财政支持政策，加强农业保险与相关财政补贴政策的统筹衔接。

（三）规划用地支撑机制

开展先行片区专项规划编制，建立片区专项规划与郊野单元村庄规划成果更新的联动机制，做好与各级国土空间规划的衔接。先行片区优先开展全域土地整治工程。新编乡镇级国土空间规划预留不少于10%的建设用地指标，重点保障先行片区用地需求。落实建设用地周转指标制度，盘活的建设用地指标按照不低于5%的比例，向先行片区倾斜。加强设施农业用地配套，充分保障片区设施农业用地需求。鼓励盘活利用片区内闲置集体建设用地和闲置用房发展新产业、新业态。

（四）人才培养机制

围绕种源、数字、装备农业等重点领域，加大高层次创新人才引进力度。将农业农村人才开发经费纳入政府年度预算。鼓励高校和科研机构科技人员在先行区创办科技型企业或从事科技成果转化活动。鼓励高等院校毕业生、专业人才和高技能人才到先行区创新创业、就业发展，在住房保障、创业发展、职称评定、高层次人才子女入学等方面给予政策倾斜。

（五）监测评估机制

研究制定农业高质量发展监测评价办法，定期开展监测评估，形成牵引农业高质量发展的鲜明导向。在共性指标基础上，针对各区不同资源禀赋、区位条件等因素设置个性化指标，引导优势做优、特色更特。

18 关于推进花卉产业高质量发展服务高品质生活的意见

花卉产业被誉为"美丽产业""富民产业",是服务高品质生活的重要载体,对上海推进令人向往的创新之城、人文之城、生态之城建设具有重要意义。经市政府同意,上海市人民政府办公厅就推进花卉产业高质量发展,服务高品质生活提出如下意见。

一、目标任务

(一) 发展目标

到 2025 年,将本市建设成国内一流的特色花卉研发中心、种源生产繁育中心、花卉交易中心和家庭园艺服务中心。实现花卉产业由单一的生产型向生产服务融合型发展转变,逐步建成国内领先的品种创新、技术研发、生产经营、市场流通、社会化服务和花文化等六大体系,打响上海花卉品牌,使花卉产业成为上海现代化国际大都市"生态之城"的亮丽名片。

(二) 主要任务

1. 构建"3+X"产业集聚区发展格局。根据区域特色、产业基础和发展潜力,重点打造位于松江区、崇明区和浦东新区的 3 个市级花卉产业集聚区。鼓励各区特别是近郊区因地制宜建设若干区级特色花卉生产基地,培育若干个以花文化为主题的旅游功能区,构建本市"3+X"花卉产业集聚区发展格局。

2. 构建多层次多元化花卉市场流通体系。培育具有国际影响力的上海"花谷"新业态。打造 1 个集花卉研发创新、加工制造、贸易流通、拍卖交易、冷链物流、信息处置以及商旅文教等于一体的现代化、高水平、枢纽型市级国际花卉综合交易集散中心。释放现有流通体系潜力,新建改建一批集成花卉冷链物流、加工配送、产业服务等功能的次级花卉流通节点设施。以市场需求为导向，在街头、市集、公园、社区等公共区域开展流动花卉销售，完善花卉终端流通消费网络体系，降低流通成本，推动花卉消费更加亲民便利。

3. 推动花卉种源创新。推进1个市级综合型花卉种质资源库和10个专业类花卉种质资源圃建设，加强国内外优质花卉种质资源收集、保存和系统评价。综合现代生物技术与传统育种技术，提升原创性和应用性研究水平，加大优质花卉新品种培育力度，强化花期精准调控等产业关键技术的应用基础研究和标准体系制定。到2025年，城市景观、节庆活动及家庭园艺等各类应用中的新优特色花卉占比不少于30%，累计繁育推广种苗（种子、种球）超过40亿株（粒）。

4. 推进花卉全产业链系列开发。促进基于现代信息技术的设施装备和智能控制技术引进、应用、研发，推进花卉生产工厂化、智能化，实现"机器换人"；加强生产、运输、包装等环节的园艺资材研发，推进产业提档升级；加大对花卉保鲜等采后处理技术的研发，提升产品品质；延伸花卉精深加工、食药用等多用途产品开发，提高产业附加值。推进花卉产业与康养、文化和旅游融合产品开发，增加产业综合效益。到2025年，花卉设计、花卉配置、花卉衍生品、花文化旅游等相关产业增加值比2020年翻一番。

5. 开展家庭园艺创新服务行动。以城市公园绿地为重点，开展各类花卉展览展示活动，打造公园特色花卉，为家庭园艺建设提供花卉选择和建设样本。将花卉应用与"美丽街区""美丽社区""美丽家园"等建设相结合，组织开展花卉园艺"进社区、进园区、进村落、进家庭、进校园、进楼宇"，通过形式多样的园艺活动，激发市民参与家庭园艺的热情。结合上海城市特点，在庭院绿化以外，积极拓展屋顶、檐口、窗台、阳台、露台等身边的载体，布置家庭园艺，建设立体绿化。加强技术指导培训，推进社区园艺师制度，为市民家庭养花和家庭园艺提供必要的技术支持，逐步提升市民的园艺素养和技艺水平。到2025年，全市街道（镇）的社区园艺师普及率达到80%以上。

二、重点项目

（一）花卉产业区建设

加快建设松江、崇明和浦东等3个产业特色鲜明、产业链完整、区域经济带动能力强的市级花卉产业集聚区。鼓励各区特别是近郊区因地制宜建设若干个设施条件良好、品种特色明显、具备现代化经营管理水平的专业化花卉生产基地。引导居民在宅前屋后、居家庭院种植地方特色花卉品种，以花为媒，建设30个与乡村振兴示范村和美丽乡村示范村协同推进，助力乡村产业发展、促进农民就业增收的特色花卉乡村。

（二）市场流通体系建设

在交通枢纽附近区域选址，按照立足上海、辐射长三角、服务全国、融入国际的宗旨，建成集花卉贸易流通、仓储冷链、产业服务、休闲体验、创新研发、文化教育、会展节庆等活动于一体的花卉综合交易平台。加大信息服务基础设施建设力度，制定花卉产品市场信息采集标准和规范，进一步扩大和完善花卉产品市场信息网络，适时推出"上海花卉消费指数"。充分发挥大市场、大平台的作用，叠加花卉流通服务，建立花卉流通网络体系。

（三）上海综合性花卉科学中心建设

联合相关高校、科研院所和创新型企业，依托上海市农业科学院的综合优势，建设一个科学设施相对集中、科研环境自由开放、运行机制灵活有效的综合性花卉科学中心。开展花卉表型系统评价、生物技术品种改良、食药用重要代谢产物分析、新优品种测试鉴定等关键共性技术研究。坚持基础研究和应用研究紧密结合，提升本市花卉创新能级，突破一批种质创新研发、花期精准调控、花卉精深加工等产业化关键核心技术。围绕全产业链开发，形成绿色生产、采后流通和质量检测等标准体系，为花卉产业的工厂化、机械化和智能化发展提供强力支撑。到2025年，上海花卉研发实现跨越式发展，研发能力处于国内领先、国际先进行列。

（四）上海家庭园艺应用服务体系建设

以市民绿化节为载体，利用公园、公共绿地等网点，推进街道、社区"家庭园艺服务点"和"家庭园艺集市"建设，形成与15分钟生活圈相配套的花卉服务网络。以线上线下相结合的方式，开展各种家庭园艺培训班、讲习班及大讲堂等系列活动，普及家庭园艺知识。设立家庭园艺服务指导机构，举办"双学双比"等群众性竞赛，提高市民的家庭园艺综合素养和技艺水平，构建全覆盖、多途径的家庭园艺应用服务体系。借鉴上海各类消费节庆的经验，通过举办以花卉为主题的节庆活动，以节兴市，培育热点，拉动消费，创造良好的花卉消费氛围，推动花卉节庆从观赏型节庆向消费型节庆的转变，繁荣花卉消费。

三、保障措施

（一）加强领导

成立由市政府相关副秘书长任组长，各区、各有关部门按照职能分工协调推进的工作机制。强化政府部门、行业组织和经营主体的协同推进，有效调动各种资源，推动重大项目实施。加强国内外交流与合作，加大知识产权保护力度，积极宣传推介本市花卉产业发展的新产业、新业态、新模式，营造良好的花卉产业发展环境。

（二）统筹规划

做好产业顶层设计，将花卉产业高质量发展重点工作纳入本市"十四五"发展相关规划。做好花卉市场规划，借鉴国外先进经验，根据国家有关部门文件精神，通过部市合作，争取政策支持，将花卉综合交易平台打造成为国家级花卉市场。做好产业用地统筹，在各级国土空间规划中，充分考虑花卉产业全产业链发展的用地需求；以郊野单元村庄规划为依托，进行花卉产业的统筹安排和布局，将乡村产业发展用地向花卉产业倾斜，优先保障花卉综合交易平台、花卉产业集聚区等建设；结合城市公园、苗圃绿地、郊野公园的新建、改建、扩建，规划部分土地用于建设花卉交易流通场所设施。

（三）人才支撑

加大花卉专业人才培养力度，推进本市各级各类院校及科研院所的花卉园艺相关学科专业建设，深化产教融合，建设国内外花卉研发人才集聚高地。积极运用本市梯度化人才引进政策，为本市引进花卉专业人才提供政策保障，引进一批花卉产业发展的带头人、专家、专业经纪人等创新人才。加强国际花卉人才交流合作，提升人才培养服务质量。强化花卉从业人员职业技能培训，提高从业人员技能水平。建立健全人才激励机制，调动科研人员进企业开展创新研发的积极性。

（四）资金保障

加大财政支持力度，统筹用好各级、各部门财政扶持政策，支持一批高能级的花卉产业重点项目建设。加强金融支撑作用，加大信贷投放力度，综合运用再贷款、融资担保增信、信贷风险补偿等政策，鼓励商业银行等金融机构向相关企业提供贷款支持；鼓励股权投资、创业投资等社会资本加大投入，支持花卉产业重点企业利用多层次资本市场融资发展。做好花卉保险服务，鼓励保险公司开发花卉产业相关险种，支持花卉产业健康发展。

19 关于完善设施农业用地管理促进设施农业健康发展的通知

随着农业现代化的深入发展，设施农业装备水平日益提升，设施农业用地面临新的情况和需求，亟须进一步建立长效机制，改进用地管理，助推乡村振兴战略实施。根据《自然资源部 农业农村部关于设施农业用地管理有关问题的通知》（自然资规〔2019〕4号）、《上海市乡村建设项目规划资源审批制度改革实施细则（试行）》（沪规划资源乡〔2020〕206号，以下简称"206号文"）以及本市国土空间用途管制相关文件要求，结合本市都市现代绿色农业发展实际，市规划资源局就完善设施农业用地管理促进设施农业健康发展通知如下。

一、明确设施农业用地范畴

设施农业用地包括农业生产中直接用于作物种植、畜禽水产养殖的设施用地。林地管护设施用地可参照设施农业用地管理。

（一）作物种植设施用地

包括粮食、蔬菜、水果、花卉、食用菌、中草药等作物生产前端为生产服务的农资农机具存放场所、保鲜存储、油料库、维修间、蓄水池、泵房、配电房、道路、管理用房、消毒设备和环境控制等设施用地；生产过程中的大棚（管棚）、温室、棚内通道、场地、检验检疫、育秧育苗场所（含组培室）、先进技术应用和智能化管理设施用地；生产后端与生产农产品直接关联的产品晾晒烘干、分拣包装、初加工、保鲜存储、货物装卸场地和废弃物处理等设施用地。

（二）畜禽养殖设施用地

包括畜禽养殖生产及直接关联的库房、道路、场地、青贮、废弃物处置、无害化处理、水电设施、检验检疫、清洗消毒、管理用房和配套绿化等设施用地。

（三）水产养殖设施用地

包括水产养殖生产及直接关联的温室大棚、棚内通道、生产车间、进排水系统、库房、管理用房、道路、场地、尾水处理系统、绿化等设施用地。

（四）林地管护设施用地

包括直接用于林业管理养护的道班房、管理用房、物资储备库、微型消防站、泵房、枝条粉碎场和配套场地等设施用地。

设施农业用地按项目进行管理，分地类实施管控。经营性粮食企业存储、加工场所，经营性农资、农机仓库和维修场所，屠宰和肉类、水产品加工场所用地，以农业为依托的休闲观光旅游度假场所，各类庄园、酒庄、农家乐，各类农业园区中的餐饮、住宿、办公、会议、游乐、停车场以及经营性企业农产品加工、展销等用地，按照建设用地报批和管理。

二、落实设施农业用地建设要求

（一）科学合理选址

设施农业项目选址要强化规划引领，以国土空间规划和农业专项规划为依据，在坚持农地农用原则下合理选址，科学处理好与耕地保护，特别是永久基本农田及储备地块保护的关系。作物种植项目应优先服务于农业"三区"（粮食生产功能区、蔬菜生产保护区、特色农产品优势区）；畜禽水产养殖设施项目应严格按照养殖业布局规划等专项规划进行选址；规模化大田种植配建的烘干农机服务等设施项目依据郊野单元村庄规划、农业专项规划等相关规划进行选址。林地管护设施用地按照本市林地保护利用规划和林地管护设施布局规划，主要在生态廊道和公益林范围内选址。

（二）坚守耕地保护红线

坚持最严格的耕地保护制度，鼓励采用架空、隔离布或预制板铺面隔离等保护土壤耕作层的工程技术措施建设设施农业项目，尽量减少占用耕地；确需占用耕地且破坏耕作层的，要进行耕作层土壤剥离，剥离的表土用于作物种植或周边土地复垦。

设施农业项目建设若涉及永久基本农田和储备地块等耕地保护空间，需按照国土空间用途管制要求落实"先补后占"。种植设施不破坏耕作层的，仍可认定为耕地，仍可作为永久基本农田，不需补划；改变原有耕作层土壤结构、挖走耕作层土壤或固化土壤表层，经论证难以避让耕地保护空间的，允许使用但必须落实补划。畜禽和水产养殖设施、林地管护设施均视作破坏耕作层，原则上不得使用耕地保护空间，涉及少量确实难以避让的，允许使用但必须落实补划。

（三）节约集约用地

坚持最严格的节约用地制度，鼓励各区在总量平衡的前提下，盘活存量，用好新增。各区要依据国土空间规划和农业、林业专项规划，优化农业、生态廊道与公益林结构布局，统筹田间基础设施配置，完善农业配套设施设置，鼓励区域性建设中间处理平台和农业机械装备设施，推进设施农业全产业链协同发展，提升土地利用效率和产业集约化水平。

设施农业用地规模应按照设施建设标准，依据种植、养殖规模合理确定。其中作物种植项目（含棚内通道）破坏耕作层面积不得超过项目总面积的15%；畜禽养殖项目硬化面积不得超过项目总面积的60%；水产养殖项目硬化面积不得超过项目总面积的20%。工厂化作物栽培（含育种育苗）、中间处理平台、工厂化水产养殖、水产苗种场和楼房养猪除外。在满足乡村风貌保护、区域建筑高度控制等要求的前提下，鼓励设施农业项目建设多层建筑。少数设施农业用地确需突破用地标准的，允许在坚持农地农用、节约集约用地原则的前提下，由区行业主管部门会同规划资源主管部门组织踏勘论证，论证通过后准予办理相关用地手续。

设施农业用地不再使用的，应恢复原用途或复垦达到耕种条件。设施农业用地被非农建设占用的，应按照规划依法办理建设用地审批手续，原地类为耕地的，应落实占补平衡。

三、规范设施农业用地手续办理

（一）编制建设方案

用地手续申请办理前，应按要求编制建设方案，内容包括项目名称、用地单位、建设地点（含四至范围）、用地面积、破坏耕作层面积、建设内容、功能布局图、建筑设计方案等（编制要点详见附件）。对于总投资超过300万元的项目若需编制可行性研究报告可结合建设方案一并编制。

破坏耕地耕作层的设施农业用地，经营者或农村集体经济组织还须编制土地复垦方案、确定土地复垦费用及资金来源，并纳入建设方案。

涉及使用耕地保护空间的设施农业项目，由乡镇政府配合区规划资源局组织编制补划退出方案，区规划资源局会同相关部门初审通过后报市规划资源局，由市规划资源局会同相关部门组织开展论证。论证通过后各区批准建设方案。

建设方案由经营者或农村集体经济组织负责编制，乡镇政府牵头组织规划资源、农业农村等部门对建设方案核定意见，对是否符合规划管理、是否符合农业发展导向等明确行业意见。

（二）签订用地协议

经营者持经核定的建设方案（暨可行性研究报告）与农村集体经济组织协商土地使用条件。协商一致后，农村集体经济组织应将项目建设方案和土地使用条件向社会予以公告，公告时间不少于10天。公告期结束无异议的，经营者组织房屋土地权属调查并与农村集体经济组织签订用地协议。所涉及的承包地流转手续应通过农村土地承包经营权流转平台管理中心办理。

（三）办理规划土地意见书

新建或改扩建的设施农业项目，由经营者或农村集体经济组织向区规划资源局申办规划土地意见书，明确土地利用和规划条件，办理时限为5个工作日。用地面积不超过500平方米且建筑面积不超过1000平方米的小型农业设施可免于办理规划土地意见书。

（四）办理设施农业用地备案

经营者或农村集体经济组织应及时持备案材料（材料清单详见附件）向乡镇政府申请备案。设施农业用地的使用期限可根据生产需要合理确定，原则上不超过农村土地经营权流转期限及经营者与农村集体经济组织签订用地协议规定的期限。乡镇政府收到备案材料后，应组织相部门进行现场核实，核实结果应在7个工作日内告知经营者或农村集体经济组织。核实通过的须依托"设施农业用地管理信息系统"3个工作日内完成备案。

（五）办理乡村建设规划许可证

经营者或农村集体经济组织、设计单位、施工单位（如有）、乡镇政府分别签订设施农业用地项目承诺书后，由经营者或农村集体经济组织向区规划资源局申办乡村建设规划许可证。乡村建设规划许可证按照"206号文"要求办理，重点核查建筑位置、高度、用地规模、用途等。用地面积不超过100平方米的小型农业设施可免于办理乡村建设规划许可证。用地面积不超过500平方米且建筑面积不超过1000平方米的农业设施，可由区规划资源局委托具备条件的乡镇人民政府办理乡村建设规划许可证。

（六）项目开工建设与验收

乡村建设规划许可证发证机关开工放样复验后，设施农业项目方可按照用地备案和规划许可要求开工建设，乡镇政府加强过程监管。建设完成后，经营者或农村集体经济组织应按"206号文"要求向发证机关申办竣工验收。乡镇政府应组织相关部门现场踏勘，验收通过后方可使用。乡镇政府应及时将验收通过的项目测绘图形数据及相关材料，通过"设施农业用地管理信息系统"提交区规划资源局按土地利用现状变更要求进行地类变更。若项目涉及使用耕地保护空间，需同步将永久基本农田、储备地块补划退出图斑提交市规划资源局，以更新耕地保护空间控制线。

种植设施若因种植结构调整、机械装备更换等情况，在竣工验收前可在用地格局不变的前提下，对温室和大棚内的硬化通道和地面、项目区废弃物处理设施等进行布局调整，调整比例控制在5%以内，若布局调整确实难以避让耕地保护空间须落实论证补划。

（七）备案续期与到期复垦

经营者或农村集体经济组织在使用期内不得擅自对设施进行改建。设施农业项目符合"三不变一通过"（即土地用途不改变、用地规模不改变、建设形态不改变、通过土地外业核查和执法检查）要求，使用期届满后确需继续使用的，应在备案时限到期前3个月内提出，重新签订用地协议完成备案并发放通知书。

设施农业用地不再使用的，按照"谁损毁，谁复垦"的原则，相关责任主体应按设施农业用地项目承诺书于使用期届满后1个月内完成相关设施拆除、垃圾清运，使用期届满后3个月内恢复原用途或复垦达到耕种条件，确保复垦后耕地数量不减少、质量不降低。乡镇政府应督促经营者或集体经济组织及时复垦，并会同相关部门进行验收。若经营者拒不复垦的，由乡镇政府代为复垦，经营者失信行为将纳入本市不良征信系统。按要求完成复垦验收的项目，须及时报区规划资源局完成地类变更。备案前未落实占补平衡的，不产生新增耕地指标。

四、加强设施农业用地监管与执法

（一）加强协同管理

市区两级主管部门应建立协同联动工作机制，评估工作成效，完善本市设施农业用地管理信息系统，全市统一系统申报、统一数据库管理。设施农业用地使用和管理纳入各区政府年度耕地保护责任目标和违法用地考核。

设施农业用地监管实行属地化责任制，责任主体为乡镇政府。乡镇政府应监督经营者或农村集体经济组织按备案用途、内容等实施建设和经营，督促经营者或农村集体经济组织落实土地复垦，制止和纠正违法违规行为，发现重大问题后应及时报区规划资源局和区行业主管部门，并积极配合查处。

区规划资源部门牵头相关部门要建立、健全共同监管责任机制、问题发现和执法联动机制，加强日常执法巡查，坚决遏制设施农业"非农化"现象。区农业农村部门要加强农村承包地流转和农业设施经营使用管理，将用途改变情况及时通知区规划资源局，并配合做好查处工作。区绿化市容部门要加强生态廊道和公益林管护设施使用情况的监督检查。

区相关部门对项目建设、使用和管理情况需进行年度联合巡查，巡查结果需书面报告区政府，并抄送市规划资源局、市农业农村委和市绿化市容局。

（二）严格巡查执法

针对设施农业用地违法违规建设、使用等情况，乡镇政府和市区相关部门应严格按有关规定予以查处，撤销规划土地意见书、设施农业用地备案、乡村建设规划许可证及相关农业政策支持，依法追回财政补助资金，并追究相关人员责任。

市区两级主管部门要加强联合巡查，通过信息化手段，强化设施农业用地监督，不定期对存在问题进行通报，对违法违规情况严重的乡镇暂停设施农业用地的规划土地意见书、设施农业用地备案、乡村建设规划许可证的办理。市农业农村委、市绿化

市容局负责对整改情况跟踪检查，整改完成情况将与下一年度支农资金和林地生态补偿资金安排相挂钩。

（三）做好便民服务

市区两级主管部门要主动公开设施农业用地相关政策，在项目选址、用地规模确定、项目调整、土地复垦等环节主动靠前服务，加强政策指导。鼓励乡镇政府探索设立设施农业用地标识牌，主动接受公众监督。

五、其他事项

国有农场（含光明食品集团、上海实业集团等单位）设施农业用地按照属地化管理。

历史上存量设施项目，经论证确需保留利用的，也可根据本通知补办相关手续。

20 | 关于助力全面推进乡村振兴的若干政策措施

为贯彻中共中央、国务院《关于全面推进乡村振兴加快农业农村现代化的意见》精神，根据中共上海市委、上海市人民政府《关于全面推进乡村振兴加快农业农村现代化的实施意见》要求，积极发挥人社职能作用，助力全面推进乡村振兴战略，市人力资源和社会保障局制定如下政策措施。

一、促进农民就业创业

（一）促进低收入农户就业

低收入困难家庭或享受最低生活保障家庭中的本市农民在法定劳动年龄段内实现就业（就业援助基地安置就业除外），并按规定办理就业登记备案手续和缴纳社会保险费的，可在就业期间申请享受专项就业补贴。

（二）鼓励农民跨区域就业

本市郊区农民实现跨区就业（在户籍地所在区之外的区就业），与用人单位（劳务派遣公司、就业援助基地除外）签订1年以上劳动合同，按规定办理用工登记备案手续和缴纳社会保险费，且月缴费基数低于当年本市职工社会保险最低月缴费基数1.2倍的，可申请在就业期间享受跨区就业补贴。郊区农民到本区其他路程较远乡镇就业或实现跨省（市）就业的，各区也可探索给予专项就业岗位补贴扶持。

（三）加强就业托底安置

积极开发适应本市农民就业特点的公益性岗位，提高托底安置能力。对于市场化就业存在困难的本市农民，按规定及时认定为"就业困难人员"，做好公益性岗位托底安置工作。

（四）加强返乡下乡创业政策扶持

积极鼓励青年农民、专业技术人员、高校毕业生等群体返乡下乡创业，开办农民合作社、农业企业等契合乡村产业特点的创业组织，带动乡村产业振兴和就业增长。对于符合条件的，按规定给予初创期创业组织社会保险费补贴、创业场地房租补贴、首次创业一次性补贴等政策扶持。

（五）加强创业服务载体建设

通过建设涉农"创业孵化示范基地"，提升创业孵化水平，加大涉农类创新创业项目的孵化服务力度。推进创业服务载体建设，加大农业创业创新教育投入，支持农创学院等产教融合乡村振兴项目发展，着力孵化和帮扶一批农业创新、农民创业的双创企业以及农民合作社、家庭农场等新经济组织，培育和引领一批返乡下乡创新创业带头人。

（六）完善农村就业创业服务体系

进一步健全区、乡镇、村居三级公共就业服务体系，优化村居就业服务机构布局，定期开展就业创业服务进乡村活动，不断提升服务覆盖面和专业化水平。

（七）加强农村就业创业信息化服务

加大"乐业上海""海纳百川"等服务品牌对促进农村就业创业的服务力度，发挥互联网、大数据等技术手段对农村就业创业工作的支持作用，大力推进就业创业政务服务"一网通办"，为本市农民获取公共就业创业服务提供便利。

（八）强化农村就业创业观念引导

依托大数据、抽样调查等手段，加强对本市农民就业状况的跟踪调查和分析，密切关注本市农民就业形势以及就业结构、就业质量、就业收入等方面的变化情况，加大农村就业创业形势分析宣传力度，引导本市农民树立适应市场要求的就业观念，强化市场意识、竞争意识、多渠道就业意识和劳动权益保护意识培养，促进本市农民通过就业实现增收。

（九）切实维护农民工劳动报酬权益

贯彻落实《保障农民工工资支付条例》，加快推进劳动仲裁、监察"一口受理"，健全劳动监察一处举报投诉全市联动处理的工作机制，为农民工提供便捷高效的维权服务。

二、开展农民职业培训

（十）实施农民职业技能提升补贴政策

服务现代农业发展和本市农民非农就业需要，组织开展本市农民职业技能培训，对本市60岁以下农民参加职业技能培训后鉴定考核合格的，按规定标准给予80%培训费补贴，其中原农村富余劳动力按规定标准给予100%培训费补贴。对本市农民参加职业技能等级认定取得职业技能等级证书的，按规定予以职业技能提升补贴。在本市从事农业且缴纳本市社会保险的外来从业人员，可以按照规定享受培训费补贴和技能提升补贴。

（十一）加强农民职业技能培训基础能力建设

加大对现代农业高技能人才培养基地的扶持力度，在全市形成"1个主基地+9个分基地"的规划布局。引导优质培训机构向本市农民提供职业技能培训服务，探索在新城职业院校等单位挂牌建立技师学院。依托高技能人才培养基地、技师学院，加大适应本市农民需求的职业技能培训项目开发力度，提高本市农民职业技能培训针对性和有效性。

（十二）支持农业农村高技能人才队伍建设

结合现代农业和区域重点产业发展，举办乡村振兴技能大赛。鼓励农民高技能人才、乡村工匠、非遗传承人等申报首席技师、技能大师工作室的专项资助和上海技术能手的评选表彰，培养和选拔表彰一批农业农村技能带头人，充分发挥高技能人才的引领作用。

三、加强乡村各类人才建设

（十三）完善专业技术人才职称评价机制

进一步突出实践能力、业绩贡献考核，在建设交通、旅游文化、金融投资、教育卫生等领域专业技术人才评价中，将参与乡村振兴战略的业绩成果作为职称评审的重要内容。深化农业农村领域职称评价。开展农业农村专业技术人才正高级职称评审，培养选拔一批高层次农业技术人才。动态调整职称评审专业设置，拓展评价范围，畅通新型职业农民、农民合作社、农业社会化服务组织等生产经营主体中农业技术人才的职称申报渠道。

（十四）加强专业技术人才继续教育工作

深入实施专业技术人才知识更新工程，强化继续教育对提升农业农村专业技术人才能力素质的主渠道作用，大力实施乡村基层专业技术人才培训计划。本市市级高级专业技术人员研修等培训项目，适当向乡村振兴需要的专业领域倾斜。加大农业技术开发、农村经营管理、农村社会治理、数字化农业等方面急需紧缺人才培训力度。充分发挥农业农村领域专业技术人员市级继续教育基地的作用，开展新理论、新知识、新技术、新方法的培训。

（十五）深入推进专家服务基层工作

依托现代农业领军人才选拔推荐平台，选拔培养优秀的农业领军人才，打造农业科技创新团队。突出需求导向，结合乡村发展的特色功能和优势产业，每年遴选建设一批经济效应显著、社会影响力大、长期持久的专家服务基层基地和项目，组织一批高水平的专家对口开展服务，充分发挥专家智力、技术、信息、管理资源，不断提升工作的辐射带动效用，激发农村地区发展的内生动力。

（十六）加大博士后工作扶持力度

鼓励郊区建立健全博士后创新实践基地，支持农村地区企业设立博士后科研工作站，对其中符合条件的，支持其独立开展博士后招收工作。

（十七）拓宽乡镇事业单位进人渠道

积极吸纳社区党组织书记、大学生村官和"三支一扶"等在乡镇基层表现优秀的人员，充实乡镇事业单位工作人员队伍。乡镇事业单位可采取直接考察的方式，招聘高级专业技术人才、紧缺急需的专业人才。对于进入这些单位、岗位的事业单位工作人员，乡镇事业单位可按照双方协商一致的原则，约定最低服务年限。

（十八）优化乡镇事业单位岗位管理制度

合理优化乡镇基层事业单位中、高级专业技术岗位结构比例，发挥中级专业技术岗位对于吸纳乡村适用性人才的作用。乡镇事业单位副高级专业技术岗位可由区行业主管部门统筹使用。乡镇事业单位中不设置正高级岗位的，对于其中长期服务基层，取得突出业绩的专业技术人才，经主管部门审核同意，可以申报和聘任正高级专业技术职务。乡镇事业单位通过特设岗位引进的急需紧缺专业人才，其所聘岗位等级可最低至专业技术八级，不受所在单位岗位总量、结构比例限制。对长期扎根乡村基层一线，在乡村振兴工作中作出重要贡献、取得突出业绩的专业技术人才，在职称申报时不受所在单位岗位总量、结构比例限制。

（十九）鼓励高校、科研院所中科研人员支持乡村建设

支持教育、卫生、科技、宣传文化等行业建立教师、医生、科技、文化等专业技术人才定期服务乡村机制。鼓励高校、科研院所等事业单位专业技术人才到乡村和企业挂职、兼职和离岗创业。鼓励拥有成果的科研人员或团队在履行岗位职责、完成本职工作的前提下，经单位批准同意到乡镇和涉农企业中兼职、挂职。

（二十）加大对乡村事业单位的收入分配激励力度

对本市乡村地区教育、卫生等事业单位按照一定标准核增绩效工资总量，与"临港补贴"倾斜政策就高执行，不重复享受。

（二十一）支持乡村振兴人才引进

将都市现代农业纳入本市人才引进重点支持产业范围。行业主管部门推荐的符合"都市""现代""绿色"产业发展方向的本市国家级、市级重点农业龙头企业、重点

企业，引进符合条件的核心业务骨干可以直接申办落户。积极推进将本市"种业种源"重点用人单位纳入本市人才引进重点机构范围。

（二十二）支持远郊区域人才队伍建设

对于在本市乡村学校的教学岗位、远郊地区医疗卫生单位的卫生专业技术岗位以及乡镇涉农综合服务机构的农业技术等涉农岗位连续工作满 5 年的，居转户持证及参保年限可由 7 年缩短至 5 年。

（二十三）做好"三支一扶"工作

加大社会工作、文化旅游、乡村规划、农技推广、法律服务等乡村振兴急需岗位开发力度。积极探索设置乡村振兴协理员等岗位。择优选拔"三支一扶"人员兼任乡镇团委副书记、河（湖）长助理、林（场）长助理、基层供销社主任助理等职务。对扎根基层的"三支一扶"计划服务期满人员在职称评定、人才项目选拔等方面优先考虑。继续适时调整"三支一扶"人员工作生活补贴标准。

四、提高农民社会保障水平

（二十四）推进社会保险法定人员全覆盖

将在单位就业或灵活就业的本市农民按规定纳入职工基本养老保险覆盖范围。推进农民合作社、合作联社、家庭农场就业人员参照灵活就业人员办法集体参加职工基本养老保险。引导未参加职工基本养老保险的本市农民参加城乡居民基本养老保险，并鼓励年满 60 周岁且未享受基本养老保险待遇的人员，通过延长缴费达到养老金领取条件。

（二十五）减轻困难群体参保缴费负担

对参加城乡居民基本养老保险的低保对象、特困人员、重度残疾人等缴费困难群体，继续为其代缴部分或全部的养老保险费。支持和鼓励有条件的集体经济组织和其他社会经济组织、公益慈善组织、个人为参加城乡居民基本养老保险的困难人员参保缴费提供资助。

（二十六）提高社会保险待遇水平

不断提高基本养老保险养老待遇水平。调整城乡居民基本养老保险缴费档次和对应的缴费补贴，提高个人账户养老金水平，加大力度提高城乡居民基本养老保险基础养老金标准。不断提高失业保险待遇水平，增强失业保障能力。

（二十七）推进平台灵活就业人员职业伤害保障试点

试点开展本市平台灵活就业人员职业伤害保障工作，切实保障从事平台经济的农民工合法权益，促进本市平台经济规范健康发展。贯彻落实《工伤预防五年行动计划（2021—2025）》，降低工伤事故发生率，保障劳动者的生命安全和身体健康。

五、持续做好长江退捕渔民保障后续工作

（二十八）明确重点帮扶对象

对照退捕渔民实名制动态帮扶系统，将尚未转产就业及就业后再次失业的退捕渔民、灵活就业但收入低于本市最低生活保障水平的退捕渔民、零就业家庭的退捕渔民等纳入重点帮扶对象。

（二十九）做好就业跟踪帮扶

按规定将退捕渔民纳入免费职业技能培训范围。支持有意愿的退捕渔民从事海洋渔业捕捞工作，支持渔民自主创业，根据实际需要开发护渔员等岗位，千方百计增加退捕渔民就地就近就业机会。对于重点帮扶对象，根据其就业安置需求，制定有针对性的转产就业安置方案，分类施策，精准帮扶。

（三十）确保退捕渔民应保尽保

引导退捕渔民按规定参加基本养老保险，重点关注缴费年限未满15年的缴费人员，尽力促进其通过就业参加职工基本养老保险；对参加城乡居民基本养老保险且家庭生活困难人员，给予一定的缴费补贴。对符合养老金领取条件的，及时发放基本养老保险待遇，保障退捕渔民老年基本生活。

21 上海市乡村振兴"十四五"规划

为贯彻落实党的十九大提出的乡村振兴战略,推动落实"产业兴旺、生态宜居、乡风文明、治理有效、生活富裕"总要求,根据《上海市乡村振兴战略规划(2018—2022年)》(以下简称《战略规划》)、《上海市国民经济和社会发展第十四个五年规划和二〇三五远景目标纲要》,上海市人民政府制定本规划。

一、"十三五"发展基础

(一)规划政策逐步完善

2017年中央农村工作会议对实施乡村振兴战略作出总体部署后,2018年3月,市委、市政府印发《关于贯彻〈中共中央、国务院关于实施乡村振兴战略的意见〉的实施意见》,明确了上海实施乡村振兴战略的思路、目标、步骤、措施,全面推进乡村振兴工作。12月《战略规划》制定出台,同步出台《上海市乡村振兴战略实施方案(2018—2022年)》,以项目化方式,提出乡村振兴工作推进的时间表和路线图,明确以推进"三园"(美丽家园、绿色田园、幸福乐园)工程等为抓手,落实各项关键举措。市相关部门先后制定出台一系列推进乡村振兴的配套政策文件,初步形成了以规划为引领、政策为支撑、项目为基础的实施乡村振兴战略制度框架体系。

(二)乡村产业提质升档

"十三五"以来,上海积极构建与超大城市相适应的乡村产业体系。都市农业提质增效,划定粮食生产功能区、蔬菜生产保护区、特色农产品优势区总面积136.56万亩,实施养殖业布局规划,稳定地产农产品供应。实施绿色农业发展三年行动计划,强化农业生态环境保护和资源高效利用,推广应用绿色农业生产技术,加强农产品质量安全监管。2020年底,地产农产品绿色认证率达到24%。农业科技创新能力和装备水平不断提升，全市农业科技进步贡献率达79.09%，居全国前列。组建了7个现代农业产业技术体系，培育和推广了一批有影响力的新品种。农业设施装备技术水平显著提升，主要农作物综合机械化率达到95%以上。拓展农产品加工流通业，积极发展地产农产品初加工，促进产加销一体化，延长农业产业链条，全市农业产业化企业总销售额达到1266亿元。提升发展乡村休闲旅游业，打造了郊野公园、采摘基地、现代观光农业园等多样化的休闲载体，全市目前有休闲农业和乡村旅游点315个，年接待游客达1500万人次。培育乡村新型服务业，农业产前产后社会化服务市场快速发展。农产品营销服务快速成长，线上线下相结合的生鲜农产品新零售逐渐成为农产品营销的新模式。

（三）乡村面貌持续改善

2019年底，全市村庄布局规划、郊野单元村庄规划编制工作全部完成，因地制宜开展建设用地、基本农田、生态用地等各类用地布局。启动实施农民相对集中居住工作，在充分尊重农民意愿的前提下，采取"上楼""平移"等差别化方式，推进农民相对集中居住。按照"整镇推进、成片实施"的方式，全域实施农村人居环境整治，全市行政村在2019、2020年完成整治任务，全面推进村容村貌提升、垃圾治理、农村生活污水处理、农村水环境整治、"四好农村路"建设、村内道路硬化等12大类工作。至2020年，全市基本农田保护区、规划保留农村地区的村庄改造基本完成，项目覆盖行政村1026个，受益农户76万户。2016—2019年，全市累计评定市级美丽乡村示范村94个。2018年，启动实施乡村振兴示范村创建工作，累计69个村列入建设计划，其中37个村已如期完成建设任务。

（四）乡村文明更上台阶

"十三五"时期，上海乡村文明建设在村民会议、村民代表会议制度基础上，形成了民事民议、民事民办、民事民管的多层次基层协商格局。基层民主协商形式进一步丰富。实施"阳光村务工程"，深化创新村务公开，有线电视、手机App等村务公开信息化平台建设实现全覆盖。开展民主法治示范村创建活动，提高农民法治素养，共完成42个全国民主法治示范村培育试点。推进农村"雪亮工程"和智能安防系统建设，实现村级视频监控系统建设全覆盖、全联网。深化文明村、镇创建活动，评选出2017—2018年度上海市文明村422个，2018—2019年度上海市文明镇90个，

32个村镇获评第六届全国文明村镇，62个村镇通过复查，继续保留全国文明村镇荣誉称号。全面启动新时代文明实践中心建设试点。

（五）乡村治理井然有序

以贯彻落实市委"1+6"文件精神为重点，以任务清单形式将加强乡村治理纳入全市乡村振兴重点任务和创新社会治理加强基层建设工作要点，形成了具有上海超大城市特色的乡村治理制度框架和政策体系。村级治理架构普遍建立。农村基层党组织带头人和党员干部队伍建设进一步加强，全市村党组织书记兼任村委会主任比例稳步提升。从机关事业单位干部、社区工作者、退役军人、本村致富能手、外出务工经商返村人员、大学生村官、本乡本土大学毕业生中，选用村党组织书记320人。深化拓展城乡党组织结对帮扶，实施"结对百镇千村，助推乡村振兴"行动，各中心城区和市委各工作党委、中央在沪企业所属2 702个基层党组织与涉农区所有乡镇、村级党组织开展全覆盖结对共建，已启动镇级层面合作项目228个，村级层面项目3 113个，共签约帮扶资金2.1亿元。深化平安乡村建设，深入推进扫黑除恶专项斗争，严厉打击危害农村治安、破坏农业生产和侵害农民利益的各类违法犯罪活动，切实维护农村社会和谐稳定。

（六）乡村生活更加丰富

"十三五"期间，上海各涉农区基本建成现代公共文化服务体系，15分钟公共文化服务圈建设目标基本实现，村居综合文化活动室服务效能进一步提升。市、区、街镇公共文化资源持续向远郊地区和基层村居倾斜、下沉，公共文化内容供给约占全市供给总量的63%。推动养老服务优先向农村倾斜，完成133家农村薄弱养老机构改造，新增养老床位3.2万张；农村养老示范睦邻点建成1 744家。启动第二轮农村综合帮扶工作，到2020年，共完成15个"造血"项目的遴选和报备，总投资超过52亿元，累计收益超过1亿元。

二、发展特征和功能定位

（一）发展特征

上海乡村具有城郊融合型特点，在形态上要保留乡村风貌，在治理上要体现城市精细化管理水平,在发展方向上要强化服务城市发展、承接城市功能外溢,凸显乡村地区的经济价值、生态价值和美学价值。上海乡村的发展优势包括市场优势、要素优势和重大战略优势。同时,上海乡村发展内生动力不足的问题依然存在。一是环境和配套现状水平与承担更多功能的要求有明显差距;二是乡村特色不明显、引领力不够,缺乏规模大、具有较强影响力的品牌和龙头企业,对周边和全国辐射服务能力较弱;三是政策和科技供给仍不能适应超大城市乡村发展要求,人才、资金等生产要素向农村有序流动的动能不足等。

(二)功能定位

当前,上海乡村发展面临空间稳定、地位凸显、功能复合"三个趋势"。作为超大城市的乡村,要落实保障供给功能,为上海超大城市提供高品质鲜活农产品;保持生态涵养功能,依托乡村田、水、林、湿等各类自然资源,发挥水土保持、水源涵养、环境净化、生物多样性等作用;提升生活居住功能,持续改善农村居民生活居住条件,为城市产业发展和功能拓展提供适宜的生活配套服务;发掘文化传承功能,传承好传统乡土文化、民俗风情和农耕文明,成为记得住乡愁、留得下乡情的美丽家园和广大市民向往、舒心游憩的后花园。

三、"十四五"指导思想、发展目标和主要指标

(一)指导思想

以习近平新时代中国特色社会主义思想为指导,全面贯彻中共十九大和十九届二中、三中、四中、五中全会精神,深入践行"人民城市人民建,人民城市为人民"重要理念,按照"产业兴旺、生态宜居、乡风文明、治理有效、生活富裕"总要求,强化城乡整体统筹,深入推进乡村振兴和新型城镇化战略,促进城乡要素平等交换、双向流动,推动形成城乡融合发展新格局,不断增强乡村振兴的内生动力,使上海乡村成为高科技农业的领军者、优质产业发展的承载地、城乡融合和生态宜居的示范区,在全国实施乡村振兴战略中走在前列、作出示范。

(二)发展目标

到2025年,乡村振兴战略实施效果逐步显现,制度框架和政策体系较为完善,

乡村治理法治化水平明显提高，农业农村投资保持稳定增长，率先基本实现农业农村现代化，基本形成城乡空间布局合理、功能多元多样、产业融合发展、基础设施完善、乡村风貌宜人、公共服务健全、基层治理有序、农民生活富裕的城乡融合发展格局，让乡村成为上海现代化国际大都市的亮点和美丽上海的底色，为建成与具有世界影响力的社会主义现代化国际大都市相适应的现代化乡村奠定坚实基础。

- 基本形成都市现代绿色农业为代表的乡村产业体系。持续完善彰显上海特色、体现乡村气息、承载农村价值、适应城乡需求的产业体系，农业现代化水平和都市现代绿色农业综合效益显著提升，新产业新业态进一步集聚，依托"互联网+"的农村一二三产业深度融合，城乡利益联结机制更加完善，特色农业品牌更有影响力。

- 基本形成生态宜居的美丽乡村人居环境。农村生态环境质量明显改善，美丽乡村建设扎实推进，郊野自然风貌和乡土景观特色加快修复，崇明世界级生态岛建设加快推进，江南水乡文脉与上海传统农居风格进一步融合，城乡互联互通的基础设施条件进一步完善，农民居住条件得到进一步改善，农村环境更加宜居宜业宜游。

- 基本形成民风淳朴的乡村文明氛围。乡村精神文明建设持续加强，社会主义核心价值观内化为农民群众行为方式和行为习惯，乡村文明素养显著提升，乡村公共文化服务体系更加健全，传统农耕文明的优秀遗存与国际大都市海派文化结合更为紧密，充分展现大都市乡村文明的独特魅力和新时代风采。

- 基本形成和谐有序的乡村治理格局。进一步健全党委领导、政府负责、民主协商、社会协同、公众参与、法治保障、科技支撑的现代乡村社会治理体系，镇村基层社会治理能力进一步提高，自治法治德治有效结合，体现特色、充满活力、和谐有序的乡村善治格局基本形成。

- 基本形成共享发展、共同富裕的持续发展之路。城乡均等的基本公共服务和社会保障水平再上新台阶，农民生活水平显著提升，综合帮扶机制更加精准有效，农民就业水平持续提高，城乡居民收入差距继续缩小，农民和乡村居民的获得感、归属感、幸福感不断增强。

（三）主要指标

"十四五"乡村振兴主要指标

序号	主要指标	单位	2020年基期值	2025年目标值	属性
1	农业现代化水平	%	80	82	预期性
2	农业科技进步贡献率	%	79.1	80	预期性
3	地产绿色优质农产品占比	%	54	70	预期性
4	休闲农业和乡村旅游接待量	万人次	1 461.8	2 500	预期性
5	农村生活污水处理率	%	88	90以上	预期性
6	农村生活垃圾回收利用率	%	38	45以上	预期性
7	农田化肥和农药施用量	万吨	化肥6.89 农药0.27	分别比2020年下降9%和10%	约束性
8	农民相对集中居住签约完成量	万户	2.7	在确保完成2022年5万户目标任务基础上，持续推进	预期性
9	市级文明镇村覆盖率	%	—	市级文明镇80% 市级文明村20%	预期性
10	村民对善治满意率	%	93.4	95	预期性
11	城乡居民人均可支配收入比值	—	2.19	2.15	预期性
12	农村养老示范睦邻点建成量	个	1 744	3 000	预期性
13	农村公路提档升级里程	千米	1 247	3 200	约束性

四、主要任务

（一）着力构建大都市乡村产业体系

1. 全面推进都市现代农业高质量发展

- 一是促进绿色低碳循环发展。推进绿色生产方式，积极推进国家农业绿色发展先行区创建，地产农产品产量基本稳定，品种结构进一步优化。开展农产品绿色生产基地建设，绿色生产基地覆盖率达到60%，绿色农产品认证率达到30%以上。开展化肥农药减量增效行动，推进10万亩蔬菜绿色防控集成示范基地和2万亩蔬菜水肥一体化项目建设。建设12家美丽生态牧场。建设100家国家级水产健康养殖示范场，水产绿色健康养殖比重达到80%。实施农业光伏专项工程，结合设施农业项目建设农光互补、渔光互补项目。推进生态循环农业发展，集中打造2个生态循环农业示范区、10个示范镇、100个示范基地。加强农药包装废弃物和农业薄膜回收处置，回收率达到100%。支持种养结合与农业资源循环利用，畜禽养殖废弃物和粮油作物秸秆资源化利用实现全覆盖。加强地产农产品生产价格监测，建立完善产销信息共享机制。推进横沙东滩现代农业园区建设。

- 二是提升科技装备水平。建设农业智能化生产基地，探索基于5G通信的农业物联集成应用模式，以区、镇为单位建设一批基于数字化管理的农机社会化服务组织，打造10万亩粮食生产无人农场，建设2万亩高标准蔬菜绿色生产基地，打造一批智能化菜（果）园。完善农业生产基础设施配套，启动粮食、蔬菜等生产基地提档升级工作。积极探索植物工厂生产模式，大力发展食用菌、蔬菜种苗、花卉园艺等工厂化生产，全面提升都市农业设施装备水平。夯实数字农业发展基础，推进蔬菜、水稻、特色果品、畜禽产品、水产品等生产过程的数字化监测和信息采集，推进产业链、供应链数据共享，生产端、销售端与监管端数据对接，提升全产业链数字化管理水平。

- 三是提升现代种业创新能力。加强农业种质资源保护与利用，健全种质资源分类分级保护体系，推进农业种质资源库（圃、场）建设，加快地方特色农业遗传资源开发利用。强化现代种业自主创新，推进本市优势特色作物、畜禽和水产种质创制及突破性新品种选育，开展种源关键共性技术攻关。加快种业市场主体培育，建立健全商业化育种体系，新培育1~2家国家育繁推一体化企业，打造8~10家行业领先的特色优势种业企业。加快推进南繁科研育种基地建设，提升建设农作物、畜禽、水产良种繁育体系，推进建设区域性育苗中心和综合性农作物品种试验展示基地。加强种业人才队伍建设。

- 四是培育壮大经营主体。加快推进浦东、崇明、金山三个国家级农业科技园区建设，规划新建一批市级农业科技园区。培育农业龙头企业，聚焦重点产业集群和重大投资项目，重点打造100家年销售额1亿元以上具有核心竞争力和带动能力的产业化龙头企业。培育50家现代农业高新技术企业，支持30家农业产业化联合体做优做大做强。加强家庭农场和农民专业合作社规范化建设，重点培养100家市级以上示范家庭农场和200家市级以上示范合作社，在金山、崇明两区整体推进农民专业合作社质量提升行动。发展区域性农业服务组织，打造5个区域性集约化育苗中心，提升种苗社会化服务能力。布局一批规模适度的农产品预冷、贮藏保鲜等初加工冷链设施。聚焦蔬菜生产保护区和农业绿色生产基地，发展"全程机械化+综合农事"服务，服务覆盖率达85%。培育高素质农民，引导有志青年投身现代农业。到2025年，全市累计培育农业经理人500名、新型职业农民2.5万名，形成一支有文化、懂技术、善经营、会管理的高素质农民队伍。

- 五是增强粮食供给保障能力。实施粮食安全保障能力提升工程，优化粮食储备保障基地和应急保障中心布局，提升收储调控能力。推进优质粮食工程建设，强化粮食绿色仓储和智能监管，加快实施以"优粮优产、优粮优购、优粮优储、优粮优加、优粮优销"为内涵的"五优联动"，引导建立优粮优价的市场运行机制。

- 六是加大品牌建设力度。打造优质食味稻米品牌，调优水稻品种和茬口布局，筛选和推广一批品优味佳的食味稻米品种，完善地产优质食味稻米品质评价以及稻米生产、加工、保鲜贮藏标准体系，推广应用食味稻米品牌电子信息追溯标识，集中打造优质食味稻米区域公用品牌。到2025年，上市销售的地产稻米品牌化比例达到50%。提升特色产业品牌优势，做精做优一批区域特色明显、深受市民信赖的特色农产品区域品牌和企业品牌，积极推动地产特色农产品品牌列入中国农业品牌目录。开展品牌农产品评优品鉴活动，提高地产优质农产品品牌影响力。做强休闲农业文化品牌，加强农事节庆文化活动建设，进一步挖掘和培育乡村农耕文化品牌，各涉农区重点培育和提升1~2个休闲农业文化品牌。

2. 持续推动农村一二三产业融合发展

- 一是打造优势特色产业集群。重点围绕绿色蔬菜、食味稻米、特色瓜果、都市花卉、优质畜禽、特种水产、生鲜乳业等优势特色产业，打造涵盖生产、加工、流通、科技、服务等全产业链集群，推进优势特色产业做优做强，促进产业深度融合。

- 二是建设产业融合发展平台。结合乡村振兴示范村和美丽乡村示范村建设，集聚优势资源和产业特色，推进"绿色田园""美丽家园"及乡村文创、农村电商等新产业、新业态的融合发展，打造一批产业特色镇（村）、产业融合发展示范园。
- 三是提升休闲农业和乡村旅游水平。实施休闲农业和乡村旅游项目提升行动，重点打造10条休闲农业和乡村旅游精品景点线路，建成20个休闲农业和乡村旅游示范村，改造和新建30个美丽田园精品示范园，推动建设40个乡村特色民宿集聚点，培育50个农事节庆文化活动，推动生态林地开放共享。围绕旅游古镇、特色村落、乡村民宿等，打造一批特色村镇休闲区。到2025年，年接待游客量2500万人次，农民就业岗位数超过3万个。

3. 培育引导乡村新产业新业态新模式

- 一是分类开发，因地制宜培育发展新产业新业态。对纯农地区，结合特色产品积极打造田园休闲农业，发展林业经济。对城乡过渡地区，进一步发挥区位优势，聚焦美丽乡村建设，推进田园综合体、民宿等特色文旅休闲农业发展。对城市化周边地区，加快推进农民集中居住，开展城市公园、城市绿肺等建设，探索推进文旅健康等特色产业发展，鼓励发展人才公寓。推进特色小镇清单化管理，因地制宜培育发展微型产业集聚区，聚力发展特色主导产业，促进产城人文融合，突出企业主体地位，促进创业带动就业。
- 二是发挥产业空间方面的承接优势，更好承载城市核心功能。探索模式创新，培育与乡村资源相吻合的各类业态，打造产业发展新的战略空间。充分发挥自贸试验区临港新片区、长三角生态绿色一体化发展示范区等功能性区域的辐射带动优势，在周边乡村嵌入式布局关联产业集群，集聚一批总部企业和研发中心。探索在先进制造业、生产性服务业领域与中心城区、新城形成错位发展，吸引科研院所、研发、教育机构等落户乡村。
- 三是依托重大项目、平台和政策，打造特色产业空间。针对农村低效闲置的各类资源，加大盘活利用力度，创新开发模式，鼓励有实力的社会资本进行整体开发，在改善农村面貌和农民居住环境的同时，引入产业内核，形成特色产业空间。依托花博会，加快建设松江、崇明和浦东等产业特色鲜明、产业链完整、区域经济带动能力强的市级花卉产业集聚区，积极推进花卉物流服务体系标准化和专业化发展，逐步打造辐射全国乃至全球的花卉市场交易中心，服务高品质生活。

（二）全力打造生态宜人的美丽乡村

1. 全面提升农村人居环境

- 一是提升乡村规划水平。以郊野单元村庄规划和专项规划作为乡村地区各项建设行为的空间用途动态管理平台，加强生态保护红线等底线要素约束，建立相关专业部门协同审批和管理机制，建立统筹协调覆盖乡村地区全域空间准入和用途管理机制，明确各类建设活动管理路径。

- 二是提升村容村貌。实施村庄改造全覆盖，以镇为单位，兼顾村庄内外，深入开展"四清、两美、三有"村庄清洁行动计划。着力整治村域公共空间环境卫生，引导和支持农民美化庭院环境。开展"四好农村路"建设和示范镇、示范路创建工作，推进农村公路提档升级、改造、安全隐患整治年度计划落实落地。持续开展示范村村内道路提升行动，高标准配套建设新建农民相对集中居住归并点道路，加强道路整体风貌设计，确保路容路貌良好，更好融入村庄周边自然人文环境。实行乡村建筑师制度，提高农房建筑设计水平。实施农村低收入户危旧房改造，建立常态化的农村低收入户危旧房改造申请受理机制，巩固提升改造成果，确保农村困难家庭住房安全有保障。加快推进已批实施方案的"城中村"项目改造，新启动一批"城中村"改造，优先实施列入涉及历史文化名镇名村保护的"城中村"。

- 三是持续推进农村水环境整治。开展农村河道小流域治理。持续加大水环境治理力度，强化农村地区入河排污口的排查整治，开展生态清洁小流域建设，建设45个生态清洁小流域。加快农村生活污水治理，推进农村生活污水处理设施建设，农村生活污水处理率达到90%以上，强化对设施运行和出水水质的监督检查，逐步推进老旧设施提标改造。推广专业化、市场化的管养模式，建立以运维效果为导向的考核机制，把绩效目标与养护经费拨付挂钩。推进农业面源污染和农村水环境协同治理。进一步完善农业农村生态环境监测体系，重点加强对乡村振兴示范村周边环境质量的监测，开展农业面源污染排放对水环境影响的监测评估。

- 四是提升农村垃圾治理水平。不断完善农村环卫基础设施建设，深化农村垃圾分类和收集模式，分类收集、分类运输、分类处置，保持100%农村生活垃圾有效收集。持续推进农村生活垃圾减量和资源化利用，推动全市95%农村生活垃圾分类实现创建达标，生活垃圾回收利用率达到45%以上。深化湿垃圾就地资源化利用设施建设和配套装置升级，全市50%行政村湿垃圾实现不出村、不出镇。

- 五是完善长效管理机制。创新完善符合农村特点的基础设施、卫生保洁管养机制和管养方式，做到村主路、支路及沿线桥梁的巡查、保洁、小修等日常管护工作全覆盖。逐步将道路设施、污水处理设施等农村基础设施管养纳入公共财政保障范围，发挥村民自主参与、自我管理作用。

2. 深入开展示范村建设

- 一是持续开展乡村振兴示范村建设。聚焦村庄布局优化、乡村风貌提升、人居环境改善、农业发展增效、乡村治理深化，高起点、高标准、高水平推进乡村振兴示范村建设。到2025年，建设150个以上乡村振兴示范村。进一步放大示范引领效应，形成"政企结合、市场主导"的多元化投入机制和经营机制，强化特色优势产业培育，引进新型生产要素和生产组织，拓展多元产业功能，延长产业链，做好产业联动发展和一二三产业融合发展，发挥产业协同作用。按照村庄特色产业发展需要，配置旅游、休闲等服务设施，依据规划开展村庄设计，引导村民有序建房，注重乡村整体建筑风貌的统一性、协调性和美观性，形成鲜明的地域特色。充分利用示范村周边现有配套设施，与郊野公园建设选址、运营管理相结合，加强示范村与郊野公园联动发展，形成可持续造血机制。因地制宜、分类施策，开展乡村振兴示范镇试点。

- 二是深入推进美丽乡村示范村建设。加强村庄发展的分类引导，改善农村人居环境，保护传统风貌和自然生态格局，开展美丽乡村示范村创建工作。到2025年，建设300个以上的市级美丽乡村示范村。提升村庄风貌水平，积极推广美丽庭院、和美宅基等美丽乡村建设模式，推进绿色村庄建设，切实发挥美丽乡村示范村在建设、长效管理和乡村治理等方面的示范引领作用。进一步增强美丽乡村示范村建设示范性，确保市级美丽乡村示范村无污染工业企业，生活垃圾分类收集率达到100%，生活污水实现应处理尽处理，河道无黑臭，无严重影响环境卫生的畜禽散养现象。

3. 持续推进农民相对集中居住工作

- 一是继续加大推进农民相对集中居住力度。"十四五"时期，在确保完成2022年5万户目标任务的基础上，加大制度供给，持续推进。在重点聚焦"三高两区"沿线农民集中居住的基础上，进一步结合美丽乡村、乡村振兴示范村建设等工作，对接自贸试验区临港新片区、长三角生态绿色一体化发展示范区等重大改革举措落地区域，探索成片推进的工作方式，发挥农民相对集中居住工作与市级相关政策的叠加放大效应。

- 二是加强风貌管控。结合区域乡土风情，因地制宜开展农村平移集中居住点风貌和建筑设计，保持乡村风貌和建筑肌理，体现江南水乡传统建筑元素风貌。开展全过程设计评估，引导农村村民住房建设，促进乡村风貌水平提升。

- 三是强化区级主体责任。各涉农区区委、区政府负总责，乡镇（街道）抓落实，进一步完善区级农民相对集中居住工作推进机制，按照农民相对集中居住计划任务要求，做好地块规划落实、土地指标保障、资金投入和农村村民建房管理等各项工作，强化工作落实和考核监督。妥善解决跨村集中建房所需土地问题，统筹使用征收安置住房，减少农民等候过渡安置时间。在符合郊野单元村庄规划的前提下，可利用撤制镇存量集体建设用地实施农民相对集中居住。

4. 持续加强乡村生态建设

- 一是扎实推进农业面源污染防治。进一步完善农业农村生态环境监测体系建设。推行绿色生产方式，坚持种养结合，提高农业生产生态效益。继续实施耕地轮作休耕制度，优化施肥结构，推广病虫害绿色防控技术，提高化肥农药利用率。继续推进受污染耕地安全利用，加强耕地土壤污染防治，建立拟开垦耕地的土壤污染管理机制，确保新增耕地的环境质量和安全利用。规范河道疏浚底泥消纳处置，加强河道疏浚底泥还田监督管理，确保耕地质量不受影响。推进农业废弃物资源化利用，无法实现资源化利用的按要求规范处置。优化水产养殖空间布局，合理控制养殖规模和密度，严格水产养殖投入品管理，80%的规划保留水产养殖场完成尾水处理设施建设和改造，促进尾水循环利用。严密防范、严厉打击各类污染破坏农村生态环境违法犯罪活动。

- 二是继续推进乡村绿化造林和郊野公园建设。结合新一轮农林水联动三年计划和林业专项规划，推进生态廊道、农田林网和"四旁林"建设，落实造林计划。在符合耕地保护要求的前提下，充分利用闲置土地和宅前屋后等零星土地开展植树造林等活动，推进开放林地建设，实施村庄绿化。按照打造"市民休闲好去处"要求，持续推进郊野公园建设，优化完善已开园运营郊野公园的配套设施，统筹推进郊野公园建设管理，进一步发挥郊野公园在乡村振兴、生态建设、产业发展等方面的作用，加强景观设计和配套设施建设，在增强野趣和风貌的同时，因地制宜满足市民游憩体验和休闲服务需求，不断提升郊野公园"造血能力"。

- 三是加快建设崇明世界级生态岛。坚持生态立岛，丰富生态服务功能，提升生态产品供给能力，塑造崇明特色的乡村风貌。以花博会为契机，着力打造崇明"海上森林花岛"，构建"绿化、彩化、珍贵化、效益化"典范。抓好长江"十年禁渔"工作，加强长江口生态环境修复和保护。

（三）传承弘扬大都市特色乡村文明

1. 强化乡风文明建设

- 一是推动社会主义核心价值观融入乡村日常生活。采取民间艺术、地方戏曲、板报墙报等农民群众喜闻乐见的形式，深化中国特色社会主义和"中国梦"宣传教育。借助红色文化、海派文化和江南文化，推进乡村文化与建党精神、城市精神、改革开放精神融合发展。不断创新载体、方式和内容，精心选树时代楷模、道德模范等先进典型，塑造乡村能人和乡贤的良好形象。深化推进文化、科技、卫生三下乡活动。广泛开展"注重家庭、注重家教、注重家风"建设。

- 二是注重农民群众诚信意识和道德建设。加强农村诚信意识建设，强化农民的社会责任意识、规则意识、集体意识，建立健全农村信用体系。落实《新时代公民道德建设实施纲要》，关爱帮扶道德模范，树立好人好报、德者有得的导向，大力弘扬尊德尚贤的价值理念。

- 三是开展弘扬时代新风行动。深化市民修身行动，探索农民方便参与、乐于参与的修身新途径，努力提高农民思想道德素质和科学文化素养。开展移风易俗行动，健全完善村规民约，广泛开展乡风评议，褒扬新风，摒弃陋习。优化殡葬用地布局，推进节地生态安葬。合理引导红白事消费标准、办事规模，加强行业管理与服务，把道德要求转化为公序良俗。建设符合农村特质的区级新时代文明实践中心、镇级新时代文明实践分中心和村级新时代文明实践站三级阵地，推进志愿服务关爱行动，精心培育一批助力上海乡村振兴的新时代文明实践示范中心、新时代文明实践志愿服务品牌项目和优秀团队。

2. 弘扬乡村传统文化

- 一是传承和发扬优秀乡村传统文化。制定推进文化乡村创建工作方案，充分挖掘具有农耕特质、江南地域特点的物质文化遗产，留住有形的乡村文化，生动再现上海乡村文明发展轨迹。加强非物质文化遗产保护，推动乡村非遗传承发展，深化推进"非遗在社区"工作，加强传统工艺振兴，推动非遗就业工坊建设。支持农村因地制宜、因时制宜举办中国农民丰收节、"我们的节日"等各类民俗节庆活动。深入挖掘乡村特色文化符号，打造冈身松江文化圈、淞北平江文化圈、沿海新兴文化圈、沙岛文化圈等郊区文化风貌。持续推进历史文化名镇名村保护工作，促进上海传统建筑元素在农村房屋等建设中的应用，恢复上海乡村的江南文化特色。

• 二是发展乡村特色文化产业。加强规划引导、典型示范，建设一批特色鲜明、优势突出的农耕文化产业展示区，打造一批特色文化产业乡镇、文化产业特色村和文化产业群。鼓励各区通过培育品牌、开发衍生品、跨界合作等形式，打造乡村文化产业精品。深入挖掘黄浦江上游水文化和乡村文化肌理，积极推进"浦江之首"生态示范区建设，打造沪苏浙水上旅游节点，铸造江南水乡文化教育基地。促进上海特色传统食品制作技艺类项目提高品质、形成品牌、带动就业。开发传统节日文化用品和民间艺术、民俗表演项目，促进乡村文化资源与现代消费需求有效对接。

3. 强化农村公共文化服务

• 一是健全乡村特色的公共文化服务体系。按照有标准、有网络、有内容、有人才的要求，健全农村现代公共文化服务体系。均衡农村公共文化服务布局，强化农村地区社区文化活动中心、居村委综合文化活动室等载体功能，加强农村文化阵地建设，提升服务能级。加强农村群众文化团队建设，推进农村群文团队"文化走亲"。合理优化布局农村体育设施建设，农村体育设施覆盖率达到100%，因地制宜开展各类农民体育活动。完善农村现代公共文化服务体系运行机制，文化、科技、卫生三下乡工作机制，群众性精神文明创建工作引导机制。

• 二是增加乡村公共文化产品和服务供给。完善市、区、街镇、居村四级公共文化内容配送体系，加大上海市民文化节、各区品牌文化活动在农村的辐射力度。推广政府购买公共文化服务，探索运用市场机制、社会捐助等多种形式，增加和丰富乡村文化资源供给。加大乡村基层公共文化内容精准配送力度，建立农民群众文化需求反馈机制，开展"菜单式""订单式"服务。支持"三农"题材文艺创作生产，提升农村公共数字文化服务能力。

• 三是培育壮大乡村文化体育队伍。挖掘乡土文化本土人才，支持乡村文化能人积极发挥作用，加强各类基层文化体育队伍培训，提高农村文化体育骨干专业技能。扶持壮大文化志愿者和群众文化活动积极分子以及社会体育指导员队伍，组织广大文艺体育工作者下乡，吸引优秀高校毕业生从事基层公共文化服务。

（四）加快推进乡村基层治理现代化

1. 加强农村基层党组织建设。健全完善农村基层党组织领导体系。建立健全以基层党组织为领导、村民自治组织和村务监督组织为基础、集体经济组织和农民合作组织为纽带、其他经济社会组织为补充的村级组织体系。科学合理优化农村基层党组织设置，以行政村为基本单元设置党组织。完善网格化党建工作，统筹整合农村各类党建网格、管理网格、服务网格，探索将党支部或党小组建在网格，推动农村党群服务站点全覆盖。继续深入实施"班长工程"，注重从党政机关优秀干部、本村致富能手、外出务工经商返乡人员、本乡本土大学毕业生、退役军人中选拔培养村党组织书记。稳步推进"一肩挑"，推动村党组织书记通过法定程序担任村民委员会主任。推行村"两委"班子成员交叉任职，提高村民委员会成员、村民代表中的党员比例。

2. 促进自治法治德治相结合。不断深化农村基层社会治理，健全自治、法治、德治相结合的乡村治理体系。深化村民自治实践，激发村民参与乡村振兴的主体意识，引导村民通过各种途径和方式参与乡村治理。健全完善村民自治制度，阳光村务工程普及率达到100%，规范制定修订村民自治章程、村规民约。推广"睦邻四堂间""客堂汇"等农村社区治理实践，形成富有农村特色的客堂自治文化。推进乡村依法治理，深入开展民主法治示范村创建活动。加大乡村普法力度，全面实施乡村"法律明白人""法治带头人"培养工程，实现一村一法治文化阵地。健全乡村公共法律服务体系，完善一村一法律顾问制度，实现农民法律援助应援尽援。推动乡村层面综合执法力量下沉，增强基层干部法治理念。大力开展文明村镇等各类群众性精神文明创建活动。评选一批创建基础扎实、管理民主高效、村风文明健康的先进村镇。

3. 提升乡村治理精细化水平。借鉴城市治理精细化理念，结合乡村振兴示范村和美丽乡村示范村建设，探索建立上海乡村治理指标评价体系，开展乡村治理规范化和标准化建设。组织开展全国乡村治理示范村镇创建工作。积极探索在乡村治理中运用积分制。构建"组织全覆盖、管理精细化、服务全方位"的农村基层网格化管理体系。按照乡村社区生活圈规划导则，按需开展乡村社区综合服务设施建设，提升基本公共服务便利化水平，明确乡村社区综合服务设施的功能属性、配置标准，提高乡村社区综合服务设施覆盖率，进一步提升乡村社区综合服务设施运营的规范化精细化水平。开展村级事务标准化建设，推动村干部到村级综合为民服务场所集中办公，精简优化村级为民服务事项的办理流程，形成"一事一表"办事指南和业务手册，方便村民办事。

4. 提升乡村治理智慧化水平。依托政务服务"一网通办"和城市运行"一网统管"建设，推动农村区域治理模式创新，探索符合上海乡村治理实际的现代化管理方式。进一步完善农村地区"一网统管"平台建设，聚焦联勤联动和智能化应用，推进乡村治理与智慧乡村建设深度融合,推动社会治理从应急处置向风险管控转变。推进农村"智慧公安"建设,健全完善农村立体化信息化社会治安防控体系。实现公共安全视频监控互联互享和农村智能安防系统全覆盖,推动农村技防资源多部门共享,拓宽运用领域,提升运用效能。依托"社区云"平台,建设城乡社区治理数据库,建立村级大数据采集、比对、流动、审核、共享机制,实现村级信息系统互联互通,全面融入"一网统管",促进村委会减负增能。依托"一网统管"平台和网格化管理,推进建立全市村内道路建设养护信息化管理系统,完成全市村内道路地理信息落图,开发形成基础数据管理、新改建项目管理、日常养护管理、问题发现和解决、综合绩效考核等管理业务系统。

(五)不断提升乡村居民生活水平与品质

1. 不断提升农村基础设施水平

- 一是加强农村交通设施建设。形成广覆盖的农村交通基础设施网,全面推进"四好农村路"和村内道路建设。提升农村道路建设标准,合理确定村内道路建设标准。提升村内道路建设养护水平,健全村内道路养护机制,做到村内道路日常养护全覆盖。加强乡村振兴示范村、美丽乡村示范村乡村道路示范引领,做到示范区域有特色、整村道路无破损。

- 二是推动市政公用基础设施建设向农村地区延伸。完善乡村水、电、气、通信、广播电视、物流等基础设施,促进市政公用基础设施规划建设向农村地区延伸。做好管线规划与农民相对集中居住规划布局有效衔接,形成科学、经济、实用的管线网络。加大对农村电网改造、区域燃气管网建设、供水管网等基础设施的投入力度。

- 三是提升农村信息化水平。深化上海数字化农业农村信息平台建设,持续推进"一图""一库""一网",推动农业大数据、物联网等信息技术在农业生产、管理、服务方面的应用。继续推进农村"雪亮工程"和"智慧公安"建设。推进农村地区5G网络覆盖,在崇明区重点推进5G在智慧园区、全清直播等场景应用,提高园区的精准化管理水平。有效发挥5G技术优势,实现更加精细化城乡网格管理,构建城乡智慧化管理体系。

2. 持续提升城乡公共服务均等化水平

- 一是持续加强郊区农村教育。不断优化郊区基础教育资源配置,在全面完成城乡公办义务教育学校"五项标准"任务基础上,启动研究新一轮城乡义务教育一体化标准，整体提升城乡义务教育学校办学条件。实施第二轮城乡学校携手共进计划，进一步提升乡村学校办学质量。采取学区化集团化办学、合作办学、委托管理等方式，推动郊区学校高起点办学。推动完善基础教育学校人员配备和编制管理政策，进一步加强乡村师资建设。开展乡村温馨校园建设，促进乡村小规模和乡镇寄宿制学校发展。扩大普惠性学前教育资源供给，落实规划配套幼儿园与新建住宅"五同步"（同步规划、同步设计、同步建设、同步验收、同步交付使用）的建设要求，提升区域内幼儿园办园质量，逐步缩小城乡差距，提升郊区学前教育水平，保障适龄幼儿接受安全优质的学前教育。完善现代农业职业教育体系，推进产教融合和校企合作，打造农村职业院校双师型教师队伍。充分发挥乡镇成人学校、村宅学习点、社会培训机构等学习载体，丰富郊区乡村成人教育服务供给。

- 二是不断推进健康乡村建设。加强涉农区传染病防控，提高公共卫生预防处置能力。健全乡村基层医疗服务体系，推动新一轮社区卫生服务机构建设，强化社区卫生服务功能在村级层面的落实，提升村卫生室标准化建设，加强村卫生室服务功能，逐步提高乡村居民就医可及性和农村医疗服务水平，提升基层医疗服务能级。加强村卫生室功能与社区卫生服务中心服务同质化对接，持续推进镇村卫生服务一体化管理。深入推进家庭医生签约服务，不断完善居民健康守门人制度。培养面向农村的全科医生，夯实郊区和农村基层卫生人才队伍。继续做好农村地区爱国卫生专项工作，巩固涉农区国家卫生区镇双覆盖成果。持续推进健康村镇试点建设，在首批136个试点建设基础上，形成一套健康街镇、居村建设的指标和评价体系，进一步扩大建设覆盖面，推动城乡环境卫生条件明显改善，广泛普及健康生活方式，持续提升农村居民文明卫生素质和健康素养水平，提高城乡居民健康水平。

- 三是继续完善农村社会保障体系。进一步完善城乡居民基本养老保险制度、基本医疗保险制度和大病保险制度。优化城乡居民养老保险制度建设，调整完善缴费档次和补贴标准，提高参保人员个人账户积累，完善"多缴多得、长缴多得"激励机制。对符合条件的城乡居民养老保险参保对象视情逐步提高加发标准。完善城乡居民养老保险基础养老金调整机制，逐步提高城乡居民养老保险基础养老金水平，基础养老金增幅不低于同期职保养老金增幅，与职保养老金水平保持合理梯度，力争达到并超过城乡低保标准。根据国家政策要求，研究调整完善被征地人员养老保险制度，切实维护被征地人员的合法权益。

- 四是提升农村养老服务能力。注重城乡养老服务设施和服务协调发展，推动农村养老服务设施均衡布局。丰富组有"点"、村有"室"、片区有"所"、镇有"院"四级网络服务功能。推广农村社区养老服务设施委托、集团化运营方式。支持利用农民房屋和集体所有的土地、房屋等资源建设符合农村特点的养老设施。纯农地区以村为单位，依托标准化老年活动室或部分闲置资源并结合村卫生室，建立具有生活照料功能的养老服务设施。支持和推广各具特色的农村照护模式，推广农村互助式养老服务。为符合条件的农村老人提供长期护理保险服务。探索推进"体医结合"项目，建设长者运动健康之家。

3. 促进非农就业和持续增收

- 一是强化农民就业促进工作。继续实施促进农民非农就业政策和就业服务，推进落实离土农民就业促进专项计划、跨区就业补贴、低收入农户专项就业补贴等专项政策举措，促进农民实现非农就业。加强公共就业创业服务，进一步健全区、镇、村三级公共就业服务体系，提升职业介绍、职业指导、就业援助、帮助创业等公共就业创业服务专业化水平，发挥互联网、大数据等技术手段对农村就业创业的支持作用，规范农村就业援助基地管理，拓展公益性岗位类型，提高托底安置能力。加强农民职业技能培训，积极开展特色农业、休闲农业、乡村旅游业等新兴业态技能培训，推广以工代赈方式，促进农村富余劳动力就地就近灵活就业。加强镇村基层就业服务平台建设，推进农村劳动力转移就业示范基地建设和充分就业地区建设。

- 二是深化农村综合帮扶工作。继续加大帮扶工作力度和帮扶资金投入力度，以增强"造血"能力为抓手，统筹谋划、协调推进，引导各区结合实际，聚焦经济相对薄弱村和生活困难农户开展切实有效的帮扶。进一步发挥党建引领作用，落实区级主体责任，拓宽帮扶渠道。

（六）切实增强大都市乡村发展动力

1. 强化人才支撑

- 一是着力培育高技能农民。夯实职业培训基础，实施新型职业农民激励计划试点。支持新型职业农民参加农业职业教育，完善农业继续教育服务体系。整合利用农业广播学校、农业科研院所、涉农院校、农业龙头企业等各类资源，加快构建高技能农民教育培训体系。

- 二是加强农村专业人才队伍建设。培养更多知农爱农、扎根乡村的人才，推动更多科技成果应用到田间地头。结合郊区绿色农业和区域性重点产业发展需求以及乡村建设和非遗技艺传承的需要，加大对农民首席技师和技能大师等技能带头人的培养资助力度，带动农民整体技能水平提升。加强涉农院校和学科专业建设，加大定向培养基层农技人员力度。充分发挥科技特派员作用，鼓励和吸引更多农业科技人员加入科技特派员队伍，不断提高科技特派员的数量和质量。建立高等院校、科研院所等事业单位专业技术人员到乡村和企业挂职、兼职和离岗创新创业制度，保障其在职称评定、工资福利、社会保障等方面的权益。

- 三是鼓励吸引社会人才投身乡村建设。完善选派优秀干部支持农村发展的工作制度，加强驻村指导员队伍建设，安排选调生到村任职。制定出台相关扶持政策，采用自主培养与人才引进相结合的方式，鼓励和支持本村在外优秀人才回流，畅通各类人才下乡渠道，支持大学生、退役军人、企业家等到农村干事创业。完善支持高校毕业生到农村基层工作的政策措施，通过政府购买岗位、实施学费和助学贷款代偿、提供创业扶持等方式，积极引导支持高校毕业生到农村基层工作和创业。发挥工会、共青团、妇联、科协、残联等群团组织的优势和力量，发挥各民主党派、工商联、无党派人士等积极作用，动员城市科研人员、工程师、规划师、建筑师、教师、医生下乡服务。完善新乡贤的支持政策，鼓励离退休党员干部、知识分子和工商界人士"告老还乡"。

2. 加强土地资源保障

- 一是优化农村生产、生活、生态空间布局。严守耕地红线，落实最严格的耕地保护制度，严格落实202万亩耕地特别是150万亩永久基本农田的保护目标，坚决遏制耕地"非农化"、防止"非粮化"，规范耕地占补平衡，切实落实耕地和永久基本农田保护任务。编制新一轮高标准农田建设规划，深入推进高标准农田建设，聚焦重点区域和重点项目，合理安排新增建设和改造提升计划，积极推动高标准农田建设向开发潜力大、建设成效高的区域集中。进一步完善设施农业用地管理，严禁以设施农业用地为名从事非农建设。加大乡村用地监管和违法用地整治力度，重点推进低效工业用地、设施农业用地等专项整治。

- 二是强化规划土地管理支持。开展农业专项规划编制，加强农业专项规划与郊野单元村庄规划等规划的有效衔接，做好土地使用等关键问题的前期统筹，切实保障重点产业项目实施落地。通过村庄整治、土地整理等方式，将节余的农村集体建设用地优先用于发展乡村产业项目。加大农村规划建设用地指标保障力度，重点保障乡村产业发展用地。各涉农区镇新编国土空间规划安排一定比例的建设用地指标，保障农村村民住宅建设和乡村产业发展用地。制定土地利用年度计划时，优先保障乡村振兴用地需求，农村村民住宅和乡村产业项目的用地指标比例不低于5%。

- 三是实施全域土地综合整治。乡村地区实施全域土地综合整治，统筹考虑田、水、路、林、村等国土空间要素，有机整合规划、项目、资金和建设时序，整体推进农用地、建设用地整理、生态保护修复和各类国土空间开发活动，提高耕地和永久基本农田数量和质量，促进耕地集中连片，开展全域景观风貌、重要廊道、空间节点和工程项目的村庄设计。将乡村振兴示范村、美丽乡村示范村建设与全域土地综合整治试点相结合并统筹考虑。同时，要加强历史文化名村和传统村落的保护修缮，对共同形成风貌的河道、水系、农田和植被等自然要素予以整体保护。

3. 拓宽各类资金渠道

- 一是保障财政优先支持乡村和农业发展。强化各级财政对乡村振兴的投入责任，进一步明确市、区、镇各级财政的事权与支出责任，在乡村基础设施建设、农民集中居住、公共服务水平提升等薄弱环节加大财政资金的投入力度。完善涉农资金统筹整合长效机制，继续探索"大专项+任务清单"管理模式，完善财政资金"先建后补、以奖代补"方式，强化财政资金使用目标考核和监督管理。强化对"三农"信贷的货币、财税、监管政策正向激励，给予低成本资金支持。适时调整完善土地出让收入使用范围，提高土地出让收益用于农业农村的比例，优化整合现有市对区的支持政策。

- 二是引导社会参与乡村振兴。发挥财政投入引领作用，支持以市场化方式设立乡村振兴基金，撬动金融资本、社会力量参与，重点支持乡村产业发展。推动落实市属重点国企立足自身资源优势，结合乡村自然禀赋，积极参与乡村振兴示范村建设，创新运营模式，做大做强优势产业。优化乡村地区营商环境，广泛吸引外资、民资等社会力量参与乡村振兴。制定完善工商资本参与乡村振兴的负面清单和管理办法。符合条件的家庭农场等新型农业经营主体可按照规定享受农、林、牧、渔业项目免征或减征企业所得税以及现行小微企业相关税收减免政策。推广一事一议、以奖代补等方式，鼓励农民对直接受益的乡村基础设施建设投工投劳，让农民更多参与建设管护。

- 三是加大金融支农力度。深入推进银行业农村金融服务专业化体制机制建设，鼓励证券、保险、担保、基金、期货、租赁、信托等金融资源聚焦服务乡村振兴。加快农村金融产品和服务方式创新，试点开展郊区农户、中小企业信用等级评价，加快构建线上线下相结合、"银保担"风险共担的普惠金融服务体系，推出更多免抵押、免担保、低利率、可持续的普惠金融产品。提高直接融资比重，支持农业企业依托多层次资本市场发展壮大。健全农村金融风险缓释机制，加快完善"三农"融资担保体系。结合农村集体产权制度改革，探索农村集体资产股权融资方式。

4. 提升农业农村标准化管理水平

- 一是优化完善农业农村标准化体系。以品种模式和种业创新为主线，围绕粮食安全、农产品质量安全等重点领域，聚焦种源农业、绿色农业、装备农业，强化贯穿产前、产中、产后各关键环节的现代农业全产业链标准体系建设，持续提高农业生产标准化水平，发挥标准对农业科技创新的引领和带动作用。以乡村建设和深化农村改革为核心，探索建立涵盖乡村治理、农村基础设施建设、农村人居环境改善等领域的标准体系，发挥标准对促进城乡融合发展的引领和带动作用。以信息技术为手段，聚焦智慧农业、数字乡村，探索建立数字农业农村标准体系，形成数字乡村整体规划设计、数字乡村建设指南标准规范，发挥标准对促进农业农村数字化转型的引领和带动作用。

- 二是推动农业农村标准化应用推广。以种质资源关键核心技术为中心，推动实施种业育繁推一体化标准化试点项目。以推进农业绿色生产和实现产地环境保护为重点，建设一批农产品绿色生产基地，发挥绿色食品生产主体示范带动作用。以生产全程机械化和绿色高效设施装备应用为关键，推动实施蔬菜"机器换人"和粮食生产全程机械化标准化试点项目。以培育提升农业品牌为目标，实施一批地理标志农产品保护工程项目，扩大标志使用范围，提高品牌影响力。以数字乡村为导向，探索实施信息基础设施建设、乡村数字经济、乡村数字治理、信息服务整合共享标准化试点。以提升乡村建设水平为方向，总结提炼市级美丽乡村、乡村振兴示范村建设和农村综合改革标准化试点中形成的经验做法，转化为标准规范，在更大范围复制推广。

5. 持续释放改革红利

- 一是稳妥有序推进集体经营性建设用地入市。以同地、同权、同价、同责为要求，落实集体经营性建设用地权能，建立城乡统一的建设用地市场，健全流转顺畅、收益共享、监管有力的集体经营性建设用地入市制度，制定出台本市农村集体经营性建设用地入市指导文件。鼓励各相关区探索建立农村集体经营性建设用地准备机制，有序控制入市节奏和规模，在编制年度计划的同时，充分考虑土地准备情况，对地块条件成熟、市场定位清晰的可列入供应计划。鼓励各区引入国有、民营资本共同参与集体经营性建设用地开发建设，在符合规定、农民自愿、风险可控前提下，利用集体经营性建设用地和农民房屋，发展乡村产业新业态、新模式。探索支持利用集体建设用地按照规划建设租赁住房。增强农民参与集体经营性建设用地开发建设意愿，激活乡村发展活力，强化农村发展内生动力，探索赋予农民对集体资产股份的占有、收益、有偿退出及抵押、担保、继承等权利。

• 二是稳慎推进农村宅基地改革。按照中央深化农村宅基地制度改革试点方案要求，以处理好农民和土地的关系为主线，以保障农民基本居住权为前提，稳慎推进农村宅基地制度改革。探索宅基地"三权"分置的具体实现形式，依法落实宅基地集体所有权，建立宅基地农户资格权保障机制，健全宅基地使用权流转制度和自愿有偿退出机制，完善宅基地使用权盘活路径和宅基地增值收益分配机制，健全宅基地审批和监管机制，探索建立从宅基地使用权"取得"到"退出"的全周期、一揽子的宅基地制度体系。充分发挥大数据作用，建立农村宅基地管理服务信息系统，完善宅基地信息动态更新机制，逐步形成宅基地信息"一张图"。

• 三是深化农村基本经营制度和集体产权制度改革。落实农村土地承包关系稳定长久不变，衔接落实好第二轮土地承包到期后再延长 30 年的政策。深化承包地"三权"分置改革，规范经营权流转管理，加快推进适度规模经营。全面实施《上海市农村集体资产监督管理条例》，强化成员大会（成员代表会议）、理事会、监事会职能，完善农村集体经济组织治理结构，切实保障成员知情权、表决权、收益权、监督权，积极稳妥推进镇级农村集体经济组织产权制度改革，坚持效益决定分配原则，鼓励有条件的集体经济组织年度分红。

五、重大工程及布局

（一）绿色田园工程

1. 浦东生鲜蔬果产业片区。依托浦东新区蔬菜、瓜果传统种植特色，厚植产业优势，打造蔬菜瓜果产销联合体和区域特色品牌。集成应用智能化设施装备技术，建设智能化生产基地，建立健全利益共享机制，形成生产、销售、经营一体化的产业联合体。

2. 金山特色果蔬产业片区。以吕巷水果公园和金石公路万亩特色果园为核心，培育"金山味道"区域公用品牌。做大做强廊下中央厨房产业集聚区建设，引进和培育一批食用菌工厂化生产企业，打造集总部、科研、科普、展示于一体的"蘑菇小镇"。

3. 金山农旅融合产业片区。依托 320 国道农文旅走廊辐射圈的交通优势，以绿色有机水稻、蔬菜为重点，辅以高品质水果和水产品，结合枫泾镇及周边休闲农业旅游资源，打造配套乐高乐园发展的高品质农产品供应基地和农业休闲观光区。

4. 崇明现代畜禽养殖产业片区。聚焦新村乡垦区 1.2 万亩农地，以 300 万羽蛋鸡养殖产业为支撑，结合周边水稻种植、花果产业构建生态基底，打造崇明种养循环现代农业产业园。通过生态循环、智慧农场、农旅交融的模式，实现产业融合发展。

5. 崇明高端设施农业产业片区。以崇明现代农业园区和港沿地区为核心，集成应用绿色生产技术，重点建设一批集花卉、蔬菜、生猪、奶牛、特色水产养殖为一体的智能化、工厂化生产基地。建设绿色农产品加工示范基地，打造农产品中央厨房。

6. 嘉定数字化无人农场产业片区。围绕外冈镇 1.7 万亩粮田和 2.5 万头生猪养殖场，推进无人农场建设，实现区域内水稻全程无人化作业，畜禽粪污、秸秆资源实现循环利用，大力提升区域范围内绿色优质稻米产业化率。

7. 松江优质食味稻米产业片区。利用浦南黄浦江水源保护区的生态优势，积极发展稻米产业化联合体，做精做优"松江大米"区域公用品牌。以小昆山万亩粮田为基础，推动农业高新技术的融合应用。建设五库花卉特色农产品优势区。

8. 奉贤东方桃源综合产业片区。以"奉贤黄桃"国家地理标志产品为重点，优化升级黄桃产业。结合乡村振兴示范村建设以及蔬菜等农产品生产基地，打造集休闲观光、农事体验、乡旅文创为一体的田园综合体。

9. 青浦绿色生态立体农业片区。以练塘镇万亩粮田和青浦现代农业园区为核心，打造水稻、水生作物、特种水产"三水"融合的立体种养模式，积极发展无土栽培和植物工厂，做好"美环境""种风景"大文章，提升农业综合效益。发展林下经济。

10. 宝山乡村康养产业片区。罗泾镇北部五村联动，以塘湾村母婴康养产业为龙头，海星村千亩蟹塘、花红村绿色米食基地、新陆村绿色蔬菜基地和洋桥村果蔬乡肴基地为支撑，做强母婴康养和绿色农产品上下游产业链，打造大健康乡村新产业。

11. 闵行都市田园农业片区。依托浦江郊野公园、召稼楼古镇、革新村，结合航宇科普教育基地及特色农产品生产基地，串点成线，在浦江镇中东部地区为广大市民近距离打造"休闲+科普"的新生活空间。

12. 光明现代种养循环产业片区。建设爱森海湾生态养殖基地，探索环保配套集中、集约化程度高的养殖模式。建设现代化蔬菜种植示范园，实现全程机械化生产模式。强化智能装备集成，绿色生态循环，为都市现代种养业发展提供示范。

13. 横沙东滩现代农业产业片区。厚植横沙东滩生态环境优势，根据地块成陆、土地整理和土壤改良的实施节奏，分步骤、有时序地发展资源循环型绿色、有机种养业，努力打造绿色有机产业高地、生态价值和谐共生高地、智慧农业高地、品质农业体验高地。保护横沙东滩空间资源，实现发展和保护相统一，提升生态空间综合效益。

（二）美丽家园工程

1. 推进农村人居环境优化工程。巩固"十三五"农村人居环境整治行动成果，以民心工程为抓手，持续推进农村人居环境面貌提升。建立健全农村人居环境长效管护机制，提高农村公共基础设施和环境管理信息化水平，深化自治共治，加大长效管护资金保障力度，实施工作考核，建立常态化督查机制。完成3.6万户农户的村庄改造，对早期实施村庄改造的村开展风貌和功能提升工作，以镇为单位，加强乡村风貌融合。深化农村垃圾分类和收集模式，推动湿垃圾就地资源化利用设施建设和配套装置升级。提升农村生活污水处理水平，推进老旧设施提标改造。推进生态清洁小流域建设，连片实施中小河道整治，逐步恢复乡村河湖水系格局。加快推进700千米村内破损道路、500座沿线破损桥梁基本达标改建。到2025年，农村生态环境进一步好转，基本形成生态宜居的农村人居环境。

2. 建设市级美丽乡村示范村和乡村振兴示范村。推动美丽乡村示范村和乡村振兴示范村"由数量到质量、由盆景到风景"转变。推进示范村集中连片建设，将已建、在建示范村串点成线，打造乡村振兴示范片区。促进示范村建设与农业产业的深度融合，以做强农业产业为底色，组团式植入新产业新业态。深化村庄设计理念，修复水系、林地、农田环境，提升整体景观，凸显乡村特色风貌。推动农村体育设施提档升级，示范村实现"一道（市民健身步道或自行车绿道）、一场（多功能运动场）、多点（市民益智健身苑点）"，在村综合文化活动室、村民教室等场所因地制宜配置健身房、乒乓房等嵌入式健身场所。推进示范村功能性服务设施区域共享，发挥对周边区域服务功能，建立参与、决策、监管全过程参与机制。到2025年，全市村庄布局规划确定的保留村美丽乡村建设实现全覆盖，完成300个以上市级美丽乡村示范村、150个以上乡村振兴示范村建设任务，推动形成一批可推广可示范的乡村建设和发展模式，并发挥区域引领带动效应。

3. 推进农民相对集中居住和提升乡村风貌。在充分尊重农民意愿的基础上，通过引导农民相对集中居住，让更多农民共享城镇化地区和农村集中居住社区更好的基础设施和公共服务资源，促进土地资源集约节约利用，使更多农民群众改善生活居住条件。推进农村"平移"居住点统一规划、统一设计、自主联合建设，保持乡村风貌、建筑肌理、乡土风情，体现上海江南水乡传统建筑元素风貌，提升乡村风貌和农房建筑设计水平。

（三）幸福乐园工程

1. 开展农村公路提档升级。加强道路拓宽、路面改造、危桥改造、安防工程及附属设施增设等，完成2 000千米农村公路提档升级改造；至2025年末，累计完成3 200千米，乡、村道安全隐患基本消除，优、良、中等路比例达90%以上，区域公交服务水平明显提升。积极推进"四好农村路"示范创建，乡村振兴示范村、市级美丽乡村示范村至少有1条"四好农村路"示范路。

2. 实施城乡学校携手共进计划。以提升农村义务教育学校办学质量为核心，推动中心城区优质学校、优质教育专业机构赴郊区对口办学，通过全方位托管或关键项目合作，为郊区输入优秀的师资团队和专业的教育资源，促进农村义务教育学校优质、健康、可持续发展。全面总结第一轮城乡学校携手共进计划，评估实施效果，启动第二轮城乡学校携手共进计划。到2025年，基本实现乡村小规模学校全部纳入城乡学校携手共进计划或公办初中强校工程。

3. 开展农村养老提升行动。加大农村养老设施建设力度，实现农村养老设施配置均衡可及。到2025年，农村每个街镇（乡）至少建有1~2个标准化养老院，满足失能失智老年人集中养护需求。建设综合为老服务中心，在街镇全覆盖的基础上，按片区均衡布局，郊区每个基本管理单元原则上都要设置1处养老服务综合体。大力发展家门口服务站，重点发展500平方米以下的功能性养老服务设施，农村社区每个行政村至少设置1处家门口服务站。大力发展社区助餐服务，以建设集膳食加工配置、外送和集中用餐于一体的社区长者食堂为重点，每个街镇一般建设1~2个供餐能力在150客以上的社区长者食堂。全面推广老年人睦邻点建设，到2025年，纯农地区村组睦邻点实现全覆盖，全市农村地区示范睦邻点达到3 000家，互助式农村养老服务得到充分发展。加强农村养老护理队伍建设，农村养老护理员持证比例达到80%以上。

4. 推进农民长效增收计划。加强农民培训促进就业，开展针对性培训，加快培育高技能农民。构建多方参与的培训体系，充分发挥行业企业培训主体作用，加强高技能人才培训基地建设，提高农民培训质量。以服务区域产业发展为重点，分类实施农民就业技能培训，推进农业从业人员培训、农民产业工人技能提升培训、农村实用技能人才培训等。继续深入开展农村综合帮扶，加大帮扶力度，提高统筹层级，拓宽增收渠道，建设一批收益稳定长效的帮扶项目，显著提高低收入农户生活质量和水平。发展新型集体经济，增加财产性收入。鼓励开展农村闲置农房、存量集体建设用地盘活利用试点。加快推进镇级农村集体产权制度改革，积极推动镇村集体经济组织年度收益分配，促进农民财产性收入持续增长。

六、保障措施

（一）加强组织领导

1. 健全党领导的体制机制。充分发挥市实施乡村振兴战略工作领导小组的决策协调功能，完善党委领导、政府负责、党委农村工作部门统筹协调的领导体制，建立健全事关乡村振兴重大事项、重点问题、重要工作由党组织讨论决定的机制，落实党政一把手是第一责任人、五级书记抓乡村振兴的工作要求，让乡村振兴成为全党全社会的共同行动。

2. 加强市级部门工作统筹。进一步加强市级部门统筹力度，市有关部门要各司其职，明确年度目标任务，制定工作实施方案，在规划标准制定、重要改革措施推进、项目政策协调、资金资源配置和监督执法检查等方面形成长效机制，指导和帮助区、街镇（乡）、村共同推进落实乡村振兴战略规划。

3. 进一步落实区的主体责任。各涉农区要切实履行好主体责任，依照本规划明确区级目标任务，细化实化政策措施。完善城乡融合体制机制和政策体系，进一步加大在乡村基础设施建设、生态环境整治、基本公共服务均等化、农村社会治理和改善农村民生等方面的投入力度，努力使乡村振兴成果更多惠及广大农民群众。

（二）强化实施监督

1. 建立健全实施乡村振兴战略领导责任制。实施乡村振兴战略年度报告制度，各涉农区党委和政府每年向市委、市政府报告本区实施乡村振兴战略的进展成效、问题瓶颈和措施建议。建立区、乡镇党政领导班子和领导干部推进乡村振兴战略的实绩考核制度。实行粮食安全党政同责，完善粮食安全省长责任制和"菜篮子"市长负责制。加强党委农村工作机构建设。

2. 建立健全考核制度。市有关部门加强对区、乡镇乡村振兴工作的考核，根据各区实际特点，聚焦镇村规划落实、农业现代化水平提高和产业融合发展、推进农民相对集中居住、农村基础设施建设和环境整治、农村民生改善以及农村重要领域改革和粮食安全等重点任务，因地制宜形成可分解、可考核、可评估的工作指标，纳入区党政领导班子绩效考核。加强乡村振兴领域的统计监测，为评估考核工作成效提供依据。引入第三方力量，建立健全乡村振兴评价评估体系，加强评估成果的应用，确保各项工作得到全面落实。

3. 建立专项工作督察制度。建立以市为主体、农民参与的乡村振兴专项督察制度，每年度对涉农区、街镇（乡）、村以及牵头责任部门开展全面督查，对规划中确定的重要指标、重大工程、重大项目和重要任务，明确责任主体和进度要求，通过定期书面报送、现场督查、人大代表和政协委员视察以及新闻媒体监督等，开展多形式、常态化督查，接受全社会监督。

（三）营造良好氛围

1. 扩大社会参与。搭建全过程、全方位的公众参与平台。建立健全有效激励机制，鼓励和引导社会组织、有志青年和成功人士、社会公众积极参与乡村振兴工作，引导市属国有企业助力乡村振兴战略实施。建立乡村振兴专家决策咨询制度，组织专业智库加强超大城市乡村振兴的理论和实践案例研究，汇聚全社会共同参与乡村振兴的智慧和合力。

2. 加强引导和宣传。加强推进乡村振兴战略的宣传，拓宽宣传渠道、丰富宣传内容、创新宣传形式，增强广大群众对乡村振兴工作的认同感和主人翁意识，及时总结基层生动实践，讲好上海故事，营造良好社会氛围。

22 关于进一步支持农民相对集中居住工作的实施意见

推进农民相对集中居住，是实现上海"农业强、农村美、农民富"乡村振兴目标的必由之路，是切实改善农民生活居住条件和乡村风貌的重大举措，也是落实上海2035城市总体规划的重要途径和抓手。市政府《关于切实改善本市农民生活居住条件和乡村风貌进一步推进农民相对集中居住的若干意见》（沪府规〔2019〕21号，以下称"21号文"）实施以来，市和相关区镇通力协作、攻坚克难，农民相对集中居住工作进展情况良好、成效显现。上海市人民政府就进一步支持农民相对集中居住工作提出如下实施意见。

一、明确总体要求

"十四五"期间，农民相对集中居住工作要继续坚持引导进城镇集中为主，平移集中、货币化退出等多种方式并存，聚焦"三高两区"重点推进，支持鼓励以街镇为单位成片整建制推进。要进一步坚持政府引导与扩大农民参与相结合，积极探索可持续、各方可承受、激励兼容的机制和政策；进一步推动市、区财政加大投入力度与增强规划土地支持政策创新相结合，积极盘活土地资源、激发区镇发展动力；进一步推动农民相对集中居住工作与乡村产业兴旺相结合，通过农民相对集中居住腾出空间，为引入大企业、大项目创造条件，带动乡村产业发展，促进集体经济发展和农民生活水平持续提升。

农民相对集中居住工作具体分成两阶段实施。第一阶段为，到2022年末，按照21号文明确的2022年既定目标，保持基本政策稳定和各方预期稳定，确保按照主要节点目标完成5万户农户实现相对集中居住任务；第二阶段为，2023—2025年，结合市政府要求和各区实际，合理确定年度目标任务，基本完成"三高两区"范围内有意愿农户的相对集中居住任务。

二、增加市级资金投入

（一）实施市级奖补政策

在21号文明确的市级资金补贴政策基础上，对按时完成2019—2022年市级核定目标的区，以2019—2022年累计完成户数为基数，市级财政按照进城镇集中居住（含货币化退出）每户7万元、平移集中居住每户1.5万元标准给予奖补。奖补资金在项目方案批复后预拨80%，其余部分将根据农户签约、安置基地开工建设等情况再结算拨付。对未完成总量任务的区，不给予奖补资金（已预拨的资金予以追回）。奖补资金主要用于农民安置房或集中居住点的基础设施配套，具体由各区统筹安排。

（二）对货币化退出给予市级资金补贴

支持多元化安置方式，鼓励各相关区引导农民以货币化补偿的方式，退出宅基地，促进土地集约节约利用。对宅基地货币化退出项目，市级财政依据市推进机构出具的项目实施方案和规划资源部门出具的减量化项目验收等批复文件，给予市级资金补贴，由各相关区统筹使用。其中，对宅基地使用人合法取得的宅基地（包括农转居的非农户），按照自愿原则实行货币化退出的，市级财政参照进城镇集中居住资金政策标准，给予差别化的按户定额补贴和土地出让金返补。对房屋继承户按照自愿原则实行货币化退出的，市级财政给予40万元/亩的节地补贴。对崇明区货币化退出，按照市政府确定的口径执行，不叠加享受市级奖补政策。

（三）用足用好土地出让收入支持乡村振兴政策

贯彻落实党中央、国务院关于调整完善土地出让收入使用范围、提高农业农村投入比例的总体部署，根据全市当年度土地出让收入按照不低于8%的比例用于农业农村的要求，集中支持乡村振兴重点任务。各相关区要充分用好政策，将土地出让收入用于农业农村的增量部分优先用于农民相对集中居住项目及其配套工程。同时，要用足用好市级新城专项资金支持政策及其他重点区域专项政策，抓紧排摸政策适用范围内的农民相对集中居住任务量，制定推进计划，做好资金统筹安排。其中，每年市级新城专项资金中不少于50%的部分，相关区要用于完成新城范围内的农民相对集中居住、"198"区域减量化以及"城中村"改造等乡村振兴任务，力争在"十四五"期间，基本解决新城及其他重点区域范围内农民相对集中居住问题。

三、强化规划土地支持

（一）优化农民安置地块选址

鼓励各相关区利用新城规划居住用地作为农民安置地块。在建设用地总量不突破的前提下，可以通过郊野单元村庄规划调整，在全区范围内统筹优化农民安置地块选址，在紧贴原开发边界的非集建区域内增加安置住宅地块，地块开发强度可参照开发边界内强度控制要求进行设定，对应在部分纯农镇等开发边界内，调减安置用地，实现总量平衡。在满足地区风貌整体管控和公共服务设施配套容量的前提下，安置地块容积率经论证后可以提高至 2.5（容积率有特殊规定的区和街镇除外）。

（二）优化平移集中点选址

优化深化平移集中居住点选址方案，确保规模适中、选址合理、配套完善、布局优化。平移集中项目选址应依据规划，避让永久基本农田，确需占用少量市管储备地块的，应按规定严格落实"先补后占"。

（三）给予土地周转指标保障

农民进城镇集中居住安置地块涉及农转用的，可参照增减挂钩政策，申请使用市级周转指标，所需指标应保尽保，周转期限最多可至 5 年。

（四）探索实施宅基地减量土地指标奖励政策

对按时完成市级核定目标的区，给予宅基地减量土地指标奖励，具体为按照减少宅基地面积的 10% 给予净增建设用地指标奖励。奖励指标仅用于农民集中安置及其配套基础设施、公共服务等相关建设。

（五）支持各区以街镇为单位成片推进

对有意愿以街镇为单位推进农民相对集中居住的，支持整区域推进、成片实施，按照街镇明确工作目标，制订工作方案，研究专项支持方案。优先选择区位条件较好、基层积极性较高、农民相对集中居住意愿较强、有大项目带动的街镇，统筹考虑改善街镇基础设施、生态环境、产业生态、服务功能，支持激活撤制镇资源，对基础较好、有条件改造提升的撤制镇，鼓励实施"二次开发"。

（六）鼓励各区盘活利用存量房源

对区属征收安置住房，由各相关区负责建设、供应与使用的统筹管理，鼓励优先用于农民相对集中居住安置。各相关区农民相对集中居住项目确需借用区域范围内大居市属保障性住房房源的，按照"先借后还"的原则，与市大居办协商一致，并安排后续等量房源返还。

四、提高全过程审批效率

（一）简化增减挂钩程序及加快土地入市节奏

对已明确节余指标挂钩的经营性地块，允许各相关区在全区统筹的基础上，适度调整规划建设用地结构，可视情将原规划商办用地调整为住宅用地（含商品住宅用地），挂钩地块和安置地块出让收入均不计入全区土地出让收入年度调控额度。支持各相关区加快做好农民安置地块出让前期准备，优先列入土地供应计划。每年年初各区向市规划资源局提交当年拟优先出让和规划用途调整地块的申请，经认定程序后实施。允许各区不再编制报批增减挂钩实施规划，拆旧地块和建新地块位置及规模等主要控制要素可纳入农民相对集中居住项目实施方案。允许各区将相关节余指标与已列入当年出让计划的地块挂钩，并申请土地出让金返还的80%部分预拨。市级财政根据市规划资源局出具的项目实施前后地类平衡表及出让金确认单，予以资金结算。

（二）优化审批程序

全面贯彻国家"放管服"改革和上海优化营商环境工作的部署，各相关区结合实际，因地制宜优化农民相对集中居住项目审批程序，切实加快项目实施进度，各环节立项审批程序原则上在各自受理后20个工作日内完成（不含评估、公示等时间）。对进城镇集中的农民安置房建设项目，纳入区重大工程推进，适用与征收安置房一致的投资审批程序。对平移集中及其配套工程项目，加强区级部门间沟通协作，提高项目立项、规划土地、施工许可等全过程审批效率。

五、引导社会力量共同参与

（一）降低项目配套和建设成本

获得市级批复的平移集中项目，由市推进机构向供水、供电、供气企业提供项目开发主体清单。供水、供电、供气企业按照工程定额和工程量，据实计算配套工程费用，经第三方审价机构审核后，对清单内的相关开发主体统一按九折收费。合理确定平移集中点规模，通过增加平移集中户数，分摊基础设施建设投入，降低配套设施户均成本。对进城镇集中居住项目，各相关区可通过委托第三方机构实施成本审核或委托企业参与等方式，加强成本控制。

（二）多渠道降低融资成本

积极争取政府专项债券对农民相对集中居住工作的支持，引导各相关区加大政府专项债券申报和使用力度。发挥"三农"工作领域政策性银行的牵头作用，积极引入更多有意愿的金融机构对农民相对集中居住项目提供融资支持。因地制宜设计优化项目融资方案，鼓励将优质产业项目与农民相对集中居住项目捆绑，采用安排专项信贷额度、实行优惠信贷政策等方式，予以信贷支持。

（三）发挥市场机制作用探索模式创新

鼓励各相关区将农民相对集中居住工作与促进乡村产业兴旺相结合，利用节余土地指标和乡村资源禀赋，探索"政府搭台、企业主导、农民参与"的多元合作模式。鼓励各相关区用好乡村振兴基金，放大财政资金杠杆效应，引入更多国有资本及社会资本积极、有序、合规、深度参与支持农民相对集中居住工作，投向与农民相对集中居住相关的基础设施改善、商业配套建设、乡村资源整合和村民创收增收等领域，提供投资、融资、建设以及运营服务，促进农村一二三产业融合发展，激活乡村发展新动能。

六、落实保障措施

（一）建立工作考核评价机制

为激励各相关区加大对农民相对集中居住工作的推进力度，确保全市农民相对集中居住工作目标全面完成,建立农民相对集中居住工作考核评价机制。市推进机构负责制定相关考核评价办法,并确定全市总目标及各区目标任务。市住房和城乡建设管理委、市发展改革委、市财政局、市农业农村委、市规划资源局组成工作考核评价小组,负责开展考核评价工作,综合考虑各相关区目标任务完成情况及工作绩效等因素,形成考核结果,并按照程序报批后,作为实施市级奖补政策的依据。"十四五"期间,以2022年为节点分为两个阶段:第一阶段按照2019—2022年5万户的总目标分解核定各相关区目标任务,于2023年上半年开展考核评价工作;第二阶段,结合"十四五"规划和各相关区实际,明确2023—2025年农民相对集中居住全市目标总量和各相关区分年度目标任务,于次年上半年开展考核评价工作,确保农民相对集中居住工作的延续性。

(二)鼓励各相关区因地制宜、持续推进

各相关区履行工作主体责任,让农民相对集中居住工作惠及更多农民群众。立足保持工作的可持续性和可承受力,支持各相关区结合自身实际,按照"与当地财政承受力相匹配"的原则,对农民相对集中居住项目合理设定建设标准,加强方案审核,强化成本控制。同时,鼓励各相关区发挥农民主体作用,引导农民承担农民相对集中居住部分成本,形成合理的政策梯度和成本分摊机制。在充分尊重农民意愿和保障农民利益的前提下,积极探索多种途径、多种方式推进农民相对集中居住,切实改善农民居住条件和农村风貌。对各相关区推进过程中面临的特殊情况及相关事项,由市推进机构牵头,会同市相关部门专题研究,并对符合条件的项目进行认定,经市政府同意后给予政策支持。

23 上海市乡村振兴配套政策文件清单（1＋1＋35）

1	中共上海市委　上海市人民政府关于贯彻《中共中央、国务院关于实施乡村振兴战略的意见》的实施意见（沪委发〔2018〕7号）
2	中共上海市委　上海市人民政府印发《上海市乡村振兴战略规划（2018—2022年）》的通知（沪委发〔2018〕35号）
3	中共上海市委办公厅　上海市人民政府办公厅印发《上海市乡村振兴战略实施方案（2018—2022年）》的通知（沪委办发〔2018〕43号）
4	关于印发《上海市郊野乡村风貌规划设计和建设导则（一）》的通知（沪规土资乡〔2018〕688号）
5	关于印发《上海市乡村规划导则（试行）》的通知（沪规土资乡〔2018〕681号）
6	上海市人民政府办公厅转发市规划国土资源局关于推进本市乡村振兴做好规划土地管理工作实施意见（试行）的通知（沪府办规〔2018〕30号）
7	上海市人民政府关于深入推进本市义务教育城乡一体化改革促进优质均衡发展的实施意见（沪府发〔2018〕2号）
8	上海市人民政府印发《关于本市建立健全涉农资金统筹整合长效机制的实施意见》的通知（沪府发〔2018〕26号）
9	上海市人民政府办公厅转发市人力资源社会保障局等四部门关于加强本市农民职业技能培训促进就业指导意见的通知（沪府办发〔2018〕43号）
10	关于推进乡村振兴加强农村精神文明建设的实施意见（沪文明办〔2018〕42号）
11	关于鼓励本市专业技术人才参与乡村振兴战略的通知（沪人社专〔2018〕202号）
12	上海市人民政府办公厅印发关于推进上海市"四好农村路"建设实施意见的通知（沪府办规〔2018〕23号）
13	上海市农村地区养老服务美好生活三年行动计划（2018—2020）（沪民老工发〔2018〕10号）
14	关于加强本市城乡基层全科医生执业与管理的通知（沪卫计基层〔2018〕11号）

（续表）

15	中共上海市委办公厅　上海市人民政府办公厅印发《关于深化完善村级民主监督的实施意见》的通知（沪委办发〔2018〕35号）
16	上海市人民政府办公厅转发市旅游局、市农委《关于促进本市乡村民宿发展的指导意见》的通知（沪府办规〔2018〕21号）
17	中共上海市委办公厅　上海市人民政府办公厅印发《关于深化农村综合帮扶工作的指导意见》的通知（沪委办〔2018〕48号）
18	上海市人民政府办公厅关于印发《上海市都市现代绿色农业发展三年行动计划（2018—2020年）》的通知（沪府办发〔2018〕21号）
19	中共上海市委办公厅　上海市人民政府办公厅印发《上海市全面提升美丽乡村建设水平行动计划（2018—2020年）》的通知（沪委办发〔2018〕28号）
20	中共上海市委办公厅转发《市委组织部、市委农办关于在全市城乡党组织中开展"结对百镇千村，助推乡村振兴"行动的指导意见》的通知（沪委办〔2019〕9号）
21	关于印发《上海市地产绿色农产品产销对接行动计划（2019—2022年）》的通知（沪农委〔2019〕12号）
22	上海市金融工作局、人民银行上海分行、上海银保监局、市财政局、市农业农村委联合印发了《关于印发〈关于促进金融创新支持上海乡村振兴的实施意见〉的通知》（沪金工〔2019〕30号）
23	《上海市农村村民住房建设管理办法》（上海市人民政府令第16号）
24	上海市人民政府关于切实改善本市农民生活居住条件和乡村风貌进一步推进农民相对集中居住的若干意见（沪府规〔2019〕21号）
25	中共上海市委组织部 上海市农业农村委员会关于在实施乡村振兴战略中选派优秀干部支持本市经济相对薄弱村发展工作的通知（沪委组〔2019〕发字32号）
26	关于印发《关于开展上海乡村振兴青春建功行动的实施方案》的通知（沪团委联〔2019〕10号）
27	关于进一步建立健全我市城乡融合发展体制机制和政策体系的实施方案（沪委发〔2020〕4号）
28	上海市人民政府关于印发《上海市推进农业高质量发展行动方案（2021—2025年）》的通知（沪府〔2020〕84号）
29	上海市人民政府办公厅关于推进花卉产业高质量发展服务高品质生活的意见（沪府办〔2020〕72号）

（续表）

30	关于印发《关于引导市属国有企业助力乡村振兴的指导意见》的通知（沪农委〔2020〕56号）
31	关于规范本市乡村地区"点状供地"实施的通知（沪规划资源乡〔2020〕425号）
32	上海市人民政府关于印发《上海市乡村振兴"十四五"规划》的通知（沪府发〔2021〕9号）
33	关于印发《上海市乡村产业发展规划（2021—2025年）》的通知（沪农委〔2021〕306号）
34	上海市人力资源社会保障局印发《关于助力全面推进乡村振兴的若干政策措施》的通知（沪人社居〔2021〕272号）
35	上海市人民政府关于进一步支持农民相对集中居住工作的实施意见（沪府发〔2022〕2号）
36	关于进一步促进本市农村集体经济高质量发展的实施意见（沪府办规〔2022〕2号）
37	关于进一步促进上海乡村民宿健康发展的指导意见（沪府办规〔2022〕4号）

编后语

实施乡村振兴战略是党的十九大作出的重大部署，是新时代"三农"工作的总抓手。近年来，我市认真贯彻落实习近平总书记关于实施乡村振兴战略的系列重要讲话和指示批示精神，以推进美丽家园、绿色田园、幸福乐园"三园"工程为主抓手，充分彰显都市乡村经济、生态、美学"三个价值"，乡村振兴各项工作全面推进。

为宣传推广实施乡村振兴战略的好做法好典型，营造全社会共同推进乡村振兴的良好氛围，我们精选了部分我市实施乡村振兴战略以来的调研报告、新闻报道、典型案例和政策文件，力求从不同侧面和角度反映上海实施乡村振兴战略的实践、探索和成效，以飨读者。

本书的编印，离不开各方的大力支持。东方城乡报社和上海农业展览馆为本书提供了丰富的图片资料，各涉农区农业农村委员会提供了相关典型案例。本书在编辑出版过程中还得到上海科学技术出版社编辑的大力支持和帮助，在此一并表示感谢。

因编印时间紧促，书中涉及的内容可能存在遗漏或不足之处，欢迎各位读者批评指正。